4차 산업혁명 시대의

스마트 창업 경영

■ **저자약력**

전기석(全紀晳)

현　연세대학교 경영학부 교수
　　연세대학교 정경창업대학원 교수
　　서울금융포럼 회장
　　한국벤처창업학회 부회장
　　한국재무학회 종신회원

University of Maryland-College Park 경영학박사(재무관리, 국제금융 전공)
University of Wisconsin-Madison, 경영학 석사(재무관리 전공)
New York University(Stern School), 경영학 석사(계량경영학 전공)
연세대학교 경영학과 학사

연세대학교 도시재생대학 학장 역임
미국 Miami University 교환교수 역임
삼성생명(주), 삼성카드(주), 삼성선물(주) 임원 역임
삼성금융공학회 회장 역임
정보통신부 금융/보험 기금운영 자문위원 역임

E-mail : jks5743@yonsei.ac.kr

4차 산업혁명 시대의 스마트 창업 경영

지 은 이 전기석
발 행 처 (주)지필미디어
주　　소 경기도 파주시 문발로 132, 402호(구, 문발동 531-4/우편번호 10881)
전　　화 (031) 957-4504
팩　　스 (031) 957-4503
이 메 일 book@jiphil.co.kr
홈페이지 jiphil.co.kr
발 행 인 김성남

발 행 일 2019년 2월 28일 초판 1쇄
등록번호 제312-1997-000043호 (1997년 07월 16일)
ISBN 979-11-86674-54-3　93320
가격 27,000원

4차 산업혁명 시대의

스마트 창업 경영

전기석 지음

MEDIA JIPHIL
(주)지필미디어

머리말

인공지능(AI)으로 무장한 알파고가 천재바둑기사 이세돌 9단을 일방적인 스코어로 완파한 이후 세상의 이목은 인공지능에 몰렸다. 인공지능을 기반으로 한 4차 산업혁명의 거센 파도가 산업계는 물론 생활환경 곳곳에서 커다란 변화를 야기시키고 있다. 이처럼 급변하는 환경속에서 창업을 준비하는 예비창업가나 이미 창업을 하여 입지를 굳혀보려는 창업가들에게 조금이라도 도움을 줄 수 있는 창업관련 기본서를 만들어 보고자 저술에 착수하였다.

우버, 에어비엔비, 아마존, 넷플릭스, 센트리온, 키엔스, 네이버, 알리바바, 페이스북, 구글 등 수많은 신생벤처들이 출범한지 얼마 안되어 어마어마한 규모로 성장하여 창업가는 물론 종업원이나 해당벤처 관련자들이 돈방석에 앉는 것을 본 많은 젊은이들이 오늘도 벤처창업을 시도하고 있다. 본서는 이러한 미래의 꿈나무들이 창업을 하는데 도움을 줄 수 있는 내용을 담고자 노력하였다.

나날이 악화되는 취업환경 속에 정부의 강력한 일자리 창출 지원정책과 창업지원 정책에 힘입어 대학생들 및 일반인들 사이에 불고 있는 벤처창업 열풍에 본서가 미약하나마 도움을 줄 수 있다면 저자는 더할 나위 없이 기쁠 것이다.

본서가 나올 수 있도록 곁에서 말없이 내조를 해준 아내와 사랑하는 딸과 아들에게 고맙다는 말을 전하고, 아울러 본서의 출판을 위해 도와주신 지필미디어의 김성남대표와 김성준부장께 감사드리고, 바쁜 일정에도 꼼꼼하게 교정을 보아준 지필미디어 직원들께 진심어린 고마움을 표합니다.

2019년 2월

연세대학교 미래관 연구실에서

차례

제1장 | 4차 산업혁명과 창업경영 ······ 1

제1절 세계를 놀라게 한 이세돌과 알파고의 대결 ······ 2
제2절 4차 산업혁명의 정의 ······ 2
제3절 4차 산업혁명 시대에는 디자인과 브랜드가 핵심무기 ······ 3
제4절 4차 산업혁명시대에는 경쟁상대 파악이 중요 ······ 4
제5절 4차 산업혁명 이후 전망 ······ 4

제2장 | 4차 산업혁명 시대에 각광받는 업종 ······ 7

제1절 개요 ······ 8
제2절 인공지능(AI: Artificial Intelligence) ······ 8
제3절 자율주행차(Autonomous Driving/Self-Driving Car) ······ 15
제4절 블록체인(Block Chain) ······ 19
제5절 가상현실(VR: Virtual Reality) ······ 23
제6절 배터리제조 ······ 29
제7절 로봇(Robot) ······ 31
제8절 공유경제(Shared Economy) ······ 36

제3장 | 4차 산업혁명 시대의 스타트업 기업 사례 ······ 41

제1절 우버(Uber Technologies, Inc) ······ 42
제2절 에어비앤비(Airbnb) ······ 44
제3절 구글(Google) ······ 46
제4절 페이스북(Facebook) ······ 50
제5절 엔씨소프트(NC Soft) ······ 54
제6절 카카오(Kakao) ······ 63
제7절 네이버(Naver) ······ 72
제8절 옐로모바일(Yellow Mobile) ······ 74
제9절 웰트(Welt) ······ 82
제10절 직방 ······ 90

제4장 | 성공적인 창업과 창업가 정신 ········ 99

제1절 성공적인 창업과정 ········ 100
제2절 창업가 정신에 관한 기본정의 ········ 101
제3절 창업기회 ········ 103
제4절 창업아이디어 발굴 ········ 112
제5절 벤처기업의 성공 요소 ········ 112
제6절 성공한 벤처창업가의 교훈 ········ 114
제7절 사업실행 타이밍 ········ 116
제8절 아이디어 사업타당성 평가 ········ 118
제9절 벤처사업 심사 ········ 121

제5장 | 사업계획서 ········ 129

제1절 사업계획서의 중요성 ········ 130
제2절 사업계획서의 주요 항목들 ········ 131
제3절 상권분석 및 입지분석 ········ 135

제6장 | 벤처기업의 자금조달 ········ 143

제1절 벤처기업 자금조달의 기본원칙 ········ 144
제2절 벤처기업의 자금조달 방법 ········ 149
제3절 정부기관의 정책자금 종류 ········ 155

제7장 | 엔젤투자, 액셀러레이터 및 벤처캐피탈 ········ 161

제1절 엔젤투자 ········ 162
제2절 액셀러레이터 ········ 169
제3절 벤처캐피탈 ········ 180

제8장 | 창업관련 법규 ········ 197

제1절 창업의 정의 ········ 198
제2절 창업관련 법규의 구조 ········ 199
제3절 벤처기업 육성에 관한 특별조치법 ········ 200
제4절 창업지원에 관한 특례조항을 규정하고 있는 법률 ········ 202

제9장 | 벤처기업조직의 형태 ············ 207

제1절 조직형태 ············ 208
제2절 조직형태별 세금 ············ 213
제3절 창업과 세무 ············ 216

제10장 | 지식재산권 ············ 223

제1절 지식재산권의 정의 및 종류 ············ 224
제2절 특허권 ············ 226
제3절 실용신안권 ············ 234
제4절 디자인권 ············ 236
제5절 상표권 ············ 237
제6절 저작권 ············ 240
제7절 지식재산권을 보호하기 위한 다른 방법들 ············ 241

제11장 | 벤처 마케팅 ············ 245

제1절 마케팅의 개요 ············ 246
제2절 마케팅 전략수립 과정 ············ 247
제3절 마케팅 환경분석 ············ 247
제4절 STP 전략 ············ 253
제5절 마케팅믹스 4P 전략 ············ 256
제6절 고객 및 소비자에 대한 이해 ············ 258
제7절 게릴라 마케팅 ············ 259
제8절 실전마케팅 방법론 ············ 261

제12장 | 재무성과 평가 ············ 267

제1절 재무제표 ············ 268
제2절 재무비율 분석 ············ 271

제13장 | 기업공개(IPO)를 통한 투자회수 ············ 279

제1절 투자회수전략 계획 수립 ············ 280
제2절 발행시장의 의의와 구조 ············ 280
제3절 기업공개의 의의 및 방법 ············ 282
제4절 주식발행 유형 ············ 282
제5절 코스닥시장 ············ 283

제14장 | 기업 인수합병(M&A)을 통한 투자 회수 ···· 289

제1절 M&A의 의의 ···· 290
제2절 M&A의 종류 ···· 290
제3절 적대적 M&A 방어전략 ···· 294

제15장 | 자본유형과 자본비용 ···· 299

제1절 자본유형 ···· 300
제2절 자본비용 ···· 310

제16장 | 주식과 채권의 가치평가 ···· 315

제1절 화폐의 시간가치 ···· 316
제2절 채권의 가치평가 ···· 318
제3절 주식의 가치평가 ···· 320

제17장 | 재무계획 ···· 323

제1절 재무계획의 의의 ···· 324
제2절 단기재무계획 ···· 325
제3절 장기 재무계획 ···· 330
제4절 재무예측 방법 ···· 335

부록

창업관련 주요 법률 ···· 337
벤처기업육성에 관한 특별조치법(약칭: 벤처기업법) ···· 338
중소기업창업 지원법 ···· 340
소상공인 보호 및 지원에 관한 법률(약칭: 소상공인법) ···· 343
1인 창조기업 육성에 관한 법률 ···· 344

■ 참고문헌 ···· 348
■ 찾아보기 ···· 349

제 1 장

4차 산업혁명과 창업경영

제1절 | 세계를 놀라게 한 이세돌과 알파고의 대결

이세돌과 이창호 같은 바둑의 고수들은 보통 100수 이상 앞을 내다볼 수 있다고 하여 입신(入神)의 경지에 들어갔다고 한다. 그래서 기술이 아무리 발달한다고 하여도 인간의 상상력을 넘을 수는 없을 것으로 여겨져 왔다. 하지만 인공지능[1](AI; Artificial Intelligence)과 인간의 대결로 세간의 이목이 집중된 대국에서 알파고가 천하의 이세돌 9단을 물리치고 완벽하게 승리하여 세상을 놀라게 하였다.

2016년 3월 열린 5번기 대결로, 구글 딥마인드(Google DeepMind)가 개발한 인공지능 바둑프로그램인 알파고(AlphaGo)가 이세돌 9단에 4대 1로 승리하였다. 알파고는 1국에서 186수 백 불계승, 2국에서 211수 흑 불계승, 3국에서 176수 백 불계승을 거뒀다. 4국에서는 이세돌 9단이 180수 백 불계승으로 1승을 이뤄냈으나 5국에서 알파고가 280수 백 불계승을 거두면서 알파고가 최종 승리하였다. 알파고는 직접 바둑돌을 놓을 수 없기 때문에 알파고 개발팀 중 대만계 아자 황(아마 6단)이 알파고가 둔 수를 대신 바둑판으로 옮겼다. 아자 황이 이세돌 9단이 둔 수를 컴퓨터에 입력하면 구글 클라우드에서 알파고 프로그램을 돌려 수많은 컴퓨터를 통해 대국 중에 수백만 번의 시뮬레이션을 할 수 있다.

인간과 인공지능(AI) 바둑프로그램과의 세기의 바둑대결 후 한국 사람들은 물론 세계의 많은 사람들이 인공지능에 기반으로 한 4차 산업혁명에 지대한 관심을 갖게 되었다. AI가 탄생하면서 세계는 한순간에 다른 차원으로 이동하고 있다. 인류탄생 이후 발전시킨 모든 지식과 기술을 완전히 바꾸는 마지막 산업혁명이 시작된 것이다.

제2절 | 4차 산업혁명의 정의

4차 산업혁명(Fourth Industrial Revolution)이란 네이버 지식백과에 의하면 정보통신기술(ICT; Information, Communication & Technology)의 융합으로 이루어지는 차세대 산업혁명

1 인공지능이란 인간의 인식 판단, 추론, 문제해결, 언어나 행동지령, 학습기능과 같은 인간의 두뇌작용과 같이 컴퓨터 스스로 추론, 학습, 판단하면서 작업하는 시스템을 말한다.(Naver 지식백과 참조)

을 말한다. 즉, 인공지능, 로봇기술, 생명과학이 주도하는 차세대 산업혁명을 말한다. 제1차 산업혁명은 1784년 영국에서 시작된 증기기관과 기계화로 대표되는 산업혁명을 말한다. 제2차 산업혁명은 1870년 전기를 이용한 대량생산이 본격화된 산업혁명을 말하며 제3차 산업혁명은 1969년 인터넷이 이끈 컴퓨터 정보화 및 자동화 생산시스템이 주도한 산업혁명을 말한다. 마지막으로 제4차 산업혁명은 로봇이나 인공지능을 통해 실제와 가상이 통합돼 사물을 자동적, 지능적으로 제어할 수 있는 가상 물리 시스템의 구축이 기대되는 산업상의 변화를 말한다.

제3절 | 4차 산업혁명 시대에는 디자인과 브랜드가 핵심무기 [2]

홍성국의 '수축사회'에 따르면 4차 산업혁명의 시대에는 디자인과 브랜드가 제품의 핵심무기라고 주장한다. 4차 산업혁명 시대에는 자동차, 가전제품, 생활용품 등 거의 모든 제품에 로봇이나 인공지능 기술의 사용비중이 높아지면서 상품 품질의 수준이 비슷해지고 있다. 따라서 어느 회사나 좋은 제품을 만들 수 있게 되었다. 그렇다면 경쟁에서 승리하는 차별적 요소는 무엇인가? 바로 브랜드 가치나 디자인 같은 감성적 요소라고 할 수 있다. 경쟁무기가 품질에서 디자인과 브랜드로 바뀐 것이다. 한국의 현대 기아차의 제조기술이 날로 발전하여 독일의 벤츠 자동차의 기술을 상당부분 따라가고 있지만 아직도 존재하는 엄청난 가격차이는 브랜드와 디자인의 차이에 기인한다고 할 수 있다.

4차 산업혁명으로 모방자의 혁신이 빨라지고 있다. 그동안 혁신적인 경제는 일본이 미국을, 한국이 일본을, 그리고 중국은 한국을 모방하면서 성장해 왔다. 그런데 모방시간이 짧아지고 있다. 예를 들어 한국이 일본기술을 모방할 때는 10년이 걸렸지만 지금 중국은 1 ~ 2년 내 한국을 바로 따라 잡는다. 왜냐하면 4차 산업혁명은 미국, 일본, 한국, 중국이 비슷한 선성에서 출발하고 있기 때문이다. 비록 모방의 속도가 빨라졌지만 브랜드와 디자인은 모방이 쉽지 않다. 따라서 향후 경쟁의 본질은 브랜드와 디자인이 될 것이다.

2 홍성국 저 '수축사회' 2018 참조 인용

제4절 | 4차 산업혁명시대에는 경쟁상대 파악이 중요

한국내에서 극장끼리 경쟁하던 시대에 각 극장들은 다른 개봉관들보다 최신의 핫(hot)한 영화공급과 극장시설 고급화를 통해 서로 경쟁하였다. 하지만 4차 산업혁명의 시대에 한국 극장의 최대 적은 모바일이다. 젊은 층이 모바일로 영화를 보기 때문이다. 텔레비전 홈쇼핑의 경쟁자도 모바일이다. 의사끼리 경쟁하던 시대에서 의약분업으로 의사와 약사가 갈등하던 시대가 있었다. 그러나 이제 의사의 경쟁상대는 원격진료이다. 동네 호프집의 적군은 동네 편의점이다. 편의점은 안주와 술, 파라솔까지 겸비한데다 가격도 호프집보다 훨씬 싸다. 과학기술이 발달하고 사람의 욕구가 변화하는 현상이 서로 결합하면서 우리는 누군가로부터 공격받고 있는데 적의 존재는 잘 보이지 않는 당혹스러운 상황을 맞이하게 되었다.

제5절 | 4차 산업혁명 이후 전망 [3]

4차 산업혁명 이후에는 산업과 사회 생태계가 재편될 것으로 보인다. 자율주행자동차가 일반화되면 자동차의 동력은 당연히 전기가 될 것이다. 석유로 움직이는 자동차는 엔진과 차체, 그리고 전장 등 수만가지 부품이 결합된 종합 작품이다. 그러나 자율주행자동차의 핵심부품은 배터리와 AI 정도이다. 그러나 설비와 약간의 기술만 있으면 배터리 공장을 설립할 수 있을 정도로 배터리는 특별한 기술이 아니다. 차체나 부품 등 하드웨어는 대부분 외주가 가능한데, 외주 업체들도 4차 산업혁명 도입으로 생산성이 높아지면서 가격이 하락될 것이다. 결국 자율주행차를 움직이는 사령탑인 AI와 다양한 IT 기기가 차량가격의 대부분을 차지할 것이다.

상황이 이렇게 전개된다면 엄청난 규모의 완성차 업계나 부품회사들은 생산성이 올라가겠지만 수익률 하락으로 큰 위기에 봉착할 수 있다. 견고했던 진입장벽이 낮아지면서 누구나 진출이 가능하니 공급과잉이 발생하는 것은 자명하다. 결국 기존 자동차산업 전체가 몰락하거나 사양산업이 될 수 있다. 이렇게 되면 IT산업의 강자인 삼성그

3 홍성국 저 '수축사회' 2018 참조

룹이나 SK그룹, LG그룹들의 자동차산업 진출이 용이해진다. 오히려 좋은 기술을 자신들의 자동차에 적용할 테니 현대기아자동차보다 경쟁력이 높아질 수도 있다. 4차 산업혁명은 이러한 과정을 거쳐 중후장대(重厚長大)형 경제구조를 빠르게 경박단소(輕薄短小)형으로 전환시킬 것이다. 이러한 변화는 비단 자동차산업 뿐만 아니라 동력원이 전기로 바뀌면 내연기관과 관련된 산업 전체가 도산할 수도 있다.

향후 소비패턴에는 많은 변화가 예상된다. 최근에는 변화하는 소비트렌드를 겨냥한 가정간편식 혹은 가정대용식(HMR; Home Meal Replacement) 시장이 갈수록 커지면서 안 그래도 줄어든 외식시장을 악화시킬 수 있다는 우려의 목소리가 높다. 지역상인들은 최저임금 인상 압박도 심한데 가뜩이나 위축된 외식업이 간편식에 잠식당할까 노심초사한다. 가정간편식 시장은 1인가구 증가와 간편식의 품질 고급화로 나날이 성장하고 있다. 주52시간 근무제 시행으로 직장인들이 집에서 간단하게 즐기던 '혼밥 · 혼술' 문화가 간편식 시작을 알렸다면 이제는 대기업과 유통업계의 진입으로 다인가구로까지 확장되었다.

이처럼 4차 산업혁명에 따른 생산 및 제조업 분야의 변화는 천지개벽의 수준으로 바뀔 것이며, 소비분야에서도 변화가 크게 일어날 것이므로 향후 창업을 고려하는 예비 창업자들은 앞으로의 산업방향과 소비트렌드를 살펴보면서 창업을 추진할 것을 권유한다.

제 2 장

4차 산업혁명 시대에 각광받는 업종

제1절 | 개요

미국 정부는 유엔미래보고서(2015년)를 통해 현존하는 직업의 80%가 10년 내에 사라지거나 진화할 것이라 예견한 바 있다. 세계경제포럼(WEF: World Economic Forum)이 발표한 '직업의 미래보고서'에서도 기존 일자리 710만개가 사라지고 200만개 전문직 일자리가 새롭게 만들어 질 것이라는 예측이 담겨 있다. 미래학자인 토머스 프레이 다빈치연구소장은 "2030년까지 전 세계 일자리 20억 개가 사라질 것"이라고 전망하기도 했다.

한국고용정보원은 '4차 산업혁명 미래 일자리 전망보고서'를 통해 4차 산업혁명시대가 열릴 경우 요금수납, 반복조립, 안내, 물품관리 등의 일자리가 우선 대체될 전망이라고 발표했다. 특히 대대적인 일자리 감소가 있을 것으로 예상되는 위기직업으로는 상담안내원, 생산 및 제조관련 단순직, 의료진단 전문인, 은행사무원, 창고직업원, 계산원 등 6개 직업이 선정되었다.

이처럼 급변하는 4차 산업혁명시대에는 로봇이나 인공지능(AI), 가상현실(VR; Virtual Reality) 콘텐츠, 공유경제 서비스 등이 4차 산업혁명시대의 핵심으로 떠오르는 벤처기업 업종들이라고 알려졌다. 이들 업종이 각광받게 된 이유는 고액자산가들의 참여덕분이다. 국내의 투자회사나 증권회사들의 PB(Private Banking)센터에서 자산가들을 대상으로 관련 상품을 만들어 고액자산가들도 창업투자사나 벤처캐피탈사(Venture Capital)나 가능했던 벤처기업 투자를 가능하게 했다. 즉, 그동안 기업이나 기관투자가 등에게만 한정했던 사모펀드(Private Equity Fund) 참여에 개인도 가능해진 것이다. 최근에는 이런 투자트렌드가 국내 벤처기업뿐만 아니라 글로벌 유니콘기업[4]으로 확장되었다.

제2절 | 인공지능(AI: Artificial Intelligence)[5]

인공지능이란 인간의 학습능력과 추론능력, 지각능력, 자연언어의 이해능력 등을 컴퓨

4 유니콘기업은 기업가치가 10억달러(약 1조원) 이상으로 평가받는 비상장 스타트업 기업을 가리킨다.
5 네이버 지식백과 : 인공지능(4차 산업혁명, 2016.10.20., 김대호) 참조 인용

터 프로그램으로 실현한 기술을 말한다. 인간의 지능으로 할 수 있는 사고, 학습, 자기 개발 등을 컴퓨터가 할 수 있도록 하는 방법을 연구하는 컴퓨터 공학 및 정보기술의 한 분야로서, 컴퓨터가 인간의 지능적인 행동을 모방할 수 있도록 하는 것을 인공지능이라고 말하고 있다.

또한 인공지능은 그 자체로 존재하는 것이 아니라, 컴퓨터 과학의 다른 분야와 직간접으로 많은 관련을 맺고 있다. 특히 현대에는 정보기술의 여러 분야에서 인공지능적 요소를 도입하여 그 분야의 문제 풀이에 활용하려는 시도가 매우 활발하게 이루어지고 있다. 자연언어처리(natural language processing) 분야에서는 이미 자동번역과 같은 시스템을 실용화하며, 특히 연구가 더 진행되면 사람이 컴퓨터와 대화하며 정보를 교환할 수 있게 되므로 컴퓨터 사용에 혁신적인 변화가 오게 될 것이다.

전문가시스템(expert system) 분야에서는 컴퓨터가 현재 인간이 하고 있는 여러 가지 전문적인 작업들(의사의 진단, 광물의 매장량 평가, 화합물의 구조 추정, 손해배상 보험료의 판정 등)을 대신할 수 있도록 하는 것이다. 여러 분야 가운데서도 가장 일찍 발전하였다. 컴퓨터가 TV 카메라를 통해 잡은 영상을 분석하여 그것이 무엇인지를 알아내거나, 사람의 목소리를 듣고 그것을 문장으로 변환하는 것 등의 일은 매우 복잡하며, 인공지능적인 이론의 도입 없이는 불가능하다. 이러한 영상 및 음성 인식은 문자 인식, 로봇 공학 등에 핵심적인 기술이다. 이론증명(theorem proving)은 수학적인 정리를 이미 알려진 사실로부터 논리적으로 추론하여 증명하는 과정으로서 인공지능의 여러 분야에서 사용되는 필수적인 기술이며, 그 자체로도 많은 가치를 지니고 있다. 신경망(neural net)은 비교적 근래에 등장한 것으로서 수학적 논리학이 아닌, 인간의 두뇌를 모방하여 수많은 간단한 처리기들의 네트워크로 구성된 신경망 구조를 상정하는 것이다.

이 교재의 초반부분에 언급한 바와 같이 알파고(Alpha Go)와 이세돌 기사의 대국에 나온 알파고를 통해 인공지능이 전 국민이 관심을 갖는 분야로 떠올랐다. 덕분에 인공지능에 대한 교육이나 홍보가 단숨에 이루어졌다.

인간의 지능을 가진 생각하는 기계를 만들겠다는 생각은 오랜 역사를 갖는다. 인공지능은 인간이 계산방법을 발전시키면서 자연스럽게 대두되었다. 인공지능의 역사를 보면 상당한 기간 동안 굴곡진 시간을 거쳐 왔다. 1930 ~ 1940년대부터 생각하는 기계에 대한 기대가 본격화되기 시작했다. 튜링테스트가 개발되고, 수리논리학이나 컴퓨테이션(Computation, 계산), 사이버네틱스(Cybernetics, 인공두뇌학), 정보 이론 등 인간의 사고 과정에 대한 이론들이 등장했다.

1956년에는 처음으로 인공지능(AI, Artificial Intelligence)이라는 용어가 등장했다. 그러나 일반적인 지능 프로그램을 만드는 것이 생각보다 어렵다는 것이 판명되어 1970년대까지 침체기를 겪기도 했다. 영국의 AI연구소는 해체되고, 미국의 연구재단은 AI 연구 지원을 중단했다.

그러다 1980년대 신경망(neural net) 이론으로 인공지능이 재발견되었다. 신경망 이론은 인간의 사고를 두뇌 작용의 산물로 보고 이 두뇌 구조를 분석하고 처리하는 메커니즘을 규명해 생각하는 기계를 만들 수 있다는 이론에서 출발한 이론이다. 그러나 이 이론을 적용하기에는 방대한 데이터를 관리할 방법이 없었다. 다시 침체기를 맞았다가 1990년대 인터넷의 발전으로 다시 부활했다.

검색 엔진 등을 통해 방대한 데이터를 수집할 수 있게 되었기 때문이다. 여기에서 기계학습을 가능하게 하여 수많은 데이터를 분석하고 인공지능 스스로 학습하는 방식으로 진화할 수 있게 되었다. 더 나아가 인간의 뇌를 모방한 신경망 네트워크(neural networks) 구조로 이루어진 딥러닝(Deep learning) 알고리즘으로 발전하면서 그 한계를 뛰어넘을 수 있었다.

1997년 5월에는 IBM의 슈퍼컴퓨터 딥블루(Deep Blue)가 여러 번의 도전 끝에 당시 체스 세계챔피언이었던 게리 카스파로프(Gary Kasparov)를 물리치면서 다시 주목을 받았다. 그리고 2011년 2월에는 IBM의 왓슨(Watson)이 미국의 텔레비전 방송 프로그램인 제퍼디(Jeopardy!) 퀴즈쇼에서 두 명의 참가자들을 누르고 우승을 차지했다. 세계는 기계가 인간을 이겼다는 사실에 놀랐고, 이에 따라 IBM 등이 주도하는 인공지능 개발에 대한 관심도 다시 크게 높아졌다.

기존의 컴퓨터는 인간의 연산능력을 배가하는 것만으로도 인간 사회를 크게 변화시켜 왔다. 더욱이 이는 인간이 작성한 프로그램을 통해서만 이루어졌고 인간이 관여했다. 그런데 컴퓨터가 인간의 관여 없이 스스로 학습해 결정하는 인공지능 능력을 만들어 낸 것이다. 지능은 인간만이 가진 고유한 능력으로 알려져 왔다. 물론 동물의 다른 종도 약간의 지능을 가지고 있지만, 그 정도는 매우 미약해 지능이라고 불릴 정도는 아니었다. 그런데 이렇게 인간만이 가진 것으로 알았던 지능을 컴퓨터가 스스로 갖게 된 것은 놀라운 일이었던 것이다. 이는 기계학습이라는 방법으로 이루어졌다.

기계학습은 기계가 수학적 최적화 및 통계분석 기법을 기반으로 사람의 도움 없이도 데이터로부터 일정한 신호와 패턴을 배우고, 그것을 바탕으로 다음에 일어날 일을 예측하며 적합한 의사 결정을 내리는 알고리즘을 만드는 일에 주력한다. 이런 기계학습 방법론에 기댄 인공지능 연구 흐름은 특히 2012년 6월 구글과 앤드루 응(Andrew Ng)이 기계학습의 한 분야인 딥러닝 알고리즘을 이용해 컴퓨터가 1,000만 개의 유튜브 동영상 속에서 고양이 이미지를 74.8%의 정확도로 식별하도록 하는 프로젝트를 성공적으로 수행하면서 커다란 도약의 전환점을 맞게 되었다. 딥러닝은 신경망 네트워크 개념을 이용해 가능해졌다. 클라우드 컴퓨팅 환경의 급속한 발전과 빅데이터가 뒷받침되자 딥러닝이 구현된 것이다.

이렇게 극적인 돌파구가 열리자 인공지능은 큰 전환기를 맞게 되었다. 기계에게 이미지와 소리를 인식하는 방법을 가르치는 심화학습 기법이 영상인식, 음성인식, 번역 등 다양한 분야에 적용되면서 구체적인 결과를 만들어 내고 있다. 지금 주요 글로벌 기업들은 인공지능을 모두 미래의 최대 성장 동력으로 보고 있다. 구글, IBM, 마이크로소프트, 애플, 페이스북, 바이두, 알리바바, 삼성 등이 대거 참여하면서 인공지능 적용 분야가 의료기술 향상, 유전자 분석, 신약 개발, 금융거래 등으로 빠르게 확대되고 있다.

구글은 2001년 이후 AI 관련 기업을 인수합병하며 인공지능 분야를 선도하고 있다. 2014년에는 영국 AI기업 '딥마인드 테크놀로지(Deep Mind Technologies)'를 6억 달러(6,600억 원)에 인수했다. 딥마인드는 이세돌 9단과의 바둑 대결에서 승리해 인공지능에 대한 관심을 불러일으킨 '알파고'를 개발한 회사다. 구글은 또한 2009년부터 자율주행차 개발을 시작하는 등 AI 기술을 활용하는데 앞장서 왔다. 로봇 분야에서도 앞서고 있다.

구글은 스마트폰 이용자를 위해 이메일을 읽고 이용자의 모든 동작을 파악하며, 묻기도 전에 원하는 것을 알아서 검색하고 그 결과를 이용자가 원하는 상황까지 감안해서 알려 주는 진정한 의미의 사이버 도우미를 개발하는 목표를 세웠다. 그 일환으로 AI 비서 '구글 어시스턴트(Assistant)', 사물인터넷(IoT) 허브 '구글 홈', AI 모바일 메신저 앱 '알로(Allo)' 등 인공지능을 활용한 서비스를 준비하고 있다.

IBM은 '딥블루'와 '왓슨'을 개발해 인공지능의 실제 사례를 보여 주며, 구글과 함께 인공지능 분야를 선도하고 있다. IBM은 각 산업 전반에 접목해 거대한 인공지능 생태계를 만드는 데 주력하고 있다. 왓슨의 데이터 검색 능력과 자연언어 이용 능력을 활용해 개발자들이 다양한 인공지능 서비스를 개발하도록 하는 것이다. IBM은 특히 왓슨을 의료 분야에 적용하는 데 발군의 실력을 보여 주고 있다. 왓슨은 암 환자 치료에 암 환자의 데이터와 각종 의료 데이터를 동원해 암 발견과 최적의 치료를 수행하는 시스템으로 발전하고 있다. 유명한 의사보다 왓슨이 더 정확하게 수행한다고 한다.

또한 최근에는 왓슨 IoT 기술을 적용한 자율 주행 셔틀버스를 발표했다. 이 버스는 차량 외부에 장착된 센서들로 데이터를 수집하고 이를 활용해 AI가 운전한다. 또 승객과의 일상 대화가 가능해 승객이 목적지를 말하면 목적지와 최적 경로를 자동으로 운행한다. 이렇게 IBM은 왓슨을 실제 생활에 접목해 커다란 인공지능 생태계를 구축하고자 한다.

마이크로소프트는 '코타나(Cortana)'를, 이용자가 가장 먼저 의존하는 디지털 개인 비서로 만드는 데 주력하고 있다. 코타나는 자연언어 인식과 기계학습 기능을 갖추고, 검색 엔진 빙(Bing)의 빅데이터를 활용해 정보 검색을 넘어 이용자가 원하는 것을 도와주는 서비스로 발전하고 있다. 마이크로소프트는 모든 기계가 인공지능 기반으로 진화하며, 인간의 언어를 이해하는 컴퓨팅 시대가 되어 '대화'가 인간과 사물의 핵심 커뮤니케이션 수단이 된다는 것으로 보고, 이를 '플랫폼과의 대화' 개념으로 정리하고 있다.

애플은 음성인식 정보검색 서비스인 '시리(Siri)'의 생태계를 확대하는 데 주력하고 있다. AI 시리를 외부의 앱과 연동해 서비스 확장성을 추진한다. 또한 그동안 아이폰과 아이패드 등에서만 작동되던 시리를 PC와 노트북PC 운영체제(OS)인 맥 OS에도 포함한다고 한다.

페이스북은 뒤늦게 2013년에 AI연구소를 설립하고, AI 채팅플랫폼인 '챗봇(Chatbot)'을 공개했다. 10억 이용자를 기반으로 AI 기반의 생태계를 만들겠다는 목표를 내세웠다.

한편 중국은 거대한 시장과 막대한 자본력을 바탕으로 AI 산업에 적극 나서고 있다. 바이두는 구글의 거의 모든 비즈니스 모델을 따라 하는 것으로 알려져 있다. 따라서 인공지능 분야도 예외가 아니다. 바이두는 구글의 인공지능 분야를 이끌었던 앤드루 응을 영입해 인공지능 연구소의 책임자로 임명했다. 바이두의 인공지능 연구소는 진정한 의미에서 인간의 개입 없이 스스로 학습할 수 있는 지능을 개발하는 목표를 가지고 있다. 이런 인공지능 기술이 바이두의 비즈니스 역량을 향상시킬 것으로 보고 있다.

이렇게 글로벌 기업들은 인공지능 생태계를 만들어 선도하겠다는 공통된 전략을 가지고 있다. 이를 위해 공통적으로 인공지능 소프트웨어 기술을 오픈소스로 공개하고 있다. 이는 기술을 공개해 더 많은 개발자 우군을 확보, 인공지능 생태계 진화를 앞당기기 위한 것이다. MS는 AI 코타나와 스카이프(Skype) 번역 음성 인식 기술 등을 오픈소스하고, 구글은 텐서플로(Tensor Flow)를 오픈소스했다. 텐서플로는 머신러닝과 딥러닝을 위해 만들어진 것이다.

페이스북도 AI 기술을 위한 오픈소스 하드웨어인 빅서(Big Sur)를 공개했다. 빅서는 머신러닝 데이터를 학습할 때 사용되는 서버로, 데이터 처리 속도를 높였다. 중국의 바이두도 자체 개발한 인공지능 소프트웨어를 오픈소스로 공개했다. 바이두의 인공지능 연구소에서 개발한 AI 기술인 WARP-CTC는 컴퓨터가 사람의 말을 인식하기 위해 필요한 머신러닝 기술에 적용됐다.

이런 환경에 따라 많은 스타트업 기업들도 인공지능 분야에 나서고 있다. 이에 따라 콘텐츠와 쇼핑 등 서비스 이용자들의 취향을 읽어서 상품을 추천해 주는 것부터 글이나 자료 작성, 자율 주행에 이르기까지 인공지능이 널리 활용되기 시작했다. 미국의 유력 일간지 워싱턴포스트는 2016년 여름 열린 리우데자네이루 올림픽 보도에 '헬리오그래프(Helio graf)'라는 인공지능 로봇이 기사를 쓴다고 밝혔다.

알파고의 성공 역시 스타트업인 '딥마인드'의 작품이다. 딥마인드는 인간의 창의성이 작동해 수많은 경우의 수를 다루어야 하는 바둑 게임을 통해 인공지능의 수준을 한 단계 높였다는 평가를 받았다. 바둑의 세계 최고가 된 알파고는 스타크래프트(Starcraft) 게임에도 도전하며 계속 진화할 것이라고 한다.

알파고는 바둑 게임용 인공지능이지만 그 이면에는 방대한 양의 빅데이터를 기계가 스스로 학습하고 승리하는 방법을 터득하는 과정과 반복 학습을 통해 지식을 지속적으로 강화하는 과정 등이 핵심 기술로 구현되어 있다. 따라서 이러한 핵심 기술은 다른 많은 분야에 적용되어 활용될 수 있다.

금융 업무도 인공지능이 담당하게 된다. '챗봇'은 AI 기술의 하나로 인간 방식의 대화를 하는 컴퓨터 프로그램이다. 과거 챗봇은 단순 패턴매칭 방식을 사용해 사전에 정의된 키워드만 인식해 입력된 응답을 출력하는 방식이었다. 트윗봇(twitt bot)이나 언론사에서 단신기사 작성에 활용 중인 기사봇 등이 대표적이다. 그러나 인공지능에 기반을 둔 챗봇은 더욱 진화해 자연스러운 언어로 질문이나 명령을 하면 맥락을 파악해 응답하는 것이 가능해졌다. 또한 대화가 축적될수록 스스로 학습해서 정확도를 높이는 것이 특징이다. 방대한 양의 금융거래 정보, 경제 지표 등과 같은 전문 정보를 알아서 학습하고 학습된 지식을 스스로 강화해 사람을 대신한 투자 자문 인공지능으로 구현되는 것이다.

최근 개인 간(P2P) 금융 업체인 '8퍼센트'라는 스타트업이 챗봇 '에이다(Aida)'를 개발했다는 보도가 나왔다. 예컨대 "소득은 3,000만 원, 현재 근무 기간은 2년입니다. 1,000만 원을 빌리고 싶은데 금리와 대출한도가 얼마일까요"라고 물으면 에이다는 대답과 함께 P2P 대출을 이용할 수 있도록 관련 URL 링크를 안내한다. 이용자들은 웹사이트 접속 또는 전화를 걸지 않고도 메신저에서 대화하듯이 소통하며 필요한 정보를 찾거나 서비스를 이용할 수 있다. 에이다에는 알파고에 적용되었던 딥러닝(deep learning)이 활용되었다.

특히 인공지능이 사물인터넷과 결합해 지금과는 전혀 다른 서비스를 만들어 내는데 무궁무진한 잠재력이 있다. 예컨대 다양한 헬스케어 기기들이 왓슨과 같은 지능형 의료 플랫폼에 연결되면 단순한 건강 정보의 수집이나 모니터링을 넘어서 질병의 진단과 처방에 이르는 의료 서비스를 구현할 수 있다.

물론 아직 상용화된 AI는 대부분 서비스 영역에 그치고 있다. AI를 활용한 대규모 사업이 실현되려면 아직 갈 길이 멀다. AI가 아직은 오류를 내고 있는 것도 극복해야 할 문제다. 최근 테슬라 전기자동차의 자율주행 기능이 트레일러를 인지하지 못해 운전자가 사망한 것이 대표적인 예다. 높은 수준의 신뢰도가 뒷받침되지 않으면 AI가 산업계 전반으로 확산하는 데 한계가 있다. 구글 등이 추진 중인 자율주행차도 신뢰성 문제를 극복하지 못해 일반도로 진입에 제한을 받고 있다.

이런 가운데 인공지능의 개발과 발전에 미국이 앞서 있지만, 중국이 대단한 기세로 추격하고 있는 상황이 주목된다. 중국은 인터넷에 이어서 인공지능을 국가 목표로 설정하고, 인간과 기기 간 상호작용, 빅데이터 분석 및 예측, 자율자동차, 군사 · 민간용 로봇 등을 개발하는 차이나브레인(China Brain) 프로젝트를 13차 5개년계획(2016 ~ 2020)

에 포함했다.

이제 마치 인터넷이 그랬던 것처럼 인공지능은 경제, 사회, 문화를 변화시킬 것으로 예상된다. 우리의 소통 방식을 변화시키는 것은 물론 문화 자체가 바뀐다. 모든 산업 부문에도 인공지능이 연결되어 산업의 지형을 바꿀 것이다. 반면에 인공지능은 인간의 일자리를 빼앗아 고용에 커다란 충격을 줄 것이다.

제3절 | 자율주행차(Autonomous Driving/Self-Driving Car) [6]

자율주행이란 교통수단이 사람없이 스스로 판단해 이동하고 장애물을 피하여 운행할 수 있는 기능이다. 현재 자율주행이 가장 많이 발달한 교통수단은 철도이다. 정해진 철길로만 주행하고, 철길은 도로와 달리 폐쇄되어 있기 때문에, 다른 돌발상황이 생길 확률이 적기 때문이다. 현재 자율주행이 가장 발전이 느린 교통수단은 자동차이다. 항공기나 선박이 속도가 빠르거나, 크기가 커서 자율주행 개발이 제일 어렵다고 생각할 수 있으나 사실이 아니다. 항공기와 선박의 경우 좁은 공간에 밀집해 다니는 자동차와는 달리 다른 항공기나 선박과 킬로미터 단위로 떨어진 상태로 다닌다. 또한 사람, 자전거, 오토바이 등의 방해물 침입이 빈번해 돌발상황이 자주 일어나는 도로와는 달리 하늘과 바다를 다니기 때문에 방해물이 거의 없다.

자율주행차란 운전자 또는 승객의 조작 없이 자동차 스스로 운행이 가능한 자동차를 말한다. 자율주행의 개념은 1960년대에 벤츠를 중심으로 제안되었고, 1970년대 중후반부터 초보적인 수준의 연구가 시작되었다. 초기에는 아무런 장애 요소가 없는 시험 주행장에서 중앙선이나 차선을 넘지 않는 수준이었으나, 1990년대 들어 컴퓨터의 판단 기술 분야가 크게 발전하면서 장애물이 개입되는 자율주행 분야가 본격적으로 연구되기 시작했다.

자율주행자동차는 운전자가 차량을 조작하지 않아도 스스로 주행하는 자동차로 차세대 자동차 산업으로 주목받고 있는 기술이다. 많은 자동차 업체에서는 2020년에 완전한 자율주행차 출시를 목표로 삼고 있다. 자율주행차 양산 자율주행을 위해서는 고성

6 네이버 나무위키 참조

능 카메라, 충돌 방지 장치 등 기술적 발전이 필요하며, 주행상황 정보를 종합 판단하여 처리하는 주행상황 인지 · 대응 기술이 필수적이다. 수많은 자동차 회사들뿐만 아니라 구글, 애플 등 IT 기업들이 기술개발에 앞장서고 있다.

우리나라에서도 1990년대 후반부터 국책 교통연구기관과 대학을 중심으로 본격적인 연구에 돌입했으며, 잘 알려져 있지 않지만 2000년대 초반 이미 경기도 고양시와 파주시의 자유로에서의 자율주행 기술을 상당 수준으로 완성하는 데 성공했다. 이 시스템은 교통연구원에서 개발한 것인데, 현재의 자율주행 시스템처럼 임의의 경로로 다닐 수 있는 것이 아니고 자유로 내에서 정해진 진출입로를 오가는 시스템이었다. 이 시스템은 2대의 컴퓨터를 활용하는데, 한 대는 교통 환경에 대한 정보를 수집 · 판단해 주행을 통제하고, 다른 한 대는 주행에 대한 정보를 받아 차량의 운동을 통제하는 것이었다.

자율주행차는 차선이탈 경고시스템부터 브레이크 보조시스템(BAS: Brake Assistant System)까지 오늘날 첨단 운전자 지원시스템은 자율주행을 위한 많은 기술을 필요로 한다. 자율주행은 운전의 일부측면에서 급격한 변화를 가져올 것이다. 미래에 교통량이 증가하면 운전자들은 자동차 안에서 다른 활동을 할 수 있는 시간이 생긴다. 교통정체와 비좁은 주차공간에서의 주차가 운전자에게 더 이상 위협이 되지 않는다. 첨단 운전자 지원시스템으로 이미 차량 운전자는 운전의 역동성, 열정, 즐거움을 결코 잊지 않을 것이며 버튼 하나로 시스템을 작동하거나 끌 수 있다.

미국 교통부 산하 도로교통 안전국(NHTSA)의 2016년 10월 이전 자동차 자동화레벨 5단계(0~4단계) 구분에 따르면, 1단계는 특정 기능의 자동화 단계인 선택적 능동제어 단계이다. 현재도 많은 자동차에서 지원하는 차선이탈경보장치나 크루즈 컨트롤 등의 기능이 이 단계에 속한다. 2단계는 테슬라의 오토파일럿처럼 기존의 자율주행 기술들이 통합되어 기능하는 통합적 능동제어 단계로, 운전자들의 시선은 전방을 유지시키지만 운전대와 페달을 이용하지 않아도 된다. 3단계는 차량이 교통신호와 도로 흐름을 인식해 운전자가 독서 등 다른 활동을 할 수 있고 특정 상황에서만 운전자의 개입이 필요한 제한적 자율주행 단계로, 구글의 자율주행차와 상용화로는 아우디가 최초로 이 단계에 속한다. 최고등급인 4단계는 모든 상황에서 운전자의 개입이 필요 없는 완전 자율주행 단계다. 한국에서는 현대자동차의 수소전지차 넥쏘가 서울특별시에서 평창군까지 서울-평창 간 고속국도를 자율주행 기능만 이용해 완주하는 데 성공했다.

자율주행차가 상용화되면 전체 교통사고의 95%가량을 차지하는 운전자 부주의에 의한 교통사고와 보복운전을 줄일 수 있다고 기대된다. 또한, 인간 운전자를 완전히 대체하게 되면 교통정체의 감소를 가져오고 교통경찰과 자동차 보험이 필요 없어질 것이다.

하지만 아예 수동운전 기능이 없는 차량이 받아들여질 수 있는지는 논란거리이다. 구글 측 개발진은 가능하다고 자신했지만 현실성이 없다는 경영진의 주장으로 접은 바 있다. 사실 소비자 입장에서는 목숨을 기계에 맡기고 있으므로 심리적으로라도 수동운전이 가능한 차를 좀 더 안심하고 선택할 가능성이 높다. 또 해일이나 태풍 같은 재난 상황이나 범인을 쫓는 경찰차, 공도가 없는 곳에서의 운전 등 수동운전의 수요 자체는 언제까지나 있을 것으로 보인다.

그러므로 자율주행차에도 만약의 사고에 대비하여 언제든 수동운전을 할 수 있도록 운전면허를 가진 사람이 운전석에 의무탑승하도록 법제화할 가능성이 상당히 높고, 최소한 상용화 초반에는 그런 방향일 것이다. 미국 캘리포니아에서는 실제 이런 규정을 추진 중이나 구글은 반대 입장을 보이고 있다.

또한 사람을 대체할 수 있는 기술이다보니 일자리 문제도 불거지고 있다. 자율주행이 본격적으로 도입되기 시작하면 운수업계의 택시, 버스기사, 택배, 화물차 운전기사 등의 여러 운전직 일자리 수요가 상당량 감소하거나, 심지어 아예 완전히 사라질 것으로 보는 보고서들이 많다. 현실에서 물류비 중 인건비의 비중은 굉장히 높다. 단 1원이라도 비용을 줄이려고 온갖 수단을 강구해야만 하는 사용자들의 입장에서는 비록 초기 투자비용이 상당하더라도 장기적으로는 연간 수천만원에 달하는 돈을 줘가면서 굳이 사람을 계속 고용할 이유가 전혀 없기 때문이다. 게다가 인력을 기계로 대체하게 되면 사용자는 노무관리라는 골치 아픈 문제에서도 완전히 해방될 수 있다. 기계는 노조를 만들지도 파업을 하지도 지각이나 결근을 하지도 않기 때문이다. 사람처럼 일일이 회사에서 4대 보험을 들어주고 퇴직금을 정산해 줄 필요도 없다. 물론 고장이라는 변수는 존재하지만 사람도 아파서 직장에 못 나오거나 하는 경우는 많다. 그리고 기계 고장은 유지보수 업체에 전화 한 통이면 끝나지만 사람이 갑자기 못 나오면 업주는 대체자를 구하기 위해 골치를 싸매야 한다.

다만 이는 차량 관련 인력이 완전히 사라진다는 소리는 아니다. 현실적으로는 운전직들의 상당수가 단순히 운전만을 하는 일자리가 아니기 때문이다. 자율주행으로 100%

대체하는 것이 현재 시점에서 쉽지는 않다. 택배업 종사자의 60% 정도는 운전 업무이지만 나머지 40%는 배송이다. 로봇이 도입되지 않는 한 배송기사가 없어질 수는 없을 것이다. 반면, 물건 배송에만 신경쓸 수 있게 되면서 배송사고가 확실히 줄어든다는 장점이 있다. 버스업계에서도 자율주행화 시 승하차 사고 확률이 높아지므로 안전 업무를 담당할 탑승자가 필요하다. 트램이나 철도 차량과 달리 완전 자동화를 하는 것이 기술적으로 어렵다. 철도분야에서도 무인 열차가 승하차 시의 위험성은 좀 더 높다. 여럿 발생한 무인전철에서의 휠체어, 유모차, 거동이 불편해 승하차에 오랜 시간이 소요되는 노인들 등의 승하차 사고사례가 있다. 그리고 요금 납부나 부정 승차 문제 등 관리상의 어려움도 존재한다. 이 문제는 무인 택시에서도 발생하는 문제점이다.

하지만 이런 문제들이 있다고는 해도, 결국은 모두 기술적인 문제에 불과하기 때문에 장기적으로는 사람의 필요성이 상대적으로 낮고, 보안이나 안전상의 문제가 덜한 운송 수단부터 조금씩 자율주행으로의 대체가 시작돼서 결국은 운전직 일자리들이 완전히 자율주행차로 대체되는 쪽으로 진행될 것이다. 또한 단기적으로 일자리는 잃지 않더라도, 이렇게 운전이라는 본연의 업무를 기계에게 넘겨주고 사람은 차량의 점검이나 유지 관리, 상품 배송, 보안 및 안전 관리 등 부수적인 일만을 담당하게 되면 종전에 비해 운송직 종사자들의 처우가 나빠질 것으로 예상된다. 가령 버스 운전기사는 버스운전자격증에 1종 대형면허까지 갖추어야 한다. 하지만 버스 운전기사가 안전사고 및 무임승차 방지 안내원으로 대체된다면 시간제 아르바이트를 써도 기술적으로는 문제가 없다. 그래서 이를 사전에 해결하기 위해 기계와 인간의 공존 방법의 모색이 필요한 시점이다. 이미 실업률이 높은 인도에서는 자율주행차 금지를 선언하였다.

자율주행차에 가장 일반적으로 쓰이는 기술은 SLAM(동시적 위치추정 및 지도작성, Simultaneous localization and mapping)이라는 기법이다. 로봇에 의한 지도작성의 한 분야로서, 이름처럼 자신이 알지 못하는 주위 공간의 지도를 만들면서 동시에 자신이 그 지도상의 어디에 있는지를 추정하는 기법이다. 차량에 붙은 여러 개의 센서와 오프라인 지도를 결합해서 활용한다. 각종 사물 인식을 위해 컴퓨터 비전을 쓰기도 한다.

현재 많은 자동차 기업뿐만 아니라 구글, 엔비디아(NVIDIA)같은 IT기업들이 개발 중인데, 그중 가장 앞서있다고 평가되는 구글의 자율주행차는 실제 도로 주행을 하여 주행거리가 200만km가 넘었다. 애플도 장기 프로젝트 중 하나로 자율주행차 개발을 진행하고 있다고 한다. 뿐만 아니라, 벤츠, 아우디, 현대자동차, 포드 등 기존 자동차 브랜드들도 개발 중이고, 2020년경이면 실제로 출시가 예상된다.

현재도 다수의 자동차에서 볼 수 있는 크루즈 컨트롤, 차선이탈 경보 시스템, 주차 보조 시스템 등도 기본적인 자율주행 기술의 하나라고 볼 수 있다. 세계적으로 일본은 2016년 8월부터 무인버스가 한 쇼핑몰에서 일반 승객을 태우고 최초로 운행하기 시작했다. 일본의 게임회사와 프랑스의 자율주행차 개발 벤처가 공동 개발한 이 버스는 시험운행 기간 쇼핑몰에서 인근 공원까지를 시속 10여 km로 움직인다. 아키타현 센보쿠 시에서 일반도로에서 처음으로 자율주행버스 주행시험이 이뤄졌다. 2017년 1월부터 규슈대학 이토 캠퍼스에서 무인 자율주행 버스를 시험운행 한다고 밝혔다.

국내에서의 자율주행차가 최초로 선보인 것은 놀랍게도 한참 오래전인 1993년의 대전 엑스포 시절이다. 해당 차량은 세계 최초로 공도주행을 한 자율주행차로 서울시내의 청계천~63빌딩까지의 17km의 거리를 조작 없이 성공적으로 운행하였다. 애초에 이런 기술이 최초인지라 외제 기술이 당연히 존재하지 않았으므로 당연히 자체기술로 개발되었으나 이후 정부과제신청에 탈락하면서 추가적인 지원이 없어 묻혔고 해당 연구진은 교수의 퇴임과 함께 해산되었다.

이후 자율주행차가 다시 이슈가 되면서 새로히 자율주행 자동차가 2017년 말께 판교 제로시티(판교창조밸리)에서 운행한다고 했는데, 핵심 기술들이 외제라 논란이 있었다. 그리고 현재 경기도에서 제작한 국내 최초의 운전자 없는 자율주행차 '제로셔틀'이 판교 제2테크노밸리에서 시범운행에 들어갔다고 한다.

제4절 | 블록체인(Block Chain)[7]

1 블록체인의 개념 및 거래과정

블록체인이란 블록에 데이터를 담아 체인 형태로 연결, 수많은 컴퓨터에 동시에 이를 복제해 저장하는 분산형 데이터 저장 기술이다. 공공 거래 장부라고도 부른다. 중앙 집중형 서버에 거래 기록을 보관하지 않고 거래에 참여하는 모든 사용자에게 거래 내

7 네이버 지식백과 참조

역을 보내 주며, 거래 때마다 모든 거래 참여자들이 정보를 공유하고 이를 대조해 데이터 위조나 변조를 할 수 없도록 돼 있다.

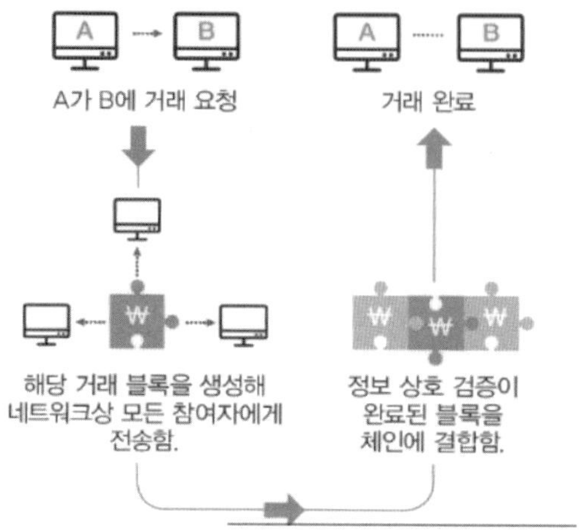

블록체인 거래과정(Naver 지식백과 인용)

블록체인의 출발은 나카모토 사토시가 2007년 글로벌 금융위기 사태를 통해 중앙집권화된 금융시스템의 위험성을 인지하고 개인 간 거래가 가능한 블록체인 기술을 고안했다고 알려졌다. 이후 2009년 사토시는 블록체인 기술을 적용해 암호화폐인 비트코인을 개발했다.

블록체인에 저장하는 정보는 다양하기 때문에 블록체인을 활용할 수 있는 분야도 매우 광범위하다. 대표적으로 가상통화에 사용되는데, 이때는 블록에 금전 거래 내역을 저장해 거래에 참여하는 모든 사용자에게 거래 내역을 보내주며 거래 때마다 이를 대조해 데이터 위조를 막는 방식을 사용한다. 이 밖에도 전자 결제나 디지털 인증뿐만 아니라 화물 추적 시스템, P2P 대출, 원산지부터 유통까지 전 과정을 추적하거나 예술품의 진품 감정, 위조화폐 방지, 전자투표, 전자시민권 발급, 차량 공유, 부동산 등기부, 병원 간 공유되는 의료기록 관리 등 신뢰성이 요구되는 다양한 분야에 활용할 수 있다.

블록체인은 크게 공적 블록체인(Public Block Chain)과 사적 블록체인(Private Block Chain)으로 나뉜다. 퍼블릭 블록체인은 모두에게 개방돼 누구나 참여할 수 있는 형태로 비트코인, 이더리움 등 가상통화가 대표적이다. 프라이빗 블록체인은 기관 또는 기업이 운영하며 사전에 허가를 받은 사람만 사용할 수 있다. 참여자 수가 제한돼 있어 상대적으로 속도가 빠르다.

2 향후 블록체인의 전망[8]

지금까지 블록체인 생태계는 혼돈의 연속이었다. 2017년 말에 불어닥친 '비트코인 광풍'으로부터 시작된 각종 투자 사기, 토큰 상장 폐지, 해킹 등 암호화폐를 중심으로 한 부정적인 사건들이 가득했으며. 기술적인 장점과 무한한 적용 가능성에도 불구하고, 암호화폐의 문제점이 블록체인 관련 이슈의 대부분을 차지하면서 질적으로는 크게 성장하지 못했다고 할 수 있다.

특히 암호화폐(Crypto Currency) 관련 여러 사건들 중에서도, ICO(Initial Coin Offering, 암호화폐 공개)의 맹점을 파고들어 우후죽순으로 급증한 스캠(scam, 신용 사기)에 대한 주의보가 여전히 중요한 문제로 떠오르고 있다. 암호화폐와 그 기반이 되는 기술인 블록체인에 대한 제대로 된 이해 없이, 잘못된 방법으로 악용해온 이들이 워낙 많았기 때문에 어찌 보면 예견된 결과라고 볼 수 있다.

그럼에도 불구하고, 대기업들의 디앱(dAPP, 분산형 애플리케이션) 시장 진입 및 다양한 서비스의 상용화가 예정된 2019년에는 지금까지와는 다른 기대감이 느껴지는 것도 사실이다. 이럴 때일수록, 블록체인과 암호화폐에 관심 있는 이들뿐만 아니라, 특히 시장에 진입하고자 하는 개발자 등은 관련 시장에 대한 전망에 주목하고, 암호화폐 생태계 및 기반 기술에 대한 제대로 된 이해가 더욱더 필요하다.

지금까지는 주로 암호화폐 발행을 위한 자금 조달이 ICO를 통해 이뤄졌다. ICO는 백서 등을 통해 서비스 계획 및 구조 등을 알리고 개발 전에 미리 토큰을 발행하여 투자금을 유치하는 방식이다. 홍보 내용과는 다른 부실한 백서, 원천기술의 부재, 허위 개발을 미끼로 한 각종 사기 등 여러 문제점으로 인해 잡음이 끊이지 않았다.

이미 카카오의 클레이튼, 신현성 티켓몬스터 전 대표의 테라 프로젝트 등은 2018년, 공개 ICO가 아닌 프라이빗 세일을 통해 일부 투자자들에게만 코인을 먼저 판매한 바

8 참고문헌 : 「2019년 블록체인 시장을 전망하는 4가지 키워드」, 패스트캠퍼스

있다. ICO에 드는 제반 비용을 충분히 감당할 수 있는 규모의 기업들이 점차 다른 방식으로 블록체인 플랫폼을 선보이고 있는 것에서 ICO의 변화된 위상을 짐작해볼 수 있다.

ICO의 문제점을 보완하기 위해 STO(Security Token Offering, 증권형 토큰 공개)라는 방식이 새로운 대안으로 대두되고 있다. 부동산, 예술품 등의 실물 자산을 토큰과 연동하여 주식과 같이 배당으로 권리를 취득하는 방식의 STO는, 보증 주체가 증권사라는 데서 오는 신뢰성과 더불어 타 금융상품군으로의 확장성, 개인 투자자가 투자할 수 없었던 분야에 새롭게 투자할 수 있다는 장점 등이 주목받고 있다.

무엇보다도 규제가 심해지는 ICO와 달리 현행법 아래에서도 비즈니스 확장이 가능한 데에서 STO의 가치가 높게 점쳐지고 있다. 하지만, STO도 아직까지는 전체적인 구조를 아우르는 가이드라인이 부재하고, 제도화된 절차가 아직 완벽하지 않다는 점에 있어서 아직까지는 ICO의 완벽한 대체재로 보기 어렵다는 의견이다. 향후에는 네이버, 카카오, SKT, KT, 롯데 등 대기업들부터 유명 스타트업들까지 블록체인 시장에 본격적으로 도전장을 내밀게 될 것 같다.

지금까지 일반적으로 '블록체인=암호화폐'로 여겨졌던 이유 또한, 블록체인 기술을 직접적으로 활용할 수 있는 플랫폼이 제한적이었기 때문이다. 카카오와 네이버는 각각 클레이튼, 링크체인이라는 메인넷(블록체인 시스템의 기반이 되는 플랫폼 생태계)을 기반으로 블록체인 시스템을 활용한 다양한 디앱(메인넷 위에서 블록체인 시스템을 통해 작동되는 분산형 앱)의 출시를 통해 블록체인 생태계에서 파괴력 있는 움직임을 보여줄 것으로 기대된다.

또한, 통신 및 유통 분야의 대기업에서도 블록체인을 기반으로 한 다양한 서비스들이 출시될 예정이다. IoT, AI 등과 연계된 서비스, 통신 인프라의 확장을 위한 플랫폼 등 블록체인 기술이 다양한 분야에 응용될 것으로 보인다. 야놀자, 배달의민족, 왓챠 등 유명 스타트업도 결제, 콘텐츠 분야 등에 블록체인을 접목한 서비스를 출시할 예정으로, 이러한 블록체인 중심의 기술 흐름이 ICT업계에 돌풍이 될지, 미미한 바람으로 그치게 될 지 주목된다. 흔히 블록체인 시스템은 탈중앙화를 추구하기 때문에 해킹에 안전하다고 한다.

하지만 전문가들은 블록체인 시스템이 정말 무결한 시스템도 아니고, 얼마든지 보안의 취약점을 노린 해킹이 가능하다고 본다. 실제로 2016년 이더리움 재단의 펀딩 시스템이 해킹당해 한국 돈으로 600억 원이 넘는 피해를 입었고, 2017년에도 암호화폐 거래소 빗썸, 코인레일이 각각 수백억 원 규모의 해킹 피해로 수많은 투자자들을 충격에 빠뜨리기도 했다.

기존 사례들에서 볼 때, 블록체인 해킹은 치명적인 구조적 결함에서 오는 것보다 사소한 코드의 취약점을 노려서 파고든 케이스가 많았다. 시스템의 특성상 작은 피해가 엄청난 손실로 직결될 수 있기 때문에, 코드에 문제가 없는지 면밀히 살피고 문제가 있다면 수정 및 보완하는 코드 보안 감사(Audit)의 중요성이 더욱 커지고 있다.

코드 감사를 수행하는 전문가는 내부자의 시각이 아닌, 제3자의 시각에서 블록체인 프로젝트의 무결성을 검증하는 역할을 하게 된다. 우리나라에서도 2018년 말부터 해당 솔루션의 개발 및 감사를 대행하는 기업들이 속속들이 등장하고 있다. 블록체인 시스템 생태계가 발전기에 돌입한 만큼 향후에는 블록체인 보안 감사의 중요성뿐만 아니라 해당 역할을 수행하는 '전문가' 또한 주목받는 직업 중 하나가 될 것이다.

이러한 흐름에 맞춰, 정부는 향후에 여러 관련 기관을 통해 수백억 규모의 투자 및 시범사업을 진행하는 등 블록체인 시스템 생태계 성장에 지원을 아끼지 않을 예정이라고 한다. 늘어난 사업 규모, 공공선도 시범사업 및 민간주도 국민 프로젝트 등 각종 프로젝트들의 양적인 성장 등이 이를 뒷받침하고 있다.

제5절 | 가상현실(VR: Virtual Reality)

1 가상현실 개요[9]

가상현실이란 컴퓨터로 만들어 놓은 가상의 세계에서 사람이 실제와 같은 체험을 할 수 있도록 하는 최첨단 기술을 말한다. 머리에 장착하는 디스플레이 디바이스인 HMD(Head Mounted Display, 두부장착교시장치)를 활용해 체험할 수 있다.

가상현실은 인공현실(Artficial Reality), 사이버공간(Cyber Space), 가상세계(Virtual Worlds)

9 네이버 지식백과 참조

라고도 한다. 가장 먼저 가상현실 기법이 적용된 게임의 경우 입체적으로 구성된 화면 속에 게임을 하는 사람이 그 게임의 주인공으로 등장해 문제를 풀어나간다. 이러한 가상현실은 의학 분야에서는 수술 및 해부 연습에 사용되고, 항공 · 군사 분야에서는 비행조종 훈련에 이용되는 등 각 분야에 도입, 활발히 응용되고 있다.

한편, 가상현실과 현실 세계에 가상정보를 더해 보여주는 기술인 증강현실(AR: Augmented Reality)을 혼합한 기술은 혼합현실(MR: Mixed Reality)이라고 한다. VR과 AR, MR은 모두 실제로 존재하지 않은 현실을 구현해 사람이 이를 인지할 수 있도록 하는 기술이라는 점에서 공통점이 있다. 다만 AR은 실제 현실에 가상의 정보를 더해 보여주는 방식이고, VR은 모두 허구의 상황이 제시된다는 점에서 차이가 있다. MR은 AR과 VR을 혼합해 현실 배경에 현실과 가상의 정보를 혼합시켜 제공하는데, 대용량 데이터를 처리할 수 있는 기술이 필요하다.

VR 체험을 위해서는 사용자가 머리에 HMD(Head Mounted Display)라는 장착하는 디스플레이 디바이스를 쓰며, 이는 외부와 차단한 후 사용자의 시각에 가상세계를 보여주는 역할을 한다. 눈앞에 디스플레이가 오도록 얼굴에 쓰는 형태로 마이크, 스테레오 스피커를 비롯해 여러 센서 등이 탑재돼 있다. VR 헤드셋에 스마트폰을 탑재해 스마트폰 패널을 활용하는 기기는 다이브라고 부른다.

출처 : 게티이미지 코리아

가상현실 기기를 사용하는 목적은 사람들이 일상적으로 경험하기 어려운 환경을 직접 체험하지 않고서도 그 환경에 들어와 있는 것처럼 보여주고 조작할 수 있게 해주는 것이다. 응용분야는 교육, 고급 프로그래밍, 원격조작, 원격위성 표면탐사, 탐사자료 분석, 과학적 시각화 등이다. 구체적인 예로서, 탱크 및 항공기 등의 조종법 훈련, 가구의 배치 설계, 수술 실습, 게임 등 다양하다. 가상현실 시스템에서는 인간 참여자와 실제·가상 작업공간이 하드웨어로 상호 연결된다. 또 가상적인 환경에서 일어나는 일을 참여자가 주로 시각으로 느끼도록 하며, 보조적으로 청각·촉각 등을 사용한다.

가상현실시스템은 사용자의 시점이나 동작의 변화를 감지하여 그에 대응하는 적절한 변화를 가상환경에 줄 수 있다. 또한 사용자의 현장감을 높여 주기 위해서 입체표시장치, 두부장착교시장치(HMD) 등의 이펙터(effector)들을 사용하며, 사용자의 반응을 감지하기 위해서 데이터 장갑(data glove), 두부위치센서 등의 센서(sensor)를 사용한다.

오클러스가 삼성전자와 함께 손잡고 선보인 '기어VR'

가상현실 헤드셋 기기들이 물밀듯 쏟아진다. 오큘러스 VR의 '오큘러스 리프트', 삼성 '기어VR', 소니 '모피어스'에 구글 '카드보드'까지 얼핏 꼽아봐도 여럿이다. IT 거인들의 투자와 관심도 쏟아지고 있다. 2015년 국제 소비자가전 박람회(CES)는 가상현실이 다시 IT 생태계의 한복판에 등장할 것임을 예고했으며 미래 주력 산업이 될 것이라는 전망이다.

2 가상현실의 역사[10]

가상현실은 1938년 등장해 1950년대부터 연구가 시작됐고 1960년대 한차례 바람을 일으켰다. 1990년대와 2000년대 초반 실패와 성공을 반복하는 부침을 겪었다. 그 역사만 100년에 가깝다. 위키피디아에 따르면 가상현실이라는 단어는 1938년 프랑스 극작가 앙토넹 아르토(Antonin Artaud)의 에세이 모음집 '연극과 그 이중'(The Theater and Its Double)에 처음 등장했다고 한다. 아르토는 이 책에서 오감에 소구하는 극장을 언급하면서 이를 '가상현실'이라고 기술했다. 가상현실이 함축하고 있는 의미의 유래를 찾을 때 앙토넹 아르토는 빠지지 않고 등장한다.

하지만 가상현실을 대중적인 용어로 성장시킨 이는 재런 래니어(Jaron Lanier)라는 컴퓨터 과학자이자 철학자, 음악가다. 1960년생으로 지금은 마이크로소프트(MS) 연구소에 근무하고 있는 재런 래니어는 1985년 VPL 연구소를 설립해 VR 고글과 장갑을 개발했다. 이 연구소는 가상현실 상품을 처음으로 판매한 회사로 기록돼 있다. 당시 VPL 연구소가 개발한 가상현실 기기는 아이폰(eye phone), 데이터글러브(Data Glove), 오디오 스피어(Audio Sphere) 등 여러 종에 이른다. 소프트웨어와 하드웨어가 결합된 장치들이다. 이 가운데 아이폰은 지금의 가상현실 헤드셋처럼 머리에 장착해 가상현실 콘텐츠를 몰입감 있게 즐길 수 있도록 지원했다. VPL연구소는 1990년 자금난으로 파산하면서 9년 뒤인 1999년 썬마이크로시스템즈에 인수됐다. 재런 래니어는 가상현실 분야 현장에서 지금도 왕성하게 활동하고 있다. 애니메이션 소프트웨어 회사 아이매틱 인터페이스를 설립해 나중에 구글에 매각했고, 세컨드라이프를 개발한 린든랩에선 고문을 맡고 있다.

2000년대 초 가상현실은 다시 한번 대중 눈앞에 둥실 떠오른다. 재런 래니어가 고문으로 있는 린든랩이 2003년 '세컨드라이프'를 세상에 내놓으면서 새로운 전기를 마련했다. 세컨드라이프는 한때 월 90만명이 드나드는 서비스로 성장했다. 당시 이 공간에서 무려 5억 달러의 실제 현금이 거래되기도 했다. 2007년 세컨드라이프의 국내 서비스가 시작됐지만 2년여 정도 버티고 폐쇄됐다. 세컨드라이프는 현재 가상현실 기기와 결합된 서비스를 내놓으며 부활을 꿈꾸고 있다.

VPL이 하드웨어와 소프트웨어가 결합된 가상현실 기기의 실패 사례라면, 세컨드라이

10 참조인용 : 「용어로 보는 IT」, 이성규, 블로터

프는 소프트웨어 분야의 실패 사례에 해당한다. B2B 영역과 달리 B2C 영역은 가상현실이 도전과 실패를 거듭했던 분야다. 10년 주기로 대중적 호기심을 불러일으켰다 사라지는 형태가 거듭됐다. 최근의 가상현실 트렌드가 다시금 주목을 받고 있지만 회의론이 종종 제기되는 배경이기도 하다.

한편 오큘러스 리프트는 가상현실 기기에 푹 빠져있던 팔머 럭키라는 청년이 2012년 개발한 가상현실 게임용 장치다. 개발 자금은 킥스타터(Kick Starter)라는 크라우드펀딩 서비스로 충당했다. 이 헤드셋을 장착하면 머리의 움직임을 감지해 그에 맞는 가상현실 콘텐츠를 보여준다. 오큘러스 리프트의 가격은 299달러에 불과했다. 테크크런치의 보도에 따르면 지금 스마트폰 수준의 해상도를 갖춘 VR 헤드셋 디스플레이를 만들려면 무려 8,400달러, 거의 1천만원에 달하는 비용이 들었다고 한다. VPL이 1989년 6월 내놓은 아이폰 모델1은 당시 9,400 달러에 팔렸다. 약 20여년 만에 가상현실 헤드세트 가격이 30분의 1로 떨어지면서 대중화의 길을 열었다. 오큘러스 리프트를 개발한 오큘러스는 2014년 3월 페이스북에 20억 달러, 우리 돈 2조원이 넘는 금액에 인수됐다.

가상현실이 다시 주목받고 있는 배경엔 스마트폰 확산도 빠뜨릴 수 없다. 최근 등장하는 가상현실 기기들은 스마트폰과 결합되는 구조를 취하는 경우가 적지 않다. 삼성이 오큘러스와 공동으로 제작한 기어VR, LG의 'G3 VR', 구글 카드보가 대표적이다. 이들 제품은 스마트폰과 연동해 가상현실을 체험해볼 수 있는데다 가격이 저렴하다는 특징을 갖고 있다. 가상현실은 서서히 일상 속으로 다시 스며들고 있다. 대중들의 구매 범위 안으로 들어온 헤드셋 가격, 게임 등을 중심으로 점차 풍부해지기 시작했다.

3 의료산업과 가상현실[11]

의료산업이 가상현실(VR), 증강현실(AR), 인공지능(AI), 빅데이터 분석기술 등을 통해 진단, 수술, 처방 및 치료 등 자동화가 빠르게 추진된다. 의료 빅데이터(유전체 등) 수집, 분석 기술은 VR/AR을 이용한 시각화, 실감화로 이어지는 공급체인을 형성한다. 이를 통해 정밀화된 맞춤의료 서비스가 구현된다. 의료서비스 패러다임은 스마트기기와 사물인터넷(IoT) 기술 발전과 함께 치료 중심에서 예방 중심으로 변화한다.

11 참조인용 : 「가상현실, 의료와 만났을 때」, 테크플러스, 2018

신약 개발기간 단축과 개발 성공률 향상 등 효율적인 연구개발(R&D)로 변화한다. ICT-의료 융합 콘텐츠 서비스 패러다임 변화는 의료인 교육 방식을 텍스트와 이미지 중심의 도제식 교육에서 AR/VR 및 시뮬레이터 등을 이용한 실감형 콘텐츠를 활용한 체험형, 지능형 교육으로 변화시킨다.

의사 지식기반 진단이 AI 의료 빅데이터 기반 지능형 진단과 보조 서비스로 발전한다. 의료 기술기반의 시술 및 수술 방식도 VR/AR 기술을 기반으로 한 영상 콘텐츠를 활용해 사전수술(Pre surgery) 계획이 수립된다. 의료 현장관리 방식을 의사 처방 중심에서 멀티미디어 콘텐츠 기반의 관리 방식으로 바꾼다. 디지털 의료서비스 분야에서의 VR/AR 콘텐츠 기술은 의료서비스 수요(초 고령화 시대와 경쟁 심화로 인한 심리질환 등) 증가에 대응하기 위한 의료 전문가 육성과 심리치료 등 대안으로 주목된다.

고가의 의료 장비를 인체 수술이나 치료 훈련에 이용하기 어렵다. 수술에 몰두하는 상황에서 의료 교육을 진행하기가 용이하지 않은 단점을 해결한다. 일대일 대면 치료 방식의 심리치료 및 재활치료에 VR/AR 기술을 활용해 소수 의료진이 다수 의료서비스 대응이 가능하다.

미국 의과대학 해부학 수업, 외과수술 모의 수술에 VR 도입도 활발하다. 스탠포드대학병원 신경외과는 VR 시뮬레이션을 사용해 수술 전 복잡한 외과적 접근법을 시각화하고, 구성하는 작업을 시행 중이다. 가상현실은 의사가 다양한 감각을 전달해 현실에서 수술 등을 시행하는 효과를 가진다. 과거에는 VR를 게임, 비행훈련 등에 주로 활용했으나 최근에는 의학 분야에 적용하기 위한 움직임이 뜨겁다. 삼성전자, 애플, 페이스북, 아마존, 마이크로소프트 등에서 연구 중이다. 세계 230여개 기업에서 가상현실 관련 제품을 생산한다.

스탠포드대학병원은 최첨단 비행 시뮬레이션 기술과 첨단 이미징 기술을 결합해 환자 해부학 구조를 상세하게 재구성한다. 의사는 조종사처럼 환자 몸을 절개하기 전에 가상현실에서 복잡한 작업을 시뮬레이션한다. 기술은 환자와 가족에게 치료에 관련된 설명을 하는데도 도움을 준다. VR 고글을 착용한 환자는 선택적 외과 접근법에 대한 안전성과 장점을 이해하기 위해 외과의사가 설명한 경로에 따라 수술을 사전 경험한다. 뇌동맥류, 부비동염 수술 등 외과수술 영역 분야도 다양하다. 한 가지 예를 든다면 스탠포드대학병원 카츠히데 마에다 교수는 3차원 CT 스캐너를 이용한 가상현실로 선천성 심장병 환자 해부학적 구조를 수술 전에 파악, 절개 부위를 최소화했다. 수술

후 문제가 생겼을 때도 가상현실을 이용해 이상 부위를 정확하게 파악했다.

외과의사 수련에도 VR가 적용된다. 의사가 수련을 받기 위해서는 수술 전 카데바(해부용 시체)가 필요하다. 수술에서 비중 있는 역할을 하기 위해 경험 많은 의사 보조를 하면서 실력을 키운다. 가상현실은 현실과 유사하게 만들기 위해 영상, 소리, 공간, 촉각 시스템을 활용한다. 사용자는 상하좌우로 머리를 돌려서 가상현실 속 세상을 둘러보고 공간 내에서 가상 아이템과 상호작용을 한다. 의료 진단, 모의(가상) 수술, 재활훈련 및 심리치료 등에 VR/AR 기술을 적용할 경우 의료서비스의 생산성 향상과 아울러 부가가치가 획기적으로 증가할 것으로 예상된다.

제6절 | 배터리제조

4차 산업혁명시대에 각광받는 업종으로 배터리제조업이 거론된다. 그러면 왜 배터리제조업인가? 전문가들은 향후 배터리 시장이 비약적으로 발전하는 이유로 전기차 대중화, 배터리의 적용 범위 다양화 등을 들고 있다.

폭스바겐, GM, 포드 등 글로벌 완성차 업체들이 차세대 자동차 연구개발의 초점을 전기차에 두면서 전기차 배터리 수요가 크게 늘어날 것이란 전망이다. 완성차 업체들은 5년 뒤 양산할 신차개발 프로젝트의 중심을 전기차에 두고 있다. 자동차시장 점유율 10% 이상으로 1위인 폭스바겐은 2020년 3만달러(약 3400만원) 이하 전기차 출시를 준비하면서, 2025년까지 연간 300만대 이상 전기차를 판매하고 50종 이상의 전기차 차종을 갖추겠다는 '로드맵 E' 계획을 선언했다.

리튬이온 배터리의 적용 범위는 차츰 더 늘어날 것으로 보인다. 전기스쿠터, 전기자전거를 비롯해 무선청소기 등에 들어가는 원통형 배터리 수요가 크게 늘고 있다. 전기자전거, 전기모터사이클을 비롯한 모빌리티 혁명이 배터리 산업도 키운다. 시장조사업체 B3에 따르면 세계 전동공구용 배터리 수요는 2012 ~ 2016년 4년 만에 3배 가까이 폭증했다. 여기에 4차 산업혁명을 맞아 각종 산업공구와 선박, 무인항공기에도 배터리가 쓰일 전망이다.

전기차용 배터리 시장을 놓고 한국, 중국, 일본 세 나라의 경쟁이 격화되고 있다. 제조업 가운데 매년 40% 이상 성장하는 산업은 배터리가 유일하다. 과연 배터리는 반도체를 잇는 새로운 '산업의 쌀'이 될 수 있을지, 한국이 기술 최강국의 위치를 유지할 수 있을지, 글로벌 배터리 기술은 어디까지 왔는지 짚어본다. 이처럼 세계 전기차용 배터리 시장을 놓고 한국과 중국, 일본 세 나라의 경쟁이 불꽃 튀긴다. 현 시점에서 일본과 중국이 한 발 앞서 있지만 한국의 역전을 점치는 분석에 무게가 실린다. 글로벌 자동차 기업들이 한국 배터리에 러브콜을 보내고 있기 때문이다. 재계와 정부의 효율적인 공조로 배터리를 제2의 반도체로 만들어야 한다는 지적이다.

세계 배터리시장은 그동안 전기차 선두업체 테슬라를 독점한 파나소닉에 힘입어 일본이 앞서는 가운데 중국이 내수물량으로 CATL, BYD를 키우는 양강 체제였다. 하지만 지각변동의 조짐이 보인다. 독일 폭스바겐이 2025년까지 전기차 50종을 연간 300만대 생산키로 했다. 폭스바겐이 선택한 배터리 메이커가 LG화학과 삼성SDI, SK이노베이션이다. BMW, GM 등도 마찬가지다.

2017년 해 국내 3사의 배터리 신규 수주물량은 110조원에 이르렀다. 수주 단계이긴 하지만 같은 해 반도체 수출액 1,267억 달러(141조 원)에 바짝 다가섰다. 석유화학(501억 달러), 자동차(409억 달러) 수출을 넘어섰다. 배터리 산업을 반도체에 빗대는 이유다. 산업통상자원부 장관도 "2차전지가 메모리반도체를 넘어설 신산업"이라고 강조했다.

중국은 탄탄한 내수시장과 정부의 전폭적인 지원이 강점이다. 성장 잠재력이 크다. 하지만 배터리 기술 면에서는 높은 평가를 받지 못하고 있다. 일본은 테슬라에 배터리를 장기 공급해오면서 쌓은 기술력과 시장지배력이 강점이지만 적극적 투자 면에서 한국에 못 미친다. 한국은 기술력과 잠재력에서 높은 평가를 받고 있지만 정부 지원 등 사업환경과 시장 지배력에서 열세다. 특히 설비 투자를 병행하며 수주를 진행해야 한다. 국내 완성차 업체가 전기차 산업에 소극적이어서 대형 내수 수요처를 확보하기 어렵다는 지적도 있다.

경쟁이 치열하지만 전기차용 배터리가 새로운 시대의 총아로 주목받는 이유는 명확하다. 현재 매년 40% 이상 성장하는 산업은 배터리가 유일무이하다. 각국의 규제 흐름도 전기차에 우호적이다. 특히 배터리시장은 과점화될 수밖에 없다. 기술과 규모의 진입장벽이 높아서다. 신규 진입시 조단위 투자는 물론 7~10년의 준비기간이 필요하다. 이를 감안하면 2020년 이후 한국 배터리산업의 미래는 밝다는 게 국내 3사의 판단이다. 중국 정부가 2020년 보조금을 폐지한다는 것도 긍정적 신호다. 핵심은 일본을 극복할만한 기업의 적극적인 R&D(연구개발) 투자와 중국 정부만큼은 아니어도 정부 차원의 전폭적 지원이 뒤따라야 한다는 점이다.

이를 잘 아는 경쟁국도 긴박하게 움직이고 있다. 일본은 파나소닉이 최근 테슬라와의 독점계약 고리를 끊고 세계 1위 자동차업체 도요타와 전지회사를 설립하기로 했다. 수요 다변화를 통해 한국기업 성장에 대응하겠다는 전략이다. 도요타의 전기차 생산 확대도 가시적이다. 기술력에 내수시장을 더하는 형국이다. 중국도 탄탄한 내수시장을 기반으로 유럽과 미국시장 공략에 박차를 가하고 있다. CATL, BYD 외에 신규 배터리제조사들의 국제무대 데뷔도 적극적이다. 중국은 테슬라 공장을 베이징에 유치하면서 리선(力神)과 계약을 종용하고 있다. 역시 중국 업체인 패러시스는 최근 다임러의 대규모 물량을 수주했다.

제7절 | 로봇(Robot)[12]

1 로봇의 유래

로봇의 사전적 정의는 스스로 보유한 능력에 의해 주어진 일을 자동으로 처리하거나 작동하는 기계라고 한다. 일반적으로 로봇을 상상할 때에는 사람의 모습을 한 조형물 내부에 기계장치를 조립해 넣고, 손발과 그 밖의 부분을 본래의 사람과 마찬가지로 동작하는 자동기계를 가리켰다. 외형이 사람과 흡사한 경우에는 인조인간(人造人間)이라고도 불렀다.

로봇이라는 말은 체코어의 '일한다(robota)'는 뜻으로, 1921년 체코슬로바키아의 소설가 카렐 차페크(Karel Capek)가 희곡 '로섬의 인조인간 : Rosuum's Universal Robots'이라는 희곡에서 처음으로 로봇이라는 말을 사용했다. 로봇은 인간이 해야 하는 특정한 노동을 대신 수행하도록 만들어졌다. 차페크는 이 희곡에서 기술의 발달과 인간사회와의 관계에 대하여 아주 비관적인 견해를 상징적으로 표현하였다. 모든 정신노동과

12 네이버 지식백과 참조

육체노동을 인간과 똑같이 할 수 있으나 인간적 정서나 영혼을 가지지 못하며, 마모되었을 때에는 폐품으로서 신품과 교환할 수 있는 인조인간을 등장시켰는데, 이 로봇은 노동자로서 인간의 지배를 받는 사회를 그렸다. 그리고 이 로봇들은 노동을 통하여 지능 및 반항정신이 발달하여 결국 인간을 멸망시키는 이야기를 전개시켰는데, 그러한 견해는 현대의 자동화가 사회에 미치는 영향에 대한 하나의 전형적인 견해로서 당시 관심을 끌었다.

인조인간을 만들려는 시도는 고대부터 있었으며, 그리스·로마 시대 및 기원전에는 종교의식의 한 도구로 만들어졌다. 중세 때에는 건물의 문을 열거나 악기를 연주하는 자동인형을 만들었다. 이들 자동인형은 장식용이었거나 또 사람들을 놀라게 하거나 또는 신(神)과 결부시켜 지배자의 권위를 과시하는 데 이용되었다. 한편으로는 기계기술자들의 장난이기도 하였다. 그러나 이들 자동인형의 제작은 과학기술의 진보에 직접적으로 기여하지는 못하였다.

산업혁명이 한창 진행되던 19세기에 인조인간에 대한 인간의 상상력은 소설로 나타났다. 영국의 소설가 마리 셸리(Mary Shelley)가 쓴 '프랑켄슈타인 박사(Dr. Frankenstein)'라는 소설에서 프랑켄슈타인 박사는 여러 재료를 활용해서 인간과 똑같은, 그렇지만 힘은 훨씬 센 인조인간을 만든다. 안데르센 동화에서는 진짜 나이팅게일과 시계공이 만든 나이팅게일 사이의 이야기들이 등장한다. 이런 식으로 인공물로서 기계 인간, 기계 생물 및 동물 같은 것들이 이미 19세기에 여러 가지 주제로 등장했다. 이러한 두려움, 인간 자신이 만든 인공물들, 특히 기계로 대표되는 것에 대한 인간의 공포와 두려움이 여러 소설에서 나타나고 있다.

20세기에 들어와서도 자동인형의 제작은 여러 가지로 시도 되었고, 과학이나 기술이 진보되어 전보다는 정교하게 만들 수 있었는데, 그것은 상품 전시용이었거나 박람회의 관객 유치용이었으며 실용적인 것은 아니었다. 이런 로봇 가운데 유명한 것은 1927년에 미국의 웨스팅하우스전기회사의 기사 R. J. 웬즐리가 만든 텔레복스(Televox)나 영국의 리처즈가 만든 에릭(Eric) 등인데, 모두 기계기술이나 전기기술을 응용하였으며 전화의 응답도 할 수 있는 정교한 것이었다.

로봇개발 초창기에는 무선에 의한 원격조종에 의하여 자유자재로 움직일 수 있는 형태의 로봇들이 제작되어 방위산업에 많이 응용되기도 하였다. 최근 음성인식과 자동발성 기술 등을 조합하여 사람들의 질문에 대답하기도 하며, 손과 발을 교묘히 움직여 커피잔을 옮기거나 계단을 오르내리는 로봇이 개발되고 있다. 그러나 동작이 정교하게 만들어졌어도 아직까지는 동작에 한계가 있고 그다지 실용적이지 못하지만 현재의 기술개발 속도에 비추어 가까운 미래에 실현이 가능할 것으로 짐작된다. 그리하여 실용면에서 사람의 모습을 닮지는 않았지만 인간의 동작과 같은 동작을 하는 로봇이 점차 개발되고, 여러 방면에서 로봇을 응용하려는 경향이 강해지고 있다.

원래 기계는 생산수단으로 산업구조에 배치되었는데, 사회환경의 다극화에 대응하여 로봇을 여러 가지 이상환경(異常環境)에 적응하는 기계로 등장시키게 되었다. 또한 자동제어기술이나 원격조종기술의 진보에 따라 우주나 해저, 고온이나 저온 등의 위험한 환경에서의 작업 또는 아주 단조로운 작업 등은 모두 인간에게는 부적합한 것인데, 현재는 이런 이상환경에서 로봇의 응용분야가 확대되고 있다.

로봇의 응용분야는 대체로, 산업용, 의료용, 우주용, 해저용 등으로 분류된다. 예를 들면, 자동차 생산과 같은 기계가공 공업에서는 사람의 팔이 하는 작업을 한 번만 가르쳐 주면 몇 시간이든 같은 동작을 반복하는 산업로봇이 이미 많이 가동되고 있다. 의료용 분야에서는 팔이 없는 사람의 의사(意思), 즉 운동신경으로부터 보내오는 명령을 근전위(筋電位)로 꺼내서 모터를 구동시키는 의수(義手)가 실용화되어 있다. 우주개발에 있어서도 현재 러시아의 자동월면차(自動月面車) 루노호트(Lunokhod)와 같은 원격조종형 로봇이 개발되어 있다.

2 로봇의 분류

최근에는 로봇을 조종형, 자동형, 자율형 등으로 크게 나누는데, 조종형은 사람의 손이나 발에 해당하는 기능을 가진 기계를 멀리 떨어진 곳에서 조종하는 방식을 말하며, 텔레오퍼레이터 시스템(tele operator system)이라고도 한다. 원자로 안에서 사용하고 있는 머니퓰레이터(manipulator: magic hand)가 조종형 로봇이다. 우주개발과 관련하여 미국에서는 우주왕복선(컬럼비아호 등)에 머니퓰레이터를 설치하여 우주공간에서 기술용역을 시킬 것을 실험하고 있으며, 또 루노호트와 같은 이동차에 머니퓰레이터나 텔레비전 카메라의 눈을 탑재하여 연락선에서 원격조정하는 것 등을 계획하고 있다. 이들 기술을 해양개발에서도 응용하려 하고 있고, 또 화재의 소화, 불발탄의 제거 등 위험작업에도 응용될 것이다. 의료 분야에도 조종형 로봇은 진단, 치료, 수술 또는 재활치료(rehabilitation) 등 모든 장면에서 이용되리라 보고 있다.

자동형으로는 현재 널리 산업계에서 사용되고 있는 산업 로봇이 있다. 미리 순서를 가르쳐 주면 그것을 기억하고 있어서 반복하는 형의 것이다. 이 형의 로봇은 다음의 자율형에의 과도적 존재이기도 하다.

자율형이란 로봇 스스로가 현재의 자기 자신의 상태와 환경 상태를 알아차리고 명령에 따라서 자율적으로 행동하는 것으로, 이 형이야말로 원래 로봇이라고 할 수 있다. 인간은 자신의 손과 발의 상태를 눈을 감아도 알 수 있다. 그것은 피부감각이나 관절감각, 근(筋)이나 건(腱)으로부터의 감각 등이 중추(中樞)로 되돌아가기 때문이다. 또 외계의 상황은 눈이나 귀를 통하여 알 수 있다. 그러므로 자율형 로봇에는 이런 것에 필적하는 감각장치가 필요하다.

최근 제작된 로봇 가운데는 인간형 손발을 가지고 텔레비전 카메라의 눈, 인공의 귀, 입, 촉각, 관절감각 등을 갖추고, 2～3세 유아 정도의 능력을 가진 것도 있다. 예를 들면, 방에 있는 물건을 찾으라고 말로 명령하면 실내를 돌아보고 찾아내서 말로 대답하고, 두 발로 걸어가서 손으로 집어 온다. 이렇게 기계가 스스로 판단하여 행동한다는 것은 기계가 지능을 가지게 된다고 할 수 있으므로 이런 로봇을 지능 로봇이라고 한다. 특히 시각의 기능만을 가진 로봇을 시각로봇이라고 한다. 산업용으로서는 조립로봇이나 검사 로봇 등의 개발이 추진되고 있다. 물건을 조립할 경우에 치수나 모양 등이 고르지 않은 수많은 대상물 가운데서 필요한 2개의 물건을 인식, 선택하여 그것을 요구된 형태로 조립한다는 것은 상당히 고급 지능에 속한다. 이러한 지능 로봇의 연구를 쌓아간다고 해도 이상적인 로봇의 실현은 아직 미지수이다. 인간의 뇌의 기능이나 구조가 아직 생리학적으로 완전히 해명되어 있지 않고, 사용되고 있는 컴퓨터가 원리상 인간의 뇌와 다르기 때문이다. 미래에는 인간과 로봇이 조화를 이루어 공존하리라 보고 있다.

3 로봇공학[13]

로봇공학은 자연과 기계의 인터페이스 문제 곧, 감각센서를 통한 외부 환경의 인지(인공지능)와 자율적 동작(모터)을 해결해야 한다. 동작 부분은 산업혁명 이후 기계공학이 발전하면서 많은 기술이 축적된 분야다. 로봇이 최초로 응용된 곳도 생산 기계 분야다. 로봇의 실용화는 로봇 손, 용접 로봇 등 특정화된 기능을 담당하는 인간 몸의 확장과 대체물에서 시작되었다. 용접하는 로봇 팔, 무거운 물건을 드는 기중기, 세밀한 조립을 담당하는 로봇 손가락 등은 인간 몸이 갖는 힘과 용도를 확장했다. 한편 센서 분야는 기계의 보는 능력과 듣는 능력이 관련된 분야다. 자동제어 분야에서 센서 기술이 발전해 왔다. 로봇공학에서는 감각과 동작을 연결하는 인지 분야의 발전이 중요하다. 센서와 동작을 자연스럽게 연결하는 방식 또한 연구개발이 요구되는 분야다.

로봇공학은 기계와 인간의 공동진화(co-evolution)를 꿈꾼다. 로봇공학을 통해 기계가 인간을 발전시키고 거꾸로 인간이 기계를 진화시키는 현상들이 나타난다. 그러나 거꾸로 로봇공학의 결과로 영혼이 기억으로 대체되고, 기술체제의 자동성과 주체성이 커지면 로봇기계와 인간의 대립과 갈등으로 나타날 수도 있다.

로봇이 더욱 진전하면 사이보그(cyborg)라는 인간-기계의 복합체로 확장될 수 있다. 로봇이 스스로 생각하고 운동할 수 있는 기계를 대표한다면, 사이보그는 유기적인 것과 기계적인 것이 결합된 것을 말한다. 유전공학으로 DNA 복제를 통해 만들어진 장기나 생명체와 기계의 결합이라든지, 여기에 어떤 디지털 통제 회로(cybernetics)가 결합된 것이 사이보그다. 기계 복제와 디지털 복제, 유전자 복제(DNA)가 결합해서 새로운 자율적 기계를 만들어내는 것이 사이보그다. 이를 통해 인간은 기계화되고, 기계가 인간화되는 데 이를 인간과 기계의 '공동 삶(symbiosis)' 혹은 '공동 진화'라 한다. 생각하는 사물(인공지능)과 스스로 움직이는 몸이 결합하면 인간의 조작과 통제에서 벗어난 독립된 주체로서 로봇이 가능하게 된다. 그 과도기에 인간과 결합하는 디지털 회로나 보철물, 인공장기 등이 인간의 주체의식, 정체감도 변하게 할 것이다. 미국의 사회학자 하라웨이(Haraway)는 이러한 현실에 주목해 "우리는 모두 사이보그다"라는 선언문을 쓰기도 했다.

13 참조인용 : 백욱인 저 「컴퓨터 역사」, 2013

제8절 | 공유경제(Shared Economy)[14]

1 공유경제의 개념

공유경제의 사전적 의미는 물품을 소유의 개념이 아닌 서로 대여해 주고 차용해 쓰는 개념으로 인식하여 경제활동을 하는 것이다. 2008년 미국 하버드대 법대 로런스 레식(Lawrence Lessig) 교수에 의해 처음 사용된 말로, 한번 생산된 제품을 여럿이 공유해 쓰는 협력소비를 기본으로 한 경제 방식을 말한다. 대량생산과 대량소비가 특징인 20세기 자본주의 경제에 대비해 생겨났다. 즉, 물품은 물론, 생산설비나 서비스 등을 개인이 소유할 필요 없이 필요한 만큼 빌려 쓰고, 자신이 필요 없는 경우 다른 사람에게 빌려 주는 공유소비의 의미를 담고 있다. 최근에는 경기침체와 환경오염에 대한 대안을 모색하는 사회운동으로 확대돼 쓰이고 있다.

4차 산업혁명 시대를 맞아 주목받고 있는 공유경제(sharing economy)란 물건이나 공간, 서비스 등을 빌리고 나눠 쓰는 사회적 경제 모델을 말한다. ICT(정보통신기술) 발달과 온/오프라인 장벽을 없앤 O2O 서비스의 활성화로 급격히 성장하고 있다. 대표적인 공유경제의 사례로는 자신의 자가용으로 택시 서비스를 제공(차량 공유)하는 우버(uber)가 있다. 우버의 경우 사용자는 택시 이용에 드는 시간과 비용을 줄일 수 있고, 차량 제공자는 금전적인 이익을 얻을 수 있다. 이처럼 공유경제는 과거에는 상상하기 힘들었던 공유를 통한 새로운 가치를 만들어내고 있다. 지금부터 국내에는 어떠한 공유경제 사례들이 있는지 살펴보자.

2 자동차를 사지 않고 사용하는 카쉐어링 – 쏘카(Socar)

쏘카는 자신의 차량을 공유하는 카쉐어링(car sharing) 공유경제 서비스로 2016년 9월, 누적회원 200만 명을 돌파하며 지속적인 성장을 보이고 있다. 차가 필요할 때 근처의 공유 차량을 빌릴 수 있어야 하므로 간편한 사용 방법도 눈에 띈다. 스마트폰만으로도 가입부터 예약, 사용이 가능한 편리함을 갖추고 있다. 사용을 위해선 운전면허와 결제카드 등록을 통한 회원 가입을 해야 한다. 이후 홈페이지와 공식 앱을 통해 예약

14 네이버 지식백과 참조

할 수 있으며, 현장에서 스마트키로 예약 차량을 사용한 뒤 반납하면 이용 금액은 등록한 결제카드로 청구된다.

[표 2-1] 쏘카의 규칙

운전자 준수사항 미이행 내용	조치사항
위반횟수	1회 경고, 2회 패널티금액 부과 3회 패널티금액 부과 및 서비스 이용 1개월/영구 이용정지
운전면허 정지된 경우	운전면허가 정상화되는 시점까지 서비스 이용 중지
체납요금이 발생한 경우	미납요금, 패널티금액, 손해배상 등 채무가 모두 정산될 때까지 서비스 이용 정지
사고가 발생한 경우	해당사고가 처리되는 시점까지 서비스 이용 중지
불법적인 용도로 차량 이용	서비스 이용 정지

3 유아용품 등 다양한 범위의 공유경제 - 다날 쏘시오

다날 쏘시오는 유아용품, 가전 등 다양한 가치를 자유롭게 공유할 수 있는 서비스이며, 무엇보다 재능 등 제품에 국한되지 않는 공유 서비스로 다양한 사용자에게 공유경제 서비스를 제공하고 있다. 서비스는 크게 개인 상품 공유(P2P)와 사업자 상품 공유(B2C)로 나뉘어서 개인뿐만 아니라 사업자도 함께하는 공유경제 서비스이다. 이용방법은 개인/사업자 모두 일정한 보증금을 낸 뒤 실제 이용한 일수 만큼 재계산된다. 금방 자라는 아이를 위한 유아용품 등 모두가 함께 공유하고 나눠 쓰는 다날 쏘시오로 절약을 할 수 있다.

4 패션 아이템을 사지 않고 공유하는 - 프로젝트 앤(Project Anne)

프로젝트 앤은 <사는 것보다 즐거운 패션 스트리밍>이라는 슬로건을 내세운 SK플래닛의 패션 공유서비스로 월 이용권을 통해 매월 의류와 가방을 이용할 수 있는 유용한 서비스이다. 프로젝트 앤 이용자는 빠르게 바뀌는 패션 트렌드에 맞춰서 원하는 패션 아이템을 필요할 때 사용하여 패션 아이템 구매 비용을 절약할 수 있으며, 이용도 매우 간편해서 공식 앱을 통해 원하는 제품을 선택하기만 하면 배송과 반납이 순

차적으로 진행된다.

현재 3만여 패션 아이템을 관리하는 물류 센터 운영 등 지속적인 서비스를 제공하고 있다. 스마트폰 앱과 물류 시스템이 한데 어우러진 새로운 개념의 패션 공유 서비스 프로젝트 앤으로 의류 등 구매 비용을 아낄 수 있다.

5 오피스를 위한 비용을 아낀다 - 패스트파이브

패스트파이브는 1인에서 50인까지로 이루어진 소규모 회사를 위한 사무공간을 공유하는 공유 오피스 서비스이다. 이를 통해 회의실, 사무용품 등을 공유하여 운영비용을 줄일 수 있다. 일명 코워킹 스페이스(co-working space)로도 불린다. 특히 스타트업의 이용이 많은 것으로 알려져 있는데 단기 계약이 가능하면서도 업무에 필요한 기자재가 갖춰져 있기 때문이다. 현재 유사 서비스로 현대카드의 스튜디오 블랙, 위워크, 스타크플러스가 있으며 점차 그 수요도 늘어날 것으로 보인다.

6 구인구직에 공유의 가치를 더한 - 링크드인

SNS와 구인구직을 접목하여 비즈니스 인맥 관리와 취업 관련 정보를 공유하는 링크드인은 근로자와 고용주 모두 프로필을 공유하고 검색할 수 있으며, 에이전시를 통하지 않고 원하는 직종의 사람이나 인재를 직접 찾을 수 있다. 앞서 소개해 드린 공유경제 서비스들이 주로 유형적인 공유였다면 링크드인은 사람의 연결에 대한 공유라고 할 수 있다. 이를 통해 원하는 인재를 찾을 수도 있고, 구직자는 자신의 경력이나 특징을 보다 직접 알릴 수 있다. 또한, 이용자 간 연결을 통해 자신만의 새로운 인적 네트워크를 형성할 수도 있는 차별화된 공유경제서비스이다.

7 공유경제 실패사례[15]

'공유경제'는 사회에 변혁을 일으키는 이노베이션으로서 2016년부터 많은 주목을 모은 비즈니스 모델이다. 실제 대표적인 우버나 에어비앤비는 10년도 되지 않은 사이에 시

15 참조인용 '대세인 공유경제 서비스의 두 가지 실패사례' 2017년, 모바일경제연구소

가총액이 조 단위를 넘는 기업으로 성장했고 기존 비즈니스를 위협하는 강력한 존재가 되었다. 앞으로도 10년 동안 20배 가까이 성장할 것으로 예측되는 공유경제 비즈니스. '사용되지 않는 자원과 유저를 연결하는 플랫폼'을 만듦으로써 저렴한 가격으로 쾌적한 서비스를 제공하는 것에 성공했기 때문에 이런 성장이 기대되는 것이다. 2013년에 25.5조 원이었던 공유경제는 2025년에는 67조 원이 될 것이라고 한다. 하지만 사업에 실패하여 사라진 기업도 없지 않다. 여기서는 미국의 대표적인 공유경제 실패 사례 2가지를 살펴본다.

1) 공항주차 임대 서비스 : FlightCar

FlightCar는 자사 서비스를 '에어비앤비의 자동차 버전'으로 자리매김했었다. 서비스는 여행자가 공항까지 가져온 자동차를 다른 사람에게 빌려주는 모델이다. FlightCar는 2016년 7월에 돌연 12개 공항에서 진행했던 모든 서비스의 중지를 발표하고 보유 기술을 메르세데스 벤츠에 매각하기로 결정했다. 혁신적인 비즈니스 모델로 인식되어 대규모 투자도 받았는데 왜 실패했을까?

첫째, 확장에 대한 초조함이다. 트리니티 벤처스의 한 VC는 'FlightCar는 거액의 투자를 받아 사업 확장에 주력해야만 하는 이유로 실패하는 기업의 전형적인 예'라고 했다. 사업가능성을 검증할 틈도 없이 사업의 확장을 계속했던 것이 실패로 연결된 것이다. 유저 입장에서 FlightCar의 장점은 돈을 버는 것이 아니라 공항주차료를 내지 않아도 된다는 점이다. 따라서 그것에 포커스를 맞춰 이익을 높이는 노력이 사업 존속에 더 필요했었다. 그러나 투자자의 압박이 커 사업 확장을 중단하기가 사실상 힘들었다.

둘째, 질 낮은 서비스다. 공항에 주차하는 유저는 주차비를 내지 않아도 좋을 뿐 아니라 세차, 왁스, 오일교환 등의 서비스까지 받을 수 있었다. 그러나 유저의 만족도는 매우 낮아 옐프의 평가에서는 2.5(5점 만점)였다. 실제로 FlightCar는 만족스러운 서비스를 제공할 수 없었다고 공식적으로 인정했다.

셋째, 열악한 노동환경이다. 유저뿐 아니라 FlightCar는 직원에게도 낮은 평가를 받았다. 직장 환경 평가 사이트인 Glassdoor에 따르면 FlightCar는 1.5(5점 만점)였다. 한 직원은 창업주가 매니지먼트 경험이 없다는 점을 지적했다.

2) 세탁대행 서비스 : Washio

Washio는 몇 년만에 세계 최대의 세탁서비스로 성장했다. Washio의 강점은 세탁물을 언제 어디서라도 24시간 365일 받아서 1일 이내에 유저에게 전달한다는 것이었다. 그러나 2013년 서비스를 시작한 Washio는 2016년 8월에 서비스를 중지하기로 했다. 웹사이트에는 'Washio 서비스는 더 이상 하지 않는다. 현재 받은 세탁물은 가능한 한 빨리 유저에게 반납한다'고 게시되었다. 2015년 중순 무렵에는 미국 6개 도시까지 비즈니스를 확장해 월 9억원 이상의 매출을 달성했음에도 왜 이런 결과가 되었을까? 그 원인은 두 가지다.

첫째, 온디맨드(On-Demand) 대응을 위한 비용 낭비다. 세탁물을 한꺼번에 의뢰받기 때문에 세탁물을 분류하는 작업을 우선적으로 처리해야만 했다. Washio는 분류 작업을 위해 풀타임 직원을 고용했다. 또 세탁물을 언제라도 운반할 수 있도록 세탁물 배송 드라이버에게 운반중이 아닐 때도 비용을 지불했다. 이런 타입의 비즈니스는 규모가 커지지 않으면 이익이 오르지 않는다. 투자자의 압력으로 인해 마케팅에 대한 비용도 줄일 수 없었다. 또 가격을 올리면 유저가 이탈할 것이므로 가격 인상도 고려할 수 없었고 이에 적자가 쌓이게 되었다.

둘째, 투자자의 관심이 멀어졌다. 얼마 전까지 온디맨드 서비스는 큰 주목을 모아 투자 받기 쉬운 상황이었다. 그러나 2015년 홈조이(청소대행 서비스)가 문을 닫으면서 상황은 일변했다. 홈조이는 청소작업원에게 정규고용에 대한 소송을 받게 되었고 그 소송 사건은 비용부담이 너무 커서 스타트업을 도산하게 했다. 이를 본 투자자들은 온디맨드 서비스 시스템에 의문을 가져 투자를 망설이게 되었다. Washio도 이 영향을 받아 투자를 받을 수 없게 되었다. 이익이 나오는 비즈니스 모델을 만들지 못해도 투자자로부터 자금 유치를 계속 함으로써 서비스 제공을 지속할 수 있었던 온디맨드 서비스의 취약성이 들어나게 된 일례라고 할 수 있을 것이다.

제 3 장

4차 산업혁명 시대의 스타트업 기업 사례[16]

16 네이버 지식백과 참조

제1절 | 우버(Uber Technologies, Inc)

우버(Uber)는 스마트폰을 기반으로 한 미국의 승차 공유 서비스이다. 실질적인 우버 서비스의 시작은 2010년부터이다. 이 기업은 고용되거나 공유된 차량의 운전기사와 승객을 모바일 앱을 통해 중개하는 서비스를 제공한다. 현재 전세계 많은 도시에서 서비스를 제공하고 있다. 2014년 6월 기준 100개 도시 이상에서 서비스 중이다. 그리고 차량의 예약은 텍스트 메시지나 모바일 앱을 통해 진행되며, 모바일 앱에서는 예약된 차량의 위치가 승객에게 실시간으로 제공된다.

최초에는 링컨 타운카, 캐딜락 에스칼라데스, BMW 7시리즈 메르세데스-벤츠 S550 세단 등을 차량으로 제공했다. 2012년부터는 우버X(영어: UberX)를 출시하여 더 넓은 시장에 대응할 수 있도록 저렴한 모델의 차량을 포함하는 기존보다 더 넓은 차량의 선택 폭을 제공하고 있다. 2014년 현재 도시마다 조금씩 다르지만 기본적으로 최초의 Uber인 BLACK, X, TAXI, LUXURY 등을 제공한다. 2012년, 우버는 택시가 아닌 차량을 통한 공유 운송의 기능을 추가한다는 계획을 발표했다.

2014년 기준 우버의 기업가치는 18조 원이 넘어 Airbnb와 샤오미를 제쳤다. 현재 우버의 기업가치는 세계 스타트업 가운데 가장 높은 680억 달러(약 75조 3,000억원)로 추산되고 있다. 우버는 이른바 유니콘기업을 거쳐 심지어 데카콘기업으로까지 성장하였다. 유니콘[17](unicorn) 기업이란 기업 가치가 10억 달러(=1조원) 이상인 스타트업 기업을 말한다. 원래 유니콘이란 뿔이 하나 달린 말처럼 생긴 전설상의 동물을 말한다. 스타트업 기업이 상장하기도 전에 기업 가치가 1조원 이상이 되는 것은 마치 유니콘처럼 상상 속에서나 존재할 수 있다는 의미로 사용되었다. 2013년 여성 벤처 투자자인 에일린 리(Aileen Lee)가 처음 사용한 용어이다. 이후 유니콘이 늘어나자 규모가 더욱 커진 데카콘 기업이란 신조어도 생겨났다. 미국의 종합 미디어 그룹인 블룸버그가 기업가치가 100억 달러(=10조원) 이상인 스타트업 기업을 뿔이 10개 달린 상상속의 동물인 데카콘(decacorn)이라고 부르기 시작하였다. 데카콘 기업에는 앞서 유니콘 기업들 가운

17 고대 로마 시대의 플리니우스에 따르면 몸통은 말에 가깝지만, 머리는 수사슴, 다리는 코끼리, 꼬리는 멧돼지를 비슷하고, 뿔은 1미터 정도 되었다고 전해진다. 또한 산채로 잡는 것은 불가능했다고 한다. 이마 한가운데에 이름 그대로 한 개의 뿔이 달렸는데, 길이는 45cm가량 이며 아래는 하얀색, 중간은 검은색, 끝은 붉은색으로 얼룩덜룩해 보인다. 그 뿔의 구성 물질에 대해서는 알려지지 않지만 유니콘의 모든 힘은 다 이 뿔에서 나오며, 적을 만나면 칼처럼 자유자재로 움직여서 갑옷이나 방패를 뚫어버린다. 또한, 해독 능력이 뛰어나 중세 유럽에서는 그 뿔을 물에 담그기만 해도 바다나 호수 전체가 깨끗해진다고 믿었다.

데서 더욱 성장한 미국의 우버, 에어비앤비, 중국의 샤오미, 디디추싱 등이 있다. 한편 유니콘의 100배(hecto) 가치를 지닌 기업은 헥토콘(hectocorn)이라고 부른다.

우버는 2009년 개릿 캠프와 트래비스 캘러닉에 의해 UberCab이라는 이름으로 설립됐다. 우버 서비스는 공식적으로 2010년 6월 샌프란시스코에서 출시됐다. 2010년 8월 라이언 그레이브가 CEO로 부임하면서 우버에 참여했다. 그레이브는 현재 운영 부문 부회장과 이사회 멤버로 활동 중이며, 후임 CEO로 트레비스 캘러닉이 부임했다. 우버는 2010년 샌프란시스코에서 아이폰, 안드로이드, 윈도 폰 모바일 앱을 출시했다.

우버는 2014년 10월 23일부터 대한민국 서울에서 우버택시 서비스를 시작했다. 우버는 이 서비스가 활성화될 때까지 기사들에게 2천 원의 유류 보조금을 지원하고, 승객들에게는 콜(요청) 수수료를 면제해주기로 했다. 서울 지역에 한해 리무진 차량을 중계하는 '우버블랙'(UberBLACK), 동료나 이웃 등 지인과 차량을 공유하는 '우버엑스'(uberX) 서비스를 연이어 내놓았지만 실정법 위반 논란에 휘말리며 사업에 차질을 빚었다. 국토교통부는 우버의 서비스를 여객자동차운수사업법 위반이라고 규정했고 서울시는 실제로 단속에 나서 우버 운전자에게 벌금을 부과하기도 했다.

서울시는 2015년 1월 2일부터 서울 시내에서 우버택시가 영업하는 것을 신고하면 최고 100만원의 포상금을 지급한다고 밝혔다. 서울시는 우버가 여객자동차운수사업법상 '유상운송 금지' 조항을 위반하고 있는 점, 운전기사 신분이 불확실해 이용자 안전을 담보할 수 없다는 점, 교통사고 시 보험 보장이 불확실하다는 점 등을 들어 영업 행위를 차단해야 한다고 주장했다. 최근에는 서울시가 방송통신위원회에 우버 앱을 차단해달라는 요청도 했지만 방송통신위원회는 명백한 실정법 위반이라고 판단하기 어렵다며 이를 보류한 것으로 알려졌다. 우버 관계자는 "우버택시는 택시기사들과의 정식 계약에 따른 것이라 불법의 소지가 전혀 없다"면서 "우버블랙과 우버엑스도 국내 진출 전에 규제 검토를 완료했으며 이와 관련해 정부와 지속적으로 정보공유하고 있다"고 말했다.

에어비앤비는 2008년 8월 시작된 세계 최대의 숙박 공유 서비스이다. 자신의 방이나 집, 별장 등 사람이 지낼 수 있는 모든 공간을 임대할 수 있다. 2013년 기준, 192개국 3만 4800여 개 장소에 대한 숙박을 중개하고 있으며, 2초당 한 건 씩 예약이 이뤄지고 있다. 2013년 1월 29일 대한민국 진출을 발표했다

에어비앤비의 창립역사를 살펴보면, 2007년 10월, 샌프란시스코로 이주한 브라이언 체스키와 조 게비아는 IDSA(Industrial Designers Society of America)가 주최한 인더스트리얼 디자인 콘퍼런스 기간 동안 에어베드 앤드 브렉퍼스트를 위한 초기 개념을 만들었다. 2008년 2월, 체스키의 전 룸메이트인 네이선 블레차르지크(Nathan Blecharczyk)가 합류했다. 그 후 'AirBed & Breakfast'라는 이름을 붙인 새로운 벤처기업의 세 번째 공동 창업자가 되었다. 그들은 포화상태에 이른 시장에서 호텔을 예약할 수 없는 사람들을 위해 웹사이트를 개설하고 공간을 빌려주는 고객과 공간을 빌리는 고객을 서로 연결해주는 커뮤니티 플랫폼을 구축하였다. 2008년 8월 11일 Airbedandbreakfast.com이라는 사이트를 공식적으로 출범했다. 2009년 3월, Airbedandbreakfast.com라는 이름은 Airbnb.com으로 변경되었고 사이트의 내용은 에어 베드와 공유 공간에서 집 전체와 아파트, 개인 방, 성, 보트, 이글루 등 다양한 특성으로까지 확대되었다.

에어비앤비 투숙객은 숙박 유형, 날짜, 위치, 가격 등의 필터를 이용해 검색할 수 있다. 예약하기 전에 사용자는 개인정보 및 결제정보를 제공해야 한다. 일부 호스트들은 예약을 수락하기 전에 정부가 발급한 신분증을 요구하기도 한다. 이 회사는 또한 다양한 주요 도시의 특정 지역에 머무르는 것에 대한 여행 가이드도 제공한다. 호스트는 가격 및 기타 세부 정보를 제공한다. 가격은 에어비앤비의 추천사항을 참고해 호스트가 결정한다.

2011년 2월 에어비앤비는 누적 예약 건수 100만을 기록했다. 2012년 1월에는 500만, 2012년 6월에는 1,000만건의 누적 예약 건수를 기록했다. 이 예약 중 75%는 미국 대륙 이외의 시장에서 나왔다. 페이스북과 트위터를 통해 입소문을 타기 시작하면서 2초에 1건의 객실 예약이 이루어지는 기록을 세우기도 하였다. 2011년 5월 9일 에어비앤비는 페이스북을 통해 호스트와 게스트가 같은 친구가 있는지 확인할 수 있는 소셜 커넥션스(Social Connections) 기능을 추가했다. 이 소셜 커넥션스는 에어비앤비의 이용

객과 집주인 사이에 서로 누구인지를 몰라 불안해했던 공유숙박 서비스의 문제점을 해결했다. 또한 SNS를 통한 이용자 리뷰(투숙객만 작성가능)를 통한 신뢰성을 제고 시켰으며, 자체 지불결제 시스템 구축을 통한 이용자 편익 제고를 통해 기존 업체와 차별화를 추구하고 있다. 2011년 10월, 에어비앤비는 두 번째 국제 사무소인 런던에 사무소를 설립했다. 2014년 7월 2014년 농구월드컵에서 호주 남자 농구대표팀의 공식 스폰서가 되었다. 2017년 11월 16일 여행 접근성 중심의 스타트업 'Accomable'(어코머블)을 인수했다

에어비앤비가 기존 숙박업과 차별되는 점은 다음과 같다. 에어비앤비는 네트워크 효과를 기반으로 규모를 확장한다. 즉 인터넷을 통해 숙박공유에 참여하는 사용자 수가 증가할수록 가능한 연결의 수가 기하급수적으로 증가한다. 급속히 규모를 확장하여 기존 숙박업 규모를 위협할 만큼 단기간에 성장한 가장 큰 요인이라 볼 수 있다. 또한 에어비앤비는 보다 광범위하고 다양한 품종의 숙소 및 서비스를 공급한다. 에어비앤비의 숙소는 전 세계의 여러 국가 및 지역에 걸쳐 분포하고 있다. 아파트부터 캠핑카, 보트, 섬 등 다양한 공간이 있으며 호스트 별로 제공하는 서비스가 차별화 된다. 소품종 대량생산의 기존 숙박업과 달리 에어비앤비는 다품종의 숙박시설 및 서비스를 제공한다. 에어비엔비는 숙소의 확보, 유지, 관리에 드는 한계비용이 적다. 에어비앤비는 수요에 따른 공급 규모를 조정하는데 마찰이 거의 없고 한계비용이 0에 가깝다. 전통적인 숙박업의 경우 사업부지 매입 및 건설, 인수 등을 통해 규모를 확장한다. 그러나 에어비앤비는 부동산 매입 및 대규모 고용 없이도 숙박 규모를 확장해 나갈 수 있다.

2016년 기준, 에어비앤비는 현재 191개국 34,000개 도시에서 200만개의 숙박 공간을 활용하여 서비스를 제공하고 있으며, 누적이용객 수는 8,000만명을 넘어섰다. 지역적으로 살펴보면 에어비엔비 모든 지역 중 아시아, 태평양의 시장 성장세가 가장 빠르다. 중국인 해외여행객 증가율과 일본으로 유입되는 관광객 증가율이 높고, 특히 한국은 2016년 2월까지 누적 국내 방문 이용자가 전년 동기보다 219% 늘었으며 해외 출국 이용객은 270% 성장하였다. 2014년에 에어비앤비가 한국지사를 설립하여 국내에는 숙소 13,000여 곳을 확보하였다. 또 현재까지는 대부분의 숙소가 서울에 집중되어 있으나, 제주도와 전주 등에서 이용자 비중이 증가하고 있는 추세이다.

제3절 | 구글(Google) [18]

1 인터넷 검색 서비스 강자

구글(Google)은 인터넷 검색 서비스를 통해 성장한 인터넷 시대를 대표하는 대기업이다. 1998년에 래리 페이지(Larry Page)와 세르게이 브린(Sergey Brin)이 설립한 백럽(Back Rub)에서 출발했다. 구글은 웹 검색에서 출발해 검색 시장의 최강자가 되었고, 2008년 웹브라우저 구글 크롬을 공개해 마이크로소프트의 익스플로러가 갖고 있던 독점적 영향력에 도전했다. 구글은 2007년 모바일 운영 체제인 안드로이드를 오픈소스 프로젝트로 진행하면서 모바일 시장에도 진입했다. 최근에는 빅데이터의 중요성을 인지하면서 클라우드 컴퓨팅으로 사업을 넓혀나가고 있다.

구글 공동창업자 래리 페이지(좌), 세르게이 브린(우)

인터넷 웹에 깊은 관심을 가지고 있었던 래리 페이지는 인터넷 웹을 주제로 논문을 준비하고 있었다. 웹의 구조를 연구하던 그는 어느 날 잠에서 깨어나 불현듯 한 가지 아이디어를 떠올린다. 인터넷에 존재하는 모든 웹을 다운로드 해서 각 웹페이지간의 연결 구조, 즉 링크를 분석해 보기로 결심한다. 래리 페이지가 작업에 들어가자 세르게이 브린 역시 깊은 관심을 보이고 기꺼이 동참했다. 래리 페이지는 인터넷 웹상에서 링크는 매우 중요한 의미를 담고 있다고 생각했다. 인터넷 공간에서 링크가 많이 된 웹 페이지는 그만큼 가치가 있음을 뜻하였다.

18 '구글 홈페이지', '네이버 지식백과', '두산백과', '멀티라이터 기고문' 참조

2 순위결정시 명성가중치 첨가

하나의 인터넷 사이트에서 다른 사이트의 주소를 링크해 주는 것은 일종의 투표와 같았다. 워낙 학자 집안에서 자란 데다 박사 과정을 밟는 대학원생인 터라 논문을 중요하게 여기던 래리 페이지에게 링크는 논문으로 치면 인용과 비슷했다. 훌륭한 논문일수록 다른 논문에서 참고문헌으로 인용될 확률이 높다. 래리 페이지는 인터넷상에서 링크된 횟수를 통해서 각 웹페이지간의 랭킹을 정하는 작업을 해 보고자 했다. 그리고 웹페이지의 순위를 매길 때 한 가지 아이디어를 더했다.

만약 논문이 권위 있는 학술지에서 언급되면 그만큼 더욱 가치 있는 논문일 가능성이 있는 것처럼 단순히 링크의 횟수뿐만 아니라 링크를 건 웹사이트의 명성에 가중치를 더하였다. 이를테면 「뉴욕타임스」처럼 권위 있는 언론사의 사이트에서 링크를 한 웹페이지라면 일반 블로그에서 인용한 링크보다는 더 높은 순위에 올라갈 수 있는 공식을 만들기 시작한 것이었다.

랭킹 시스템을 구축하는 것은 매우 복잡하고 어려운 작업이었다. 사실 이 작업은 래리 페이지가 생각한 것보다 훨씬 어렵고 무모한 일이었지만 세르게이 브린의 천재적 수학 실력 덕분에 어려운 난제들을 차근차근 풀어갈 수 있었다. 연구가 진행되면서 래리 페이지는 웹페이지의 순위를 정하는 알고리즘을 검색에 접목해 보고자 하였다. 검색어를 입력하면 검색어와 관련한 웹페이지의 순위를 나열해 주는 검색엔진을 완성하자 검색어와는 관련성도 떨어지고 중요하지 않은 웹페이지를 잔뜩 보여주는 기존의 검색엔진보다 훨씬 뛰어난 검색 결과를 보여주었다.

3 구글로 사명 변경

래리 페이지와 세르게이 브린은 자신들의 검색엔진을 백럽이라고 불렀으나 나중에 구글로 바꾸었다. 구글은 원래 해안가의 모래 숫자나 하늘에서 내리는 빗방울의 숫자처럼 셀 수 없을 정도로 엄청나게 큰 수를 뜻하는 구골(Googol)에서 나온 아이디어였다. 연구실 동료였던 션 앤더슨(Sean Anderson)이 회사 이름에 대한 아이디어를 떠올리던 중 스펠링을 'Google'로 잘못 적으면서 구글이라는 이름이 쓰이기 시작했다고 한다.

구글 검색엔진이 서비스를 시작한 곳은 스탠포드 대학교의 서버였다. 그래서 구글의 첫 번째 인터넷 주소는 'google.stanford.edu'였다. 구글은 기존의 검색엔진보다 탁월했기 때문에 스탠포드 대학교 내에서 인기가 좋았다. 점차 늘어나는 사용자들의 검색 만족도를 높이기 위해서는 데이터를 저장하고 관리하는 컴퓨터가 더 필요했다. 그러나 학생 신분이었던 래리 페이지와 세르게이 브린에게 돈이 있을 리가 없었다.

지도교수의 도움을 받아 학교자금에서 1만 달러를 지원받았지만 구글을 제대로 서비스하기에는 컴퓨터가 부족했다. 결국 래리 페이지와 세르게이 브린은 학교 곳곳을 돌아다니며 컴퓨터 부품을 찾아 다녔다. 그들은 잡동사니 부품들을 모아서 컴퓨터를 만들었는데, 이때 효율적으로 시스템을 구축하는 노하우를 쌓게 된다. 당시만 해도 인터넷을 서비스하기 위해서는 대형 서버 컴퓨터가 필요했다. 하지만 래리 페이지와 세르게이 브린은 저가의 개인용 컴퓨터를 병렬적으로 연결해서 서버 시스템을 구축하는 방법을 개발했다. 비록 돈이 부족해서 고육지책으로 생각해 낸 방법이었지만, 최소의 비용으로 컴퓨터를 만들고 이를 하나의 유기적인 시스템으로 연결시키는 능력은 오늘날 구글 성공의 일등공신이 되었다.

주변의 컴퓨터 부품을 최대한 활용해서 컴퓨터를 구축해도 항상 장비가 부족했던 둘은 스탠포드 대학교에 새로 컴퓨터가 배달될 때 이를 몰래 가져다 쓰는 대담한 행각을 벌이기도 했다. 컴퓨터 장비들은 래리 페이지의 기숙사 방에 설치되었는데 얼마 지나지 않아 방은 컴퓨터로 가득 찼다. 그래서 검색엔진을 다듬는 실제 작업은 세르게이 브린의 방에서 이루어졌다. 인터넷 웹페이지를 방문해서 데이터를 모아오는 작업은 네트워크에도 부담이 되는 문제였다. 래리 페이지와 세르게이 브린이 인터넷에서 데이터를 긁어 올 때마다 스탠포드 대학교의 네트워크는 종종 과부하에 걸렸고 스탠포드 대학교 전체 인터넷망이 다운되는 적도 있었다. 다행히 벤처기업의 요람인 스탠포드 대학교답게 초창기에는 이를 관대하게 넘어가 주었다.

4 학업포기후 구글사업 전념

구글 서비스가 나날이 인기를 끌게 되자 래리 페이지는 이를 사업으로 발전시키고 싶었다. 하지만 그는 박사 과정을 그만둘 생각이 없었기 때문에 인터넷 포털 업체에 구글을 백만 달러에 팔 생각이었다. 래리 페이지와 세르게이 브린은 당시 검색 점유율 50%가 넘었던 알타비스타를 시작으로 야후, 익사이트, 인포시크 등 당시 내노라하는 각종 포털 업체들을 찾아가서 구글을 시연해 보였다. 하지만 당장 꺼지라는 소리까지 들을 정도로 냉담한 반응뿐이었다.

계속해서 기업들에게 거절을 당하자 래리 페이지와 세르게이 브린은 좌절감을 느꼈다. 너무 화가 났지만 포기는 하고 싶지 않았기에 둘은 결국 학교를 떠나서 직접 사업을 하기로 결심한다. 현재 승승장구하는 구글의 창업이 사실은 아무도 그들의 검색엔진을 구입해주지 않았기 때문이라는 사실을 보면 시대를 앞선 선구자들의 비애가 느껴진다. 래리 페이지와 세르게이 브린은 검색엔진이 인터넷 시대에 매우 중요한 것이라고 봤지만, 정작 포털 업체들은 검색이란 수많은 인터넷 서비스 중 하나에 불과하다고 여겼다. 구색을 맞추는 차원에서 검색 서비스를 제공할 뿐 그에 대해 진지하게 생각하지 않았기에 구글의 가치를 제대로 알아보지 못했던 것이다.

5 구글 검색 알고리즘

구글 검색은 페이지랭크라는 알고리즘에 의해 운영된다. 페이지랭크는 웹에 있는 특정 페이지로 들어오는 링크와 그 웹페이지가 클릭되는 횟수를 반영해 검색 결과의 순위를 결정하는 검색 알고리즘이다. 구글 검색은 인덱스를 이용한 검색을 시행한 다음, 그것들의 우선 순위를 페이지랭크로 결정하는 방식을 도입해 검색의 객관성과 신뢰성을 높였다.

구글의 알고리즘은 접속빈도가 잦고 연관성이 높은 링크를 상위에 노출하고 신뢰성이 높으면 가산점을 부여한다. 특정 링크의 클릭률이나 특정 링크가 얼마나 많이 링크되었는지를 기록해 '연관성' 점수를 부여한다. 이렇듯 정량화된 값을 창립자 페이지의 이름을 따서, '페이지랭크'라고 부른다. 구글은 이러한 검색의 성능 강화를 애드센스(AdSense)라는 광고와 연결해 수익창출 모델을 만들었다.

제4절 | 페이스북(Facebook)

1 페이스북 개요

페이스북은 미국에서 가장 성공한 소셜 네트워크 서비스(Social Network Service, SNS; 웹상에서 이용자들이 인맥을 형성할 수 있게 해주는 서비스) 웹사이트 중 하나로, 한국의 싸이월드와 유사한 서비스를 제공한다. 2012년 5월 현재 나스닥 상장 회사로서 미국 캘리포니아주(州) 서부에 있는 팰러앨토(Palo Alto)에 본사가 있다.

미국 나이를 기준으로 13세 이상이면 누구나 이름 · 이메일 · 생년월일 · 성별 기입만으로 간단하게 회원으로 가입할 수 있으며, '친구 맺기'를 통하여 많은 이들과 웹상에서 만나 각종 관심사와 정보를 교환하고, 다양한 자료를 공유할 수 있다.

2 컴퓨터 귀재 마크 주커버그

2004년 2월 4일 당시 19살이었던 하버드대학교 학생 마크 주커버그(Mark Zuckerberg)가 학교 기숙사에서 사이트를 개설하며 창업하였고, 개설 첫 달에 더스틴 모스코비츠(Dustin Moskovitz)와 크리스 휴스(Chris Hughes)가 동업자로 합류하였다.

마크 주커버그는 1984년 뉴욕 답스 페리(Dobbs Ferry)에서 치과의사인 아버지 에드워즈와 심리박사인 어머니 카렌사이에서 1남 3녀 중 둘째로 태어났다. 그는 어린 시절부터 다재다능한 아이였다. 학창시절 수학, 물리분야에서 상을 받았으며 프랑스어 라틴어, 고대 그리스어 등을 쓰고 읽을 수 있다. 펜싱팀의 주장으로 MVP까지 수상했던 그가 가장 좋아하고 뛰어난 능력을 발휘 했던 것은 컴퓨터였다. 12살 때 윈도우 3.1이 설치된 486 DX 컴퓨터로 가족을 위한 네트워크 서비스를 구축하기도 했다. 중학생 시절에는 모노폴리나 로마제국을 주제로 한 컴퓨터 게임을 제작하며 그의 프로그래밍 실력을 유감없이 드러냈다. 고등학교시절에는 학교 친구와 함께 사용자에게 음악을 추천해주는 프로그램인 시냅스(Synapse)를 만들었는데 AOL과 마이크로소프트 같은 대기업들이 1백만달러에 구입하겠다는 제안을 받을 정도였다.

페이스북 창업자 마크 주커버그

하버드 대학교에 진학한 후에는 컴퓨터 그중에서도 인터넷에 대한 열정이 더욱 깊어졌다. 그는 대학친구들에게도 자주 인터넷에 대해서 이야기를 하였는데 나중에는 컴퓨터에 관심 없던 친구도 컴퓨터와 인터넷에 흥미를 가지게 된다. 평소 장난끼가 많았던 그는 페이스 매쉬라는 프로그램을 만든다. 이 프로그램은 일종의 이상형 월드컵이라고 할 수 있는데 두 명의 남자나 여자사진을 보여주고서 누가 더 마음에 드는지를 선택할 수 있었다. 캠퍼스에서 누가 최고 얼짱인지를 투표하는 이 프로그램 만들기 위해서 마크 주커버그는 직접 기숙사의 서버를 해킹하기까지 하였다. 마크 주커버그는 친구들에게 자신이 만든 사이트를 적극적으로 알렸는데 하루도 지나지 않아서 입소문이 돌면서 450명이 접속을 하였다. 하버드 대학교에서는 주커버그의 프로그램을 발견하자 즉시 접속을 막고 마크 주커버그와 함께 프로그램 개발을 도와준 친구들을 징계위원회에 회부했는데 이 사건으로 마크 주커버거는 근신처분을 받았다.

3 프로그램 제작을 통해 용돈 마련

마크 주커버그는 자신의 뛰어난 프로그래밍 실력을 장난으로만 소진하지 않았다. 기말고사를 보기 전에 직접 웹사이트를 만들어서 친구들이 그림에 대한 평을 쓰도록 유도하였는데 그는 친구들의 글들을 읽고 기말고사에 쉽게 통과할 수 있었다. 마크 주커버그는 자신의 컴퓨터 실력으로 자잘한 일들을 도와주면서 짭짤한 수익을 얻기도 하였다.

2004년 마크 주커버그는 자신이 가입한 소셜네트워크 서비스였던 프렌드스터에서 영감을 얻은 그는 직접 서비스를 만들 생각으로 TheFacebook.com 주소로 도메인을 등록한다. 마크 주커버그는 하버드 학생들이 직접 사진과 프로필을 올리고 이를 친구들과 공유하는 서비스를 구상한다. 온라인을 통해서 친구들과 서로의 안부를 묻고 근황을 전하는 이 서비스는 오직 하버드 대학생들만 이용가능 하도록 한다는 차별점이 있었다. 이 때문에 마크 주커버그는 여러가지 이득을 얻을 수 있었다. 우선 하버드대생만 가입할 수 있다는 것은 가입자들에게 묘한 우월감을 주었고 실질적으로 학교내에서 이성친구를 사귀거나 인간관계를 확장시킬 수 있는 도구였다. 여기에 주변 친구들과 하버드 대학교내의 학교신문을 통해서 홍보를 할 수 있었다. 그리고 누구나 가입할 수 있었던 서비스로 시작했다면 당시 학생이었던 그는 서버 비용을 감당하기 힘들었을 것이다.

4 페이스북의 태동

2004년 2월에 시작한 페이스북은 처음에는 하버드 학생만 이용할 수 있도록 제한된 사이트였으며, 2월 말 무렵 하버드 재학생 절반 이상이 가입하였다. 하지만 3월에는 스탠포드 · 컬럼비아 · 예일 대학교 학생들도 이용할 수 있게 되었으며, 개설 두 달 만인 4월에는 MIT · 보스톤 · 노스이스턴 대학교와 모든 아이비리그 대학까지로 확장되었다.

2004년 여름방학에 마크 주커버그는 페이스북을 만든 친구들과 캘리포니아 실리콘밸리 근처의 팔로알토에서 지내기로 하였다. 이곳은 애플과 구글같은 세계최고의 IT기업들이 자리한 실리콘밸리에서 많은 것을 배우고 싶어 했기 때문이다. 마크 주커버거는 음악 서비스인 냅스터를 만들어 유명해진 숀 파커를 찾아갔다. 냅스터를 그만 둔 숀 파커는 수십만 명의 가입자를 확보한 인터넷서비스를 만들었지만 자유분방한 그의 성격에 화가난 투자자들이 그를 회사에서 쫒아냈다.

5 숀 파커와의 만남

소셜네트워크 서비스의 가치를 꿰뚫어 보고 있던 숀 파커는 페이스북을 만든 마크 주커버그에게 사업에 대한 도움을 줄 수 있다면서 이메일을 보냈다. 이를 계기로 마크 주커버그와 숀 파커가 인연이 되어서 팔로알토에서 서로 만나게 되었고 함께 의기투합하게 되었다. 마크 주커버그와 그의 친구들은 사업에 대한 경험이 전무하였지만 숀 파커는 이미 실리콘 밸리에서는 유명인사였다. 마크 주커버그가 특히 주목한 것은 숀 파커가 자신이 세운 회사에서 투자자에게 쫓겨났다는 사실이었다. 이러한 실패의 경험이 큰 도움이 된다고 생각한 마크 주커버그는 숀 파커를 사장으로 영입하였다.

숀 파커의 역할은 대학의 동아리 수준이었던 페이스북을 제대로 된 기업으로 탈바꿈시키는 것이었다. 숀 파커와 마크 주커버그는 팔로알토에서 함께 합숙하면서 사업을 더 확장시켰다. 사장으로 합류한 숀 파커의 가장 중요한 임무는 실리콘밸리에서 쌓은 폭 넓은 인맥을 바탕으로 투자자를 찾는 것이었다. 페이스북은 늘어나는 사업자로 인해서 불어나는 운영비를 충당하는데 어려움을 겪고 있었다. 숀 파커는 당시 꽤 잘 나가던 소셜네트워크 서비스인 링크드인의 창업자이면서 투자자로 활약했던 리드 호프만을 찾아갔다.

6 피터 티엘로부터 투자지원

그러나 호프만은 페이스북이 링크드인과 경쟁관계에 있다고 생각했기 때문에 투자 대신 전문투자자인 피터 티엘(Peter Thiel)을 소개해 준다. 피터 티엘은 숀 파커와 마크 주커버그를 만난 후 페이스북의 가치를 490만달러로 계산하고 50만달러를 대여형식으로 투자하였다. 하지만 계속해서 늘어나는 회원수 때문에 피터 티엘의 자금도 바닥을 드러내기 시작하였고 다시 숀 파커가 나서서 투자회사로부터 30만달러를 대출받았다. 이 회사는 숀 파커를 통해 페이스북의 진가를 알게 되어 이 회사에 투자를 하였다. 페이스북 창업자들이 숀 파커를 특히 좋아했던 이유는 투자를 받는데 엄격한 원칙이 있었기 때문이다. 창업자들이 투자자들에게 좌지우지 될 수 있는 상황을 애초에 피하고 철저히 자신들이 회사의 운명을 결정할 수 있는 권한을 인정받은 상태에서 투자를 받는다는 원칙이었다.

2005년 9월 2일 페이스북에 고등학교 학생들도 가입할 수 있게 되었고, 2005년 말에 이르러 미국, 캐나다, 영국 등 7개국의 2,000개 이상의 대학교와 2만 5,000개 이상의 고등학교에 네트워크가 형성되었다. 2006년 9월 11일 마침내 전자우편 주소를 가진 13세 이상의 모든 이들에게 개방되었다.

제5절 | 엔씨소프트(NC Soft)[19]

1 엔씨소프트의 역사

김택진 엔씨소프트 대표는 대학 시절부터 뛰어난 소프트웨어 개발자였다. 서울대학교 컴퓨터 동아리에서 그는 선배 이찬진(현 드림위즈 대표)과 함께 아래아 한글을, 대학원 시절 한메타자 등을 개발했다. 그가 게임 산업에 눈뜬 건 현대전자 보스턴 R&D 센터에서 근무할 때였다. 소프트웨어 개발자로서 네트워크로 연결된 세상에 흥미를 느끼며 그는 온라인 게임에서 그 가능성을 발견한 것이다.

김택진 대표는 인재가 핵심임을 이해한 사람이었다. 최초의 그래픽 머그(MUG; Multi User Graphic)게임 '바람의 나라'를 개발한 넥슨 창업자 송재경은 당시 공동 창업자 김정주와의 불화로 1996년 넥슨을 떠나 아이네트에서 '리니지'를 개발 중이었다. 신일숙 작가의 만화를 원작으로 한 이 게임은 송재경이 큰 포부를 갖고 기획했으나 IMF로 사정이 어려워지면서 중단될 위기에 처했다. 당시 현대전자를 그만두고 엔씨소프트를 창업한 김택진 대표는 이 기회를 놓치지 않고 곧바로 송재경을 영입했고, 1998년 말 출시된 '리니지'는 작은 벤처 기업이던 엔씨소프트를 지금 수준으로 키운 일등공신이었다.

1990년대 후반 한국은 블리자드의 '스타크래프트'가 들어오면서 PC방 사업이 크게 확대됐다. 또 인터넷 네트워크 사업이 확장되면서 온라인 게임을 하기 좋은 환경이 막 조성될 때였다. 이런 환경에서 출시된 '리니지'는 당시 수준으로선 획기적인 소재와 그래픽으로 큰 인기를 끌었다. 리니지는 1998년 대한민국 게임 대상을 수상하는가 하면 넥슨의 '바람의 나라'를 단숨에 제치고 온라인 게임 순위 1위에 올라섰다. 1999년 엔씨소프트는 순수하게 '리니지' 하나로 달성한 매출액이 66억 원, 영업이익이 35억 원이었고 2000년에는 매출액 559억 원으로 2년만에 매출이 280배 증가하는 기록적인 성장을 이어갔다. 엔씨소프트는 그 해 코스닥 상장 기업이 됐다.

이후에도 엔씨소프트의 '리니지'는 계속 신기록을 경신했다. 엔씨소프트의 역사는 곧 한국 온라인 게임의 역사다. 상장 이후 1년 만에 2배 이상 성장해 매출액 1,247억 원

19 참조인용 : 송재용 외, 「온라인 게임세계시장 선점을 위한 도전-엔씨소프트의 조기 글로벌화」, Asan Entrepreneurship Review, 2018

을 달성했고 2001년 12월 세계 최초로 동시접속자 수 30만 명을 돌파했다. 엔씨소프트는 '리니지'의 성공에 머물지 않고 새로운 성장동력으로 삼을 3D 게임인 '리니지2'를 개발해 2003년부터 상용화했다. 고사양(高仕様) 게임을 프로모션하기 위해 마이크로소프트, 인텔 등과 제휴한 '리니지'용 PC를 보급했고 리니지의 인기에 힘입어 '리니지2' 역시 국내 시장에서 큰 성공을 거뒀다.

그러나 엔씨소프트는 오랜 기간 '리니지' 한 제품의 매출에만 의존해왔다. 2008년까지 매출의 80%가 '리니지'와 '리니지2'에서 발생했다. 2008년 기준 총 매출 2,402억 원 중 '리니지' 매출이 1,197억 원(49.8%), '리니지2' 매출이 1,053억 원(43.9%)이었다. 이처럼 단순한 제품 포트폴리오를 탈피하기 위해 엔씨소프트는 다양한 게임을 개발하려는 노력을 지속해왔다. 내부적으로 개발에 박차를 가하는 동시에 외부에서 새로운 인재들을 영입하고 유명 개발 스튜디오를 인수하는 등 새로운 투자처를 찾아 나선 것이다. 이런 대내외적 노력은 엔씨소프트 해외 진출의 역사와도 맞물려 있었다.

창업 3년만인 2000년 대만 진출을 시작으로 2001년 미국과 일본, 2003년 중국, 2004년 유럽에 '리니지' 서비스를 선보이며 벤처 기업치곤 매우 발빠르게 글로벌 네트워크를 구축했다. 대만에서 '리니지'는 10여 년째 선두 자리를 지키고 있고 2005년 출시한 '길드워'는 북미 · 유럽 시장에서 큰 반향을 일으키며 본격적으로 전 세계에 엔씨소프트의 이름을 알렸다. 2012년 신작 '블레이드 앤 소울' 역시 중국, 대만 및 미국 시장에 성공적으로 안착하며 세계 시장에서 대규모 다중사용자 온라인 롤플레잉 게임(MMORPG; Massively Multiplayer Online Role Playing Game) 명가(名家)로서 자존심을 세웠다. 이제 엔씨소프트는 아시아, 북미, 유럽에 10개의 해외 지사를 거느린 기업으로 성장했고 해외 매출이 50%에 육박했다.

현재 엔씨소프트의 모든 프로젝트는 로컬 시장이 아닌 글로벌 시장이 대상이다. 특정 국가가 아니라 전 세계가 감동할 수 있는 게임을 만들겠다는 것이 궁극적인 목표다. 2016년 1월 미국 LA, 이곳에선 엔씨소프트의 신작 게임 '블레이드 앤 소울'의 북미 서버 오픈을 축하하는 런칭 파티가 열렸다. 반응은 뜨거웠다. 예상 모집 인원인 300명을 훨씬 뛰어넘은 900여 명의 팬이 몰려 대성황을 이루었다. 북미에서 '블레이드 앤 소울'을 오픈한 것은 처음이지만 런칭 파티에 참여한 대부분의 사람들은 한국이나 대만 계정을 이용해 이전부터 게임을 즐겨온 '골수 팬'이었다.

2 엔씨소프트의 세계 시장 진출 노력

엔씨소프트가 한국에서 성공하기 전까지 한국은 게임 산업의 메이저 시장이 아니었다. 콘솔이나 패키지를 중심으로 한 미국, 일본, 유럽이 삼국전을 펼치고 있었다. 국내에서 리니지의 뜨거운 반응을 접하고 보니 이런 게임이라면 다른 나라에서도 해볼 만하다는 생각이 들었다. 인터넷 망을 이용하니 해외에서 접속하는 경우도 심심찮게 보였다. 무엇보다 미국을 비롯한 해외 시장 진출은 김택진 대표이사의 오랜 꿈이었다.

엔씨소프트의 해외 진출은 매우 빠르고 동시다발적으로 이뤄졌다. 먼저 엔씨소프트는 설립 3년 만인 그리고 '리니지'의 국내 서비스 상용화 이후 22개월 만인 2000년 7월 대만에 첫 발을 내딛는다. 굉장히 빠른 결정이었다. 대만 유저들이 한국에서 인기있는 '리니지'에 큰 관심을 보이자 패키지 게임을 유통하는 대만 회사 감마니아가 적극적으로 엔씨소프트에 제휴를 제안한 것이다. 메이저 시장으로서 중요도가 큰 중국 시장을 고려할 때 같은 중화권인 대만은 중국 시장의 테스트베드로서, 중국 시장 진출을 위한 교두보를 마련할 수 있는 전략적 요충지였다. 대만에서 게임 관련 사업을 해온 감마니아는 파트너로서의 역량이 충분했다.

이어 2000년 2월 '리니지'의 라이센싱 계약을 체결하고 그 해 7월, 대만에 해외 시장 처음으로 '리니지'를 선보인다. '리니지'는 대만의 초기 온라인 게임 시장을 선점해 폭발적인 성공을 거두며 PC 게임이 주를 이루던 대만의 게임 시장을 재편했다. 심지어 '리니지' 때문에 대만의 국가 네트워크가 다운되는 사태도 있었다. 당시 '온라인 게임' 하면 '리니지'였고, 수많은 유저(user)들이 친구들을 '리니지'로 불러 모았다. 이 때 크게 확장된 유저층은 이런 형식의 게임 장르에 익숙해져 이후 '리니지2', '아이온' 등 '리니지'와 비슷한 성향의 게임들로 이동하곤 했다.

김택진 대표는 게임 종주국인 미국에서 일단 성공하는 게 글로벌 성공의 시작점이라 생각했다. 이에 2000년 5월 미국 현지 법인을 설립하고 2001년 7월 '리니지' 서비스를 게시한다. 그러나 유저 성향과 시장 상황이 한국 및 아시아와는 판이하게 다른 북미 시장에서 엔씨소프트는 아무 인지도 없는 일개 게임회사였다. '리니지' 하나만으로는 성공하기 어렵겠다고 판단한 경영진은 노선을 바꿔 북미 · 유럽 문화를 잘 이해하는 영향력 있는 개발자들을 영입했다. 이렇게 북미 · 유럽을 겨냥한 게임을 만들면서 시장을 알아가고자 한 것이다.

당시 경영진은 '리니지'가 한국에서 크게 성공한 것처럼 해외 시장에서도 통할 것으로 예상해 한국에서 출시된 '리니지'를 제품 그대로 미국 시장에 가져갔다. 결과는 처참했다. 시장마다 유저의 성향이 너무나 달랐던 것이다. 중국 시장에서의 결과도 마찬가지였다. 서양식 판타지에 의존한 '리니지'의 세계관이 중국인의 감성에 맞지 않았던 것이다. 기본적인 플레이 방식부터 키보드 조작까지 엔씨소프트의 게임은 중국 유저들의 입맛을 사로잡지 못했다.

해외 시장 매출이 생각보다 부진하자 엔씨소프트는 하나의 제품을 언어만 바꿔 출시하던 기존 전략을 버리고 각 시장의 반응을 받아들여 최소한으로 변경하기 시작했다. 초기에는 지역별로 중요한 명절이나 절기 행사를 반영한 이벤트를 실시하며 현지화를 시도했다. 그러나 서비스를 이어갈수록 유저들의 기본적인 선호나 생활 습관, 소비 행태에도 국가 간 차이가 있음을 발견하게 됐다. 이렇게 시장의 반응을 효과적으로 파악하기까지 현지 파트너사들의 도움이 매우 컸다.

2001년 초, 김택진 대표와 송재경 당시 미국 지사장은 세계 3대 RPG 시리즈 중 하나인 '울티마 온라인'을 제작한 유명 개발자 리처드 개리엇과의 접선을 시도한다. 당시 리처드 개리엇은 몸담았던 EA와 불화를 빚고 퇴사해 20여 명의 인력과 데스티네이션 게임즈(Destination Games)를 설립했다. 온라인 게임이야말로 게임의 미래라 생각했던 리처드 개리엇과 김택진 대표는 서로의 비전이 일치한다는 것을 확인하고 한 배를 타기로 결심했다. 엔씨소프트는 430억 원을 들여 리처드 개리엇과 그의 형 로버트 개리엇을 영입, 데스티네이션 게임즈를 인수합병해 2001년 5월 엔씨 오스틴을 설립했다. 또 여기에 매우 높은 수준의 자율성을 부여했다. 곧이어 2002년 12월 '스타크래프트' 제작진 및 블리자드 출신 핵심 인력으로 구성된 시애틀의 게임 개발업체 아레나넷을 인수했다. 이로써 엔씨소프트는 미국내 두 개 자회사를 통해 미국시장 자체적인 게임 개발 역량을 마련했다. 2002년 3월부터는 미국 크립틱 스튜디오의 '시티 오브히어로즈' 퍼블리싱을 맡기도 했다.

2001년은 본격적인 아시아 시장 공략의 원년이기도 했다. 2001년 6월 홍콩에 감마니아와의 합작 법인을 설립하고 그 해 7월 '리니지' 서비스를 개시했다. 엔씨소프트에게 홍콩은 대만, 미국에 이은 3번째 해외 시장으로, 대만과 마찬가지로 중화권 시장 진출의 교두보 마련이란 의미가 있었다. 2001년 8월엔 일본에도 합작 법인을 설립했다. 사실 게임 산업의 전통 강국인 일본에 도전한 것은 더 오래된 얘기다.

2000년 12월 일본의 게임 개발업체인 춘소프트와 '리니지'의 마케팅과 새 온라인 게임 개발을 목적으로 하는 합작 법인을 설립하는 양해각서를 체결했으나 5개월 뒤 서로 이해관계가 상충돼 결렬됐다. 이후 두 달 후인 2001년 7월 일본의 동경 연락사무소가 관리하는 리니지 일본 홈페이지를 통해 리니지의 시범 서비스를 시작했고 시행착오 끝에 같은 해 8월 소프트뱅크와 합작 법인을 설립했다. 일본 역시 큰 시장이었기 때문에 당시 경영진은 일본에도 콘텐츠를 생산할 수 있는 거점이 있어야 할 것으로 판단, 일본내 실력 있는 독립 스튜디오나 개발자들을 찾아 나섰다. 비록 미국 같은 개발 거점까지 만들지는 못했지만 김택진 대표를 비롯한 당시 경영진은 핵심 인재를 만나면서 일본에서의 영향력 확대를 꾀했다.

세계 최대 인구의 중국은 온라인 게임 업체들에게도 기회의 땅이다. 특히 중국내 인터넷 사용자가 급증하고 대도시를 중심으로 온라인 게임 마케팅의 인프라인 PC방이 확산되면서 중국에 대한 관심은 더욱 커졌다. 곧이어 엔씨소프트의 현지 진출을 도울 파트너사를 물색하기 시작했다. 해외 업체는 독자 진출할 수 없다는 중국 정부의 규제가 있기도 했고 마케팅 측면에서도 중국 현지 인프라를 움직일 수 있는 역량 있는 파트너사의 도움이 필요했기 때문이다.

그러나 중국 회사들을 많이 만나며 파트너사의 선정에 지나치게 신중하다 보니 당초 지사 설립 목표시기인 2000년 8월을 훌쩍 넘기게 됐다. 결국 2002년 8월에야 국내 서버를 이용해 '리니지'의 중국 사이트를 개설하고 시범 서비스를 런칭했으며, 2003년 1월에 중국 인터넷 포털업체 시나와 합작 법인을 설립하고 4월 정식으로 '리니지'를 출시했다.

유럽 시장에는 2004년 7월 영국에 현지 법인을 설립하고 11월부터 '리니지2' 서비스를 시작했다. 2004년 7월에는 태국에서도 현지 파트너사 트루와 합작법인을 만들고 2005년 6월 '리니지2'를 선보였다. 이로써 엔씨소프트는 미국, 유럽, 대만, 일본, 중국, 홍콩 등지에 진출한 명실상부한 글로벌 게임 업체가 되었다.

3 세계 온라인 게임시장 현황

전 세계 게임시장은 전통적으로 콘솔과 아케이드 게임이 높은 비중을 차지해 온 가운데 온라인 게임과 모바일 게임 시장이 2000년대에 폭발적으로 성장했다. 전 세계 온라인 게임 시장은 2000년대 초반부터 한국과 중국이 세계 온라인 게임 시장의 성장을 주도하며 아시아 국가를 중심으로 확장돼 왔다. 2003년 기준 전 세계 온라인 게임 시장은 21억 달러 규모였으나 2006년 51억 달러, 2009년에는 100억 달러를 초과하며 연평균 22%가 넘는 성장률을 보여왔다.

단일 국가로는 세계 최대의 게임 시장이자 게임산업의 원조격인 미국 게임 시장은 전통적으로 콘솔게임이 비중의 50% 이상을 차지해왔다. 미국 온라인 게임은 다른 플랫폼 시장에 비해 상대적으로 비중은 적지만, 규모 자체가 매우 크기 때문에 향후 초고속 인터넷 확대 등 인프라가 갖춰지면 급속하게 성장할 잠재성이 매우 높은 시장이다. 2006년 기준 12억 달러로 연평균 24.8%의 성장률이 예상됐다. 미국 온라인 게임 시장은 전통적인 PC 게임들의 온라인화를 통해 확산돼 왔다. 2004년 PC 패키지 게임 개발 회사였던 블리자드는 '월드 오브 워크래프트'를 통해 온라인 게임 시장에 진출한다. 블리자드는 멀티플레이 서버를 운영하던 노하우를 살리는 동시에 뛰어난 그래픽과 높은 게임성을 '월드 오브 워크래프트'에 담았고, 결국 전 세계 온라인 게임 시장에서 선두자리에 등극한다. 미국 온라인 게임 시장은 비디오 게임 기업이 온라인 게임으로 진출하고 모바일 기기와의 연동이 확산되면서 다른 플랫폼 시장과 상당 부분 중첩돼 있다. 미국 온라인 게임 이용자 중 72%는 온라인 게임과 비디오 게임을 함께 이용한다고 응답했다.

유럽도 전통적으로 콘솔 게임과 아케이드 게임이 높은 비중을 차지하는 시장으로, 2005년 당시 온라인 게임 시장 규모는 전체 게임 시장의 1.5%에 불과했다. 그러나 2000년대 중반 연평균 50.3%라는 엄청난 성장세를 보이며 급성장했다. 이는 온라인 게임 보급률이 초고속 인터넷 보급률과 직결된다는 시장의 특성에서 기인한 것이다. 초고속 인터넷의 보급 속도가 비교적 높은 프랑스와 독일, MMORPG 게임 개발이 활발한 북유럽 국가들의 성장세가 특히 높았다. 그러나 여전히 낮은 브로드밴드 인프라 수준은 온라인 게임 업체들에게 걸림돌이다. 유럽의 온라인 게임 시장은 MMORPG가 주도하고 있으며 '리그 오브 레전드' 등의 게임을 중심으로 한 부분유료화 모델이 2000년대 중반 성공적으로 정착해 80% 이상의 비중을 차지하고 있다. 서유럽 게임 시장이 성숙한 면모를 보이는 반면 동유럽 시장은 상대적으로 경제 상황이 좋지 않고 게임 인프라도 성장 단계에 머무는 등 지역간 격차가 큰 것도 숙제다.

일본은 전통적으로 아케이드 및 콘솔 게임이 중심인 시장으로, 2002년 기준 68억

4,000만 달러 규모의 아케이드 게임이 전체 시장의 58.1%, 45억 달러 규모의 콘솔 게임 시장이 38.3%를 차지했으며 온라인 게임은 6,000만 달러 규모로 0.5%에 불과했다. 그러나 2002년 500만 명이었던 초고속 인터넷 가입자 수가 2006년 2,580만 명에 이르는 등 급성장했고, 온라인 게임 시장은 2002년에서 2008년까지의 연평균 누적성장률(CAGR; Compound Annual Growth Rate)이 43.9%로 예측되는 등 다른 플랫폼에 비해 가장 높은 성장세를 보였다. 아케이드 게임 시장이 오랜 기간 정체돼 있고 1997년 인터넷의 등장으로 새로운 경쟁 콘텐츠가 크게 증가하며 콘솔 게임 시장이 하락 추세인 것과는 대조적이다. 일본 온라인 게임 시장은 웹보드 게임 등 캐주얼 게임이 대부분을 차지하고 MMORPG 규모는 작다. 일본의 게임 유저들은 다른 유저와 함께 어울리는걸 선호하지 않는다. 남들에게 방해받지 않고 집에서 혼자 할 수 있는 콘솔게임이나 아케이드 게임을 즐기는 이유다. 온라인 게임 시장도 다수 대 다수로 대전하고 함께 플레이하는 MMORPG 보다는 가볍게 혼자 즐길 수 있는 캐주얼 게임이 주를 이룬다. 그러나 지적재산권에 대한 인식이 높고 결제 비율이 높아 동시접속자 대비 수익률이 한국의 5배에 이르는 등 1인당 매출은 높은 편이다. 핵심 유저들의 충성도도 매우 높다.

중국은 2000년부터 초고속 인터넷이 보급되면서 온라인 게임 산업이 태동했다. 중국 온라인 게임 산업은 상당 부분 한국 온라인 게임 업체의 영향을 받고 있어 한국과 중국은 동반자적 관계로 인식되곤 한다. 2001년 11월 한국 온라인 게임 '미르의 전설'이 상하이샨다 기업에 의해 중국 시장에 진출, 반년 만에 50만 명 동시 접속, 6,000만 명 가입이라는 신화를 세웠다. 중국 온라인 게임 발전에 도화선이 된 이 사건은 그간 온라인 게임에 대한 중국인들의 부정적인 인식을 일거에 불식시킨다. 이후 중국 온라인 게임 시장에 인터넷 포털 사이트, 게임 회사, 소프트웨어 업체, 통신 업체 등이 진입해 폭발적으로 성장하면서 중국 내 온라인 게임 업체는 2001년 50개, 2002년 140여 개, 2003년 220여 개까지 늘어난다. 중국 정부는 주로 자국 산업 보호와 육성에 초점을 맞추며 해외 온라인 게임을 강력하게 규제하기에 외국 기업이 중국 시장에 독자적으로 진출해 유통하는 건 거의 불가능하다. 초기 중국 게임 시장에서는 불법 복제 등의 문제로 오프라인 유통으로 수익을 창출하기 어려웠기 때문에 요금 징수가 가능한 온라인 게임과 모바일 게임 산업이 비대해진 경향이 있다. 처음엔 한국 온라인 게임을 그대로 베껴 출시하는 등 한국의 게임콘텐츠에 전적으로 의존했으나 점차 중국 고유의 게임을 만들어내고 있고 그 발달 속도가 매우 빨라 이젠 한국 기업을 위협하는 수준에 이르고 있다.

4 온라인 게임 산업에 관한 주요 정보

1) 게임 산업의 분류

게임은 크게 플랫폼 별로 콘솔(비디오), 아케이드, PC, 온라인, 모바일 게임으로 분류된다. 콘솔 게임은 비디오 게임이라고도 하며 전용 게임기를 텔레비전이나 모니터에 연결해 작동한다. 닌텐도의 Wii나 소니의 플레이스테이션, 마이크로소프트의 엑스박스(Xbox)가 대표적인 콘솔 게임기다. 아케이드 게임은 오락실 같은 게임장에서 즐기는 게임을 말하고 PC 게임은 개인용 컴퓨터에서 CD 등의 저장장치에 수록된 게임을 작동해 즐기는 게임이다. 온라인 게임은 인터넷으로 서버에 접속해 많은 사용자들과 동시에 즐기는 게임이다.

초기 MMORPG(Multiplayer Online Role Playing Game) 장르가 온라인 게임 시장의 포문을 열면서 온라인 게임은 일반적으로 MMORPG와 MMORPG가 아닌 캐주얼 게임 두 종류로 구분돼 왔다. MMORPG는 온라인으로 연결된 대규모의 게임 이용자들이 같은 공간에서 동시에 즐기는 온라인 롤 플레잉 게임을 뜻한다. 넥슨의 '바람의 나라', 엔씨소프트의 '리니지', 블리자드의 '월드 오브 워크래프트' 등이 대표적이다.

이후 산업이 발전하면서 FPS(First-Person Shooter), 스포츠, 액션, 레이싱, 전략 시뮬레이션 등으로 장르가 세분화됐다. RPG는 플레이어가 주인공이 돼 게임 내 스토리에 따라 주어진 역할을 수행하며 점차 성장하는 게임이다. 보통 5명 안팎의 유저들이 방을 만들어 스테이지를 돌파하는 MORPG와 최대 수 천 명의 유저가 한 공간에서 게임을 즐기는 MMORPG로 세분화 된다. FPS는 1인칭 슈팅 게임으로 플레이어가 사물을 보는 시점과 같은 화면에서 무기나 도구를 이용해 전투를 벌인다. 또 캐주얼 게임은 게임 방식이 쉬워 자투리 시간을 이용해 즐길 수 있는 소규모 온라인 게임이고, 시뮬레이션 게임은 현실과 비슷한 환경을 구현해 즐기는 게임이다.

2) 온라인 게임 산업의 특징

MMORPG는 대규모의 게임 유저들이 온라인 상에서 상호작용하며 다양하게 주어진 상황을 해결해 나가는 롤 플레잉 게임이다. 온라인 게임이 대표적인 고위험-고수익 산업으로 분류되는 이유는 개발투자 비용이 높고 출시 이후 성공을 장담하기 어렵기 때문이다. 반면 신작이 흥행에 성공하면 추가 비용을 조금만 들여도 많은 사용자에게 확산돼 고수익 달성이 가능하므로 투입 대비 산출이 높은 고부가가치 산업이다.

온라인 게임은 전통적인 콘솔 게임과는 다른 독특한 특성을 가지고 있다. 콘솔 게임은 게임기와 게임 패키지를 판매하는 전형적인 제조업이다. 게임기와 소프트웨어의 판매로 매출이 발생하며 게임 이용자는 한번 게임기와 소프트웨어를 구입하면 게임을 아무리 해도 추가 비용을 지불하지 않는다. 게임 회사도 소프트웨어가 출시된 후엔 제품을 수정할 수 없다. 유통 방식도 전형적인 도 · 소매망을 통한다. 반면 온라인 게임은 서버 접속료와 게임 아이템 판매가 수익의 원천이다. 게임기와 소프트웨어가 아니라 게임에 대한 이용대금을 징수하는 것이므로 서비스업의 특징을 가진다. 온라인 게임은 전통적인 유통망을 거치지 않고 인터넷에서 게임 타이틀을 다운로드 받아 설치한다. 콘솔 게임이 사용자에게 제공되는 클라이언트 프로그램 하나로만 이뤄진 게임이라면, 온라인 게임은 서버 프로그램과 클라이언트 프로그램으로 나뉘어 있는 셈이다. 게임 개발사는 인터넷을 통해 이 두 프로그램을 지속적으로 업데이트하고 버그를 수정할 수 있다.

온라인 게임을 다른 게임 장르와 구분짓는 가장 중요한 특징은 유저들이 게임 내에서 커뮤니티를 형성한다는 것이다. 게임 개발 회사가 다양한 스토리와 게임 환경을 제공하면 그 안에서 유저들은 서로 상호작용하며 연대감과 동류의식을 형성해 이야기를 전개해 나간다. 개인적인 플레이보다는 유저 그룹인 '길드'를 중심으로 한 협동 위주의 플레이가 중요하다. 유저들은 커뮤니티 내에서 서로 필요 없는 아이템을 거래하기도 하고 함께 게임을 진행해 나간다. 유저들이 일정 단계에 도달하면 '공성전(攻城戰)'을 펼치는 게 한 예다. '성에 의존하는 적을 공격함'을 뜻하는 공성전은 게임 내에서 '성'에 해당되는 지역, 공간 등에서 길드들이 경쟁적으로 전투를 벌이며 성을 점령하는 게임 전개 방식이다. 최소 수 십 명에서 수 백 명 가량의 많은 인원이 길드를 형성하는데 인원수가 적은 집단은 참여할 수 없는 경우가 많아서 서버 내에 일정 숫자의 유저가 충분히 확보돼야 유저들이 재미를 느끼고 지속적으로 플레이할 수 있다.

이같이 온라인 게임은 다른 사람들과 문제를 같이 해결하거나 경쟁 · 대결할 수 있는 구조이므로 다른 경쟁게임보다 많은 유저를 선점하는 게 필수적이다. 또 게임 출시 이후 지속적으로 사용자들을 관리하고 커뮤니티를 지원하는 것이 게임의 성패를 결정한다. MMORPG는 게이머들이 지속적으로 자신의 캐릭터를 성장시키기 위해 늘 시간을 투입해야 하는 게임이다. 따라서 충성도가 높은 핵심 유저를 확보하는데 유리한 장르다. 초기 MMORPG 게임은 정액제로 출시됐는데 한 번 결제하면 일정 기간 시간에 구애받지 않고 게임을 이용할 수 있었기 때문에 유저들의 충성도를 높이는 데 효과적이었다.

제6절 | 카카오(Kakao) [20]

카카오 창업주 김범수

1 카카오 개요

㈜카카오는 2006년 ㈜아이위랩으로 설립되었으며, 2010년 3월 모바일 메신저 '카카오톡'을 출시하고 9월 사명을 카카오로 변경하였다. 2012년 3월 카카오스토리 서비스를 오픈하고, 7월 카카오 게임하기 서비스를 오픈하였다. 2013년 7월 카카오톡 1억 가입자를 돌파하였고, 9월 카카오그룹, 카카오뮤직 서비스를 오픈하였다. 2014년 4월 카카오프렌즈 팝업스토어를 오픈하였고, 5월 카카오게임 누적 가입자 5억명을 돌파하였다.

주요 사업은 국내 대표적 인터넷 포털사이트인 '다음'의 운영을 통한 검색, 이메일 커뮤니티 등 다양한 인터넷 기반의 서비스 제공, 온라인 광고 상품 판매 등과 대표적

20 참조 : 네이버 지식백과

모바일 메신저인 '카카오톡' 운영 등이다. 국내 계열회사로는 ㈜다음게임, ㈜다음서비스, ㈜다음핑거터치, 다이알로이드㈜, ㈜버즈피아, ㈜온네트, 울트라캡숑㈜, 이미지온㈜, ㈜티앤케이팩토리 등이 있으며, 해외 계열회사로는 베이징 카카오, 카카오 싱가포르, 카카오 재팬 등이 있다.

이처럼 '카카오톡'을 개발해 국내 모바일 메신저 중 가장 많은 가입자를 확보하고 있는 카카오는 카카오톡의 성공 이후 '카카오 게임하기', '카카오스토리' 등을 추가 개발하며 모바일 기반의 다양한 소셜 서비스를 제공해 왔다. 다음과 합병한 이후에는 'Connect Everything'이라는 전략적 방향하에 O2O(Online to Offline) 사업을 시작한다. 카카오는 O2O 서비스 개발을 위해 위치 기반의 노하우를 가지고 있는 스타트업들을 인수하는 동시에 다음이 보유한 지도, GPS 서비스 등의 지식을 흡수해 O2O 서비스 개발에 착수한다. 카카오의 첫 O2O 서비스는 2015년 3월에 출시한 '카카오택시'였다. 이 서비스는 2017년 2월까지 누적 이용 횟수 3억 1,000만 건이라는 큰 성과를 거두었다. 그리고 2016년 5월에는 대리운전 서비스인 '카카오드라이버'를 출시했는데, 이 서비스 역시 2017년 2월까지 누적 이용 횟수 8,800만 건을 기록했다.

그러나 급격한 외형적 성장에도 불구하고 수익성 제고와 골목상권 침해 논란 등의 이슈가 불거졌다. 이와 같은 문제를 타개하고자 카카오는 2016년 11월, O2O 서비스 플랫폼을 폐쇄형 플랫폼(closed platform: 서비스를 직접 개발·유통하는 구조)에서 개방형 플랫폼(open platform: 타 기업이 개발한 서비스를 유통하는 구조)으로 전환했다.

2 O2O서비스를 위한 카카오모빌리티 설립[21]

카카오는 2017년 8월 5,000억 원의 투자를 받아 카카오가 직접 개발 · 유통하던 카카오택시, 카카오드라이버, 카카오내비 서비스를 카카오모빌리티라는 자회사로 독립시켜 글로벌 시장 진출과 함께 적극적인 사업 분야 확대를 추진하였다. 카카오모빌리티는 로티플 출신들로부터 시작되었다. '로티플(Lotiple)'은 장소(location), 시간(time), 사람(people)이라는 말을 합성한 말로, 사용자의 위치를 파악해 인근 카페 및 식당을 소개하고, 그곳에서 사용할 수 있는 쿠폰을 선별해 제공하는 서비스였다. 로티플 출신들은 직접 오프라인 매장을 돌아다니며 회원 매장을 확보하고, 위치 기반 지식을 활용해

21 참조인용 : 위정현 외, 「From messenger to mobility-카카오」, Asan Entrepreneurship Review, 2018

소비자들과 연결시켰던 서비스 개발 경험을 가지고 있었다. 2013년 김범수 의장은 의장실 직속으로 구성된 TF팀의 핵심멤버들인 로티플 출신 개발자들을 실리콘밸리로 보내 IT 벤처 환경을 비교·분석하고 국내에 적용할 수 있는 신규 서비스를 발굴하게 했다.

카카오가 2013년 2월 인수한 주요 회사에는 써니로프트라는 스타트업도 있었다. 써니로프트의 대표적인 서비스로는 '에피소드(Episode)'가 있었는데, 이는 사용자의 특성에 따라 소규모 채팅 커뮤니티를 구성할 수 있고, 사진 및 일정, 지도 등의 데이터를 채팅 창에서 쉽게 공유할 수 있는 기술을 기반으로 한 서비스였다. 써니로프트는 온라인 커플 매칭 서비스인 '데모데이(Demo day)'도 운영했다. 이는 자신의 특성과 선호하는 이상형을 설정하면 거기에 맞는 사람들을 선별해 소개하는 서비스로, 특정 영역에 대한 정보를 선별해 제공하는 기술을 보유하고 있었다. 카카오는 써니로프트가 보유한 다양한 형태의 데이터 공유·탑재 지식과 데이터 선별 추출 지식이 O2O서비스 개발에 활용될 수 있을 거라 기대하고 TF팀에 투입했다.

카카오가 O2O 사업 기획 이전에 인수한 주요 스타트업으로는 씽크리얼즈도 있었다. 씽크리얼즈는 지역기반 통합 쿠폰 제공 서비스인 '쿠폰모아'를 제공하는 기업이었다. 쿠폰모아는 위치 기반으로 주변상점에서 활용할 수 있는 쿠폰들을 연계해 제공하는 서비스였다. 이 기업 출신의 인력들 역시 TF팀에 배정되었다. 이처럼 3개의 피인수 기업 출신 10명으로 구성된 TF팀은 '카카오 사용자들의 생활을 긴밀하게 파악하다보면 그들이 생활 속에서 진정 필요로 하는 서비스가 무엇인지 찾을 수 있지 않을까?'라는 생각으로 카카오 사용자들의 생활 패턴을 분석하게 되었고, 그런 의미에서 팀 이름을 '탐구생활 TF'로 변경하였다.

어떻게 하면 사용자들의 실생활을 분석할 수 있을까 고민하던 TF팀은 우연히 통계청에서 발간한 '국민생활 시간 조사' 자료를 접하게 된다. 해당 자료에서는 일반 국민들이 구체적으로 하루를 어떻게 소비하고 있는지가 나타나 있었다. 그 중 성인 전 연령, 전 계층에 걸쳐 공통적으로 '이동'이라는 시간을 소비하고 있었고, 탐구생활 TF팀은 이 이동이라는 맥락에서 서비스를 개발하기에 이른다.

이동이라는 맥락에서 교통수단을 크게 승용차, 택시, 버스, 지하철로 정리하고, 각 분야별로 기존에 제공되고 있는 서비스가 있는지, 없는지 구분하여 시장을 분석해나갔다. 그 후 이러한 서비스 중 성공적으로 운영되고 있는 서비스들을 인수해 그들이 구축한 기술적 노하우를 카카오 내부로 흡수하고, 이를 연계하여 신규 서비스 개발에 활용할 수 있는 자원을 마련하고자 했다.

이러한 의사결정하에 카카오는 추가적으로 2014년 9월 '서울버스' 서비스를, 2015년 1월 '지하철 내비게이션' 서비스를 인수하고, 2015년 5월에는 '김기사(국내 2위 내비게이션 앱)' 서비스를 제공하던 록앤올을 인수하였다. 그리고 각각의 서비스를 카카오 플랫폼에 탑재해 '카카오버스', '카카오지하철', '카카오내비' 등으로 재출시 하였다.

그러던 중 이동 관련 서비스를 개발하는 데 있어서 공통적으로 지도 데이터가 핵심적인 역할을 한다는 사실을 깨닫고 지도 데이터를 확보할 필요성을 느꼈다. 탐구생활 TF팀은 주로 카카오가 인수한 스타트업 출신들인데, 그들이 스타트업 시절에 개발한 서비스들은 주로 구글이나 다음, 네이버에서 제공하는 공개데이터를 활용했다. 그러나 공개 데이터는 편집을 하거나 지속적으로 활용하기에 한계가 있었다. 이에 카카오는 지도 데이터를 확보하기로 하였다. 그러나 법적·제도적 제한으로 인해 직접 개발이 어렵게 되자 관련 데이터를 보유한 기업을 인수하기로 하였다.

3 다음과 카카오의 합병

지도가 O2O 서비스의 핵심 자원이라고 생각한 카카오는 관련 데이터를 보유한 기업들을 탐색하게 되었다. 그중 다음의 지도 데이터가 가장 정확하고 다양한 정보를 구축하였다고 판단한 카카오는 다음을 인수하기로 결정하였다. 1995년 설립된 ㈜다음커뮤니케이션과 2006년 설립된 ㈜카카오가 2014년 10월 ㈜다음카카오로 합병하였으며, 2015년 9월 ㈜카카오로 사명을 변경하였다. ㈜다음커뮤니케이션은 1995년 2월 20일 설립된 뒤 이듬해 부설 미디어연구소를 설립하고 병역특례업체로 지정되었다. 1997년 5월 국내 최초로 무료 이메일을 제공하는 한메일넷(hanmail.net) 서비스를 시작하였으며, 1999년 7월 한메일넷의 명칭을 '다음'으로 바꾸고 인터넷 포털사이트로 개편하였다. '다음'의 명칭에는 인터넷을 통해 차세대 커뮤니케이션 환경을 선도해 나가겠다는 뜻과 다양한 소리[多音]를 조화롭게 내보자는 의미가 중첩되어 있다. 같은 해 외국인 투자기업으로 등록하고 코스닥에 상장하였다.

2000년 3월 온라인 종합 쇼핑몰 '다음쇼핑'을 개설하였고, 4월부터 UMS(Unified Messaging System) 서비스와 모바일 서비스를 개시하였으며, 《포브스》로부터 세계

300대 유망 중소기업에 선정되었다. 2001년 정보통신부가 주관하는 정보문화상의 대통령상을, 2002년에는 다음쇼핑이 전자상거래 대상을 수상하였다. 2003년 다음쇼핑의 브랜드 명칭을 디앤샵(d&shop)으로 변경하였고, 벤처기업 대상을 수상하였다. 2004년 일본 파워드컴 사와 합작법인 ㈜타온을 설립하였고, 2005년에는 온켓을 인수하여 마켓 플레이스 사업에 본격적으로 진출하였다.

2006년 제주특별자치도에 사옥 다음글로벌미디어센터를 열었고, 한국정보보호진흥원으로부터 정보보호관리체계(ISMS) 인증을 취득하였다. 같은 해 온라인 쇼핑 사업부문을 인적분할하였고, 이커머스(e-commerce) 사업부문을 인적분할하여 ㈜다음커머스를 설립하였다. 2007년 자체 검색엔진을 개발하여 웹문서 검색 시범서비스를 시작하였고, 2008년 다음다이렉트자동차보험을 ERGO사에 매각하였다. 2009년 모바일 전용 페이지 '모바일다음'을 개설하였고, 2010년에는 디지털 영상 시스템 '디지털뷰'를 개설하였다. 2013년 1월 다음 검색광고 플랫폼을 독자 운영으로 전환하였다.

4 카카오-다음의 합병 이후

다음과 합병하면서 카카오는 명실상부 한국 IT 업계의 대표 기업으로 자리매김하였다. 카카오와 다음은 '다음카카오'로 회사 이름을 바꾸고, 공동대표로 다음 출신의 최세훈과 카카오 출신의 이석우를 선임하였다. 온라인에서 각자의 확고한 영역을 구축한 이들은 합병을 통해 모바일과 웹이라는 경계를 뛰어넘고, 더 나아가 온라인과 오프라인을 연결해 사람과 사람, 정보, 사물 등 생활의 모든 것과 연결할 수 있도록 O2O서비스 사업을 적극적으로 추진해 나가겠다는 의지를 표명하였다.

다음과의 합병을 통해 지도 자원을 자유롭게 활용할 수 있게 되고, 서울버스와 지하철내비게이션 등 기존의 이동 분야 서비스들을 인수한 카카오는 이제 신규 서비스 개발이라는 과제를 안게 되었다. 카카오 탐구생활 TF팀은 버스, 지하철 외에 기존 시장에서 적절히 활용되지 않고 있거나 아직 개발되지 않은 서비스를 탐색하였다. 그 과정에서 택시와 대리운전에 관한 모바일 서비스가 아직 없다고 판단한 탐구생활 TF팀은 카카오톡 플러스친구와 카카오톡 게임하기 서비스 기획 담당자들, 그리고 다음 지도와 다음 카페 서비스 개발 및 사업 기획 담당자들을 추가적으로 투입하여 택시, 대리운전 서비스 개발에 착수하였다.

크게 3개의 피인수 기업(로티플, 써니로프트, 씽크리얼즈) 멤버들로 구성되었던 탐구생활 TF팀은 카카오톡 플러스친구와 카카오톡 게임하기를 담당하던 직원 2명과 굿닥, 다음에서 활동하던 인력들을 추가적으로 참여시킴으로써 탐구생활 TF 1기를 구축하고 본격적으로 카카오택시 서비스 개발에 돌입하였다. TF 멤버들은 카카오가 택시업 종사자 입장에서 경제적 효용을 증가시키려 한다고 말하면서 서비스 개발과정에 참여해 줄 것을 제안하였다. 종사자 친화적 서비스를 설계하는 데 대해 그들도 차츰 동의하면서 참여하는 택시 조합이 하나 둘 늘어났다. 택시 조합들의 협조 하에 카카오택시 서비스 시제품들을 택시 기사들에게 보여주며 그들의 선호도를 파악했고, 이 과정에서 개발자들이 놓친 부분들을 파악할 수 있었다. 택시 기사들의 의견은 사소하게는 글자 크기나 화면 디자인 등 사용자 입장에서 필요하다고 생각되면 개발 과정에 반영되었다. 디자인 측면 외에도 그 동안 스타트업들을 인수해 확보한 위치 기반 기술과 매칭 기술, 지도 데이터 등을 적극적으로 활용하였다.

이러한 개발 과정을 거쳐 2015년 3월, 드디어 카카오택시 서비스가 출시되었다. 2016년 카카오에서 조사한 바에 의하면 카카오택시 출시 15개월 후인 2016년 9월, 카카오택시의 총 누적 호출 수는 2억 건을 돌파했다. 그리고 전국에 있는 25만여 명의 택시 기사 중 24만 명이 카카오택시 서비스에 가입하게 된다. 이 중 택시 기사 1만 5천 명의 소득 변화를 추적한 결과 카카오택시 론칭 후 연평균 소득이 약 13.4% 증가했고, 전체 소득 증가액은 약 7,500억 원에 달하는 것으로 조사되었다.

카카오택시 서비스는 성공적으로 시장에 진입하면서 기존의 택시 이용 문화를 변화시켰고, 택시 산업 생태계 전반에 많은 변화를 가져왔다. 이에 자신감을 얻은 카카오는 이동이라는 맥락에서 지속적으로 O2O 서비스를 확장해 가기로 한다. 탐구생활 TF팀은 카카오택시 서비스 개발 이후 택시 산업처럼 혁신이 필요한 기존의 산업 분야에 진입해 변화를 이루겠다는 목표로 여러 산업들을 분석한다. 그리고 우연히 대리운전 기사의 어려움을 다룬 신문기사를 접하고 다음 사업을 대리운전 서비스로 정하였다.

탐구생활 TF는 카카오택시를 개발할 당시 정확한 예상 경로와 시간, 결제 금액 등을 산출하기 위한 내비게이션이 필요하다고 느꼈었다. 이후 카카오는 당시 국내 내비게이션 업계 2위인 김기사 서비스를 보유하고 있던 록앤올을 인수해 카카오내비로 재출시하는 한편, 그들이 보유한 내비게이션 관련 지식을 대리운전 서비스를 개발하는 데 투입하였다. 내비게이션 자원까지 확보한 카카오는 본격적으로 대리운전 서비스 개발에 착수하게 되었다. 그들은 카카오택시와 마찬가지로 현장 실사를 통한 종사자 친화적 서비스 개발을 추구하였다.

5 골목상권 침해 이슈의 대두와 개방형 플랫폼으로의 변화

카카오드라이버 출시와 함께 불거진 '카카오의 문어발식 사업 확장' 논란은 결국 골목상권 침해 논란으로 번지게 된다. 카카오택시가 비교적 안정적으로 시장에 진입한 데 비해 카카오드라이버의 확장과정에서는 기존 대리운전 업체들의 저항이 있었기 때문이다. 종사자 친화적 서비스 구조는 실질적으로 대리운전기사의 수입을 향상시키는 데 영향을 미쳤고, 당시 전체 대리운전기사 중 40% 가량이 카카오드라이버에 가입하는 등 업계 내 카카오드라이버로의 급격한 쏠림 현상이 발생했다. 그리고 주문도 카카오드라이버로 몰리면서 기존 대리운전 업체들의 주문량이 전반적으로 급락하였다. 이에 사업적 위협을 느낀 기존 대리운전 업체들은 카카오 규탄 시위를 연속적으로 벌였고, 자사의 대리운전기사들에게는 카카오드라이버 서비스를 이용할 경우 퇴출시키겠다는 강경 반응을 보이게 되었다.

카카오가 O2O 사업 진출 계획을 발표할 때마다 해당 시장에서 카카오는 비난의 대상이 되었다. 그동안 쌓아 올린 카카오의 기업 브랜드 가치를 유지하는 동시에 O2O와 준비하고 있는 그 밖의 여러 사업들이 시장에서 호응을 얻기 위해서는 이러한 상황을 타개할 전략을 신속하게 내놓아야만 하는 상황이었다. 카카오 경영진은 고심 끝에 이러한 이슈가 발생하게 된 근본적인 원인을 찾게 되었다. 우선 기존의 사업자들이 격렬히 반대하는 이유는 다양한 산업 생태계를 혁신하는 과정에서 카카오가 기존 사업자들을 배제함으로써 이들이 생태계에 참여할 기회가 한정적이기 때문임을 깨닫게 되었다.

카카오는 기존에 자신들이 직접 서비스를 개발하고 유통까지 담당했던 폐쇄형 플랫폼(closed platform: 서비스를 직접 개발·유통하는 구조)에서 벗어나 기존 업체가 개발한 서비스를 카카오 O2O 플랫폼에 탑재할 수 있게 하는 개방형 플랫폼(open platform: 타 기업이 개발한 서비스를 유통하는 구조)으로 사업의 전략을 전환하였다. 이를 통해 혁신 과정에 기존 업체들이 참여할 기회를 제공하고 혁신의 결과를 공유하는 구조로 변화한 것이다. 핵심 서비스는 기존의 업체가 제공하되, 카카오가 구축한 O2O 기반 서비스인 결제 및 지도, 카카오톡 연동 등의 기능도 활용할 수 있도록 했다.

6 김범수(카카오), 이재웅(다음), 이해진(네이버)의 인연

다음과 카카오의 합병 발표에 따라 이 세 사람의 얽히고설킨 인연이 새삼 주목받고 있다. 김범수 의장은 카카오 창업 전 설립해 이름을 날리던 '한게임'을 네이버에 넘겨, 당시까지만 해도 다음커뮤니케이션의 '한메일' 서비스에 밀려 고전을 면치 못하던 네이버에 도약의 날개를 달아줬다. 그런데 이번에는 국민 메신저 '카카오톡' 서비스 업체 카카오를 다음에 넘겨, 다음이 카톡을 날개로 삼아 네이버를 상대할 수 있게 해줬다. 게다가 김범수 의장은 이번 합병을 통해 다음카카오의 최대주주가 됐다. 네이버 최대주주인 이해진 의장과 국내 모바일 · 아이티(IT) 시장 및 글로벌 모바일 메신저 시장에서 자존심을 건 한판 승부가 불가피하게 됐다.

김범수 의장과 이해진 의장의 인연은 깊다. 김범수 의장이 1966년생으로 한살 많지만, 재수를 한 탓에 둘은 서울대 시절을 함께 보냈다. 김범수 의장은 산업공학과, 이해진 의장은 컴퓨터공학과에 1986년 나란히 입학해 1990년 함께 졸업했다. 이후 김범수 의장은 서울대, 이해진 의장은 카이스트에서 석사과정을 마쳤다. 두 사람은 1992년 삼성에스디에스(SDS)에서 다시 만났다. 이후 김범수 의장은 1998년 게임포털 '한게임'으로 먼저 창업을 선택했고, 1년 뒤인 1999년 이해진 의장도 검색포털 '네이버'로 새 길을 갔다.

두 사람은 2000년 한게임과 네이버를 합병해 엔에이치엔(NHN)을 탄생시켰다. '신의 한수'라 불리는 이 합병으로 네이버는 당시 포털 검색 시장 1위인 다음을 앞서나갔다. 2007년 김범수 의장은 엔에이치엔 대표에서 물러났고, 이해진 의장은 엔에이치엔을 더욱 성장시키며 승승장구하였다. 미국으로 건너가 벤처기업의 산실인 캘리포니아주 새너제이에서 새 길을 찾던 김범수 의장은 2010년 모바일 메신저 '카카오톡'을 내놓았다. 이후 카카오톡은 국민 메신저로 불리며 사회관계망서비스(SNS) '카카오스토리'와 게임 등으로 사업 영역을 확대했다.

네이버가 카카오의 돌풍에 대응하기 위해 '라인'을 내놨지만, 국내 시장에서만큼은 카카오톡을 넘지 못했다. 이에 네이버는 글로벌 시장에 대한 영향력과 인지도를 높이는 쪽으로 우회해 카카오를 견제했다.

카카오 김범수

다음 이재웅

네이버 이해진

이해진 의장이 김범수 의장의 카카오를 위협한 것과 달리, 김범수 의장은 네이버의 텃밭인 PC시장 진출에 소극적이었다. '친정'이라는 점과 이미 거대 공룡이 되어버린 네이버를 상대하는 게 쉽지 않을 것이란 판단에서다. 하지만 네이버가 라인과 밴드 등으로 카카오의 텃밭인 모바일 메신저 시장에 대한 공세를 강화하자 김범수 의장도 승부수를 띄우지 않을 수 없었다. 네이버를 기반으로 일본에서 시작해 아시아를 주름잡고 있는 라인의 성공은 김범수 의장을 초조하게 만들었다.

이런 김범수 의장에게 다음과 손을 잡는 것은 필수 선택이었던 것으로 보인다. 카카오는 스마트폰 보급과 함께 다가온 모바일 인터넷 시대에 발빠르게 대응해 카카오톡을 단숨에 국민 메신저로 만들었다. 하지만 지금의 카카오만으로는 한계가 있었다. 투자 자금이야 상장을 통해 해결할 수 있지만, 메신저에 담을 콘텐츠는 돈으로도 살 수 없었다. 콘텐츠 없이는 카카오톡 이용자들을 붙잡아둘 수 없다. 이재웅 다음 창업자 역시 다음에 새로운 생명력이 절실했다. 옛 영광을 되찾겠다는 욕구도 솟구쳤다. 대한민국 대표 이메일이던 한메일의 영광과 함께 인터넷을 호령하던 다음은 그 자리를 후발 주자인 네이버에 내주고 말았다. 모바일 인터넷 시대 개막과 함께 마이피플이라는 메신저 앱으로 부활을 노렸지만 결과는 성공적이지 못했다.

그사이 네이버는 더 달아났고, 구글같은 외국 업체의 공세도 점차 거세졌다. 만년 2인자 자리에 안주하고 싶지 않았던 이재웅 창업자는 더 늦기 전에 다음에 새 날개를 달아줘야 한다고 생각했고, 모바일 인터넷 시대 국민 메신저를 넘어 국민 플랫폼으로 자리잡은 카카오톡은 가장 적합한 상대였다. 결국 이재웅 창업자는 1995년 창업해 '한메일'로 한때 대한민국 대표 포털 자리에 우뚝 섰던 정든 회사를 7살짜리 벤처기업에 내주는 결단을 마다하지 않았다. 이번 합병으로 다음 지분 13.7%를 가진 이재웅 창업자의 합병회사 지분은 4.1%로 줄어, 최대주주에서 5대주주로 밀려났다. 이재웅 창업자는 앞으로 그동안 해오던 '사회적 기업' 육성에 더욱 매진할 계획이라고 한다. 다음 관계자는 "이재웅 창업자는 그동안 회사 지분을 팔아 벤처기업 인큐베이팅과 엔젤투자 등을 해왔는데, 이제부터는 그쪽 일에 전념할 예정"이라고 전했다. 이재웅 창업자가 투자한 벤처기업에서 제2의 카카오나 네이버가 나오지 말란 법도 없을 것이다.

제7절 | 네이버(Naver) [22]

네이버 공동 창업주 이해진(좌), 김범수(우)

1 합병을 통해 탄생

네이버(NAVER)는 포털 서비스 회사였던 네이버컴과 온라인게임 서비스 회사였던 한게임이 2000년 합병해 탄생한 기업이다. 네이버의 공동설립자는 서울대 컴퓨터공학과를 나와 네이버컴을 세운 이해진과 서울대 산업공학과를 나와 한게임을 창업한 김범수다. 이해진은 1997년 삼성SDS의 사내 벤처 '네이버 포트'로 출발한 뒤 1999년 6월 네이버컴㈜이라는 이름으로 독립, 검색 포털 '네이버' 서비스를 시작했다. 네이버는 '항해하다'라는 뜻의 'navigate'에 사람을 뜻하는 접미사 '-er'를 붙여 만든 단어로 '인터넷

22 네이버 지식백과 참조

을 항해하는 사람'이라는 의미다.

2000년 7월 네이버컴은 한게임커뮤니케이션 및 원큐, 서치솔루션 등 3개 회사를 인수했다. 네이버컴을 창업한 이해진, 한게임을 창업한 김범수가 공동대표를 맡았다. 2001년 네이버컴은 회사 이름을 엔에이치엔(NHN: Next Human Network)으로 바꿨다. 이듬해인 2002년 주식을 코스닥 시장에 등록했다.

2 검색엔진 선두주자로 도약

2004년 2월 NHN 검색포털 네이버는 랭킹닷컴 조사 결과 시간당 방문자 숫자 기준으로 처음으로 포털 DAUM을 제쳤다. 이 해 연말 네이버는 검색 시장 점유율 60%를 넘으며 DAUM과의 격차를 벌렸다. 2004년 게임 개발 스튜디오인 NHN게임스㈜를 세웠다. 2005년에는 기부 포털 서비스인 '해피빈'을 선보였다. 같은 해 미국 법인인 NHNUSA를 세워 북미 시장에 진출했고 인터넷 서비스의 운영을 전담하는 NHN서비스㈜를 세웠다.

이듬해인 2006년 검색 전문회사인 ㈜첫눈을 인수했다. 2007년 NHNUSA는 게임 포털 서비스인 'ijji.com'을 선보였다. 이 해 8월에 회사를 떠난 김범수 전 대표는 2010년에 ㈜카카오를 세웠다. 2008년 엔에이치엔은 주식을 유가증권시장인 한국거래소에 상장했다. 코스닥 시장에서 거래됐던 기존 주식은 상장 폐지됐다.

3 사업영역 확대

2009년 마이크로 블로그 서비스인 미투데이와 여행 정보 사이트 윙버스를 잇따라 사들였다. 이 해 4월 엔에이치엔은 기업 분할을 통해 광고 영업을 전담하는 자회사 NHN비즈니스플랫폼(현, 네이버비즈니스플랫폼)을 세웠다. 2009년 5월 온라인 기부문화 확산을 위해 (재)해피빈을 설립했다. 2010년 4월 여유 자금 운용 및 벤처투자를 전문으로 하는 NHNInvestment를 세워 계열사로 추가했고, 10월에는 NHN문화재단을 세웠다. 2011년 6월 글로벌 메신저 플랫폼인 '라인(LINE)'을, 2012년 8월에는 소셜네트워크서비스 '밴드(BAND)'를 출시했다. 2013년 4월 NHN 재팬을 '라인 주식회사'로 사명을 변경했다.

2013년 8월 1일 엔에이치엔(NHN Corporation)은 한게임 사업부문을 인적분할하고, 회사 이름을 네이버㈜로 변경했다. 이때 존속법인은 네이버로 정하고, 한게임은 신설법인으로 하여 회사명을 'NHN엔터테인먼트'로 변경했다. 그리고 존속 및 신설법인은 2013년 8월 29일 유가증권시장(KOSPI)에 각각 변경상장 및 재상장되었다.

네이버는 네이버비즈니스플랫폼㈜, LINECorp., 라인플러스㈜, 캠프모바일㈜ 등 4개의 주요 종속회사 외에 26개의 자회사를 두고 있다. 네이버는 인터넷포털서비스에 주력하면서 검색광고, 디스플레이광고 등 온라인광고사업을 통해 매출을 창출하고, '라인(LINE)', '밴드(BAND)' 등을 통해서는 디지털 아이템(모바일 게임, 스티커 등)의 유료화로 매출을 창출한다. 온라인광고사업은 네이버 계열회사인 네이버비즈니스플랫폼㈜를 통해 이루어지고, LINE 사업은 LINECorp. 및 라인플러스㈜가 운영하고 있다.

2014년 5월 기준 네이버는 매일 평균 약 1,600만 명 이상의 이용자가 방문하면서 국내 포털 검색 점유율 1위를 차지했다. 회원수는 3,700만 명을 유지했다. 'LINE'의 글로벌 가입자수는 세계 230여 개국에서 4억 2천만 명을 돌파했다.

제8절 | 옐로모바일(Yellow Mobile) [23]

1 창업주 이상혁

옐로모바일 창업주 이상혁은 서강대 경영학과와 KAIST 경영공학 석사를 마치고 삼성 SDS와 국내 컨설팅 회사에서 컨설턴트로 활동하던 1998년, 인터넷 시대가 열리는 것을 목격했다. 당시 통합멤버십 및 소셜커머스 사업을 하는 '마이원카드'라는 인터넷 벤처를 창업했다. 이후 13년이 지난 2011년 '다음커뮤니케이션'이 유관 사업을 대대적으로 추진하면서 해당 사업 본부장을 이상혁 대표가 맡는 조건으로 '마이원카드'를 인수했다. '다음커뮤니케이션'의 로컬비지니스 본부장으로서 이 대표는 아이폰 출시 이후 급성장한 앱 산업에서 새로운 기회를 포착하고 2012년 8월 '아이마케팅코리아'를 창업했다. 설립과 동시에 '아이마켓', '나우마케팅코리아'를 인수하고 계속해서 '펜션

23 참조인용 : 최영근, 「모바일 벤처 연합군-옐로모바일」, Asan Entrepreneurship Review, 2018

짱', '블루스테이'와 그 자회사 '오렌지스카이', '투비'와 같은 모바일 벤처까지 범위를 넓혀갔다.

2 '펜션짱'의 유제왕 대표 영입

금융권 등에서 시범 실시된 주 5일제가 2003년부터 본격적으로 확산되며 여가시간이 증가하고 가족중심의 레저문화가 확산되면서 한국의 펜션시장은 급성장하기 시작하였다. 또한 저금리로 은행에 돈을 맡기기보다는 수익형 부동산에 투자를 하고자 하는 사람들이 많아졌고, 이는 교외 지역의 펜션건축으로 이어졌다. 2002년 30여개의 조합사로 출발한 한국펜션연합회의 2007년 조합사의 숫자는 350여개로 급증하였다. 나아가 2010년 네이버의 키워드 검색 광고 매출액 중 펜션 키워드 광고 비중은 3위를 차지하였다. 시장규모가 커지고 펜션 간 경쟁이 심화되는 것이 '우리펜션'의 유제왕 부장에게는 큰 기회로 여겨졌다.

펜션 정보 및 예약 서비스의 비즈니스 모델은 스마트폰 사용자를 대상으로 전국 펜션의 각종 정보를 제공하고 해당 화면(앱)에서 예약을 유도함으로써 가맹비 또는 광고수익을 취하는 것이다. 물론 그간 인터넷 웹 상에선 유사한 서비스들이 있었다. 그러나 펜션의 주요 고객이 가족 단위에서 젊은 층으로 이동했고, 젊은 층이 정보 취득이나 상거래를 하는 주요 플랫폼인 스마트폰이 펜션 정보 및 예약의 주요수단으로 떠오르면서 앱 서비스도 본격 성장하게 됐다.

펜션 정보 및 예약 서비스가 성공하려면 실제 전국의 펜션들과 계약을 맺어야 하는데 이런 작업엔 상당한 시간과 노력을 수반하는 영업이 필수적이다. 유제왕 부장은 '우리펜션' 시절부터 펜션과 계약맺는 영업엔 잔뼈가 굵었기 때문에 동종 벤처를 시작할 수 있었다. 결국 유제왕 부장은 2011년 초 '펜션짱'이라는 펜션 정보 및 예약 서비스를 제공하는 벤처를 창업하였다. '우리펜션'에서 펜션 영업에 관한 한 둘째가라면 서러웠던 유제왕 대표와 창업 멤버들은 전국의 펜션들과 계약하는 데 큰 어려움이 없었다. 뿐만 아니라 서비스를 오픈하고 사용자를 확보하는 과정에서도 일반적으로 벤처들이 창업 초기에 겪는 시련을 겪지 않았다. 결국 '펜션짱'은 설립 1년 6개월 만에 이제는 경쟁사이자 업계 1위 기업인 '우리펜션' 실적의 50% 수준까지 급성장하면서 손익분기점을 넘어 흑자를 실현하는 데 성공하였다.

2012년 8월, 유제왕 대표는 '㈜아이마케팅코리아'의 이상혁 대표로부터 앱 산업에서 벤처 연합군을 만들고 있는데 참여를 제안 받았다. 당시 '아이마케팅 코리아'는 설립한지 채 한 달이 되지 않았으며 설립과 동시에 온라인 광고 대행 벤처인 '아이마켓'과 '나우마케팅코리아'를 인수한 벤처로 '펜션짱'보다 업력이 짧고 실적이 미미한 신생 벤처였다. 그러나 그의 사업 모델은 흥미로웠다.

이상혁 대표는 이렇게 모바일 벤처의 연합군 모델을 설명하면서 '펜션짱'의 합류를 제안했다. 구체적인 방식은 '펜션짱' 이외에 '블루스카이'와 그 자회사 '오렌지스카이' 3개 벤처의 각 주주들이 '아이마케팅 코리아'의 지분 7%를 받고 주식을 교환하자는 것이었다. 간단히 말해 '펜션짱'이 '펜션짱'보다 업력이 짧고 실적이 미미한 신생 벤처 '아이마케팅코리아'의 지분 7%를 받고 '펜션짱'의 경영권을 '아이마케팅코리아'에게 넘기라는 시나리오다. 유제왕 대표는 심각한 고민에 빠졌다.

유제왕 대표는 결국 이 대표의 신뢰할 만한 경력과 '펜션짱' 사업에 대한 긍정적 평가에 힘입어 이상혁 대표의 제안을 받아들였다. 유제왕 대표는 그동안 동종업계 1위 벤처인 '우리펜션'을 따라 잡기 위해 노력했지만, 정작 '펜션짱'의 미래를 구체적으로 고민하거나 창업 멤버들과 진지하게 토론해 본 적이 없었다. 막연하게 열심히 하면 잘 되겠거니 생각했다. 그러면 벤처캐피탈로부터 투자도 받고 다른 벤처들처럼 주식시장에 상장하거나 다른 회사와 인수합병하며 매각하겠단 계획이었다. 구체적인 성장 로드맵은 없었는데 이 때문에 성장에 대한 한계성을 느끼고 있었다. 이런 상황에서 이상혁 대표의 제안은 유제왕 대표에게 '신의 한수' 처럼 느껴졌다. 합병 당시, '아이마케팅코리아'는 자본금 2억 원, '펜션짱'은 2,000만 원이었다. '아이마케팅코리아'의 주식을 발행하여 '펜션짱'의 주주들이 가진 '펜션짱'의 주식과 교환하는 주식교환 방식으로 '아이마케팅 코리아'는 '펜션짱'을 인수합병하였다.

3 시장지배 확대 및 모바일 벤처연합군 모델 구축

'펜션짱'이 '아이마케팅코리아'에 합류한 2012년 9월, '블루스테이'와 그 자회사 '오렌지스카이'도 합류했다. 이어 2012년 10월에 '투비'도 같은 방식으로 동참했다. 2013년 3월 '아이마케팅코리아'는 처음으로 벤처캐피탈로부터 투자를 유치함으로써 자금을 확보하게 되었다. '아이마케팅코리아'에 합류한 유제왕 대표는 펜션 정보 사업을 확장하기 위해 이상혁 대표에게 동종업계 1위 벤처인 '우리펜션' 인수를 제안하였다. 펜션 정보 사업의 시장 규모가 당시 크지 않고 더구나 경쟁업체가 난립하는 상황에서 해당 사업 영역의 시장 지배가 필요하다고 판단한 것이었다.

특히 '우리펜션'은 유제왕 대표의 전 직장이고 '우리펜션'의 대주주와도 신뢰 관계를 지속적으로 유지하고 있던 상황이어서 인수 제안에 무리가 없다고 판단했다. 그러나 '우리펜션'을 인수할 경우'아이마케팅코리아' 내에서 펜션 사업을 이끌 본부장을 누구로 선임하느냐의 문제가 남아 있었다. 유제왕 대표를 통해 '우리펜션'의 대주주에게 인수를 제안했을 때, '우리펜션'의 대주주는 '아이마케팅 코리아'의 모바일 벤처 연합군 모델에 상당히 공감하였다. 그 뿐 아니라, 펜션 정보 사업의 핵심역량이 영업력임을 익히 알고 있는 터라 '우리펜션'이 '아이마케팅코리아'에 합류하면 '아이마케팅코리아' 펜션정보 사업의 본부장은 유제왕 대표가 적임자라고 생각한다고 덧붙였다. 그들은 '우리펜션'을 '아이마케팅 코리아'에 매각함과 동시에 경영에서 손을 뗐다. 이로써 '아이마케팅코리아'의 펜션 정보 사업부는 해당 사업 영역에서 시장 점유율 75%를 가진 시장 지배적 사업자로 우뚝 서게 되었다.

4 옐로모바일 기업가치의 급상승

이후 '아이마케팅코리아'는 사명을 옐로모바일로 바꾸고 모바일 벤처를 입수합병하면서 자본 시장으로부터 수 차례 투자를 유치했다. 2013년 9월, 옐로모바일은 기업가치 약 600억 원을 평가받고 DSC 인베스트먼트, LB인베스트먼트, SL인베스트먼트, 스톤브릿지캐피탈로부터 총 100억 원을 투자받았다.

2014년 4월, 기업가치 약 3,000억 원의 평가로 DSC인베스트먼트, DS투자자문, SL인베스트먼트, 메리츠종합금융증권, 스톤브릿지캐피탈 등으로부터 총 205억 원을 투자받았으며, 2014년 12월엔 글로벌 투자자 포메이션 8로부터 기업가치를 약 1조 원으로 평가받고 800억 원을 유치했다.

[그림 3-1] 펜션 정보 및 예약 서비스의 비즈니스모델 캔버스

Key Partners	Key Activities	Value Propositions	Customer Relationships
- 펜션소유자 - 렌터카회사 - 지역문화행사 운영자 - 신용카드 회사 - 광고주	- 펜션 검색사이트 운영 - 가맹점 관리 - 회원관리 - DB관리 - 콘텐츠 생산	- 실시간 펜션 맞춤 검색 - 여행정보 검색 - 펜션 평가 및 소개 - 여행관련 문화상품 판매 - 관광문화 포탈	- 개인 비서 - 맞춤형 추천
	Key Resources - 사이트 관리자 - DB관리자 - 가맹점관리자 - 커뮤니티 관리자 - 콘텐츠 관리자		**Channels** - 인터넷(웹) - 커뮤니티 - 스마트폰(앱)
Cost Structure - 펜션 검색 포탈 운영바 - 가맹점 관리비 - 콘텐츠(조사,소개) 생산비		**Revenue Streams** - 펜션 가맹비 - 광고 수입	

재인용 : 최영근, 「모바일 벤처 연합군-옐로모바일」, Asan Entrepreneurship Review, 2018

5 창업 멤버들의 헌신과 도약의 발판

2013년 5월, '아이마케팅코리아'는 국내 쿠폰 서비스 1위 업체인 '쿠폰모아'를 인수할 기회를 잡게 됐다. '아이마케팅코리아' 입장에서 해당 시장을 지배하기 위해서는 '쿠폰모아'의 인수가 절실했지만 인수 자금 17억 원이 없었기 때문에 외부에서 조달해야 했다. 벤처캐피탈로부터 투자 받은 지 얼마 되지 않았고 여전히 실적이 미미한 상태였기 때문에 벤처캐피탈로부터 추가적으로 자금을 투자받으려면 시간이 필요했다.

이러한 상황에서 '아이마케팅코리아'에 초기에 합류한 주요 계열사인 '케빈스토리', '투비', '국민쿠폰', '쿠폰차트', '펜션짱'의 대표들이 나서서 개인적으로 17억 원을 조달, 인수에 필요한 자금을 마련해 '쿠폰모아'를 인수하는데 성공하였다. 이렇듯, 국내 쿠폰 서비스 1위 업체인 '쿠폰모아'를 인수함으로써 국내 쿠폰서비스 영역에서 시장 지배적 사업자 지위를 확고히 하게 되었다. 또한 '쿠폰모아'는 자체적인 수익 모델이 검증된 업체였고, 쿠폰 서비스 또한 아이마케팅코리아가 인수한 기업들과 인수를 구성하고 있는 기업들 간의 사업 협력을 통해 수익 창출이 가능한 수익모델이었다. 이는 회사가 한 단계 도약할 수 있는 발판을 마련해주었다. 이를 바탕으로 '아이마케팅코리아'

는 'DSC인베스트먼트', 'LB인베스트먼트', 'SL인베스트먼트', '스톤브릿지 캐피탈'로부터 기업가치 600억 원으로 평가받아 총 100억 원의 투자금을 유치하고 회사명도 '옐로모바일'로 변경하였다.

6 모바일 벤처연합군 합류회사 증대

'쿠폰모아'를 인수하고 국내 벤처캐피탈들로부터 600억 원의 기업가치를 인정받아 100억 원대의 투자를 유치하자, 앱 시장이 '옐로모바일'의 사업 모델에 주목하기 시작했다. 이전에는 '옐로모바일'이 모바일 벤처를 찾아가 합류를 설득했다면, 이젠 앱 시장에서 다양한 영역별로 앱 서비스를 제공하는 모바일 벤처들이 옐로모바일을 찾아오는 일이 쇄도했다. 유망한 모바일 벤처를 합류시키는 과정이 선순환 구조로 돌입한 것이다. 합류하는 모바일 벤처의 수가 증가할수록 모바일 벤처를 인수할 때 주식교환 비율의 기준이 되는 '옐로 모바일'의 기업가치는 상승하게 되고, 시장에서는 합류하고자 하는 모바일 벤처의 수가 더욱 증가하는 눈사람 효과(Snowball Effect) 현상이 나타났다.

시장에서 모바일 벤처의 합류의사가 쇄도하자 사업 영역별 전략을 수립할 필요성이 강하게 부각됐다. 이 시기에 '다음커뮤니케이션'에서 이상혁 대표의 '마이카드'를 인수했던 김현영 부사장이 옐로모바일에 합류하면서 그간 Community based E-commerce를 표방하던 사업 영역을 Shopping, Media, Advertising, Travel, O2O(SMATO)로 구분했다. 이렇게 인수 대상의 분야를 이른바 'SMATO' 영역으로 정하고 이에 해당하는 모바일 벤처를 집중적으로 인수하기 시작했다.

또 인수 대상의 기준을 해당 영역의 수명 주기상 초기 단계에 있는 기업에 맞췄다. 성숙단계의 영역이나 규모가 커진 벤처는 포함하지 않았다. 성장하는 영역에 있는 소규모 벤처들을 인수하면서 이들간의 시너지를 통해 혁신을 이뤄내는 전략이었다. 해당 영역이 성숙 단계로 들어서면 경쟁이 치열해지면서 추가성장을 기대할 수 없고, 규모가 커진 벤처엔 조직의 관성이 고착화되면서 혁신의 동기가 약화되기 때문이다.

[표 3-1] 옐로모바일의 SMATO 사업영역

구분	사업부문	주요 회사
S : Shopping	쇼핑사업 부문	옐로쇼핑미디어, 쿠차, 쿠폰모아
M : Media	모바일 콘텐츠 커뮤니티	말랑스튜디오, 피키캐스트
A : Advertizing	모바일 광고	옐로디지탈마케팅, 퓨처스트림네트웍스, 이모션글로벌, 퍼플프렌즈, 레코벨 등
T : Travel	여행	옐로트래블, 투어스크랩, 제주닷컴, 제주모바일, 여행박사, 티켓매니아 등
O : O2O	로칼비즈니스	옐로오투오, 옐로디자인, 루비, 옐로유통, 옐로마케팅 차이나, 바비톡, 씨리얼 등

7 중간 지주회사 설립

자회사의 수가 증가하면서 옐로모바일의 지주회사 만으로는 자금을 조달하고 자회사를 관리하는 것이 어렵게 되었다. 이 문제를 해결하기 위해 지주회사의 역할을 나누어 맡은 중간 지주회사를 도입하게 되었다. 이 중간 지주회사는 옐로모바일의 5개 주요 사업영역인 SMATO로 구분하였다. 각 계열사들은 개별 브랜드를 사용하며 독립적이고 자율적인 책임 경영을 하는 것을 원칙으로 하고 있다. 다만, 옐로모바일이라는 연합 브랜드를 공통적으로 사용하며 스톡옵션이나 우리사주에 관해서는 공통 정책을 따른다. 또 각 계열사가 요구할 경우 구매, 채용, 법무, 홍보, 경영컨설팅을 지원하고 있다. 이렇듯 옐로모바일의 지주회사는 계열사의 시너지 창출을 위해 직접적인 노력을 하지 않으며 오직 브랜드와 자금, 그리고 필요에 따라 경영지원을 하는 정도로 최소한의 통제를 하는 플랫폼 역할을 한다.

옐로모바일도 처음에는 기업이 추구하는 가치로 통합하는 인수후 통합(PMI: Post Merger Integration)을 시도했다. 그러나 수십 개에 달하는 다양한 모바일 벤처들을 인수합병하면서 이런 가치 통합이 도리어 개별 사업 주체들의 기업가정신을 저하시킨다는 점을 발견했다. 해당 사업 영역은 이미 최고의 전문성을 보유하고 있었다. 성공적인 연합을 위해서는 개별 사업 주체의 대표들로 하여금 자율적이고 자발적이며 열정적인 기업가정신을 지속적으로 유지하도록 독려하면 충분했다. 그래서 이를 실현하기 위한 기업문화를 'Yellopreneurship'이라고 명칭했다. 즉 Yellopreneurship이란 Yello's entrepreneurship을 줄인 말로, 기업연합/기업가 연합으로서의 핵심가치를 상정하고,

이 가치를 발현 및 촉진하는 기업 경영방식, 기업 경영문화를 발전시키되 개별 사업 담당법인의 자율/독립 경영방식을 지향한다는 뜻이다.

8 계열사 성과 사례

이런 조직 구조와 기업 문화는 각 계열사 간 자발적인 협력을 촉발해 다양한 성과를 내고 있다. 그 가운데 '레코벨'과 '굿닥'의 예를 소개한다.

빅데이터 분석 기업인 '레코벨'(http://www.recobell.com/rb)은 소셜커머스나 인터넷 쇼핑몰에 적용할 상품 추천 알고리즘을 개발하는 업체다. 수학을 전공한 박성혁 대표는 데이터가 중요해지는 시대를 예측, 데이터와 비즈니스를 접목해 새로운 가치와 수익을 창출하는 솔루션을 개발해 2013년 2월 창업했다. '레코벨'의 주력 서비스는 빅데이터 분석을 통한 '개인화 추천 서비스'다. 쇼핑몰에 방문하는 고객 개개인 성향에 맞춰 메인 화면을 제공하고 추천 상품을 제시함으로써 구매율을 상승시킨다. '레코벨'은 아모레퍼시픽, 티몬, 신세계몰, GS숍, 교보문고 뿐 아니라 국내 200여 소호몰에 서비스를 제공하고 있다.

'레코벨'의 솔루션을 도입한 아모레퍼시픽과 소셜커머스 등 고객사 매출이 곧바로 상승하며 효과를 입증했고, 입소문을 타면서 도입하는 기업이 늘고 있다. 또 옐로디지털마케팅 소속 '레코벨'은 옐로트레블 소속 '여행박사(www. tourbaksa.com)'와 협업하며 수익을 극대화했다. '여행박사'는 2015년 5월 홈페이지를 개편하며 '레코벨' 알고리즘을 적용했다. '레코벨'은 고객이 사이트 내에서 활동하며 발생시키는 빅데이터를 수집·분석해 모든 고객에게 맞춤형 여행상품을 추천했다. 이렇게 '여행박사' 홈페이지에 '레코벨'의 서비스를 접목한 결과, '레코벨'과 '여행박사' 모두 한달 새 매출이 상승하는 윈윈 효과를 얻었다.

'굿닥(www.goodoc.co.kr)'은 가까운 병원 찾기, 휴일 진료 병원 안내, 병원별 이벤트 안내, 증상별 병원 찾기 등 병원 관련 정보를 제공하는 서비스다. 버튼 하나만 누르면 현재 위치를 중심으로 주변에 있는 병원들의 위치와 진료정보를 알려준다. 여기에 다른 병원 찾기 앱과의 차별화를 위해 여의사 산부인과, 화상 전문 병원 등 인터넷 검색만으로는 찾아보기 힘든 병원 정보를 모아 제공하며 검색 편의를 높이고 있다. 또 앱 안에서 의사와 1:1로 상담할 수 있는 메뉴를 만들어 사용자들이 병원에 가기 곤란한 상황에서도 간단한 의료상담이 가능토록 했다. 최근에는 약국 찾기 기능과 증상별 병원 검색, 여러 명의 의사가 답변을 달 수 있는 오픈형 건강정보 질의응답 등의 기능까지 추가해 모바일 의료 콘텐츠 기능까지 구현하고 있다. '굿닥'은 창업 후 연 3,000만 원까지 매출을 실현한 적도 있고 실생활에 무척 유용한 앱이라는 평가를 받았음에도, 2013년 6월 기준 월 매출 1,000만 원에 영업비용 2,000만 원의 적자 상태가 되었다. 옐로모바일에 합류한 시점은 매출규모가 작아 투자 유치가 되지 않자 직원들을 해고하고 창업자만 회사를 끌고 가던 때였다.

옐로모바일 영업의 특징인 가족사 간 고객을 공유하는 크로스 마케팅이 여기서 빛을 발했다. 즉, 인력 간 교류로 가족사의 필요한 부분을 채워준 것이다. 옐로모바일의 계열사인 '쿠차'는 티켓몬스터, 위메프, 11번가, CJ오쇼핑과 같은 대한민국 모든 핫딜 쇼핑 상품을 수집해 차트형식으로 제공하는 모바일 핫딜 쇼핑 포털이다. 소셜커머스, 홈쇼핑, 오픈마켓, 종합몰 등 국내 최대 핫딜(Hot Deal) 정보를 보유하고 있으며, 500만 회원이 쿠차 앱을 사용하고 있었다. '굿닥'이 옐로모바일에 합류한 직후, '쿠차'에 '굿닥'의 콘텐츠를 노출했더니 월 매출 3억 원, 영업이익 1억 7,000만 원을 기록했다. 뿐만 아니라 '굿닥'의 영업망도 공유하면서 쿠차의 실적도 상승시키는 효과를 냈다.

제9절 | 웰트(Welt)[24]

1 특이한 이력의 창업자 강성지

웰트의 공동 창업자인 강성지 대표는 특이한 이력의 소유자이다. 많은 사람이 꿈꾸는 의사란 직업을 버리고, 다시 꿈의 직장이라 불리는 삼성전자에 입사하더니, 결국 자신의 사업을 시작했다. 이러한 이력은 그의 사업을 잘난 의사의 일탈 쯤으로 치부하기 충분하다 생각할 수도 있겠지만 스마트벨트에 대한 그의 애정은 자신이 진정 추구하는 일을 찾은 사업가의 모습과 같다.

마치 운명처럼 그의 모든 경력이 지금의 사업과 연결되어 있었다. 군 복무로 보건복

24 참조인용 : 김재영 외, 「스마트벨트, 세계를 감다 - 웰트」, Asan Entrepreneurship Review, 2018

지부 건강관리서비스에 파견 근무를 할 때는 의대나 병원 밖에서 실질적인 의료 복지 서비스가 이루어지는 방식에 대해 경험할 수 있었다. 또한 삼성전자에서 헬스케어 분야를 강화하기 위해 의사를 모집한다는 소식에, 그는 세브란스병원 인턴을 6개월여 만에 그만두고 특채로 삼성전자에 입사하였다.

축적된 데이터를 통해 처음 측정하고자 했던 항목은 대사증후군이었다. 웰트는 사용자가 대사증후군을 예방할 수 있도록 생활습관을 측정하고 기록하는 역할을 한다. 측정된 데이터는 웰트 앱에 차곡차곡 쌓인다. 이미 지난 2016년 세브란스 병원과 함께 테스트를 진행하였으며 코넬대학교 의대 등 미국 유명 의과대학들과 협업을 통해 스마트 벨트 데이터를 활용한 논문을 의학저널에 게재할 예정이다.

실제로 한국정보화진흥원은 헬스케어 웨어러블 제품의 주요 기술로 빅데이터를 선정하였으며, 이는 전체 대비 약 46%를 차지한다. 별도로 공학을 공부하지 않았지만, 의사의 시각에서 시작된 대표의 아이디어들, 여기에 높은 중요도를 가진 측정 데이터를 더하면 기존 제품과 다른 제품력을 가지기 충분하다. 웰트는 앞으로 스마트 벨트를 통해 수잡분석한 데이터가 예방의학 차원에서 건강유지 부문과 큰 관련성을 가졌다는 사실을 밝혀내고, 이를 바탕으로 병원, 보험사 등과 연계해 웰트에 대한 브랜드 인식 제고 및 제품 판매를 이끌어 낼 계획이다.

초창기 주목받던 웨어러블 제품들이 역사의 뒤안길로 사라지거나 시장에서 실망스러운 성적을 보여주고 있다. 사용자에게 헬스케어에 대한 뚜렷한 효용을 주지 못했기 때문이다. 처음 스마트 벨트에 대한 시장의 반응 역시 좋지 않았다. 단점이 많았기 때문이다. 우선 널리 알려진 시계, 안경 등과 달리 디스플레이가 없다. 또한, 벨트 상의 구멍 단위로 측정이 되기 때문에 허리 사이즈의 세밀한 변화에 대응하기 어렵고 스마트 벨트 디자인 특성상 정장에 어울리게 만들어져 있어 모든 바지에 맞춰 입을 수는 없다. 바지를 입지 않는 시간대인 야간과 주말에는 신체 정보에 대한 상시 취득이 되지 않는 것도 문제다. 더군다나 허리 사이즈 외에 얻을 수 있는 다른 정보 등은 이미 타 기기에서도 얻을 수 있어 약점으로 인식되었다.

초기 기대와 달리 시들해진 웨어러블 제품 시장 속에서 웰트는 어떠한 돌파구를 찾을 수 있을까? 우리 주변에는 다양한 헬스케어와 관련된 웨어러블 제품들이 나와 있다. 소비자들은 이런 제품을 재미있어하고 신기해하지만, 정작 돈을 쓰지는 않는다. 이유는 명확하다. 제품의 초점이 기술에 맞춰져 있고 정작 사용하는 소비자에게 맞춰져 있지 않기 때문이다. 걸음 수, 심장박동 수, 인바디 수치 등 단순한 데이터를 전달하는 것만으로는 사용자가 웨어러블 기기에서 느끼는 효용성은 제한적일 수밖에 없기 때문이다.

그가 삼성전자의 사내벤처 프로그램인 'C랩' 공고에 당선되고 1년여의 준비 뒤, 웰트는 삼성 C랩의 11번째 스핀오프 기업으로 탄생하였다. 이처럼 웰트는 삼성전자라는 든든한 후원자의 충분한 지원 하에서 제품을 개발하고 세상에 제품을 선보였다. 하지만 지금의 스마트 벨트가 나오기까지 모든 과정이 순탄했던 것은 아니었다. 제품 출시의 이면에는 소비자에 대한 고려가 항상 존재하였다.

헬스케어 서비스는 병원과 보험업 등 연결된 이해관계자가 많은 복잡한 시장이다. 또한 의료라는 측면에서 사람의 목숨과 직결되어 있는 의학과 밀접한 관계가 있다. 스타트업의 입장에서 의료 데이터나 환자 개인 건강 정보에 접근하는 것은 많은 어려움이 있다. 웰트의 의료 비즈니스 모델은 의료산업화 문제와 맥락을 같이 한다. 4차 산업혁명의 핵심이라 할 수 있는 빅데이터를 기반으로 헬스케어 산업에 대한 규제 완화는 필수 불가결한 것으로 보이는 것이 사실이다. 스마트 벨트를 통해 수집된 정보는 개인 수준에서도 도움이 되지만, 다양한 사람들의 데이터가 모이게 되면 또 다른 의미 있는 정보를 얻을 수 있다. 예를 들어, 샤오미의 미밴드에서는 현재 키가 비슷한 사람들의 BMI 지수가 어느 수준인지, 동일 연령대 대비 수면의 질이 어떠한 상황인지 알려준다. 만약 이러한 정보가 질병 수준으로 확대된다면, 개인 의료정보에 대한 빅데이터 관점 논의가 진행되어야 할 필요가 있다.

2 린 스타트업(Lean Startup)을 통한 창업[25]

창업을 준비하는 창업자에게 시장의 불확실성은 언제나 큰 고민일 수밖에 없다. 창업

25 린 스타트업은 Lean(군살을 뺀, 기름기가 없는)과 Startup(극심한 불확실성 속에서 새로운 제품이나 서비스를 만드는 조직)의 합성어로 극심한 불확실성 속에서 새로운 제품이나 서비스를 만들기 위해 군살을 빼 빠르게 움직이는 초기 단계의 조직이나 기업으로 볼 수 있다. 이러한 린 스타트업은 에릭 리스(Eric Ries)에 의해 더욱 정교화 되었다. 리스는 자신의 저서를 통해 "스타트업이 시장에서 성공하는 유일한 방법은 다른 누구보다 더 빨리 학습하는 것"이라 하며, 다음과 같은 린 프로세스를 제시하였다. 에릭 리스가 제시한 린 프로세스의 핵심은 만들고(Build), 측정하고(Measure), 배우는(Learn) 것의 과정을 반복적으로 시행함으로써 이른바 제품-시장 적합성(Product-Market Fit)이 높은 제품을 출시하여 성공확률을 높이는데 있다. 결국 스타트업에서 가장 중요한 것은 바로 이 제품-시장 적합성이 높은 제품을 출시하는 것이다.

자는 기존의 제품보다 새롭거나 더 좋은 제품을 만들었다는 확신을 가지고 신제품을 출시한다. 그러나 제품에 대해 시장이 어떠한 반응을 보일지 모른다는 점에서, 시장의 불확실성은 항상 존재한다. 이를 해결하기 위한 방법으로 최근 각광받는 것이 바로 린 스타트업(Lean Startup)이다.

린 스타트업은 극심한 시장의 불확실성 속에서 제품과 시장을 효과적으로 발달시키고, 신제품 및 서비스를 만들기 위해 빠르게 움직이는 창업 초기 단계의 조직이나 기업을 뜻한다. 2018년, 세계적인 창업 열풍과 함께 전미경영학회(The Academy of Management)가 시카고에서 열렸다. 이곳에서 린 스타트업 섹션은 혁신전략 섹션과 더불어 가장 많은 학자의 관심과 토론을 이끈 분야였다. 현직 경영자들 역시 해당 섹션에 참가하여 린 스타트업의 론칭부터 시장 진입을 위한 소프트웨어개발, 고객 개발 등 다양한 프로세스 사례를 발표하며 자사의 프로세스를 이해시키려 노력하였다.

린 스타트업 업계에서도 특히 웨어러블 제품(wearable device) 시장에 대한 관심이 가장 뜨겁다. 웨어러블 제품을 신체에 착용해 피부와 직접 접촉하면 사용자 및 주변 환경에 대한 데이터를 측정하게 된다. 이 데이터를 토대로 사용자의 능력을 강화해주는 목적으로서 웨어러블 제품을 활용하기를 기대하고 있다. 특히 전 세계적으로 스마트폰 시장이 폭발적인 성장을 거두고 있는 현상과 4차 산업혁명의 핵심기술로 IoT(Internet of Things, 사물인터넷)와 빅데이터 등이 떠오르면서 더욱 주목을 받았다. 한국의 대표적인 린 스타트업 기업으로 손꼽히는 '웰트(WELT)'는 세계 최초로 스마트 벨트를 제시한 기업이다.

웨어러블 제품 유형에 있어 팔목 밴드와 시계, 목걸이, 안경 형태의 기기는 이미 대중화되었으며, 그 밖에도 '몸에 닿을 수 있는 형태'는 대부분 개발이 완료된 상태라고 해도 좋을 정도로 포화되어 있다. 이들 다양한 웨어러블 제품들은 심박센서, 모션센서, GPS 등 다양한 센서를 탑재함으로써 헬스케어를 주요 서비스로 표방하고 있다. 대표적인 웨어러블 제품인 팔목 밴드와 시계의 경우, 기능에 따라 삼성, 애플 등 세계적인 기업의 수십만 원대 고가 제품부터 샤오미를 비롯한 중소기업 혹은 스타트업의 2~3만 원대 저가 제품까지 다양한 제품을 들 수 있다.

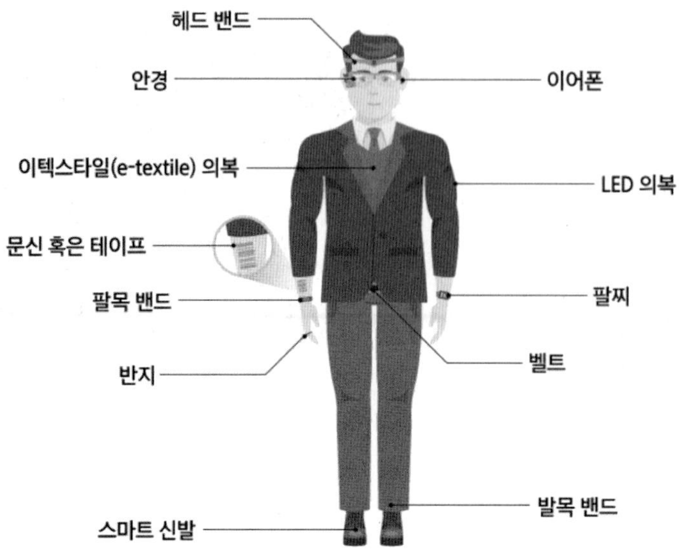

현재까지 개발된 웨어러블 기기 형태

(출처 : 삼성전자-웨어러블 기기, 그 진화의 끝은?)

하지만, 이들 웨어러블 제품은 가격과 브랜드, 디자인에 따른 차이는 있을지언정 활용하는 헬스케어 기능에는 아직 큰 차이가 없다. 제품 대부분이 유사한 센서를 통해 취득한 정보만을 서비스하기 때문에 만보기, 심박 수 측정, 수면 질 정보 제공 등 그 기능 역시 유사하다. 많은 웨어러블 제품은 헬스케어 서비스를 표방하고 있지만, 아직 헬스케어를 위해 제공될 수 있는 기능 및 차별적 정보 제공에는 한계가 있는 상황이다.

거의 24시간을 연속 착용하는 팔목 밴드 및 시계는 신체 데이터를 장시간 획득할 수 있어 그나마 나은 편이다. 반면, 벨트는 직접 몸에 닿지 않고 착용 시간도 한정되어 있기 때문에 시장의 의구심이 높은 제품이었다. 웨어러블 제품이 포화된 시장의 상황과 '벨트는 제품-시장 적합성(Product-Market Fit)이 상대적으로 떨어진다'는 시장의 불확실성에 대한 극복이 필요했다.

웰트는 제품보다는 서비스에 대한 차별화에 집중하였다. 과거 의료기기 시장에서 관련 기기는 순수하게 '의료를 위한 목적'으로 개발되었으며 의료 전문가(의사, 간호사 등)가 사용하기 위해 FDA 가이드라인을 충족해야 했다. 그러나 헬스케어 기능이 발달하면서 최근 웨어러블 제품은 일반 소비자로 사용자가 빠르게 확산되고 있다. 이에 따라 한국보건산업진흥원은 글로벌 헬스케어 시장규모가 2014년 210억 달러에서 2020년에는 1,015억 달러 규모로 약 4.8배 이상 성장할 것으로 전망하였다. 이러한 점에서 웰트는 헬스케어 시장을 기회의 바다로 인식하였다.

시장의 불확실성을 해소하며, 스마트 벨트의 장점을 설명하기 위해서는 보다 빨리 완성도 높은 제품을 만들 필요가 있었다. 하지만, 완성도를 높이기 위해 고민하는 과정에 또 다른 불확실성이 있음을 인지하였다. 우선 우리가 최초라는 것을 인식시키고, 이와 동시에 시장의 불확실성 문제를 해결하기 위한 방안을 모색해야 하는 것 아닐까? 완성도 높은 제품을 만드는 과정에서 웰트의 브랜드를 잃어버리진 않을까? 이러한 문제의 해결방안은 린 스타트업 프로세스에서 찾을 수 있었다. 시장에서 상품성을 인정받기 위하여, 웰트는 최소존속제품(Minimum Viable Product: MVP)수준의 성능을 확보한 후 미국의 크라우드 펀딩 서비스인 '킥스타터(Kickstarter)[26]'에 도전하였다.

린 스타트업은 우선 빠르게 프로토타입(rapid prototype)을 만들어 시장의 반응을 알아볼 필요가 있음을 강조한다. 많은 스타트업이 초기에 완벽한 제품을 가지고 시장에 나가길 바란다. 그러나 상대적으로 높은 수준의 자본, 인력, 기술 등을 보유하고 있는 대기업이 아닌 이상, 스타트업이 잘못된 사업 아이템에 모든 것을 걸고 출시하는 순간 오히려 쉽게 망할 수 있다. 완벽한 제품보다는 시장을 통해 평가받고 불확실성을 극복하기 위한 방법을 찾는 것이 바로 린 스타트업이 추구하는 핵심이다.

일반적인 린 스타트업에서는 완성도를 추구하기 위해 많은 시간과 자원을 소모하면서 시장과 동떨어진 제품을 만드는 것을 지양한다. 대신에 최소한의 핵심기능을 담은 제품(MVP)을 시장에 제시하고, 반응에 따라서 수정 및 보완하는 접근법을 취하게 된다. 그러나 새로운 사용 경험을 추구하는 IT 제품의 경우, 일반 대중인 소비자는 얕은 제품 사용 경험과 그에 비해 높은 제품 가치 기대를 품고 있는 경우가 많다. 이로 인해 MVP로 제시된 신제품 자체가 외면될 수 있는 위험성도 상존하게 된다. 따라서 킥스타터 과정에서는 다양한 사용 경험과 높은 탐색 의지를 가진, 실험적 초기 소비자 '얼리어답터(early adapters)' 계층을 참여하게 하는 것이 유리하다. 이들의 기술기반 제품

26 2009년 설립된 미국의 대표적인 크라우드 펀딩 서비스로서 킥스타터는 게임, 영화, 음악, 만화 등 주로 문화계열 프로젝트를 모금받는다. 일반 크라우드 펀딩 서비스처럼 창작자가 프로젝트와 후원 목표액, 개발 완료일 등을 공개하면 개인이 돈을 지불하는 방식으로 이뤄진다. 후원자는 1달러 이상의 돈을 모금할 수 있고 펀딩이 성공할 경우 창작자로부터 제공받을 수 있는 보상을 직접 선택할 수 있다. 다만 모금 즉시 결제되지 않고 모금이 끝나는 날 한꺼번에 후원자들의 모금액이 결제된다는 점이 색다르다.

에 대한 사용 경험이 해당 제품 성능에 대한 보증 역할을 하기 때문이다.

또한 크라우드 펀딩 사이트의 활용은 초기 사업자금확보 이외에 마케팅 측면에서 도움이 되며, 고객과의 관계 형성에 긍정적인 역할을 수행하는 것으로 알려져 있다. 웰트가 킥스타터를 고려했던 것은 시장의 반응과 더불어 입소문에 따른 해외시장 홍보(promotion)를 고려했기 때문이다. 결과적으로 2016년 9월, 킥스타터를 통해 목표액 대비 200% 이상이라는 의미 있는 수치를 달성했다. CES 2017에 참가하며 80개의 샘플이 99달러에 완판 되었던 것은 시장의 불확실성을 극복할 수 있는 계기가 되었으며, 다른 기업과의 협업에 있어 주도권을 잡을 기회로 작용하였다.

시장의 불확실성을 해소하기 위해 오히려 빠르게 시장에 선보이기로 했던 의사결정은 성공적이었다. 이를 통해 시장의 의견을 반영하고 다시 시장을 찾는 과정을 반복하며 웰트의 스마트 벨트는 더욱 진보된 제품으로 발전할 수 있었다.

3 웰트 제품 특성

웰트의 스마트 벨트는 버클과 스트랩으로 구성되어 있어 외형상 여느 벨트와 별반 다르지 않다. 하지만, 버클의 클립이 스트랩의 구멍에 닿는 순간 내장된 센서를 통해 허리둘레를 측정하며, 가속도 센서와 전용 알고리즘을 이용하여 걸음 수를 측정한다. 또한 가속도 센서를 통해 30분마다 비활동 시간을 측정할 수 있다. 자체적인 알고리즘에 기반하여 벨트 구멍 위치의 이동과 시간에 따른 과식 횟수도 알려준다. 블루투스 통신으로 스마트폰과 연결되어 있으며 벨트를 착용한 상태에서 추출된 데이터 및 관련 정보가 앱으로 동기화된다.

웰트는 인지도가 확보되지 않은 상황에서는 자체 판매보다 국내외 유명 패션 브랜드와의 협업을 늘리는 것이 효과적이라 판단하고 다양한 브랜드와 접촉하고 있다. 전략적 제휴를 통해 국내 빈폴 액세서리와 협업하면서 빈폴 매장에서 제품을 판매하는 등 채널 다변화 역시 계속 시도하고 있다. 하지만, 이러한 협업 과정에서도 벨트 버클 뒷면에 'WELT' 마크를 고집하고 있다.

웰트의 스마트벨트 구성

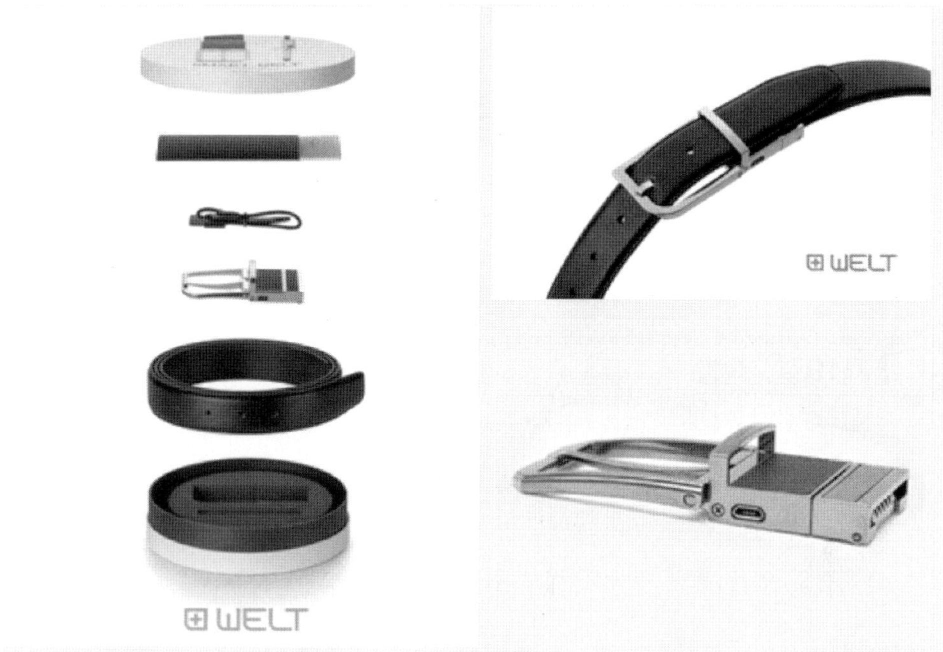

출처 : 웰트

웰트는 기존 헬스케어 제품들의 성장과 실패를 연구하고 있다. 예를 들어, 2013년 세계에서 가장 먼저 스마트워치를 출시한 페블 테크놀로지(Pebble Technology)는 시제품을 만들고 생산을 위해 필요한 비용 이상을 크라우드 펀딩을 통해 마련하였다. 하지만, 대량생산에 대한 준비가 부족해 수요를 만족시키지 못하며, 결국 2016년 또 다른 웨어러블 제품 업체인 핏빗(Fitbit)에 인수되었다. 핏빗 또한 창업 후 10여 년 동안 6천만 대 이상의 제품을 판매하였으나, 지속된 실적 악화와 불투명한 전망으로 주가가 곤두박질치는 것을 지켜볼 수밖에 없었다. 그렇다면 웰트는 앞으로 어떻게 살아남을 수 있을까?

최근 웰트는 스마트벨트 유통망을 확대했다. 광화문 교보문고, HDC 신라면세점, 판교 KMUG 애플 매장, 판교 현대백화점 등에서 웰트의 스마트벨트를 찾을 수 있다. 한편으로는 이름만 들으면 알 수 있는 해외 명품 패션 브랜드와 협업을 진행 중이다. 기업의 입장에서 거래 대상을 일반 소비자로 할지 기업을 대상으로 할지에 따라 B2C와 B2B의 두 가지 형태로 나눌 수 있다. 소비자를 대상으로 하는 B2C 시장에서는 제품의 기능, 특징, 가격, 장점 등이 시장에 적합한 제품(Product Market Fit)일 때 상품이 시장에 나타나게 된다. 하지만, B2B 시장은 다르다. 시장에 적합한 제품이면서 고객이 제품을 처음 보는 순간 구매 이유를 알 수 있어야 시장 진출(Go-To-Market Fit)이 가능하기 때문이다. 웰트의 행보를 통해 그들이 단순 제품의 판매뿐 아니라 헬스케어 정보에 대한 플랫폼으로의 진화를 모색하며, 차별화된 경쟁력을 갖추고자 한다는 것을 알 수 있다.

제10절 | 직방 [27]

1 직방의 출발

모바일 앱을 통한 부동산 정보 플랫폼 직방은 2012년, 기존 부동산 시장의 문제점이라 여겨지던 정보의 비대칭성과 폐쇄성을 해소하고자 출발하였다. 직방 초기에는 오피스텔과 원룸 등 1 ~ 2인 가구를 타깃으로 전·월세 매물 정보를 주로 제공하였다. 직방으로 인해 사람들은 방을 구하기 위해 부동산을 찾아가 발품을 팔고 방을 직접 확인하던 행태에서 벗어날 수 있었다. '선직방 후방문'이라는 하나의 공식을 만들어 낼 때만 해도 직방은 '방'이라는 작은 틈새시장에 뛰어든 부동산 스타트업일 뿐이었다. 하지만 직방은 2016년부터 '아파트'로 서비스 영역을 확장하면서 '집'에 대한 매매 정보 제공 전반으로 사업모델을 확대하였다.

하지만, 직방이 아파트라는 '집'에 대한 정보 제공 서비스로 확장하기 위해서는 넘어야 하는 산이 많았다. 이미 네이버 부동산이나 부동산114와 같은 거대 부동산 서비스들이 존재하고 있었으며, 이들은 아파트에 대한 다양한 부동산 정보와 네트워크로 이루어진 거대한 진입장벽을 구축해 놓은 상태였다. 사실 한국의 아파트는 급격한 도시화와 이에 따른 대도시로의 인구 밀집, 주택난 등이 복합적으로 작용하여 주거를 넘어 투기의 대상으로 변질된 지 오래다. 부동산 시장이 발달한 미국이나 유럽의 경우, 대다수 사람은 단독주택을 가장 선호하며 다음으로 타운하우스나 콘도에서의 생활을 고려한다. 아파트는 저소득층이나 이민자들이 주로 거주하는 공간이라 치부하는 수준이다. 우리가 겪은 각종 사회현상을 조금 더 먼저 경험했던 일본 역시 아파트 비율은

27 참조인용 : 김재영 외, 「포화된 시장, 생존을 위한 협업 – 직방과 호갱노노」, Asan Entrepreneur-ship Review, 2018

전체 가구 수의 10% 수준에 불과하다. 인구 밀도가 높은 네덜란드나 벨기에도 아파트와 같은 대규모 공동주택 단지를 건설하기 꺼린다.

이처럼 유독 한국에서만 아파트가 특유의 주거문화로 자리 잡은 이유는 생활의 편리성도 있지만, 아파트가 재산 증식의 개념으로 인식되기 때문었다. 한국은행이 아파트와 주택, 주식, 정기예금 등의 수익률을 비교한 자료를 보면 여타 투자 대비 아파트 투자 수익률이 월등히 높다. 2007년부터 2016년까지 10년간, 아파트 수익률은 59.5%로 은행 정기예금(41%), 주식(41.3%)보다 약 20%p 가까이 높았다. 더군다나 아파트는 매매와 임대가 쉽다는 장점이 있다. 다시 말해 급한 자금이 필요할 때 굳이 매각하지 않아도 세입자 전세보증금을 기반으로 투자를 하면 그 수익이 어느 정도 보장되니 관심을 가질 수밖에 없는 것이다.

이미 포화상태일지라도, 부동산 관련 국가대표 주거 정보 플랫폼을 꿈꾸는 직방에게 있어 아파트 시장은 놓칠 수 없는 영역이었다. 직방은 실제 집을 구하는 사람이 발품을 팔지 않고도 필요한 지역 정보를 한눈에 알 수 있다는 장점이 있다. 방보다는 덜하지만, 아파트를 구하는 이용자는 포탈에서 매물정보를 직접 찾는 수고를 거쳐야 했다. 더군다나 지역이나 아파트 단지에 대한 정보는 직접 부동산에 가거나 지역 온라인 커뮤니티 등을 통해서 구할 수밖에 없다. 직방은 이와 같은 이용자의 '발품' 문제를 해결하기 위해 초창기 원룸 때와 같이 직접 발로 뛰게 되었다.

2 프롭테크 기술 도입

이처럼 직방이 고객을 대신해 직접 수집한 자료는 프롭테크 기술의 기반이 되었다. 첨단기술과 부동산 데이터 정보를 병합한 서비스를 제공하는 '프롭테크(PropTech)'[28] 기업들이 부동산 정보제공 업계에 등장하고 있다. 부동산서비스 산업이 발달한 미국에서는 1980년대 초반부터 상업용 부동산에 대한 설계와 재무 컨설팅 등을 제공하는 '리테크(Real Estate Technology, RE-Tech)' 영역이 태동하였다. 이후 2000년대에 들어서면서 온라인 시장에서의 부동산 중개 사업 활성화와 함께, 생활 밀착형 부동산 정보 제공 포탈이 발전하게 되었다.

28 '프롭테크'란 부동산(Property)과 기술(Technology)의 합성어로, 2010년대 들어 유럽을 중심으로 모바일 채널과 빅데이터 분석, VR 등 하이테크 기술을 기반으로 등장한 부동산 서비스 기업을 의미한다.

2010년에 들어서면서 리테크에 모바일 채널과 빅데이터 분석, VR(가상현실) 등 신기술이 결합된 프롭테크가 발전하며 부동산 시장에 대한 사람들의 관심은 더욱 높아지고 있다. 직방은 사진 속 이미지를 이어 붙여 실내 공간을 입체적으로 구성하는 VR 홈 투어 서비스를 시작하였다. 360도 카메라로 촬영한 영상을 통해 실제보다 내부 평수가 더 넓어 보이게 하거나 채광이 더 좋아 보이게 하는 등의 이미지 조작 문제를 해결할 수 있었다. 또한, 전국 100세대 이상 아파트 및 주상복합 시세변동, 학군 역세권 정보, 인구 흐름 등 다양한 데이터를 제공하는 빅데이터랩을 기반으로 전문성을 갖춘 데이터 생산에 주력하였다.

현재 프롭테크는 1) 중개 및 임대, 2) 부동산 관리, 3) 프로젝트 개발, 4) 투자 및 자금 조달 등 4가지 비즈니스 영역으로 구분된다. 이 중 중개 · 임대 영역에서 모바일을 통한 부동산 플랫폼이 활성화되고 있다. 미국, 영국 등 프롭테크 선도국은 스타트업 생태계를 조성하는 정책으로 프롭테크 산업을 간접 지원하고 있으며, 최근 국내에서도 부동산 중개업 서비스 활성화 등 프롭테크가 확산되는 추세이다. 대표적인 프롭테크 기업으로는 미국의 부동산 정보 사이트인 '트룰리아(Trulia)'와 '질로우(Zillow)'를 들 수 있다. 2005년 설립된 트룰리아는 일반적인 부동산 정보 포탈이 가진 한계를 뛰어넘어, 특정 지역의 범죄 빈도수와 이웃에 대한 정보, 통근 시간 등을 구글과 협업한 인포그래픽 지도로 제공하고 있다. 이듬해인 2006년 출범한 질로우는 1억 이상의 가구에 대한 세금, 매매, 대출 정보를 취합하고 이를 분석한 데이터를 검색엔진을 통해 제공한다.

전 세계적으로도 이미 성장궤도에 안착한 프롭테크 기업이 적지 않다. 글로벌 공유오피스 기업인 '위워크', 미국 온라인 부동산 경매 회사 '텐엑스', 주택 리모델링 · 인테리어 전문기업 '하우즈', 중국 부동산 매물 정보기업 '아이우지우'는 이미 기업가치 평가액이 10억 달러가 넘는 기업으로 성장하였다. 온라인 기반 회원제 부동산 서비스 '카드레'와 임대 · 자산관리 소프트웨어 스타트업 'VTS', 부동산 금융정보 서비스 제공 플랫폼인 '엔딩홀' · '크레디파이' · '메터포트' · '플로어드' 등도 유망 프롭테크 기업으로 인정받고 있다.

그러나 전 세계적인 프롭테크의 성장 속에서도 국내 프롭테크 서비스 기업은 아직 미국의 2000년대 초반 수준에 머물러 있는 상태이다. 미국의 시장조사기관인 CB인사이트에 따르면, 전 세계 프롭테크 기업의 숫자는 2017년 말 기준 약 4,000여 개에 달하고 있으며, 이들 기업 중 하나로 한국의 직방을 언급하였다. 직방은 영국 런던에서 개최한 '미래: 프롭테크 2018'에 한국 최초로 참석하면서, 기존 국내 부동산 정보제공 기업들과의 차별성을 인정받았다.

직방은 모바일 플랫폼을 기반으로 다양한 프롭테크 신기술을 부동산 정보제공 서비스에 접목해왔다. 2017년 11월, 직방은 그 동안 축적된 2,000만 명 이상의 이용자 검색 패턴과 과거 거래된 부동산 실거래가, 시중에 나온 매물의 정보를 기반으로 분석한 아파트 시세 정보를 담은 빅데이터랩을 시작하였다. 이와 더불어 가상현실 기술을 통해 집 내부를 보여주는 VR 홈 투어 서비스를 추가하여 기존 프롭테크 기업들과 차별을 두는 동시에 부동산 앱의 진화한 형태를 보여주었다.

3 경쟁사인 호갱노노 인수

2018년 4월, 직방은 아파트 정보에 대한 프롭테크 경쟁사인 호갱노노를 전격 인수하였다. 과거 원 · 투룸 시장에서 시장지배력을 확보한 직방이지만, 2016년 시작한 아파트 정보 서비스에서는 힘을 내지 못하던 상황이었다. 부동산 자산에 IT 기술을 접목한 프롭테크를 지향하는 두 스타트업의 인수합병(M&A)에 대한 배경과 향후 서비스 변화에 대한 기대는 궁금증을 유발하기에 충분하였다.

그 동안 부동산 산업은 우리나라나 선진국 모두 정보 비대칭의 격차가 매우 심했던 시장이었다. 하지만 직방과 같은 부동산 스타트업의 등장 이후, 정보 공유 방식의 변화로 소비자 접근성이 매우 높아지게 되었다. 이후 프롭테크 기업들은 공급자에게 유리했던 시장구조를 더욱 더 수요자 친화적으로 바꾸어 가고 있다. 직방이 아직 아파트에 대한 정보제공을 시작하기도 전인 2015년 8월, 아파트 가격 비교 서비스를 전문으로 제공하는 '호갱노노'[29]가 서비스를 시작하였다.

호갱노노 심상민 대표의 첫 사업 아이템은 이케아(IKEA) 가구에 대한 가격 비교 서비스였다. 이는 지금까지 제공되고 있는 서비스로, 이케아가 같은 제품을 다른 나라보다 우리나라에서 비싸게 판다는 소문을 검증하고자 전세계 11개 국가의 이케아 제품에 대한 가격을 수집하여 비교하는 서비스를 만들게 된 것이다. 이 서비스가 SNS와 커뮤

29 호갱이라 호구와 고객을 합친 말로 어수룩해 속이기 쉬운 손님을 뜻한다.

니티에서 전파되며 온라인상에서 뜻하지 않은 인기를 얻게 되자, 심 대표의 창업에 대한 투자까지 이어지게 되었다. 고민 끝에 그는 가격에 민감한 '집'을 주제로 이케아 서비스와 유사한 콘셉트의 가격 비교서비스인 호갱노노를 시작하게 되었다.

심상민 대표와 창업 멤버들은 카카오, 네이버 등에서 근무한 경험을 바탕으로 부동산 거래에서 '호구 고객이 되지 말자'는 뜻의 호갱노노라는 조금은 도발적인 이름으로 사업을 시작하였다. 사업의 시작은 공개된 아파트 평수와 부동산 실거래가, 세대수, 관리비, 난방 방식, 출퇴근 시간, 아파트 주변 교육환경 등 정보와 정부 공공 데이터를 지도 위에 표시하는 것으로부터 시작되었다.

창업자 전원이 개발자 출신으로 구성된 호갱노노는 기존 부동산 플랫폼 사업자들과의 차별화 방안으로 정보에 대한 접근방식, 즉 사용자 인터페이스(User Interface, UI)에 많은 신경을 썼다. 우선 사용자가 집을 살 때 무엇을 알고 싶고 이를 정보로 제공할 수 있을까 하는 고민에서 출발하였고, 이를 더욱 쉽고 잘 알 수 있게 보여주는 것에 대하여 숙고하였다. 따라서 다른 부동산 서비스와 달리 부동산 중개와 직접 연관된 업무는 하지 않게 되었다.

호갱노노가 제시하는 정보는 그 동네의 매물가격이 아닌, 그 동네의 '집'에 대한 시세다. 이 가격은 국토교통부에 등록된 실거래가로 임차인 또는 예비 구매자가 집주인이나 부동산 중개인이 이야기하는 호가에 휘둘리지 않도록 이끄는 것이다. 대표적인 예로 보증금에 따라 금액이 천차만별인 월세의 경우, '전 · 월세전환율'을 적용한 전세가로 표시한다. 또한 학급당 학생 수와 교사당 학생 수, 1인당 급식비, 1인당 교육비, 방과 후 프로그램 수 등 집 주변 교육환경을 한눈에 볼 수 있도록 제공해 자녀가 있는 고객의 수요 역시 충족하였다. 이처럼 호갱노노는 공급자와 수요자 모두를 대상으로 균형 잡힌 정보를 제공하는 기존 부동산 정보 서비스와 차별화를 추구하며, 철저히 사용자 중심으로 정보를 제공하게 되었다.

다른 스타트업과 달리 호갱노노가 마케팅 비용을 한 푼도 쓰지 않고 2017년 월 50만 명이 사용하는 서비스로 등극한 것은 유명한 이야기다. 오직 사용자 중심의 정보라는 점에서 앞선 이케아 가격 비교 서비스 때와 같이 점점 입소문이 퍼지기 시작했기 때문이다. 스마트폰 앱 사용자는 40대 후반이 한계라 생각했던 초기 예상과 달리, 아파트에 대한 관심으로 50대는 물론 70대까지 호갱노노의 사용자가 되었다. 알림 서비스 개선 이후 한번 찾은 고객은 계속해서 서비스를 이용하는 주요 고객으로 변화하였다.

하지만 호갱노노는 여전히 돈을 벌기 위한 수익모델을 고민하기보다는 고객을 위한 서비스에 더욱 집중하였다.

기본적으로 호갱노노의 수익모델은 광고와는 맞지 않았기에 비즈니스 모델 마련에 어려움이 있었다. 호갱노노는 결국 수요자 대상 대출상담 등을 연계하는 서비스와 매칭하였다. 예를 들어 은행별 금리 등을 비교한 후, 대출 예상 기간, 금액 등을 고른 뒤 상담하기 버튼을 누르면 은행 직원과 연결되고 은행 직원이 상담 수락 시 수수료를 받는 수익모델을 구상한 것이다. 하지만 결과는 미미하였고, 이후 별다른 수익모델을 찾지 못한 호갱노노는 2018년 4월 12일 경쟁사였던 직방으로 인수되었다.

4 인수합병을 통한 직방의 몸집키우기

직방의 몸집 키우기는 호갱노노와의 우호적 인수합병에 그치지 않았다. 오히려 이를 시작으로 다음부동산 운영권까지 확보하면서 사업확장에 적극적으로 나서고 있다. 호갱노노가 보유한 회원과 직방이 보유 중인 다양한 매물정보를 다음부동산의 아파트와 연계한다면, 앞으로 온라인 부동산 시장은 직방과 네이버의 양강 구도로 전환될 수도 있을 것이다.

인수합병 이후 직방과 호갱노노는 여전히 각자의 브랜드와 성향, 스타일을 유지하고 있다. 이는 우호적 인수합병 과정의 결과일 수도 있다. 직방과 호갱노노는 이용자 중심의 정보제공이라는 철학과 미션을 공유하고 있긴 하지만, 실제 제공하는 정보 획득과 검증 서비스 방식에서 차이를 보인다. 직방은 공인중개사가 올린 매물정보와 직방이 직접 취득한 정보가 중심이며, 직방의 담당 직원들이 공인중개사 대상 전화 및 방문 등을 통해 실제 매물을 검증한다. 반면 호갱노노는 외부에서 제공하는 객관적이며 검증된 데이터만을 조합·연계하고 소비자의 리뷰에 의존하는 서비스 형태이다. 데이터를 분류할 때 직접 획득한 정보인 1차 자료가 직방의 것이라면, 기존 정보를 활용하는 2차 자료가 호갱노노의 것이라고 할 수 있다.

직방과 호갱노노의 사업내용 비교

	직방	호갱노노
부동산 정보 획득	- 직접수집(직방) - 매물등록(부동산중개인) - 개방데이터 연계(국토교통부 공공데이터 외)	- 개방데이터 (국토교통부 공공데이터 외)
Target 물건	- 원룸, 오피스텔, 아파트 매물정보	- 아파트 시세정보
검증	- 직방 직접 검증 (매물확인 및 안심중개사 제도 등)	- 검증된 외부 데이터 활용 - 사용자리뷰

재인용 : 김재영 외, 「포화된 시장, 생존을 위한 협업 - 직방과 호갱노노」, Asan Entrepreneurship Review, 2018

다시 말해, 직방은 현장 물건 확인과 안심 중개를 중심으로 형성된 데이터를 수집·저장하는 기업이라면, 호갱노노는 검증된 외부 정보를 오픈 API[30]로 연계하는 방식의 기업이다. 결론적으로 직방은 공인중개사와의 관계 및 인력을 통한 검증으로 실질적인 데이터를 확보해 제공한다는 강점이 있다. 반면 호갱노노는 자체적 정보 수집 능력보다는 공개된 다양한 데이터를 통합적으로 분석하고 이를 통해 고객의 의사결정 시간을 줄여준다는 것을 장점으로 들 수 있다.

직방은 품이 많이 들어가는 작업이 주를 이룬다. 그렇다 보니 방대한 인력관리와 인프라를 요구한다. 직방이 스타트업임에도 불구하고 다른 기업과 달리 인프라나 인력관리 등에서 우수한 이유는 이러한 단점을 커버하기 위한 시스템을 구축하였기 때문이다. 반면, 호갱노노는 공개된 공공데이터를 활용하여 최신의 기계학습(machine learning) 기법을 활용하기 때문에 직방만큼 높은 인프라나 많은 인력을 요구하지 않는다. 이로 인해 호갱노노는 8명의 적은 인력으로 방대한 데이터를 사용자 유형별로 분류하고 분석하는 작업이 가능하였다. 이는 매우 효율적이고 효과적인 작업이지만, 분석 노하우 이외에 시스템 개발 측면에서는 진입장벽이 높지 않다는 단점이 나타나는 구조이다.

이처럼 두 기업은 이용자들이 원하는 집을 쉽고 빠르게 구할 수 있도록 한다는 공통의 미션을 제외하고는 성격이 너무나도 다른 기업이다. 이 두 기업이 합쳐서 하나의 시너지를 낸다는 것도 의미 있겠지만, 그 출발과 서비스 방식에 있어 극명한 차이를

30 API(Application Programming Interface)는 응용 프로그램 개발자들이 애플리케이션을 만들 때 운영체제에서 동작하는 프로그램을 쉽게 만들 수 있도록 작동에 필요한 함수를 모아놓은 체계를 뜻한다.

보였다. 더군다나, 실제 이용자의 입장에서는 별도의 분리된 두 앱을 사용한다는 것이 정보탐색 과정에서 불편할 수 있을 것이다.

직방은 스스로 프로그램을 만들고 사업을 업그레이드하기보다는 경쟁사 인수합병을 통해 함께 생존하고 시장을 선도적으로 이끌기 위한 협력의 발판을 선택하였다. 그렇기에 현시점에서는 IT 개발 능력 중심의 호갱노노 인수가 창출할 시너지가 어떤 것인지에 대한 비전을 보여주는 작업에 박차를 가할 필요가 있다. 분리된 앱과 웹 운영, 서로 다른 정보 연계 및 공인중개사와의 협업 구조로 예측하건대, 표면적으로 직방과 호갱노노는 앞으로도 다른 색채를 유지할 것으로 보인다. 이를 통해 사용자는 두 기업이 제공하는 다른 정보를 다각도로 수용하기 위해 두 서비스를 동시에 사용하게 될 것으로 예상된다. 복수의 부동산 서비스를 통한 '따로 또 같이'전략은 다양한 소스를 통해 확인한 정보에 대한 고객의 신뢰와 심리적 만족도가 상승하는 효과를 가져올 수 있다.

제 4 장

성공적인 창업과 창업가 정신

제1절 | 성공적인 창업과정

성공적인 창업과정은 기회 발견, 자원 확보, 그리고 운영으로 이루어지고 이러한 모든 과정의 목표는 가치를 만들어 내는 것이다.

성공적인 창업과정의 첫 번째 단계는 새로운 상품이나 서비스를 위해 아이디어를 구체화 하고 새로운 사업을 추진하기 위해 중요한 시간과 자원을 사용하기 전에, 아이디어의 타당성을 검증하는 데에 시간과 노력을 투자하는 것이 매우 중요하다. 또한 그것이 가능한 사업 기회인지와 주변의 경쟁적 환경에 대해 분석해봐야 한다. 이와 더불어 건전한 사업모델을 개발하고 확신할 수 있는 사업 계획을 준비하는 것도 매우 중요하다.

성공적인 창업과정의 두 번째 단계는 기회를 창업으로 발전시키기 위해 필요한 물적 자산, 지식재산권, 인적 자산과 금융자산을 갖추는 것이다. 벤처는 공식적으로 법적 요건을 갖추어야 하며, 벤처 설립자에게 새로운 벤처에 대한 권리를 부여하고, 벤처사업 내용이 사회의 지탄을 받지 않으면서 윤리적 기반을 갖추어야 한다. 모든 사업 초기의 회사들은 종자돈(seed money)이 필요하므로 반드시 그것을 마련하기 위한 전략을 가지고 있어야 한다.

성공적인 창업과정의 세 번째 단계는 벤처를 운영 · 관리하는 것이다.

효과적인 사업모델은 예측 가능한 미래에 대한 운영비를 마련하기 위해 반드시 이익을 창출해내야 한다. 벤처의 확장계획이나 재투자를 위한 금액을 대비하여 충분한 자금을 확보해야 하며, 추가적인 자금 융통을 위해서 한국거래소와 같은 공개 시장을 이용하면 좋으며, 아마도 이러한 공개시장을 통해 얻어진 자금은 훗날의 성장을 위해 필요하게 될 것이다.

성공적인 창업가는 실행 가능한 기회를 인지하고, 개발하며 새로운 상품이나 서비스에 대하여 시장 잠재력에 대한 확신을 가지고 레이스(race)를 해야 한다. 그들은 많은 경우에 다른 사람들이 찾아내기 힘든 부분 까지도 찾아내서 성공으로 연결시켜낸다.

제2절 | 창업가 정신에 관한 기본정의[31]

창업가 정신에 대한 학문적 정의는 다양하게 변해 왔지만, 창업가 정신에 대한 기본 정의를 공식화 하는 것도 필요하다.

미국의 창업연구자들인 티몬스(Jeffry Timmons)와 스피넬리(Stephen Spinelli)는 창업가 정신을 '가치를 창출하고 기회를 포착하며, 접근방법과 리더십에서 균형감각을 보유하기 위해 생각하고, 고민하고, 그리고 행동하는 방법'이라고 정의한다. 요약해서 말하면 창업가 정신은 아이디어를 상업적 기회로 바꾸고 가치를 창출하는 과정이다. 창업을 위한 노력이 성공하든 실패하든 창업가의 임무는 경제적 기회를 찾아내고 상품과 서비스로 변환시켜 시장에서 가치 있게 인지되도록 하는 것이다. 창업가들은 세계경제에 있어서 변화를 불러일으키는 주요한 원동력이다.

성공한 창업가들의 특징을 일반화 한다는 것이 다소 위험하지만 그래도 많은 성공적인 창업가들의 특징을 종합해 보면 다음과 같이 세 가지로 요약해 볼 수 있다.

첫 번째로는 성공적인 창업가는 다른 사람들이 먼저 그 가능성에 대해 인지했으나 행동에 옮기지 않고 머뭇거리는 동안 상업적 기회를 실행에 옮긴다는 것이다.

두 번째는 성공적인 창업가는 낙관적인 경향이 있다. 유리컵의 물이 반이 남아 있을 때, 절대로 벌써 반이나 빈 것이 아니라 아직도 반이나 차 있는 것이다. 이것은 임진왜란 때 이순신장군께서 3도 수군통제사를 제수 받아 왜구퇴치 명령을 받았을 때 상황과 같다고 할 수 있다. 그 당시 이미 왜구들은 우리 강토를 쑥대밭으로 만들어 기진맥진한 상태였다. 하지만 이순신장군은 절망하지 않고 '아직도 나에게는 12척의 배가 남아 있다'고 하면서 군사들을 독려하며 작전을 수행하여 세계 해전사에 남을 대승을 거뒀다.

세 번째로, 성공적인 창업가는 무모하게 일을 시작하지 않는다. 그들의 낙관주의는 사전에 면밀한 준비를 갖춘 다음에 나타나는 조건적 낙관주의다. 즉, 그들은 특정한 사업을 시작하기 전에 각종 자료를 조사하고 다양한 가능성에 대한 대안을 생각해 놓고 충분한 시장조사를 거친 후 첫 발을 내딛는 것이 낙관주의를 정당화시키데 필수요소

31 Leach and Melicher "Entrepreneurial Finance" 참조

이다. 아무 근거 없는 낙관주의는 그저 만용이고 허풍으로 볼 수 있으며 사업에 뛰어들었다가는 십중팔구 실패하게 된다. 성공한 벤처창업가들은 벤처사업을 성공시키기 위해 철저한 계획을 세운다. 그들은 밝은 미래를 보고 그들이 필요로 하는 물리적, 재정적, 그리고 인적 자원을 확보하기 위한 길을 건설하고자 계획한다.

창업가의 특징에 대한 대략적인 개요는 있을지라도, 모범적인 창업가 모형은 없다. 많은 학자들이 성공적인 창업가의 특정한 특징들을 알아내려고 노력했지만 정확히 일반화 하지는 못했다. 창업가에 대한 많은 근거 없는 믿음들이 있다. 하나는 '창업가는 태어나는 것이지 만들어지는 것이 아니다'라는 것이다. 하지만 성공적인 창업가들은 수없이 존재해 왔고, 그들이 다른 시대에 태어났더라면 실패할 수도 있었을 것이다. 성공적인 창업가는 실패의 두려움에 사로잡혀서는 안 된다. 어떤 사람이 사업에 대한 걸림돌을 장애물이 아닌 성공을 위한 디딤돌로 본다면, 아마도 그는 창업가의 속성을 보유했다고 할 수 있다.

앞서 말한 것처럼 매년 미국에서 새로운 사업체는 수백만 개 이상 만들어진다. 마찬가지로 한국에서도 매년 100만개 이상의 기업이 만들어지고 있다. 소규모 성장기업들은 미국 경제에 있어서 매우 중요하다. 소형 기업들이 새로운 일자리의 60 ~ 80%를 제공한다. 500명 미만의 종업원을 가진 회사들은 전체 고용자의 99%를 차지하고 있고 민간 노동자의 절반 이상을 고용하고 있다. 그들은 국내 총 생산의 절반 이상을 책임지고 있다. 지난 반세기 동안, 창업회사들이 만들어낸 혁신적 제품들은 PC, 심장박동기, 광학 스캐너, 렌즈, 그리고 겹으로 짠 직물 등 셀 수 없을 만큼 많이 있다. 창업회사들은 첨단기술 산업의 주 원동력이며, 중소기업들은 미국에서 혁신과 새로운 기술과 관련된 일자리의 1/5을 차지한다. 소규모의 최첨단 기술회사들은 대기업들보다 신상품 숫자가 두 배에 달하고, 단위기업당 매출액 기준으로 대기업들보다 많은 특허를 획득한다. 미국정부의 한 통계는 중소기업에서 몇 가지 가장 빠르게 성장하는 산업들은 외식 산업, 의료와 치과 실험실, 주거관련 산업, 신용관련 산업, 어린이집 서비스와 기기 대여 등이 있다고 말한다.

본서의 독자들에게 창업적인 기대를 북돋아주고 싶지만 그렇다고 새로운 사업을 시작하는 것이 쉽다고 말하는 것은 무책임한 일일 것이다. 재무관리의 기본원리에 의하면, 위험과 보상은 항상 함께 존재한다(High Risk-High Return, Low Risk-Low Return). 즉, 높은 보상을 기대한다면 반드시 높은 위험이 따르게 된다.

던과 브래드스트리트 자료(Dun & Bradstreet data)를 사용한 필립스와 커치호프(Phillips & Kirchhoff)는 76%의 신생기업만이 2년 후의 사업운영에서 살아남는다고 말한다. 47%의 새로운 회사들은 4년을 생존하며, 38%는 6년 이상 생존한다. 또 다른 미국 자료(U.S Census Bureau's Business Information Tracking series)도 비슷한 결과를 제공한다. 즉, 66%의 새로운 고용주들은 2년을 생존하고, 50%는 4년을 생존하며 40%는 적어도 6년을 생존한다.

이처럼 벤처창업의 성공률이 높지 않은 이유에 대해 많은 학자들이 다양한 해답을 제시하고 있다. 헤드(head)는 사업을 접은 사업주들에 대한 설문조사를 통해 해답을 얻으려고 시도했다. 그가 발견한 결과는 문 닫은 기업들 중 1/3은 사업철수 당시 성공적이었음을 보여준다. 따라서 부도 때문에 도산하는 대신, 많은 소유주들은 그들의 사업을 은퇴하거나 매각함으로써 사업을 정리한다. 사업실패 사례 중 절반이 불충분한 판매나 이윤, 산업의 약점 때문에 발생한다. 재정적 문제는 주로 과도한 빚이나 불충분한 재정자금 때문에 발생한다. 다른 이유로는 불충분한 관리 경험, 사업 갈등, 가족 문제, 사기, 그리고 재난 등이 있다. 새로운 창업에 수반되는 위험이 매우 클지라도 성공할 가능성은 언제든지 있다.

성공적인 창업가들은 다른 사람이 했으면 실패했을 사업을 자신만의 기지와 노력으로 위기를 극복하고 성공할 수 있다. 열심히 일하는 동시에 약간의 운이 도와준다면, 창업가들은 분명히 사업에 성공할 수 있다고 본다. 사업적인 시각, 성공을 위한 끊임없는 노력, 경영팀을 꾸려나가는 능력, 수반된 위험에 대한 이해 그리고 미래를 위한 계획은 성공의 구성요소이다.

제3절 | 창업기회 [32]

1 창업기회의 중요성

창업가는 세계경제에 있어서 상업적 변화를 일으키는 주요 엔진이다. 창업기회란 창

32 Leach and Melicher "Entrepreneurial Finance" 참조

업가가 상품을 새로 개발하거나, 상품을 재포장, 재배치하여 가치를 창출할 수 있는 아이디어 혹은 시장을 개척하고, 공정과정이나 서비스 개선을 통해 가치를 창출할 수 있는 아이디어를 말한다.

창업분야의 대가 중의 한명인 티몬스(Timmons)는 '창업과정의 첫 원동력은 돈, 전략, 네트워크(인맥), 경영팀, 사업계획서 등이 아니라 바로 기회이다.'라고 주장한다. 창업과정에 관한 티몬스 모형(The Timmons Model of the Entrepreneurial Process)에서 그는 다음과 같은 주장을 한다.

① 진정한 기회는 팀의 재능이나 능력 혹은 초기에 이 팀에 제공될 수 있는 자원들보다 훨씬 중요하다.
② 창업가와 그 팀의 역할은 급변하는 환경속에서 창의력을 발휘하는 것이다.
③ 자원은 절약적이고 창의적으로 활용되어야 한다.
④ 사업계획서란 기회, 지원, 팀이라는 세 가지 원동력들과 이들 간의 조화와 균형의 질에 대해서 의사소통을 가능하게 하는 언어이며 암호이다.

티몬스는 또한 기회의 창(Window of Oppportunity)이 어떻게 열리는 지에 대해 다음과 같이 주장한다.

① 시장규모는 시간의 흐름에 따라 성장하게 된다.
② 시장이 충분히 커지고 구조화되었을 때 기회가 존재하기 시작한다. 즉, 시장의 성장률이 변화하여, 시장이 빨리 커지면 더욱 더 많은 기회가 존재한다.
③ 시장이 성숙기에 접어들었을 때 기회가 사라지기 시작한다. 즉, 투자회수와 충분한 이익을 남길 수 있어야 하는데 시장이 느리게 성장하면 그만큼 적은 기회가 존재한다.
④ 기회의 창(window of opportunity)은 시장이 어느 정도 커지기 시작하는 5년 이후에 열리기 시작하고, 시장이 성숙하여 구조화되고 대규모화 되는 시점, 즉 12년 정도에 닫힌다. 물론 산업에 따라 시장규모의 시장속도가 틀리기 때문에 산업의 시장성장 정도를 잘 이해해야 보다 정확한 기회의 창을 발견할 수 있다.

2 창업기회를 포착하여 성공하는 주요 방법

미국의 500개 고성장 창업회사에 대해 연구한 결과에 따르면, 오직 12%의 창업가만이 그들 회사의 성공이 독특한 아이디어에서 기인했다고 느낀 반면, 88%는 그들 회사의 성공이 평범한 아이디어에 대한 출중한 경영능력을 통해 이루어졌다는 것을 제시한다. 또 다른 연구에서도 유사한 결과를 제시한다. 설문조사에 참가한 500명의 창업가는 창업아이디어를 그들의 과거 업무 경험에서 얻었고, 이미 존재하는 아이디어를 이용하여 창업에 성공했다고 응답했다. 오직 6%의 창업가만이 기존에 존재하지 않았거나 대체할 수 없는 상품이나 서비스를 개발함으로써 성공했다고 응답했다. 더구나 창업가들의 58%는 동일하거나 비슷한 대체물을 생산해 내는 경쟁자들이 있음에도 불구하고 성공했다고 응답했다.

이처럼 창업기회를 포착하여 사업을 성공시키는 방법은 셀 수 없이 많이 있겠지만 그 중에서 주요한 일곱 가지 방법은 다음과 같다.

① 고객에 대한 편익을 제공하고 고통을 해소 할 수 있는 틈새시장을 파악하라 (Target segment benefits and attractiveness)

② 크게 성장하는 시장과 트렌드를 꿰뚫어라(Market attractiveness)

③ 유망한 산업을 선택하고 직접 참여하라(Industry attractiveness)

④ 지속 가능한 경쟁우위를 확보하라(Sustainable advantage)

⑤ 기업가적 사명과 열망을 가져야 하고, 위험을 두려워 하지 않는 성향을 가져라 (Mission, aspirations, propensity for risk)

⑥ 결정적 성공요인을 파악하고, 그것을 실행할 팀을 조직하라 (Ability to execute on Critical Success Factors)

⑦ 모든 가치 사슬에서 효율적인 네트워크를 구축하라 (Connectedness up, down, across value chain)

3 메가트렌드 포착 및 활용

메가트렌드(Mega-trend)는 커다란 사회적, 인구통계학적, 그리고 기술적 트렌드 또는 변화이며 형성되는 것은 느리지만 일단 자리를 잡으면, 수 년 동안 지속된다. 메가트렌드와 대조되는 유행(fads)은 예측하기 어렵고, 짧은 생명주기를 가지고 있으며, 거시적인 변화를 수반하지 않는다. 물론, 창업가에게 기회를 제공하는 유행과 메가트렌드 간에 많은 유사점들이 있다.

이미 언급한 것처럼 창업기회는 모두 나열할 수 없을 만큼 많지만, 우리는 사회적 트렌드(변화), 인구통계학적 트렌드(변화), 기술적 트렌드(변화), 위기와 버블 등 네 가지 분류에 특별한 초점을 맞추어 창업기회를 설명하고자 한다.

1) 사회적 변화에 따른 창업기회

수많은 종류의 창업을 위한 다양한 노력은 사회적 변화를 포착하고 이용하여 수익을 창출하려는 상업적 몸부림의 한 단면이라 할 수 있다. 1982년에 존 나이스비트(John Naisbitt)는 미국을 비롯한 세계의 몇 가지 주요한 메가트렌드를 제시했다. 나이스비트는 1980년 초까지 미국 경제가 정보의 생산과 유통의 중심에 자리 잡았다는 것을 인지했다. 그는 인간들의 정보에 대한 반응의 중심에는 성공적인 새로운 기술이 큰 역할을 담당할 것이라고 주장했다.

나이스비트는 또한 미국이 점점 더 세계 경제에 의해 영향을 받고 있고, 미국인들이 창업정신을 다시 불러일으키고 있음을 인지했다. 현재로써는 대부분 모든 사업이 국제적인 경쟁에 직면해있고, 창업혁신의 현황이 전 세계적으로 증가하고 있는 것이 명확하다. 이러한 환경에서 성공하기 위해서는 현재 메가트렌드에 대한 이해와 새로운 것들에 대한 기대가 필요하다. 많은 가능성 있는 트렌드들이 창업 혁신을 낳는 후보들임에도 불구하고, 의심할 여지없이 미래 상업적 기회에 영향을 미치는 두 가지는 베이비붐 세대와 관련이 있는 인구통계학적인 변화와 점점 증가 추세에 있는 정보화 사회이다.

사회적, 경제적, 그리고 법률적인 변화는 새로운 트렌드를 발생시킬 것이다. 사회적 변화는 옷 스타일, 음식, 여행과 레저, 주거 등 선호에 대한 중요한 변화를 반영한다. 사회적 변화에 대한 예상은 스스로 연관된 제품과 서비스를 통해 수요를 만족시키고자 하는 혁신가 위치에 있음으로써 많은 창업기회를 발생시킨다. 맞벌이 집안, 증가된 가처분 소득, 달라진 저축 패턴 등과 같은 경제적 변화 역시 새로운 창업기회를 제시한다. 법률 환경의 변화는 진입 장벽을 제거함으로써 중요한 경제적 기회를 소개한다. 예를 들어, 금융, 무역, 그리고 통신업의 규제 완화는 사업자들이 가격 효율과 수요 주도형의 대체품을 가능하도록 한다.

2) 인구통계학적 변화에 따른 창업기회

미국 경제를 구성하고 있는 한 가지 주요한 인구통계학적 트렌드는 베이비 붐 세대의 노화다. 1993년 해리 덴트(Harry Dent)는 20세기 동안의 미국의 주요 세대 변화를 기술했다. 단연코, 가장 중요한 세대 흐름은 베이비붐이었다.

제2차 세계대전 이후, 1946년~1964년까지 전례 없는 약 7,900만 명의 아이들이 미국에서 태어났다. 이 세대가 나이를 먹으면서, 미국에서 인프라가 지속적으로 강조되게 되었다. 1950년대와 1960년대에 유치원부터 고등학교에 이르기까지 공립학교 시스템에 과부하가 왔다. 1970년대와 1980년대 초까지 그들이 혁신시대라 불리는 시기에는 베이비붐 세대들이 개발, 혁신 그리고 새로운 기술을 받아들이는 것에 매우 많이 연관되어 있었다.

해리 덴트는 베이비붐 세대의 소비풍토가 이른 1990년대부터 시작되었고, 1900년대 말과 21세기 초에 정점을 찍었다고 추정한다. 1980년대와 1990년대의 주식과 채권 시장의 거대한 확장은 부분적으로 예기된 혁신과 소비풍토 때문이었다. 해리 덴트는 베이비붐 세대들이 최상급 관료직의 위치를 선점하고 축적된 부를 통해 미국 내 법인에 영향을 미칠 수 있는 조직, 권력이 2020년에 도래할 것이라고 예상했다.

창업의 증가에 있어서 좋은 뉴스는 베이비 붐 세대들이 계속적으로 기록적인 소비를 하고 있다는 점이다. '소비자 신뢰지수'는 미국의 지속적인 번영과 발전을 위한 주요 구성요소다. 자금융통은 견고한 사업기회를 가능하기 위해 지속되고 있다. 벤처투자는 초기에 이러한 세대로의 변화와 경기침체 이후 약간 휘청거렸지만 곧 회복되었다. 나이가 든 베이비붐 세대들은 그들의 소득과 소비의 힘을 가지고 견고한 사업기회를 제공하고 있다. 성공한 많은 창업 벤처들은 나이 들고 부유한 세대에 맞춘 상품과 서비스를 제공할 것이고, 분명히 아직 명칭이 완성되지 않은 소비자들의 부분집합과 연관된 다른 사업 기회들이 존재할 것이다. 이러한 인구통계학적 변화를 이해하는 능력을 가진 창업가들은 새로운 사업기회를 발견하게 되고, 그들의 성공 스토리를 쓰게 될 것이다.

3) 기술적 변화에 따른 창업기회

기술적 변화는 아마도 창업기회의 원천에 있어서 가장 중요한 것이다. 주요한 기술혁신이 도래한 정확한 일시를 아는 것이 어렵더라도, 정보화 사회의 기원은 1950년대 말과 1960년대 초에서 발생했다고 할 수 있다. 이 시기에 대서양 횡단 전화케이블 서비스가 시작되었다. 소련은 전 세계적인 위성 통신의 가능성을 제시한 스푸트니크(Sputnik) 로켓트를 쏘아 올렸다. 트랜지스터는 컴퓨터의 진공 튜브를 대체했다. 컴파일러는 고차원의 프로그래밍 언어의 지평을 열었고, 컴퓨터 칩의 발달은 아직도 진행 중에 있다.

아마도 우리를 산업사회로부터 정보사회로 이끈 가장 중요한 발명품은 컴퓨터 칩일 것이다. 이러한 칩은 모든 근대 컴퓨터의 중추이며, 통신기기와 정보시스템을 가능하게 하여 모든 사람들의 삶을 크게 바꿔 놓았다. 컴퓨터 칩의 전 세계적인 보급은 인터넷이라는 중대한 혁신의 초석을 닦았다. 인터넷은 전 세계를 망라하는 거대한 통신망의 집합체이다. 역사에 있어서 인터넷처럼 국제적 정보공유 수준을 동등하게 만들어준 어떤 것을 발견하기는 어렵다. 인터넷은 크게 수고하지 않으며 매우 짧은 시간 내에 상호 정보공유를 할 수 있다. 거의 즉각적으로 전 세계에 의사소통을 전달하는 인터넷의 능력이 그래픽 이미지의 신속한 전송과 결합되었을 때, 인터넷은 월드와이드웹(www)을 위한 기반시설이 되었다.

월드와이드웹(www)을 직역하면 세계적으로 펼쳐 있는 거미줄이라는 뜻인데, 인터넷이 마치 거미줄처럼 수많은 네트워크들의 연결로 이루어졌기 때문이다. 월드와이드웹은 인터넷의 많은 서비스들 중에서 가장 최근에 개발된 멀티미디어 서비스로서 유럽 입자물리학 연구소(CERN)에서 처음 고안되었다. 이 서비스는 주로 문자를 기반으로 전송하던 다른 인터넷 서비스들과는 달리 윈도우의 그래픽 사용자 인터페이스(GUI)를 최대한 살려 사진과 그래픽, 음성과 동영상 등을 하이퍼텍스트라는 편리한 방법으로 검색할 수 있게 해준다. 하이퍼텍스트 자료들은 HTML이라는 언어를 통해 표현되며, 이러한 문서들은 HTTP라는 통신 프로토콜을 사용하여 전송된다.

월드와이드웹은 기존의 각종 인터넷 서비스인 고퍼, FTP, WAIS, 아키 및 유즈넷 등을 함께 지원함으로써, 마치 월드와이드웹이 곧 인터넷의 전부인 것처럼 생각될 정도로 많은 사람들의 사랑을 받고 있으며, 편리하고 사용이 쉬운 장점 때문에 소수 전문가들의 전유물로 알려졌던 인터넷을 누구라도 접근하기 쉬운 것으로 변화시키면서 오늘의 인터넷 열풍을 몰고 온 것이다.

월드와이드웹은 사용자 친화적이고 상업적으로 매력이 있어서 전자상거래를 통한 도소매 운영을 포함하는 많은 영업방식에 새로운 혁신을 제공하였다. 웹의 상업적인 응용 이외에도, 인터넷은 거의 모든 사람의 일상생활을 극단적으로 바꿔놓았다. 이메일, 원거리 접근, 대용량 파일 전송, 즉석 메시지 전송, 휴대전화 기능 향상 등 인터넷은 거의 셀 수 없이 많은 방식으로 현대인의 삶에 큰 영향을 미쳤다.

전자상거래(e-commerce)는 온라인 사업을 수행하기 위한 전자적 방식의 사용을 포함한다. 비록 1990년대 후반의 단순한 닷컴(dot.com)이나 전자상거래 사업모델은 초기에 그다지 효과를 보지 못했지만, 인터넷 경제나 전자상거래가 끼친 영향은 현재는 매우 크다. 우리는 인터넷 이전에 하였던 방식과 같은 방식으로 사업을 하지 않는다. 인터넷 전에는 정보교환이 원활치 못해 정보부족 상황을 견뎌야만 했지만, 이제는 사업을 수행함에 있어서 다양한 공급자의 가격을 비교하거나 경쟁자의 최신 주문을 확인하는 것이 매우 쉬워졌다.

온라인 소포 추적이 그 간단한 예다. 현재, 소포가 '배달 중' 이라는 것을 알려주기 위해 전화 대신에, 발송회사는 웹을 사용하여 소포의 위치를 알려주는 추적번호를 번호를 제공한다. 따라서 이 추적번호를 조회하면 소포가 어느 위치에 가 있으며, 언제 도착할 수 있는지 알 수 있게 된다.

오늘날 세계는 천연자원 같은 유형의 자원을 소유하고 통제하는 과거의 낡은 전략으로부터 정보라는 무형의 자원을 소유하고 통제하는 새로운 전략으로 이동하고 있다는 사실을 주목해 볼 필요가 있다. 심지어 제품과 서비스를 파는 벤처사업을 시작한 인터넷 창업가들은 그들 제품을 이용하는 고객들을 관찰하고 수집된 이용자들의 인적정보를 파는 서비스도 제공한다. 이제는 정보가 현대 세계경제의 중심에 서게 되었다.

비록 새로운 기술이 사업기회를 제공할지라도, 수익성을 얻기 위해서는 수많은 시행착오를 거쳐야 한다. 인터넷을 상업적으로 이용하기 위한 많은 시도들이 진행되어 왔다. 인터넷은 상업적인 상호작용을 통해 거래에 있어 상당한 효율성 향상을 가져왔다. 하지만 우리는 인터넷을 통한 효율성 향상의 승자가 구매자인지, 판매자인지 아니면 그 둘 다 인지를 확신할 수 없다. 웹은 공급자로 하여금 소비자들의 비위를 맞추기 위해 경쟁하도록 하고, 이는 소비자를 유리한 위치에 서게 한다. 따라서 웹의 장점이 장기적으로 공급자에게 도움이 되는지는 불분명하다.

웹에 의한 이익의 일부가 판매자(공급자와 도매업자 포함)에게 돌아갈 수 있다고 확신하기 때문에 전자상거래를 이용한 사업계획이 자금을 조달하기 쉽다는 것은 일리가 있다. 하지만 웹이 꽤 효과적으로 가격경쟁을 부추기기 때문에 공급자나 도매업자들이 그들의 이윤을 보호하는 것은 어렵다. 효율성에 의한 이득의 대부분은 구매자에게 돌아가며 경제학에서는 이것을 소비자 잉여(consumer surplus)라고 한다. 이러한 사실은 판매자 사업모델의 매력을 떨어뜨린다. 비록 이 벤처사업이 불과 몇 년 전에 자금을 조달받았음에도 불구하고, 차별화 되지 않은 상품을 현재 가격보다 더 낮은 가격으로 판매하기 위해 전자상거래 사이트를 구축하는 것은 성공할 가능성이 거의 없는 것이다. 인터넷의 중요한 특성은 진입장벽이 매우 낮다는 것이다. 즉, 웹 전자상거래 사이트를 여는 것은 쉽고 상대적으로 비용이 적게 든다. 만일 사업모델이 지속적으로 구매가격의 이점을 갖고 있지 않다면, 인터넷은 당신의 사업모델을 패배시킬 것이다. 왜냐하면 다른 소매상들이 당신의 약점을 재빨리 파악하고, 복제하고, 공격적인 가격경쟁을 통해 당신의 이윤을 축소시킨다.

비록 전자상거래는 이윤을 축소시키는 역할을 할지라도 인터넷은 기업 역사상 가장 급진적인 혁신 중의 하나다. 또한 앞으로 다가올 여러 해 동안 인터넷이 수익성 있는 새로운 벤처기회를 제공하는 것을 기대할 수가 있을 것이다.

4) 위기와 거품에 따른 창업기회

2000년대 들어와서 미국에서는 주택가격의 급격한 상승에 따른 자산거품(asset bubble) 현상이 드디어 터지고, 미국경제의 심장부인 뉴욕에서 9/11 테러공격이 행하여지고, 2008년에는 금융위기를 겪는 등 극도의 경제적 혼란을 경험했다. 1990년대의 경제성장과 비용절감 덕분에 20세기가 끝나갈 무렵에는 금융자본이 넘쳐나는 현상이 나타났다. 넘쳐나는 자금을 가진 벤처투자자들은 과거에 익숙했던 것보다 훨씬 낮은 수익률을 가진 벤처사업에도 투자하려고 덤벼들었다. 인터넷 회사의 주가나 테크(tech)라고 이름 붙인 회사들의 주가는 그 회사들의 수입이나 현금을 벌어들이는 능력보다 훨씬 빠르게 상승했다. 이처럼 하늘 높은 줄 모르고 치솟던 닷컴(dot.com)이 인터넷 주가의 상승으로 야기된 거품은 2000년에 드디어 터졌다. 결과적으로 벤처자금은 닷컴시대에 비해서 비교가 안 될 수준으로 고갈되었다. 거품붕괴에 따른 여파로 좋은 사업 아이디어를 가진 많은 창업가들이 자금을 구할 수가 없었다.

거품붕괴로 인하여 닷컴경제가 휘청거리고 있는 동안, 2001년에 시작된 미국 경제불황은 9/11 테러에 의해 더 악화되었다. 이 난국을 헤쳐 나가기 위해 미국 연방준비은행(Federal Reserve Bank)은 유동성을 늘리고 금리를 인하하기 시작했다. 정부지출은 증가되었고, 감세정책이 2002년에 시행되었다. 미국정부는 대출기관에게 주택담보대출 대상의 범위를 넓혀 비우량 고객에게도 대출해주도록 하였다. 결과적으로 상환능력이 부족한 비우량 주택담보대출(sub-prime mortgage)이 증가하게 되었다. 경제팽창과 급속도의 주택가격 상승은 2006년의 주택자산 가격의 거품이 터질 때 최고조에 이르게 되었다. 이어서 주가가 2007년에 정점을 찍은 후 하락하기 시작하였고, 경제불황(economic recession)이 2008년 중반에 시작되었다.

2008년 하반기까지 이른바 "완전 금융폭풍(perfect financial storm)"이 만들어졌으며, 많은 사람들이 금융붕괴의 가능성까지 우려하게 되었다. 이미 몇 개의 주요 금융기관들은 부도 일보 직전에 있었다. 일부 금융기관은 건전하고 튼튼한 금융기관에 의해 합병되거나 인수되었다. 메릴린치는 BOA(Bank of America)에게 넘어갔으며, 거대 보험그룹인 AIG가 미국 연방준비은행과 미국 정부에 의해 긴급 구제된데 반해, 강력한 금융기관이었던 리먼 브라더스 투자은행은 결국 파산하게 되었다. 이러한 사태의 여파로 벤처자금은 사실상 고갈되었다. 심지어 좋은 사업아이디어를 가진 창업가들조차 벤처캐피탈의 부족으로 사업화 하지 못하고 좌초하였다. 따라서 10년 동안 두 번씩이나 벤처자금 고갈사태를 겪게 되었다.

이 난국을 해결하기 위해 미국정부는 2008년에 경제안정법을 통과시켰다. 이 법은 미국정부가 금융기관들이 보유하고 있는 부실자산을 매입하도록 하였다. 미국 경기회복 및 재투자법(ARRA; American Recovery and Reinvestment Act)이 2009년 2월에 통과되었다. 이 법에는 세금혜택, 예산전용(轉用), 그리고 경기부양을 위한 정부지출 증대 등이 포함되었다.

다각적인 정부정책대응과 사회불안 감소 덕분에 열성적인 창업가들에게는 다행스럽게도 어둡고 우울한 터널을 통과하고 햇볕이 비치는 희망의 날들이 다가오고 있다. 최근의 금융위기 초반에 크게 이익을 본 영역은 대체에너지와 재생에너지 분야로 보인다. 이 분야에서 신용대출, 생산 및 투자 관련 세제 혜택, 그리고 보증대출 등을 통한 보조금들이 넘쳐났다. 경제위기시에 정부가 특정분야에 편애를 하지 않았을지라도 대부분의 창업가들이 벤처 실패로 고통을 받는 반면에, 어떤 창업가들은 합병을 통해 이익을 얻거나 혼란으로 인해 낮아진 경쟁수준을 통해 이득을 얻게 되었다. 많은 열성창업가와 투자자 연결은 이처럼 주요 경제위기의 부산물로부터 만들어지게 되었다.

제4절 | 창업아이디어 발굴

경기부진이 지속되면서 20 ~ 30대가 취업난에 봉착했고, 50 ~ 60대 베이비부머의 은퇴가 본격화되면서 일자리 창출이 가장 중요한 사회문제로 부상하였다. 전문가들은 경기부진을 극복하고 일자리를 창출하는 방안으로 창업을 제시하고 있다. 지식서비스업과 제조업 등에서 창의성과 전문성을 갖춘 사람들이 창업을 하여 부가가치를 창출하여 개인의 수입도 올리고 사회에도 기여할 수 있는 창업아이디어를 발굴하는 것이 중요하다.

다양한 분야에서 창업을 하는 것이 가능하다. 제조업, 음식업, 숙박업, 택배업 등과 같은 육체적 노동을 요구하는 창업을 하는 것도 무방하지만, 지금시대에는 첨단벤처업종이나 지식산업 방향으로 눈을 돌리는 것도 고려해 볼 필요가 있다. 예를 들어 스마트폰을 활용한 창업도 유망할 것이다. 스마트폰은 벌써 사용자가 4천만 명에 달할 만큼 그 수요가 폭발적으로 늘어났다. 그만큼 스마트폰은 우리 생활 깊숙이 들어 왔고, 그 영향력과 실용성은 더욱 커지는 추세다. 이에 따라 스마트폰 애플리케이션에 대한 관심과 활용도도 크게 높아지고 있다. 경제모델링 전문가들은 향후 최고 유망직군 10개 가운데 모바일 컴퓨터와 관련된 기술직업이 6개나 된다고 보고 있다.

아이템이 생각나지 않는다고 무턱대고 컴퓨터 앞에 앉아 창업관련 사업을 찾아본다고 이뤄지는 것은 아니다. 창업을 하겠다고 마음먹었다면 창업경진대회나 벤처창업대전 등과 같은 전시 행사에 참여해 창업을 준비하는 사람들이 어떤 기술력이 있고, 어떤 노력을 하고 있는지 알아보고, 또한 다양한 분야에 대한 견문을 넓히는 좋은 기회가 될 것이다.

제5절 | 벤처기업의 성공 요소

1 판매 가능성

벤처기업이 성공하기 위해서 필요한 첫 번째 요소는 반드시 매출을 올려야한다. 다른 말로 표현하면 수입을 창출해야 한다. 성공적인 사업 모델이 되기 위해서는 고객이 구입하고 싶어 하는 상품이나 서비스를 제공해야 한다.

2 이익 창출 가능성

벤처기업이 성공하기 위한 두 번째 요소는 세금을 납부한 후 남는 세후영업이익이 있어야 한다는 것이다. 성공적인 벤처는 해당업계의 실정을 무시하고 단독으로 매출성장 목표를 정할 수 없다. 벤처가 진출하려는 업계 전체의 매출성장을 고려해야하는데 이때 매출성장률을 살펴보면 일반적으로 가격을 인하할 때 매출이 증가한다. 벤처의 매출은 생산과 서비스의 비용, 벤처 경영진의 비용, 종업원의 비용, 부채, 그리고 법인세를 초과할 만큼 충분해야 한다. 벤처 경영진은 회사운영을 효과적으로 관리하고, 생산하고, 서비스 기능을 수행 하는데 필요한 인적 자원을 찾아내고 유지할 수 있어야 한다. 지속가능한 경쟁우위를 찾아내는 것은 벤처의 생명이 오래 지속되기 위한 중요 구성요소이다. 대부분의 경우, 살아남은 성공적인 벤처기업은 꾸준히 지속되는 이익창출, 지속적인 혁신, 눈에 띄는 마케팅, 그리고 효율적 비용구조와 경쟁력 강화 노력 등을 보여주고 있다.

그러나 수익성만으로는 아직 충분하지 않다. 벤처 자원을 소비할 때, 그 자원들이 다른 잠재적 사용처가 있는지 살펴보아야 한다. 즉 기회비용을 고려해야 한다. 시장경제와 자본주의의 기본원칙은 '자본공급자가 벤처에 투자한데 대한 보상을 지급해야 한다.'는 것이다. 자본공급자는 해당 벤처에 투자하지 않았다면 그 자본을 다른 사람이나 종업원에게 제공하였을 수도 있다. 결과적으로, 벤처계획은 자본공급자에게 투자에 대한 충분한 보상을 하여야 한다. 이것을 이해하기 위해 벤처가 제품을 판매하기 전 중간제품을 저장할 창고를 필요로 하는 것을 가정해 보자. 만약 벤처의 주인이 창고를 소유하고 있지 않으면, 임대를 해야 하며 이러한 임대비용은 계산하기 쉽다. 왜냐하면 임대는 이익과 손실의 상태를 눈앞에 직접 보여주기 때문이다.

그 누구도 자본의 사용을 위한 눈에 보이는 시장, 그리고 임대비용을 지불할 때 그 자본의 비용을 간과해서는 안 된다. 그러나 자본의 몇 가지 형태들은 알아보기 쉽지 않다. 그리고 회계관습상 그들이 어떤 형태의 자본에 속한다고 쉽게 드러내지 않는다. 예를 들어, 설립자가 새로운 벤처에 2억원 투자를 했거나, 심지어 형제들에게 주는 선심성 자선금 2억원도 내심으로는 미래 언젠가는 수익으로 돌아올 것 이라고 기대할 수 있다. 이것은 간단하다. 왜냐하면 기회비용 개념을 고려할 때 그 돈을 다른 곳으로 투자하여 일정한 수익을 획득할 수 있었기 때문이다. 아마 그 자선금은 재고자산을 구입하기 위해 나가야 했던 2억원 일수도 있기 때문이다. 자본비용은 실제 지불해야 되는 비용이다. 지불과 관련된 비용은 단기간 연기는 될 수 있지만, 장기적으로 그들을 무시할 수 있는 벤처기업가는 없다.

제6절 | 성공한 벤처창업가의 교훈

다른 창업가의 경험을 통해 결정적인 교훈을 깨닫는 것은 중요하다. 즉, 타산지석(他山之石)의 교훈을 깨달아야 한다. 다른 성공한 창업가들의 특징, 관습과 관례, 고성장·고능률 원인 등을 알면 벤처창업가로서 성공 가능성이 높다. 또한 롤모델(role model)이 되는 성공한 사업가를 닮으려고 노력한다는 것 자체가 성공에 필요한 필수 요소를 갖추었다고 할 수 있다. 도널드 섹스톤(Donald Sexton)과 포레스트 실(Forrest Seale)은 카푸만 센터(Kauffman Center)의 지원을 받아 빠르게 성장하고 성공한 기업들의 연구를 통해 몇 가지 결과를 도출하였다. 벤처창업가가 진출하려는 분야에서 앞서 있거나 우수하다고 인정되는 사례를 3가지(마케팅 사례, 금융사례, 경영사례) 범주로 구분하여 정리할 수 있다.

1 마케팅 측면의 교훈

성공하여 급속한 성장과 우수한 업적을 보여준 회사들은 대체적으로 고품질의 제품을 판매하고 고품질의 서비스를 제공한다. 이러한 회사들은 일반적으로 그들 산업에서 최고라 여겨지는 새로운 생산품 또는 서비스를 개발하고 소개한다. 즉 그들의 제품과 서비스는 해당 분야에서 혁신적 리더이다. 그들의 생산품들은 대개 높은 가격과 높은 마진을 발생시킨다. 고품질의 제품 또는 서비스 제공, 제품 또는 서비스의 혁신리더, 높은 수익을 제공하는 제품을 판매하거나 서비스를 제공하는 것은 성공적인 벤처창업가의 특징이다. 결론적으로 성공한 벤처들은 혁신적인 리더십과 시장지배력을 입증하면서 고품질의 생산품과 서비스를 제공하는 경향이 있다.

2 금융 측면의 교훈

성공한 대다수의 창업가들은 급속히 성장하는 벤처가 직면하는 금융 문제를 잘 이해하고 해결하려는 노력을 한다. 놀랄 것 없이, 금융계획 기능은 벤처의 성공에 중요하며 창업가가 제품개발, 마케팅 또는 영업과 같은 다른 영역에 꼭 맞는 재능을 발휘하는 것과 같은 기능을 보여준다. 서비스의 지연, 기대 이하의 소비자 욕구, 그리고 핵심 종업원의 이직은 새로운 벤처가 재기불능이 되거나 바닥을 향해 급격히 추락하게 하는 위험성을 내포하고 있으며 이는 모두 벤처의 금융에 영향을 준다. 심지어 어떤 때는 충분한 금융계획을 세우지 않았는데도 불구하고 예상치 못하게 성공하였다면 이것도 상당한 금융위험을 제공할 수 있다. 즉, 예상치 못한 성공에 도취되어 자금관리를 소홀히 할 수 있어서, 향후 자금난에 봉착할 수도 있다.

수요급증을 충족시키기 위해 알맞은 금융계획을 세우는 것이 성공을 즐기기 위한 중요한 전제조건이다. 적어도 단기적으로 월마다 현금동향을 관찰하고, 3 ~ 5년의 중기 동안에는 매년 금융 상태를 예상하여 미래에 나타날지도 모르는 잠재적 위험을 사전에 방지하려고 노력하는 것이 중요하다. 급속히 성장하려면 대개 여러 종류의 금융을 요구한다. 성공한 벤처들은 자금이 실제로 필요하기 전에 이에 대한 대비를 한다. 대부분 창업가들은 벤처에 대한 통제를 유지하기를 원한다. 창업가들은 자금조달에 상당한 시간을 소비하며, 벤처 경영권을 유지하기위해 세심한 주의를 기울인다. 성공한 고성장 회사들은 미래에 있을 사업확장에 대비하여 벤처를 꾸준히 모니터링하고, 회사자산, 금융자원 그리고 운영실적을 관리하는데 최선을 다하고 있다. 그들은 또한 자금회수나 출구전략을 개발하기 위해 현재의 금융 및 투자, 미래 나타날 상황에 대해 다양한 시나리오를 설정하고 해결점을 찾고자 노력한다. 사업계획서 안에 반영된 다양한 시나리오에 대한 해결점들은 투자자들의 불안을 해소시키는데 기여할 수도 있다.

3 경영 측면의 교훈

성공적인 창업가 벤처기업들은 균형 잡히고 경험 있는 경영진을 구성한다. 경영진 멤버는 각자 마케팅, 금융, 영업 부분에서 전문적 지식을 가지고 있다. 그들은 일반적으로 해당 벤처가 진출하고자 하는 산업과 마케팅 분야에서 사전에 성공을 해본 경험이 있다. 성공적인 창업가들은 다양한 경영 스타일을 보이고, 그들은 대부분 충분한 토론을 통해 의사결정을 한다. 설립자의 창업가 정신을 각 분야별 경영진들이 공유하는 것은 매우 중요하다. 성공적인 벤처창업가들은 이사회 임원으로써 전문적인 지식을 제공한다. 요약하면, 창업가와 경영진은 마케팅, 금융, 운영의 기능 부분에서 전문적 지식을 제공해야 하고, 공동으로 작업을 하고, 그리고 창업가 정신을 공유해야 한다. 더구나 벤처사업에 대한 경영개요는 매우 중요하다. 일부 잠재적 투자자들은 경영진의 사업계획 중 그들이 중요하다고 생각하는 부분을 자세히 본다.

4 생산 또는 운영 측면의 교훈

벤처기업이 성공하기 위해서는 최고의 품질을 갖는 상품 또는 서비스를 고객에게 제공해야 한다. 그와 같은 제품이나 서비스를 제공하기 위해서는 벤처의 생산 또는 운영체계가 잘 되어 있어야 한다. 또한 상품과 서비스는 정시에 배달되어야 한다. 소비자들은 그들의 상품 또는 서비스를 즉시 또는 적어도 약속된 시간에 제공받기를 원한다. 그렇지 않으면 소비자들은 정확한 시간에 배달하는 경쟁자에게로 이동할 수 있다. 실행 가능한 사업기회와 실제로 제작에 돌입한 아이디어, 상품과 서비스 등의 여러 측면으로부터 판단할 때 벤처창업가의 신속하고 정확한 움직임은 아주 중요하다.

제7절 | 사업실행 타이밍

사업기회는 주어진 시간 내에 행동으로 옮겨져야 한다. 대부분 아이디어가 성공하기까지 많은 변화를 겪으며, 실제로 성공할 가능성은 상당히 낮다고 할 수 있다. 때때로 아이디어들은 시대를 너무 앞서간다. 발명가 또는 개혁자로부터 나온 아이디어가 실행 가능한 사업기회로 성사되기에는 너무 이른 경우가 있다.

예를 들어, 비록 라이트형제가 비행기의 개척자지만, 그들이 처음 만든 비행기는 상업적으로 실행가능 하지 않았다. 몇십년 전까지만 해도 월드 와이드 웹(www)이나 전자상거래는 존재하지도 않았다. 온라인 식료품 판매 그리고 인터넷 대출은 몇십년전까지 실행 불가능한 사업기회였다. 현재 기술적으로 실행 가능한 많은 혁신이나 발명이 상업성이 있는 벤처로 성공하기 위해 노력 중이다. 흔히 새로운 기술을 활용하여 신제품을 만들려는 시도는 해당 분야에 대해 지식을 오직 부분적으로만 제공하고 성공하지 못하다가, 다음 세대에 가서야 성공한 사례들도 많다.

벤처 아이디어는 과거에 사업화를 시도 했으나 실패한 아이디어일수도 있다. 누군가 시장진출을 시도하다가 중단하거나 사업을 시작하자마자 포기한 기술에 아이디어를 집중한 후에 성공할 수도 있다.

만약 당신이 온라인 경매 비즈니스를 시작해보려고 생각을 했으면, 그것은 확실히 기술적으로 실행 가능하다. 그러나 이것은 아마도 조금 늦었다고 할 수 있다, 하지만 최근 몇 년간 온라인 경매 사업을 고려해온 다른 창업가들에 의해 발견되지 않고 남아있는 수익성 높은 틈새시장이 있다면 성공할 수 있다. 만일, 개발도상 국가에서 고객에게 무선서비스를 제공하고 무선광대역 기술이 고속이며 높은 데이터 용량을 가지고 있다면 성공할 수 있지만, 유선 케이블을 사용하는 전화나 통신 사업아이디어는 비용면에서 비효율적이라 성공할 가능성이 낮다.

시장진입시기는 종종 실현가능한 비즈니스가 되는 아이디어 인지 아닌지 결정하는데 중요하다. 특히 처음 시장에 진입할 때는 더욱 중요하다. 더구나 진입시는 아이디어가 정보기술을 포함할 때 특히 중요하다. 왜냐하면 몇 달의 차이가 성공과 실패를 결정하기 때문이다.

이베이(온라인 경매회사)는 빠른 움직임과 인터넷 비즈니스 타입이 특징이며 흥미로운 기업이다. 피에르 오미드야르(Pierre Omidyar)는 캔디 사탕판매기의 열렬한 수집가인 약혼녀와 함께 평범한 저녁식사를 하다가 캔디 사탕판매기와 같은 물품을 인터넷으로 거래하면 좋을 것 같아 1995년 9월에 '이베이'라는 온라인 경매회사를 출범시켜 대성공을 거두었다. 사실 오미드야르는 후에 마이크로소프트에 의해 흡수된 이샵(eShop)이라 불리는 회사를 이미 그 이전(1993년)에 출범시킨 경험이 있었다.

오미드야르는 또한 제너럴 매직(General Magic)이라는 회사에서 웹 적용을 개발했다. 인터넷을 통한 소비자 거래를 위한 잠재적 요구가 증대할 것을 예상하여 오미드야르는 소비자 수요를 평가하는 초기 실험장치로써 이베이(eBay)를 디자인 했다. 이베이가 예상했던 것보다 훨신 빠르게 성장하자 이베이는 오미드야르의 전업(full-time job)이 되었다. 이베이에서는 현재 매일 2백만 건이 넘는 경매들이 진행되고 있다. 이베이의 경우는 비즈니스 기회에 대한 아이디어로부터 사실상의 시작이 인터넷 기준으로 보았을 때 매우 빠르다. 초창기 빠른 시장진입 결과로 이베이는 경쟁업체로부터 심각한 위협이 없었다.

물론, 최초 시장진입이 반드시 성공을 보장하는 것은 아니다. 아담 오스본(Adam osborne)은 일반적으로 휴대용 컴퓨터 시장의 최초라는 것을 인정받는다. 그것들이 시장에 소개 되었을 때 일부 대학교수들은 '오스본스(Osbornes)'를 구매했다. 비록 컴퓨터가 상당히 잘 작동했지만, 아담 오스본은 경쟁우위를 유지할 수 없었다. 확실한 자본과 많은 종업원들을 가지고 빠르게 새로운 버전을 출시하는 다른 컴퓨터 제조회사들이 나머지 역사를 장식하고 있다. 즉, 오스본스는 망하고 다른 경쟁력 있는 회사들이 남았다. 댄 브릭클린(Dan Bricklin)은 스프레드시트(spread sheet) 소프트웨어 시장의 최초 진입자다. 그가 만든 비시칼(VisiCalc)은 현대의 젊은 독자들에게 있어 생소한 이름이다. 왜냐하면 비시칼(VisiCalc)은 로터스(Lotus) 1-2-3가 소개되면서 빠르게 묻혀갔기 때문이다. 그리고 알다시피 로터스 1-2-3도 마이크로소프트의 엑셀(Excel)이 발매되면서 사라졌다.

제8절 | 아이디어 사업타당성 평가

좋은 사업 아이디어는 종종 창의적인 생각과 힘든 작업의 결과물이다. 좋은 사업 아이디어는 기존의 생산품, 서비스 또는 과정에 새로운 통찰력을 첨삭하여 얻어질 수도 있다. 이러한 사업 아이디어들은 메가 트렌드(Maga Trend)라 불리는 사회의 진화와 관련된 제품이나 용역(service)로부터 나올 수 있다. 물론, 새로운 사업 아이디어는 혼란과 혼돈에 대한 반응으로부터 나올 수 있다.

성공적인 디자인산업 회사인 노팅험 스퍼크(Nottingham-spirk)는 새로운 제품 아이디어 발견을 위해 소매업체인 월마트와 같은 곳에 종업원을 파견한다. 파견된 종업원(디자이너)들은 브레인 스토밍(창조적 집단사고) 시간을 갖고 아이디어를 도출하여 다수가 판단한 후 하나로 모으는 작업을 한다.

이러한 브레인 스토밍 회의에서 핵심은 이들이 발굴한 아이디어가 창업을 위한 경제적 가치를 만드는 기회를 제공한다는 것이다. 다시 말해서, 벤처 기회는 소비자의 필요, 적어도 초기 경쟁우위, 매력적인 시장진입 가능성, 그리고 매력적인 투자 상환 조건

등을 만족시켜야 한다. 우리가 알고 있듯이 브레인스토밍 회의는 창업가와 벤처 투자자들이 주어진 아이디어가 사업기회로 변환할 수 있는지 파악하는 중요한 방법이다. 제품이 성공하기 위해서는 제품에 필요한 소프트웨어가 발전해야 하며, 시장 테스트를 통과할 수 있는 디자인을 갖추어야 한다. 우리가 당신의 좋은 비즈니스 기회를 만들 수 있는 아이디어를 일일이 검토하고 평가할 수는 없지만, 우리는 당신 아이디어가 상업적으로 실행화 될 때 고려되는 잠재적 투자자들에 대한 기준을 제공할 수는 있다.

비즈니스 가능성을 테스트 하는데 유용한 도구는 SWOT 분석이다. 이 분석은 제품 또는 서비스 아이디어에 대한 강점(strength), 약점(weakness), 기회(opportunity), 위협(threat)에 집중되어 있다. 강점과 약점은 아이디어의 내부 측면 안에서 초점을 맞춰 평가하고, 기회와 위협은 외부 또는 경쟁환경에 초점을 맞춰 평가한다. 베이비붐 세대(인구)는 빠르게 성장했다. 베이비붐세대가 늙어 가면서 음식점 개업이 더욱 힘들어진다는 것이 밝혀졌다. 상대적으로 간단한 상품을 제조하는 사업은 고령자도 가능하다. 어떤 아이디어가 비즈니스 기회로 전환이 가능할까? 이에 대한 해답을 제공하기 위해서는 최소한, SWOT 분석을 통해 강점 또는 약점 영역을 고려해서 판단해야 한다.

예를 들어 우리는 새로운 병따개에 대한 고객의 수요욕구에 대해 조사해 볼 필요가 있다. 만일 새로운 병따개에 대한 수요가 많다면 이러한 건강한 수요는 강점이 될 수 있다. 그러나 증명되지 않거나 의심스러운 수요는 약점이다.

우리는 치열한 경쟁사회에서 벤처를 보호할 수 있는 지식재산권을 보유하고 있는지 살펴 볼 필요가 있다. 예를 들어, 해당 제품이 특허를 보유하고 있으며, 그 지식재산권이 남들이 모방하지 못하도록 하는 힘을 발휘한다면 이는 강점이다. 하지만 즉각적인 모조품이 생산될 수 있는 위협은 약점으로 인식된다. 만일 해당제품이 시장에서 첫 번째로 출시되는 아이템이라면 이것은 강점으로 고려될 수 있다. 만일 그렇지 않다면 후발주자로서 시장점유율을 높이는데 많은 어려움을 겪을 것이며 이는 약점으로 고려된다. 고품질 생산품이면서도 가격이 싸다면 굉장한 강점이다. 낮은 품질 생산품이면서 비용이 많이 들면 대부분 약점이다.

SWOT 분석은 잠재적인 기회나 위협 또한 고려해야 한다. 만일 목표시장(target market)에서 경쟁은 새로운 진입자에 대한 시장수용 가능성이 허용되지 않는다면 신규진입자들은 시장진출 기회가 없는 것이 되며, 기존진입자들은 위협이 없는 것이 된다. 어떤 제품(음식용기)에다가 틀어서 여는 뚜껑(twist-off caps)을 탑재할까? 만일 틀어서

여는 뚜껑을 장착한 음식용기를 갖고 시장에 신규로 진입한다면, 이는 기존 음식용기 업자에게는 커다란 위협이 될 수 있다. 시장의 거대함은 기회인가? 위협인가? 이 새로운 병따개 기술에 대한 대체제품은 무엇인가? 만약 다른 대체제를 찾아보기 어렵다면 기회이다. 또한 기존의 기술들을 충분히 압도할 새로운 병뚜껑 기술을 투입하면, 아마도 기회는 경쟁자의 대체 제품을 포함한 모든 위협을 극복할 수 있다. 만약 기존의 다른 병따개 기술들이 당국이 위험하다고 간주하면, 새로운 벤처 기술은 경쟁으로부터 완전히 벗어나 시장점유를 늘려 갈 수 있을 것이다.

이처럼 새로운 벤처기술이 규제당국으로부터 안정성을 입증 받으면 이것은 중요한 기회가 될 것이다. 반면에, 새로운 기술의 안전이 증명되지 않는 제품은 위협이 될 수 있다. 국제적 관점으로 보건데 유명한 음식 용기들은 안정성이 입증된 제품이라 볼 수 있다. 국제적인 판매에 대한 가능성은 만약 제품이 값싸게 만들어 질 수 있으면 중요한 기회가 될 수 있다.

SWOT 분석이 끝나면 새로운 병따개의 사업기회에 대한 잠재력을 훨씬 더 잘 이해할 수 있을 것이다. 경쟁이 이미 존재한다면 경쟁자에 대한 SWOT 분석을 준비하는 것이 현명하다. 자사와 경쟁사를 기준으로 한 두 가지의 SWOT 분석비교는 벤처의 경쟁 위치와 관련된 중요하고 다양한 관점을 제공한다.

초기의 SWOT 분석을 통과하였다면, 외부 금융을 추구하는 벤처는 기대 성장과 기대 업적의 질적 · 양적 측면에서 타당성분석을 해야 한다. 여러 가지 형태의 사업 타당성 분석 가운데 특히 SWOT 분석을 위하여 외부에서 참고할만한 점들이나 자료를 찾는데 시간과 노력을 투자해야 한다.

벤처기회 탐색은 상업적 잠재력과 매출 성장, 재무 성능, 그리고 가치를 아이디어로 유용한 질적 및 양적 평가를 작성하는 과정이다. 문학적 용어를 사용하다면 벤처의 기회탐색은 나비가 될 애벌레를 찾는 것이라 할 수 있다. 비즈니스 기회들을 평가할 때 산업, 시장, 경제, 경쟁우위, 경영진 등과 같은 다양한 요소들을 고려하는 것이 중요하다.

벤처의 가능성을 평가하기 위해 두 가지 단계의 접근법을 제시한다. 첫 번째 단계는 창업가와의 체계적 인터뷰를 사용한 질적 평가를 강조한다. 인터뷰를 통해 빠르게 성공할 것 같지 않은 아이디어를 제거하기도 하고, 한편으로 가능성이 높은 아이디어는 빨리 진행시키도록 한다. 어떤 경우에는 인터뷰가 성공적인 실행을 위한 실마리를 제공하기도 한다. 만약 인터뷰를 통해 잠재적인 창업 아이템을 발견한다면, 두 번째 단계는 벤처 투자자들이 그 아이템에 투자를 할지 말지를 결정하는데 도움을 주는 양적 검사방법을 적용해 보는 것이다.

제9절 | 벤처사업 심사

1 정성적 심사 : 창업가 및 경영진 인터뷰

정성적 심사(질적 심사)는 질의 · 응답의 형태를 가지고 있다. 창업가가 개인적으로 모든 사항들을 대답하는 것이 가능하지만, 다른 사람들도 작은 역할이나마 맡는 것이 유용하다고 본다.

예를 들어, 질문을 하는 면접관이 친구, 배우자, 또는 다른 지원을 해주는 단체를 찾을 수 있다면, 심사에서 창업가가 혼자서 질문에 답변할 때 보다 더 유용한 조언을 할 수 있다. 더구나 경영진에 여러 멤버가 있을 경우, 그들 각각은 그들의 맡은 분야에서의 대처방법에 대한 책임감을 갖고 있을 것이다. 물론, 질적 심사 때 해당 경영진이 그 장소에 없다면, 창업가가 모든 역할을 맡아야만 하는 경우도 발생할 수 있다.

인터뷰는 고객에 관한 정보, 예상되는 경쟁 내용, 지식재산, 직면하게 되는 상황 등에 대한 정보를 찾는 과정이다. 인터뷰의 결론에서, 면접관은 주관적인 평가를 준비하고 ① 높은 상업적 잠재력, ② 평균 상업적 잠재력, ③ 낮은 상업적 잠재력 중 하나에 표시를 둔다.

인터뷰는 벤처 제품 또는 서비스에 대해 누가 구매 결정을 하고 누가 지불 하는가에 대한 정보를 찾고 있다. 다른 질문들은 시장크기 그리고 성장, 채널 그리고 유통, 그리고 마케팅, 홍보의 필요성에 집중한다. 질문에 대한 반응을 얻은 후에, 면접관은 상업적 잠재력이 높거나 평균이거나 낮거나 하는 세 가지 기준으로 벤처 마케팅 측면을 평가한다.

정보는 원형상태에 있는지와 그들이 검증을 받았는지에 대한 심사를 한다. 어떤 위험이 현재와 성공적인 시장 공급시점 사이에 발생할까? 개발이나 생산에 관한 잠재적인 문제점은 없는가? 면접관은 다시 한번 상업적 잠재력 측면에서 제품개발과 사업운영을 평가해 보아야 한다. 다음과 같은 중요한 질문들이 있다. 벤처가 손익분기점을 달성하기 전에 예상되는 시간은 얼마나 걸리는가? 벤처들은 어떻게 자금을 관리할까? 얼마나 많은 외부자금 조달이 필요하며 언제쯤 필요하게 될 것인가? 응답을 받은 후에 다시 한번 금융적 측면들이 높은지 평균인지 낮은지를 판단한다.

우리는 창업가가 질적 평가가 매우 높지 않을 경우에도 그의 아이디어를 계속해서 고집할 것을 예상할 수 있다. 그러나 외부 투자자들로부터 상당한 양의 자본이 필요할 경우, 낮은 질적 점수를 가진 벤처의 생존 가능성은 재평가 되어야 한다. 오직 '높음' 평가를 받은 벤처들만 벤처 투자자들의 관심을 끌 수 있으며 2단계 평가인 양적평가를 통과할 수 있는 후보가 될 수 있다.

2 정량적 심사 : 벤처후보 채점

새로운 벤처의 생존가능성 또는 타당성 같은 질적 평가보다는 양적 접근성이 더 발전할 수 있다. 새로운 벤처의 가능성을 평가하는 중요 고려요인은 다음과 같다. 잠재적 시장 크기, 산업진입 장벽, 기대수익의 마진크기, 회계에 기반을 둔 수익률, 기대 투자수익률, 미래 주식상장의 잠재력, 그리고 경영진의 질 등이다.

이러한 요소들은 4가지 범주로 그룹화 될 수 있다.

1) 산업과 시장(잠재적 시장 크기, 산업진입 장벽)
2) 가격과 수익성(기대수익의 마진크기, 회계에 기반을 둔 수익률)
3) 자금조달과 투자회수(기대 투자수익률, 미래 주식상장의 잠재력)
4) 경영진

벤처기회심사(VOS; Venture Opportunity Screening)지표는 4가지 요소의 범주를 수량화하거나 각 점수를 도와주기 위해 개발된 견본이다. 이것은 새로운 벤처의 가능성과 벤처투자자들의 매력을 평가 할 때 고려되는 체크리스트를 포함하고 있다.

각 요소 범주는 4가지 구체적인 항목이 있다. 각 항목은 잠재적 매력측면에서 상, 중, 하로 평가 된다. 상의 비율은 3, 중은 2, 하는 1로 가치를 나타낸다. 합리적인 근사치를 제공에 대한 현재 데이터가 부족할 때는 얻을 수 없음(N/A)이라는 응답을 사용 할 수 있다.

3 벤처기업 심사 시 고려사항

1) 산업과 시장 측면

기업의 규모는 고성장하면서도 높은 성과를 실현하는 벤처가 될 가능성을 판단하는데 중요한 요소이다. 따라서 기업의 규모는 벤처 투자자들에게 매우 매력적일 것이다. 하지만 이를 일반화하는 것은 위험하고, 항상 예외가 있기 때문이다. 즉, 규모가 작은 기업일지라도 벤처투자자들에게 매력이 있을 가능성은 얼마든지 있다.

심사대상인 벤처 아이디어는 아마 어떤 산업에서 이미 자리 잡은 혁신적인 제품이나 서비스일지도 모른다. 그 산업은 초창기이거나 아직 존재하지 않은 산업일 수도 있다. 산업의 종류에 따라 차이가 있기는 하지만 잠재적인 높은 성장률, 높은 성과를 가진 벤처를 구분하기 위한 일반적 가이드라인을 제공할 수 있다. 경험상 판단하였을 때 높은 점수를 받기 위해서는 연간 10억원 이상의 매출 가능성을 가지고 있어야 한다. 새로운 산업의 경우, 수입 예상은 일반적으로 3년에서 5년의 기간을 의미한다. 매출은 급격하게 증가해야 한다.

산업이 급속히 성장하는 동안 기대수입성장률도 또 하나의 비교 벤치마크이다. 산업의 성장률이 연간 30%를 초과하면 이것은 고성장 · 고능률을 실현할 벤처들이다. 그렇다고 저성장 기업들이 반드시 나쁘다는 것은 아니다. 다만 저성장 기업들은 자금유치 가능성이 줄어들고, 만약 큰 변화가 없다면 투자자들의 관심을 끌기 어려울 것이다.

하지만 고성장 산업 내에서의 영업이라고 하더라도 이것이 충분조건은 아니다. 기업의 기대 수익성장률 또한 평가해야 한다. 고성장 · 고능률 잠재력은 대개 벤처의 급속성장 단계에서 30% 이상의 연간 기대성장률과 관련 있다. 잠재적인 고성장 · 고성능 기업은 영업을 시작한지 3년 안에 산업 내에서의 리더로 두각을 나타낼 것으로 예상된다. 일반적으로 이러한 사업기회가 두각을 나타내기 위해서는 해당업계 총수익 가운데 20% 이상을 얻을 필요가 있다는 것을 의미한다. 물론 이 수치는 산업의 집중도에 따라 달라진다.

중요한 것은 동종 산업 내에서 최고 기업이 될 것이라는 기대이다. 1등이 선호되는 반면 어떤 산업에서는 3등 또는 심지어 4등 하는 기업이 여전히 성공적인 창업가 벤처가 될 수 있다. 반면에 만약 수입면에서 벤처의 시장점유율 잠재력이 작다고 예상되면 벤처는 추종자가 되고 그리고 주목을 받을만한 고려사항과 비벤처 자원이 없다년, 아이디어나 기회를 새로 만들거나 포기해야 할 것을 심각히 고려해야 한다.

대부분 기업들은 생존하기 위해서 그리고 적어도 감소되는 시장 점유율의 피해를 피하기 위해 업계의 평균성장률을 유지하는 것이 중요하다. 만약 업계평균 이하의 수익성장률을 기대 한다면, 경제적 측면에서 운영하는데 필요한 경쟁력 있는 약점보강 계획을 전략에 포함시켜야 한다.

요약하면 초기 생존과 최후의 성공은 시장점유율을 유지하거나 시간이 지남에 따라 높이는 벤처의 능력에 의존한다. 성공적인 창업가 벤처들이 되려면 수익 성장률이 업계 평균 성장률을 초과해야 한다. 잠재적인 비즈니스 기회들을 평가할 때 진입하기 위한 장벽을 또한 고려해야 한다. 예상된 기업이 경쟁자에 뒤처지거나 앞서 나가거나 갈 수 있는지에 대한 정도를 봐야 한다. 특허, 저작권, 상표 등을 보호 할 수 있는 지식재산권이 있을 때 사업기회는 크게 향상된다. 이러한 보호는 특정 아이디어가 시대를 훨씬 앞서갈 때 특히 중요하다.

타이밍 또는 크기는 또한 제안된 시장에서의 경쟁항목에 대해 몇몇의 보호기능을 제공할 수 있다. 최초의 아이디어는 비록 그 아이디어가 법적인 보호를 받지 못할 때도 경쟁우위를 제공한다. 그 경쟁우위는 다른 이들에게 진입장벽을 제공해 시장진입을 좌절시킬 수 있다.

또한 인적자본과 재정지원이 상대적으로 크다면 경쟁을 억제할 수 있다. 그러나 만약 당신의 벤처아이디어가 현재 진입장벽에 직면하고 있으며, 어렵사리 진입에 성공했을 때 다른 기업에 대해 미래에 진입장벽을 약속하지 않으면 그 벤처아이디어는 성공할 잠재적 매력이 낮다고 할 수 있다.

결론적으로 현재 당신의 벤처아이디어를 억제하는 장애물이 없지만, 미래 참여자에 대한 진입장벽 장애물이 당신 벤처의 미래를 보호할 수 있을 경우가 최고의 상황인 것이다.

2) 가격과 수익성 측면

성공가능성이 있는 벤처아이디어를 발견하기 위해서는 다양한 가격 및 수익성 테스트가 필요하다. 벤처가 성공하기 위해서는 장래의 투자가들을 찾는 것만으로는 충분하지 않다. 벤처의 제품이나 서비스에 대해 얼마나 지불할 의지가 있는지에 대한 고객의 기대뿐만 아니라, 제품을 생산하거나 서비스를 제공하기 위해 필요한 직접비용 즉, 상품원가를 고려하는 것이 중요하다. 매출에서 상품원가를 뺀 금액이 벤처의 총이익이다.

그러나 총수익 그 자체만으로는 유용하지 않은 척도이다. 왜냐하면 회사의 규모에 의존하기 때문이다. 더 정확히 말하면 총이익 마진율을 계산하는 것이 더 일반적이다. 그것은 총이익을 매출로 나눈 것이다. 총이익 마진율의 크기는 벤처 잠재력을 측정하는 중요한 요소 중 하나이다. 높은 총이익 마진율은 투자자들을 위해 충분히 이익이 되돌아 갈수 있게 제공하면서 다른 모든 사업 비용을 대비하기 위한 대비책이 될수 있다. 즉, 50% 보다 큰 총이익 마진율은 매력적인 잠재능력을 나타낸다. 반대로 20% 보다 작은 총이익 마진율은 심각한 경고를 나타낸다.

수익성의 두 번째 측정요소는 세후마진율 또는 순이익마진율(net profit margin rate)이다. 벤처의 순이익은 금융비용과 세금을 포함한 모든 비용은 매출에서 차감하고 남아있는 이익이다. 순이익마진율은 벤처의 이익, 즉 예상되는 순이익을 매출에서 나눈 것이다. 일반적으로 세후마진율이 20% 이상인 기업은 충분히 매력적인 잠재능력을 가지고 있다고 할 수 있다. 창업가는 세후 마진율이 10%보다 작을 때, 혹은 적어도 벤처에 외부자금이 필요할 때에는 아마도 사업진행을 중지를 하든가 재고를 해야 한다.

사업기회를 심사할 때, 벤처 자산강도(Asset Intensity)를 시험하는 것은 중요하다. 자산강도 또는 자산회전율의 역수는 기대 수익이 발생하도록 하는데 필요한 자산에 대한 투자의 측정방법이다. 자산강도는 벤처의 총자산(현금, 채권, 재고자산, 부동산, 공장, 장비를 포함)을 총수익으로 나누어 계산한다. 이것은 1원어치의 수익을 올리기 위해 필요한 자산의 금액이다. 고정자산 또는 순운전자본(NWC)을 많이 요구하는 회사는 높은 자산강도를 가지고 있다. 이것은 낮은 자산회전율을 갖고 있다고 할 수 있다. 높은 자산강도의 회사가 급성장하려고 할 때, 비록 일부 형태의 장비는 리스임대계약을 통해 마련할 수 도 있기는 하지만, 많은 규모의 외부자금이 필요할 것이다.

재고자산 방법 중 적기(just-in-time) 공급방식은 자본관리에 필요한 자본비용을 감소시킬 수 있다. 공급자의 외상거래와 재고자산의 빠른 회전율은 실제로 필요자금량을 감소시킬 수 있다. 이 경우 유동부채가 유동자산을 초과하게 된다. 즉, 벤처기업은 음(-)의 순운전자본 상태가 된다. 순운전자본(NWC)이 낮거나 심지어 음(-)의 상태가 될 경우, 사업이 낮은 재고율, 낮은 고정자산보유율, 높은 재고자산회전율 상태가 되어 극도로 불안한 상태가 되므로 조심해야 한다.

3) 자금조달과 투자회수 측면

자금조달 및 투자회수의 범주 안에는 여러 가지 기준이 있다. 이 범주 중 한 가지 중요한 측면은 벤처기업의 운영현금흐름이 플러스도 마이너스도 아닌 균형점(break- even point)에 도달하기 위해 걸리는 시간이다.

두 가지 유형의 현금흐름을 고려하는 것이 일반적이다.

첫 번째는 제품 또는 서비스 제공 및 판매에 관련 있는 영업현금흐름(operating cash flow)이다. 영업현금흐름은 수익으로부터 제품원가와 기타사업비용(주로 일반관리비)을 차감한 후 남은 금액이다. 매출과 비용 모두 현금유입이나 현금지출의 근사치를 반영하고 있기 때문에 잔여양도 지정된 기간(예를 들어 1년)의 영업현금흐름의 근사치이다. 회계용어 중 영업현금흐름은 이자, 세금, 감가상각, 기금상각 이전의 이익(EBITDA)과 비교할 수 있다. 벤처 운영과 관련된 비용이 수익보다 많다면, 영업현금흐름은 마이너스이고 벤처는 현금흐름 손익분기점 이하에서 영업을 하고 있는 것이다.

어떤 아이디어가 실행 가능한 사업기회로 볼 수 있는지 없는지는 얼마나 빨리 벤처가 영업현금흐름의 손익분기점에 도달하는지에 달려 있다. 2년 안에 영업손익분기점에 도달하면 잠재적인 매력도에서 높은 점수를 받을 것이다. 만약 영업손익분기점 도달이 4년 이상으로 예상 될 경우 구조조정을 하거나 벤처사업의 포기를 강하게 생각해봐야 할 것이다. 특히 장기간에 걸친 내부자금의 고갈을 참아낼 수 있도록 지속적으로 외부자본을 끌어들일 수 없다면 벤처사업의 포기를 더욱 심각하게 고려해 봐야 한다.

두 번째 현금흐름 유형은 자유현금흐름(free cash flow)이다. 가치창출은 궁극적으로 현금흐름을 생산해내는 벤처의 능력에 달려있다. 지분에 대한 자유현금흐름(free cash flow to equity)은 창업가와 벤처 투자자들이 비용과 투자 증가분을 공제하고, 새로운 순금융부채(net new debt financing)를 더 한 후 얻을 수 있는 현금이다.

즉, 지분에 대한 자유현금흐름은 벤처의 매출에서 영업비용을 제하고, 다시 금융비용과 세금을 제한 후 순운전자본(NWC)과 자본지출의 변동을 조정하고 순부채 증가를 더한 후 구한다. 수식으로 표현하면 다음과 같다.

$$\text{지분에 대한 자유현금흐름} = \text{순이익} + \text{감가상각} - \text{순운전자본 증가분} - \text{자본지출} + \text{순부채 증가}$$

지분에 대한 자유현금흐름은 특히 중요한 개념이기 때문에 어떻게 그리고 왜 이 개념이 사용되는지를 이해할 필요가 있다. 자유현금흐름은 벤처의 가치를 평가하는데 사용되는 중요한 유형중 하나이다.

벤처사업에 투자된 자금을 어떻게 회수할 것인가를 생각해 보는 것은 중요하다. 벤처투자자들은 보다 위험한 초기 단계에 투자하는데 대하여 평균 이상의 수익률로 보상받기를 기대한다. 가장 일반적으로 사용되는 측정방법인 내부수익률(IRR)은 초기투자를 미래 현금흐름의 현재가치와 동일하게 만드는 연속 복리 수익률이다. 만약 제안된 사업기회가 50%보다 큰 IRR을 제공하면, 벤처투자자들은 흥미를 보일 것이다. IRR이 20 ~ 50% 범위 안에 있으면 자금유치가 더 어려울 것이다.

만약 벤처 아이디어가 20% 미만의 IRR을 보이면 그것은 투자의 합당한 이유가 없는 한 벤처투자자들을 유치하는데 상당히 불리하다. 벤처투자가가 투자회수를 하기 위한 방법 중 하나는 일반적으로 IPO(증시상장)를 통해 일반에게 판매할 수 있도록 허락받아 그들의 주식을 등록하는 것이다. 2년 안에 IPO를 할 수 있게 하는 벤처아이디어는 벤처투자가들로부터 높은 점수를 받을 것이다. 2 ~ 5년 후에 IPO를 시작할 수 있다면 평균점수를 받을 것이다. 만약 IPO가 5년 이후라면, 벤처투자가는 관심이 거의 없을 것이다.

벤처사업 기회들은 창업가가 벤처기업의 경영권을 유지할 수 있는 가능성의 측면에서 평가된다. 만일 창업가가 벤처기업에 대한 경영권을 잃는다면 창업가는 그 벤처기업에 대한 흥미를 잃을 것이다. 창업가에 대한 신뢰만 존재한다면, 벤처투자자들은 그 창업가의 지분이 소규모일지라도 투자에 참여할 것이다. 그러므로 창업가가 대부분의 지분을 갖고 있다면 벤처사업은 높은 점수를 얻을 것이다. 창업가가 25% ~ 50%의 지분을 갖고 있을 때 평균점수를 받는다. 25%보다 낮은 지분은 낮은 점수를 받게 된다.

또한 손익분기점에 도달하기 위해 필요한 외부자본의 규모가 고려되어야 한다. 손익분기점에 도달하기 전에 상당한 액수의 외부자본이 벤처기업에게 필요할 때, 결과적으로 벤처 창업가의 지분이 줄어들고 경영권을 유지하는데 상당한 위협이 발생한다. 창업가들이 경영권을 유지하려는 강한 의지가 없다면 벤처투자가들로부터 자금을 유치하기는 어려울 것이다.

4) 경영진 측면

창업가와 주요 임원들을 포함한 경영진에 대한 평가는 사업기회를 평가하고 앞으로 벤처사업을 진행 시키는데 아주 중요하다. 경영진이 무엇을 보여주어야 하는가에 있어서 경험, 전문지식, 기술, 기업커넥션 등과 같은 요소들을 대체할 것들은 없다. 산업 내에서 온전한 인적네트워크, 높은 전문지식, 경험 있는 경영진 등은 높은 점수를 얻을 것이다. 특정 산업이나 시장에 대한 전문지식이 부족하지만 일반적인 사업경험과 전문지식을 가지고 있는 경영진은 평균점수를 받을 것이다.

기술적인 측면에서의 전문지식은 적은 사업경험을 상쇄할 수 있다. 간단한 의미로 다른 분야에서의 사업경험이 벤처진출분야의 경험미숙이라는 단점을 극복할 만큼 충분해야 하다는 것을 의미한다. 경영진이 해당 사업에 대한 전문지식이나 경험이 적을 경우에 사업 아이디어는 낮은 점수를 받을 것이다. 하지만 경험이 부족하다고 할지라도 그 아이디어를 매장시킬 필요는 없다. 사실, 벤처투자자들은 강력한 경영진이 벤처에 참여하도록 많은 도움을 제공한다.

경영진이 전문지식과 경험을 갖는 것 이외에도 모든 영역을 커버하는 것이 중요하다. 즉, 마케팅, 영업, 그리고 금융에 관한 전문성이 필요하다. 창업가는 전문성과 의욕이 있다면 CEO로서 그 역할을 담당할 수 있다. 창업가가 벤처기업의 마케팅에 집중하는 것을 선택한 사례도 많이 있다. 어떤 경우에는 창업가가 연구개발에 집중 하는 것을 원할 수도 있다. 첨단기술 벤처에서 이러한 사례가 종종 있다.

창업가의 경영의도와 능력을 확인한 후에는 CEO와 각 분야를 책임지는 임원진들로 경영진을 구성하는 것이 중요하다. 모든 분야가 커버된 사업기회는 높은 점수를 받을 것이다. 만약 분야별로 담당하는 경영진을 갖추지 못할 경우에는 낮은 점수를 받을 것이다. 벤처투자자들은 창업이 성공할 것인지를 평가하는데 있어서 경영진의 잠재력을 검토할 것이다. 전 경영진이 앞으로 부딪힐 평탄치 않은 사업에 대해 흥분과 열정을 갖는 것은 중요하다. 이러한 면에서의 경영진 능력을 판단하는 것은 상당히 주관적이지만, 벤처사업 경영과정에 대한 열정은 창업이라는 특징에서 높은 점수를 얻기 위해 필수적인 것이다.

제 5 장

사업계획서

제1절 | 사업계획서의 중요성

사업계획서는 군대에서 전투할 때 작전계획서처럼 중요하다. 작전계획서 없이 무모하게 전투에 임했다가는 패전할 가능성이 농후하다. 일단 벤처사업 아이디어가 벤처기회 심사를 성공적으로 통과하였다면 조금 더 진행할 가치가 있을 것이다. 아이디어 개발단계(development stage)부터 시작단계(startup stage)로 이동은 사업계획서의 준비를 함으로써 시작된다. 사업계획서(business plan)란 성공적인 사업을 위해 필요한 사업계획, 시장성, 재무계획 등 사업의 모든 계획을 기술한 서류이다. 즉, 사업에 필요한 생산제품이나 서비스, 보유자원, 재무전망치 등을 제시하면서 해당 벤처아이디어를 설명해 주는 서류이다. 따라서 사업계획서는 투자가들에게 해당 사업구상이 흥미롭고, 수익성 기회가 높으며 논리가 있다는 것을 보여주며 설득시키는 자료라고 할 수 있다. 비록 사업계획서를 작성하는데 시간이 많이 소모되며 다소 짜증스럽기는 하지만, 사업계획서를 작성하는 과정은 그 사업이 작동할만하다고 믿는 첫 번째 사람인 창업가에게 아주 유익하다.

창업가는 그 사업을 시작하는 것이 개인적으로나 사회적으로나 올바른 것이라는 확신이 있어야만 한다. 사업계획서는 기업내부의 경영전략 수립을 목적으로도 작성하여 창업가가 자신과 경영진에게 사업아이디어를 보여주며 설득시켜야 한다. 기업내부를 설득시켰다면 다음에는 그 아이디어를 투자가들, 은행권, 공급업자들, 고객 등에게도 보여주며 그들을 설득해야 한다. 투자가들은 가족, 친구, 벤처캐피탈 등이다. 은행들은 보통 대출을 고려하기 전에 작성된 사업계획서를 요구한다. 은행신용대출을 기대하기보다는 주택담보융자, 신용카드 융자 등에 의존할 수도 있다.

따라서 사업계획서는 벤처캐피탈, 엔젤투자자, 은행 등으로부터 투자 내지는 자금지원을 받기위하여 만드는 서류라고 할 수 있다. 그러므로 사업계획서는 회사의 강점뿐만 아니라 회사의 약점 또는 위험요인에 대하여서도 언급하고, 그 해결방안을 설득력 있게 기술해야 한다.

이러한 사업계획서는 성공적인 사업기회를 포착하기 위한 마케팅, 재무 등에 자원을 투입하기 전에 검토함으로써 정보입수와 의사결정을 촉진한다. 또한 사업계획서는 자원의 수요와 공급을 관리하는데 있어 사업추진에 방해가 되지 않도록 하여 회사의 나아갈 방향을 제시하는 사업의 이정표 역할을 한다. 이는 사업목표를 달성하기 위한 행동을 적시에 할 수 있도록 도와준다.

제2절 | 사업계획서의 주요 항목들

1 표지, 요약, 목차

사업계획서의 표지는 벤처 이름을 명시하고, 창업가와 다른 경영진의 이름, 주소, 전화번호 등을 기술해야 한다. [표 5-1]은 전형적인 사업계획서 사례를 보여준다.

[표 5-1] 전형적인 사업계획서 사례

Section 1.	표지, 요약, 목차(cover page, confidentiality statement, table of contents)
Section 2.	실행요약문(Executive Summary)
Section 3.	사업설명서(Business Discription)
Section 4.	마케팅 계획 및 전략(Marketing Plan and Strategy)
Section 5.	운영범안(Operations)
Section 6.	경영진(Management Tem)
Section 7.	재무계획과 전망(Financial Plans and Projections)
Section 8.	위험 및 기회(Risks and Opportunities)
Section 9.	사업계획서 부록(Business Plan Appendix)

2 실행요약문(executive summary)

실행요약문은 회사의 현황과 경영진, 잠재적 기회, 사업개념, 산업개요, 목표시장, 경쟁이익, 사업모형, 투자 제안, 시장상황과 경쟁상황, 재무예측, 필요자금의 액수와 운용방안, 예상수익 등을 2페이지 이내로 기술한다. 실행요약문은 전체 사업계획을 세부적으로 작성하기 위한 사업계획서의 초안으로서 중요한 역할을 담당하며, 사업에 관심을 유인하는데 핵심적인 역할을 한다.

3 사업설명서(business description)

회사의 연혁, 비전, 사명, 목표, 경영진, 제품 및 서비스, 이정표 계획 등이 다루어진다. 구체적으로 조직, 역할과 책임, 연혁, 현황, 전략, 제품이나 서비스의 특징, 생산절차, 지식재산권, 품질 등을 설명한다.

4 마케팅 계획 및 전략(marketing plan and strategy)

시장세분화, 가격전략, 촉진, 유통전략 등을 기술한다. 즉, 어떻게 고객에게 접근하여 제품을 판매할 것인가에 관한 답을 구하는 부문이다. 판매망을 어떻게 접근할 것인지, 제품의 가격을 어떻게 결정할 것인지, 제품의 광고 및 촉진활동을 어떻게 할 것인지 등에 관한 내용을 기술한다.

5 운영방안(operations)

제품의 생산방법 혹은 서비스의 운영방법 등을 다룬다. 특히 생산활동에 대해서는 자체생산, 구매, 하도급, 사업장 위치, 노동력, 품질경영, 재고관리, 서비스, 운송방법, 규제 및 법적사항 등 전반적인 운영활동을 대상으로 중요한 내용을 다룬다.

6 경영진(management team)

만약 사업타당성 평가가 실시된 경우에는 경영진의 경험과 전문지식은 이 평가 자료에서 가져올 수 있다. 경영진의 정보를 구체화 하는 것이 중요하다. 기업의 조직구조가 신뢰를 구축하는데 중요한 경우에는 사업계획서에 조직구조의 형태를 명확히 기술해야 한다. 벤처투자자들은 새로운 벤처기업의 특성 중 경영진 요소를 가장 중요하게 고려하기 때문에, 사업계획서는 경영진의 구성과 신뢰성 구축을 잘 기술할 필요가 있다. 이것은 경영진 구성원들의 전반적인 이력서가 이 섹션에서 제시되어야 한다는 것을 의미 하는 것이 아니다. 이력서는 부록 안에 포함되어야 한다. 이 섹션은 경영진과 네트워킹 정보의 결합의 강조를 결합한 홍보 요약이라고 할 수 있다.

7 재무계획과 전망(financial plans and projections)

재무계획과 창업가 정신에 대한 입장을 나타내는 것은 중요하다. 창업가들은 그들의 사업 아이디어가 과연 얼마만한 자금흐름을 생성할지에 대한 재무적 미래를 거의 예측하지 못한다. 그것보다는 오히려 창업가들은 기술에 관한 지식, 소비자의 욕구, 작업을 수행하는 솜씨, 비재무적 기여능력 등을 가지고 있다.

사업계획서의 재무계획을 완성하고 발표하다 보면 두 가지 주요 혜택을 얻게 된다.

첫 번째 혜택은 재무제표에 창업가의 비전을 옮겨놓는 과정이 사업 계획단계의 여러 측면에서 도움을 준다는 것이다. 장비, 핵심종업원 고용, 시장 수요조사, 주요 비전부문 등은 재무계획을 작성하기 위해 공식화 할 필요가 있다. 실제적 재무전망치보다는 그 전망치를 획득하는 과정이 창업하려는 팀에게 특정 수치에 대한 목표와 향후 일정을 구체화 하는데 도움을 준다.

두 번째 혜택은 관련이 있기는 하지만 다소 애매하다. 만일 일관된 재무제표가 없다면 이것은 창업가 팀의 솜씨가 떨어진다는 것을 나타낸다. 단기 현금예산은 매일매일 사업을 유지할 능력을 보유하고 있다는 것을 독자들에게 보여준다. 또한 재무제표는 벤처가 성장하면서 가치를 어떻게 축적해 나가는가를 보여주는 장기 계획을 보여준다.

따라서 창업가의 비전을 수치화하여 보여주는 것은 창업팀의 능력이다. 재무계획의 부재는 능력부족, 노력하지 않는 자세 등을 보여주는 신호라고 할 수 있다. 재무계획도 제대로 세우지 못하는 경영진들이 비제무계획 분야에서 더 잘할 것이라고 사람들은 믿지 않는다. 즉, 쓰레기를 집어넣으면 쓰레기가 나오듯이 이 창업계획은 보나마나 쓰레기라고 생각할 것이다. 사람들은 사업계획서는 인쇄된 그날로부터 진부하게 되는 서류라고 생각한다. 결론적으로, 재무계획은 특정한 것에 대한 중요한 정보를 포함하는 반면, 사업계획서의 나머지로부터 떨어져 독립적으로는 신뢰성이 없다고 할 수 있다.

벤처 평가서는 사업계획서의 비재무적인 부분 중 벤처 비전을 반영하는 예상 재무제표를 작성하기 위한 출발점을 제공한다. 대부분의 경우 이들 초기 가정들은 손익계산서, 재무상태표, 현금흐름표와 같은 공식적인 형태로 갖추어야 한다. 예상 재무제표는 언제, 어떻게 벤처가 손익분기점에 도달하는지 보여준다. 우리가 볼 때, 미래의 벤처값을 추정하는 것은 창업가와 벤처 투자자에 대한 잠재적인 수익을 보장하기 위한 선결 조건이다. 예상 재무제표는 또한 벤처가 성공적으로 IPO(증시상장)를 실시할 충분히 매력적인 재무상태일 때가 언제일지에 대한 예상을 제공한다. 재무제표의 계획은 자금수요의 크기와 시기를 표시하고, 사업계획서에 자금 인수에 대한 잠재적 원천을 표시해야 한다.

8 위험 및 기회(risks and opportunities)

사업계획서에는 미래에 나타날 가능성이 있는 문제들에 대한 논의도 포함되어야 한다. 벤처 투자자들이 지적하기 전에 미리 인식해 두는 것은 좋은 생각이다. 예를 들어, 벤처의 경영진은 수익이 과대평가 되었을 경우 어떻게 대처할 것인가? 또는 3년 이내에 시장 점유율이 목표치에 도달하지 않는 경우 어떤 조치를 취할 것인가? 경쟁이 예상했던 것보다 훨씬 치열하여 가격인하가 심할 경우 어떻게 할 것인가? 이처럼 벤처사업가들은 문제가 발생할 가능성이 있는 경우를 대비해야 한다.

또한 벤처사업가들은 새로운 기술을 구현하는데 지연이 되는 것과 같은 위험에 대한 예측도 해야 한다. 예를 들어, 제품 및 서비스 제공 지연을 처리 할 수 있는 계획도 수립해 해야 한다. 벤처투자자들은 경영진이 가능한 모든 문제를 파악하고, 위험상황에 재빨리 대처하거나 적응하는 행동을 보여주기를 원한다. 경영진이 위험상황에 적응할 자세가 잘 되어 있다는 신호도 중요하지만, 사업계획서는 균형을 유지하고 긍정적인 어조를 갖고 가능한 불리한 위험을 설명할 필요가 없도록 해야 한다.

벤처투자자들은 또한 사업모델에서 유연성에 관한 경영진의 평가에 관심이 있다. 금융학계와 전문가들은 때때로 유연성을 실물옵션(real option)이라고 말한다. 옵션은 미래 액션을 취할 의무 없는 기회 또는 권리이다. 실물옵션은 벤처과정의 수명주기 동안 경영진만 사용할 수 있는 실물 또는 비금융적 옵션들을 포함한다. 실물옵션은 수요변동에 따른 성장 및 규모의 유연성, 제조와 디자인 옵션에서의 유연성, 내부적으로나 외부적으로 생성된 새로운 정보에 벤처의 전략을 적용할 가능성 등을 포함한다. 그 중 하나는 성장옵션(growth option)으로 개발단계로부터 시장진입으로 이동하는 옵션이다.

또한 지연옵션(delay option)으로 이동의 시점을 언제로 할 것인지를 보여주는 옵션이다. 만일 벤처가 진입한 시장이 급속히 성장하고 있다면, 초기 전략 포지션은 벤처가 시장성장을 따라잡을 수 있도록 빠르게 움직일 수게 해주며, 새로운 기술에 대한 투자는 미래 기술의 새로운 응용 프로그램에 대해 유연성 또는 학습옵션(learning option)을 제공하거나, 훨씬 더 새로운 미래기술에 대한 길을 열어 줄 수 있다.

출구옵션(exit option)은 판매를 포기하고 벤처를 청산하는 것이 유지하는 것보다 수익성면에서 낫다면 창업가에게 사업을 중단할 수 있는 유연성을 가져야 한다. 출구옵션은 또한 성공적인 벤처의 투자금을 언제 회수할지를 결정하는데 사용될 수 있다.

9 사업계획서 부록(business plan appendix)

부록은 재무계획 섹션에 제공된 예상 재무제표의 기초를 이루는 세부 가정들을 포함해야 한다. 시간흐름과 이정표가 포함되어야 하며, 여기에는 예상된 금융 요구사항의 규모를 보여주어야 하며, 벤처투자자가 벤처의 기업공개(IPO) 또는 판매를 통해 언제 벤처 투자금을 회수할 수 있을지를 예상할 수 있게 해야 한다. 목표 매출수준과 시장점유율에 관련된 이정표가 기술되어야 한다. 부록은 또한 중요한 요소들의 발생 가능성을 소개하여 금융가정법(what if)분석을 할 수 있도록 해야 한다. 예를 들어 매출이 처음 예상했던 것보다 적은 80% 수준이었을 때의 경우에 어떻게 할 것인지를 기술할 수도 있다.

부록에는 또한 경영진의 이력서와 업무책임을 기술하고, 창업가와 경영진이 조화로운 팀임을 부각한다. 그리고 제품명세서, 사진, 핵심부품 공급업체, 특수설비, 전문기술진 컨설턴트의 평가내용, 인허가 및 지식재산권 사본 등 사업계획서와 관련된 세부적인 연구자료, 자료원천 및 관련 정보를 첨부한다.

제3절 | 상권분석 및 입지분석

1 상권분석

1) 상권의 정의

상권(Trade Area)이란 개별 상점이 고객을 끌어들일 수 있는 지역적 범위를 말하며 고객이 흡인되는 지리적 범위, 즉 해당 점포나 사무실을 이용하는 고객들의 거주 지역을 말하다.

2) 상권의 설정 [33]

상권을 설정하기 위해서는 특정 점포가 고객을 끌어들이는 지리적 범위가 어느 정도인지를 파악하는 것이 필요하다.

가. 1차 상권

사업장 이용고객의 60 ~ 70%를 포함하는 범위를 말한다. 크기로는 약 500m 반경 이내의 지역을 의미한다. 도보로 5분 이내에 도달할 수 있는 거리라고 할 수 있다.

나. 2차 상권

사업장 이용고객의 14 ~ 25%를 포함하는 범위를 말한다. 크기로는 약 1km 반경 이내의 지역을 의미한다. 도보로 15분 이내에 도달할 수 있는 거리라고 할 수 있다.

다. 3차 상권

1차 상권, 2차 상권 이외의 고객을 포함하는 범위를 말한다. 크기로는 약 2km 반경 이외의 지역을 의미한다. 도보로는 도달할 수 없이 다소 멀리 떨어져 있는 거리라고 할 수 있다.

3) 인구 특성에 따른 상권

가. 유동인구 중심형 상권

유동인구 중심형 상권이란 핵심시설로 인해 많은 유동인구가 집중되는 상권으로 불특정 다수를 주 고객으로 하는 상권을 말한다.

① 번화가 상권

교통편의 시설이 잘 갖춰져 있으며 역세권 상권과 복합적 상권 형태를 띄고 있다. 사례로는 강남역, 홍대입구역, 종로3가, 건대역, 신림역 등을 들 수 있다.

33 참조 : Applbaum, 1966, "Methods for Determining Store Trade Areas, Market Penetration and Potential Sales," Journal of Marketing Research, Vol. 3

② 역세권 상권

지하철이나 전철, 버스정류장 등 대중교통을 중심으로 한 상권을 말한다. 사례로는 1, 2, 3호선 전철역 근처에 가장 발달되어 있다.

③ 대학가 상권

유행이나 가격에 민감한 10대 ~ 20대 젊은 층들이 많이 있는 상권이다. 사례로는 연세대, 이화여대, 서강대 등이 있는 신촌상권을 들 수 있다.

④ 복합형 상권

주로 신도시에서 많이 형성되며, 오피스와 주거가 어우러져 있다. 사례로는 분당이나 판교 신도시를 들 수 있다.

나. 배후인구 중심형 상권

목표 고객이 정해져 있는 상권으로 배후인구의 반복적인 구매가 발생할 수 있는 상권을 말한다.

① 아파트 단지 상권

세대구성원이 젊은 경우 필수업종이면서 반복적으로 구매가 높은 업종이 인기가 있고, 세대원이 40 ~ 50대 이상이 많은 경우 백화점이나 할인점 등 여유로운 쇼핑을 선호한다.

② 신도시형 아파트 밀집지역 주변상권

신도시형 대단위 아파트단지 주변에는 계획적인 상업지역이 형성되어 있다. 주로 대형할인점이나 백화점이 입주하여 있다.

③ 일반 주거 상권

생필품 위주의 업종이 궁합에 맞는 상권이며 장수 업종이 많은 상권이다.

④ 오피스 상권

순간 회전율을 높일 수 있는 아이템 선정이 중요한 상권이다.

4) 상권의 범위

가. 상권의 유형별 범위

상권의 유형은 아파트, 단독주택, 오피스가, 병원가, 혼합형 등으로 분류되며 각 상권 유형은 A급지, B급지, C급지 등으로 나눈다.

나. 상권의 업종별 범위

상권의 분류는 판매업, 외식업, 서비스업 등으로 나눌 수 있다.

5) 권리금

권리금이란 점포 위치의 값과 기존 점포사업주가 부담한 시설투자비용, 확보된 단골고객, 광고선전비 등의 대가로 점포인수자가 기존의 점포사업주에게 지불하는 금액이다.

권리금을 세분화 해 보면, 지역권리금과 시설권리금, 그리고 영업권리금을 등이 있으며 다음 표에서 각종 권리금에 대한 설명을 제시한다.

[표 5-2] 권리금의 종류와 내용

종류	내용
지역권리	• 바닥권리라고 불리기도함 • 상권 내 특정환경으로 인해 발생한 권리금 • 상권의 특성과 크기에 따라 수백만원에서 수억원까지 형성된 금액이 각각 다름
시설권리	• 기존 점포를 인수할 때 고려 • 인수 당시 시설이나 인테리어에 대해 지급하는 권리금 • 최초 개점 당시 소요된 시설비를 3~5년의 연수로 감가하여 책정함
영업권리	• 영업수익이 높은 점포의 경우 발생 • 포기한 영업기간 동안의 기회비용에 대해 지불하는 권리금 • 적게는 6개월에서 많게는 2년까지의 기간에 발생할 수 있는 순수익의 합계금액으로 결정
기타권리	• 담배판매권, 유흥업 1종허가 등 허가권에 대한 권리 • 수백만원에서 수천만원 선에서 결정

2 입지분석

1) 상권과 입지의 비교

상권과 입지를 개념, 물리적 특성, key word, 등급구분, 분석방법, 평가기준 등을 중심으로 비교해 보면 다음 표와 같다.

[표 5-3] 상권의 입지의 비교

	상권	입지
개념	부지나 물건(점포)이 미치는 영향권(거래권)의 범위 (Trading Area)	부지나 물건(점포)이 소재하고 있는 위치적인 조건 (Location)
물리적 특성	대학가, 역세권, 아파트 단지, 시내 중심가, 먹자상권 등 비물리적인 상거래 활동공간	평지, 도로변, 상업시설, 도시계획, 지구 등 물리적 시설
Key Word	Boundary	Point
등급구분	1차상권, 2차상권, 3차상권	1급지, 2급지, 3급지
분석방법	업종경쟁력 분석, 구매력 분석	점포분석, 통행량 분석
평가기준	반경 거리(500m, 1km, 2km)	권리금, 임대료(평당단가)

2) 입지의 중요성

입지는 잠재고객이 밀집되어 있고 가깝고 오기 쉬워 많은 고객을 확보할 수 있는 상업의 중심지의 면모를 갖추어야 한다.

입지가 중요한 이유는 첫째, 소점포 사업에서 입지는 방문하는 고객의 수에 영향을 미치는 가장 중요한 변수이기 때문이다. 둘째, 입지는 한번 결정하면 바꾸기 쉽지 않기 때문이다. 셋째, 입지는 소규모 사업에서 가장 비중이 큰 투자이기 때문이다.

3) 넬슨(R. L. Nelson)의 입지선정 8대 원칙

넬슨의 입지선정을 위한 8가지 원칙은 다음과 같다.

가. 상권의 잠재력

현재 상권 내에서 취급하려는 상품에 대한 수익성 확보 가능성 여부이다. 즉, 입지하려는 지역의 상권을 결정하고 인구, 소득, 소비지출 내역 등을 조사하여 그 지역에서 개점하는 것이 어느 정도로 소매업자로서 적당한가를 판단하여야 한다. 입지는 가급적 인구나 수입이 증대하고 있는 상업지역 내이어야 한다.

나. 접근 가능성

상권 내에 있는 고객을 자기 점포에 어느 정도 흡인할 수 있는 가능성이 있어야 한다.

다. 성장 가능성

인구증가와 소득수준의 향상으로 시장규모나 선택한 사업장, 유통상권의 매출액이 성장할 가능성이 있어야 한다.

라. 중간 저지성

기존 점포나 상권 지역이 고객과의 중간에 위치함으로써 경쟁점포나 기존의 상권지역으로 접근하는 고객을 중간에서 차단할 수 있어야 한다. 즉, 상업지역으로 가는 고객을 중간에서 유인할 수 있게 하기 위하여 고객들의 주거지와 전에 다니던 장소의 중간에 점포를 개점하는 것이 유리하다.

마. 누적적 흡인력

영업의 형태가 비슷하거나 동일한 점포가 집중적으로 몰려 있어 고객의 흡인력을 극대화할 수 있는 가능성 및 사무실, 학교, 문화시설 등과 인접함으로써 고객을 흡인하기에 유리한 조건에 속해 있는가에 대한 검토를 하여야 한다. 예비창업자는 창업 아이템에 따라서 중간 저지성의 입지를 선택할 것인지 누적적 흡인력의 입지를 선택할 것인지를 판단해서 결정하여야 한다.

바. 양립성

상호보완 관계에 있는 점포가 서로 인접해 있음으로 인해서 고객의 흡인력을 높일 수 있는 가능성이 있는가를 검토해야 한다. 즉, 고객의 이동을 방해하지 않고 고객이 충분히 이동할 수 있도록 배려하여야 한다. 그러므로 양립성이란 서로 다른 인접점포가 고객을 주고받는 현상을 의미한다.

사. 경쟁회피성

경쟁점의 입지, 규모, 형태 등을 감안하여 예비창업자의 사업장이 기존 점포와의 경쟁에서 우위를 확보할 수 있는 가능성 및 향후 신규 경쟁점이 입점함으로써 창업할 사업장에 미칠 영향력이 최소화 될 수 있어야 한다. 한 마디로 경쟁이 가장 적은 장소를 택해야 한다.

경쟁을 회피하기 위하여 가능한 한 예비창업자는 경쟁점과의 경쟁에 있어서 우위를 점할 수 있는 규모의 사업장을 선택해야 하며, 입지를 경쟁점이 이용하는 것을 사전에 막을 수 있도록 해야 하고, 경쟁 입지가 중간 저지적인 입지가 되지 않을 수 있는 입지를 선택해야 한다.

아. 경제성

입지의 가격 및 비용 등으로 인한 수익성과 생산성의 정도에 관한 검토를 하여야 한다. 즉, 투자하는 자본에 대해 생산성과 장래의 성장을 가장 확실하게 보장해 주는 용지를 택해야 한다.

4) 입지 선정시 유의사항

가. 철저한 현장조사

손님의 관점에서 주변을 관찰하고 실제 점포이용객을 확인하고 자신이 오감으로 느낀 바를 통계나 데이터와 비교해 수치의 객관성을 정립하고 기존의 생각과 실제를 비교 검증해야 한다.

나. 통행량 조사

점포 주변의 통행량이 많으면 그만큼 매출이 증가할 수 있으므로 통행량 측정은 상권 특성을 파악하는데 유용한 지표가 된다.

다. 교통발생 근원 파악

돈을 사용하려는 사람이 많고 매일 다른 사람이 모이는 장소인 지하철역, 대형소매점, 주차장의 출입구와 횡단보도가 있는 장소 등이 돈을 만들어주는 유용한 교통발생 근원이 된다.

라. 동선 파악

많은 사람들의 흐름에 따라 걸으면서 사람들이 움직이는 흐름을 파악해야 한다. 동선에서 10m만 빗나간 장소에 있는 것만으로도 매출은 반감된다. 동선 파악에 있어서 주의할 점은 보행자가 유람하듯이 걷는지 목적의식을 갖고 걷는지를 살펴보는 것이 매출에 매우 중요한 요소가 된다는 점이다. 동선 파악에서 또한 주목해야 할 것은 사람들은 항상 최단코스만을 선택하지 않는다는 사실이다.

마. 점포 위치

점포가 어디에서부터 보이고 어떻게 보이느냐 하는 문제는 입지조간을 결정하고 매출에 직결된다. 최근의 입지이론에 의하면 목적 없이 걷고 있는 사람이 대상(점포)을 식별하고 구매욕구를 느껴 매장 방문결정을 하기 까지는 약 7초가 필요한 것으로 조사

되었다. 점포가 장애물에 가려 잘 보이지 않는지도 체크해야 하며, 점포주변 및 배경과 관련하여 동종화해 보일 경우에는 색, 형태, 크기 등을 고려해서 점포의 차별화를 시도해야 한다.

바. 시장잠재력

시장은 구매력을 감지할 수 있는 요소이며, 시장의 잠재력이 크게 되면 어떤 장사에도 유리한 환경이 될 수 있다.

사. 간판

간판은 매출에 직접적인 영향을 미친다. 따라서 간판은 가장 잘 보이는 장소에 가장 잘 보이는 각도로 설치해야 한다. 사람들이 지각(知覺)하고 기억하기 좋은 디자인으로 단순한 조형, 색상을 사용하는 것이 좋다. 문자수도 가능한 적은 것이 바람직하다.

5) 입지 선정시 고려사항

가. 고려할 3대 요소

① 가시성(可視性) : 간판이나 점포는 약 100m 전방에서 볼 수 있어야 한다.

② 접근성(편의성) : 교통수단, 주차장, 도로상황, 도보접근 등을 살펴 점포가 얼마나 접근이 용이한가를 조사하여야 한다.

③ 상권 활성화 정도 : 점포 수, 업종의 다양성, 인구 흡인력 등을 통해 알 수 있다.

나. 상권 및 경쟁구조

① 경쟁업소의 출현 가능성

② 상주인구 조사

③ 유동인구 조사

④ 지역상권 및 경쟁업소 분석

⑤ 업체 평균매출액, 당기순이익 파악

⑥ 시설물 분석(관공서, 대형점포, 지하철, 역, 버스터미널 등)

⑦ 주민, 고객의 이동동선 구조 파악

제 6 장

벤처기업의 자금조달

제1절 | 벤처기업 자금조달의 기본원칙[34]

1 개요

벤처기업의 자금조달에 관한 기본원칙은 창업가 정신과 재무관리론으로 부터의 기본적 정의를 원용하여 도출해 낼 수 있다. 새로운 벤처는 기회를 창출하고, 벤처사업을 시작하고, 가치를 창출하기 위해서 금융자본을 필요로 한다. 또한 기업가치를 축적하기 위해서는 시간이 걸린다.

투자자들은 그들 자신의 자산을 사용함으로 인한 보상과 그들이 투자한 돈을 돌려받지 못할 수도 있다는 위험을 예상해야 한다.

성공적인 벤처사업의 발전은 창업가를 비롯한 경영진 개인의 희생이 없다면 이루어질 수 없다. 그리고 벤처사업이 발전할수록 기업주와 경영진들 그리고 기업주와 채권자들 사이에 이익분배를 둘러싼 갈등이 일어날 수 있다.

따라서 다음의 여섯 가지 벤처기업의 자금조달 원칙을 염두에 두고 벤처기업을 경영하여야 한다.

① 실물자본, 인적자본, 그리고 금융자본은 창업가로부터 나와야 한다.
② 위험과 보상은 공존한다.
③ 회계가 사업의 공통 언어이지만 현실적 재무상태 파악은 현금흐름을 통해 알 수 있다.
④ 자금조달을 위해서는 철저한 탐색과 끈질긴 협상이 필요하다.
⑤ 벤처기업의 재무목표는 가치를 증진시키는 것이다.
⑥ 사람들이 그들 자신의 이기심과 반대로 행동할 것이라는 가정은 위험하다.

2 제1원칙 : 실물자본, 인적자본, 금융자본은 창업가로부터 나와야 한다.

벤처창업은 보통 실패할 위험이 높기 때문에 남들이 자금을 쉽게 빌려주려고 하지 않

34 Leach and Melicher "Entrepreneurial Finance" 참조

는다. 이처럼 창업초기에는 자금을 조달하기 어렵기 때문에 창업가의 개인 주머니에서 자금을 지출해야 한다. 이것을 우리는 벤처사업에 필요한 종자돈(seed money) 혹은 씨앗자금이라고 말한다.

벤처사업을 시작하기 위하여 투자된 종자돈이 이자를 벌기 위해 다른 곳에 쓰여질 수도 있었을 것이다. 이것을 경제학에서는 기회비용이라고 한다. 따라서 벤처사업은 모든 투자자들에게 그들의 돈을 사용하는 것에 대한 기회비용을 보상을 하여야 한다. 만약 그 투자자들이 벤처기업의 임직원이라 할지라도 투자로부터의 보상과 서비스로부터의 보상을 분리해야 한다. 즉, 투자한 임직원들은 투자한 자금에 대한 보상은 물론 투입한 노동력에 대해서도 보상(급여)을 받아야 한다.

3 제2원칙 : 위험과 보상은 공존한다.

화폐의 시간가치가 금융자본을 빌릴 때 드는 유일한 비용이 아니다. 총비용은 벤처기업이 지불을 할 수 없을 가능성 때문에 일반적으로 훨씬 높다. 특히 벤처기업에 돈을 빌려주는 것은 일반적으로 위험하다. 사람들이 위험을 싫어한다는 것을 표현하는 한 방법은 돈을 빌려주는 것이 더 위험할 때 더 많은 이자를 부과하는 것이다. 만약 은행에서 1년에 5%의 예금금리를 제공한다면 일반투자자들이 1년에 5% 수익률을 가진 위험한 벤처기업에게 자금을 빌려주는 경우는 거의 없다고 단언할 수 있다. 재무관리의 기초개념인 고위험에는 고수익으로 보상해야 한다는 이른바 High Risk – High Return 개념이 벤처기업의 자금조달에도 적용된다고 할 수 있다.

4 제3원칙 : 회계가 기업의 언어이지만 현실적 재무상태 파악은 현금흐름을 통해 알 수 있다.

만약 당신이 외국에서 선교사가 되고 싶다면 아마도 그 나라의 언어를 배우기 위해 시간과 노력을 투자할 것이다. 회계는 사업의 언어이다. 회계는 오랜 역사를 가지고 있고 회사의 재무상태를 파악하기 위해서는 회계의 기술과 기준을 사용하는 것은 당연하다고 대부분의 회계옹호론자들은 믿는다. 회계장부를 통해 정확하게 한 회사의 재무적 위치를 알 수 있다. 회계가 수행하여야 할 목적은 경영자가 경영활동을 합리화하여 능률을 향상시키는데 필요한 회계자료를 제공하는 관리목적과 외부이해 관계자가 합리적인 의사결정을 할 수 있도록 기업의 경영활동을 일반적으로 인정된 회계원칙에 따라 측정하여 적정한 회계정보를 재무제표의 형태로 제공하는 보고목적이 있다.

창업가는 벤처기업의 재무상태를 이해하고 벤처기업을 둘러싸고 있는 산업의 미래가 어떤 양상을 보이며 전개될지를 계량화 하여 예측할 필요가 있다. 따라서 중장기적으로 벤처기업의 달성목표를 논할 때 회계수치를 추천하지만 실제로 매일매일 직면하는 재무적위기는 오직 현금흐름을 통해서만 알 수 있다. 예를 들어, 5억원어치 판매계약을 성사시켰다면 회계상으로 장래수입으로 기록되어 회사에 엄청난 이익을 가져다 줄 것으로 인식된다. 하지만 이 때 우리는 어떤 방식으로 현금이 지불되는 지를 고려해야 한다. 만일 판매수익이 1년 후에 수금된다면 그것은 당장 내일의 급료를 만드는데 사용될 순 없다. 이른바 회계상으로는 흑자인데 당장 지불할 현금이 없어 흑자도산의 가능성도 배제할 수 없다. 따라서 현실적 재무상태 파악은 현금흐름표를 통해 보다 정확히 알 수 있다.

창업가들은 종종 그들의 벤처기업의 매출이 올라가고 성장함을 보여 주기 위해 필요한 현금의 양을 하향 측정한다. 결과적으로 우리는 이 차이를 보충해야 한다. 전통적인 회계수치들이 이익이나 투자의 반환에 따라 현금에 무슨 변화가 일어났는지에 초점을 맞춘 측정수치들로써 현금고갈(Cash Burn) 수치가 있다. 현금고갈은 판매로부터 들어온 현금과 사용된 현금 사이의 차이를 측정한다. 새로 창업한 벤처기업이 현금고갈을 경험하는 것은 일반적이고, 왜 그들이 외부에서 추가로 투자자를 찾아야하는지를 말해준다. 궁극적으로 가치를 창조하기 위해서 벤처기업은 현금지출보다 더 많은 현금유입 방안을 마련해야 한다. 현금축적(Cash Build)은 추가적인 투자의 비용을 포함하여 모든 현금유출에 대한 현금유입의 초과상태를 측정한다. 벤처기업이 안정적으로 자리를 잡고 성장하기 위해서는 현금흐름이 플러스인 상태 즉, 현금축적 상태를 유지하는 것이 중요하다.

5 제4원칙 : 자금조달을 위해서는 철저한 탐색과 끈질긴 협상이 필요하다.

대부분의 재무관리론에서는 수많은 중개인과 투자자가 경쟁하는 금융시장에서 자금을 조달하는 기업의 결정을 다룬다. 즉, 재무관리론은 표준화된 계약 또는 안전한 자산이 맞바뀌지는 금융시장에 주로 초점을 맞춘다. 즉, 재무관리론은 신생 벤처기업이 자금

조달을 조달할 때 중요하게 여기는 마찰을 경시 또는 무시하는 경향을 보인다.

새로운 벤처기업은 일반적으로 충분한 자산이나 자금을 가지고 있지 않다. 따라서 장래가 불투명한 벤처기업에게 자금을 지원할 투자자들을 발견하기가 쉽지 않다. 설사 투자자들을 발견한다고 하더라도 대부분 높은 금리를 요구하거나 창업가들이 선뜻 받아들이기 힘든 조건들을 제시한다. 이렇게 불리한 자금조달 환경하에서는 벤처창업가들이 숨어있는 자금제공자들을 철저히 탐색하고, 보다 유리한 조건으로 자금을 조달하기 위해서는 제시조건 하나하나에 대해 끝까지 협상하려는 자세를 갖추고 있어야 한다.

6 제5원칙 : 벤처기업의 재무목표는 가치를 증진시키는 것이다.

창업가들은 여러 가지 개인적인 이유로 새로운 벤처사업을 시작할 수 있다. 그들은 취미생활이나 이타적 동기를 가지고 창업을 할 수도 있다. 많은 창업가들이 벤처기업을 시작하기 위한 가장 큰 이유로 막연히 새로운 분야에 도전해 보려는 열정 때문이라고 주장할지도 모른다. 물론 새로운 벤처기업에 많은 비재무적 목적들이 있을 수도 있다는 것을 인정하는 것은 현실적이다. 하지만 설립자, 투자자, 종업원들의 무수한 개인적인 동기들이 무엇이든 간에 결국 벤처기업의 주목표는 재무적인 목적이 있으며, 그것은 가치를 증가시키는 것이다. 즉, 이익을 창출하는 것이다.

가치를 증진시키는 목표 이외에도 지역의 취업률 향상이나 급여향상 등과 같은 사회적 목적이 있을 수 있다. 예를 들면, 환경적인 목적으로서 재활용 될 수 있는 것을 수거하여 다시 사용하는 재활용 배송시스템을 제공하는 것이 목표가 될 수도 있다. 벤처기업의 재무적 목표로써 판매를 최대화 하거나 수익최대화 등 다른 후보들도 있다. 판매가 증가하는 것은 좋게 보인다. 그러나 판매증가가 비용의 급격한 증가를 수반할 때는 좋은 목표라고 할 수 없다. 이런 면에서 이익극대화는 판매극대화 보다 벤처사업 목적에 대한 더 좋은 후보이다.

그러나 이익도 여전히 벤처사업의 적절한 목표라고 할 수 없다. 만약 벤처기업이 이익을 얻을 가능성이 있어도 투자자금을 제공한 주인들에게 이익을 반환할 가능성이 없는 자산에 매우 많은 재투자를 한다면 이익은 생각했던 것만큼 주인에게 감동을 주지 않는다. 벤처기업의 재무적 목적으로써 투자의 수익분배가 가지는 문제는 일반 재무관리론과 유사하다. 이익이 동등하게 장부상 가치로 나누어 질 때만 동등하게 수익 분배를 추구할 수 있다. 하지만 이익의 액수가 크지 않다면 해당 벤처기업의 지속적인 존립에 위협이 될 수 있다. 만약 벤처기업이 아주 가치 있는 지식재산을 창조해왔지만 매우 짧은 역사를 갖고, 소액의 자본으로 시작한다면 얼마나 많은 잠재적 경쟁자들로부터 공격을 받을 것인지 알 수 없다. 경쟁이 심하면 수익분배 액수가 낮아지게 될 것이다. 이익이 존재하지 않고 약간의 동등한 장부상의 가치만 있을 수도 있다.

이익을 궁극적으로 벤처기업의 주인에게 반환하기 위해서는 자유현금(free-cash)이라는 주제로 돌아가야 한다. 더 쉽게 말해서 자유현금은 자산에 투자하고 채권자에게 지불하고 운영하는 데 필요한 것을 초과한 돈이다. 자유현금흐름(free cash flow)은 자유현금 분배가 끝난 후에 남은 돈이다. 자유현금흐름과 돈의 시간 가치와 위험이라는 개념을 사용하여 가치를 측정할 수 있다.

7 제6원칙 : 사람들이 자신의 이기심과 반대로 행동을 할 것이라는 가정은 위험하다.

사람들이 이기심과 욕심에 의해 움직여진다는 관점에서 보면 경제는 냉혹한 질서로써 종종 여겨질 수 있다. 가치를 증가시키는 것은 각자의 개인적인 재무적 목적이라고 말하지만 창업가적 재무원칙에서는 이기심 때문이라고 이것을 설명한다. 인간행동의 경제적 관점이나 종교적, 인종적인 입장에서 설명하기보다는 제6원칙 타이틀처럼 경고로써 주제를 소개하는 것이 주제전달 효과를 증대시킬 수 있다. 사람들이 자신의 이기심을 버리고 남을 위해 좋은 일을 하고, 봉사할 것이라는 기대는 버려야 한다. 인간은 원래 이기적 동물이기 때문이다.

창업가들은 경영진들이나 종업원들에게 주인의식을 갖고 열심히 일할 동기를 부여하기 위해서 인센티브 옵션을 제공할 수도 있다. 주인의 흥미와 종업원의 이기심 사이에 긍정적인 연결고리를 강화하고 경영진들과 다른 종업원들의 이기심을 잘 활용하면 기업성과를 크게 증대시킬 수 있다. 벤처기업 종업원들은 일반적으로 사생활과 여가를 상당부분 희생한다. 그들의 희생에 보답하기 위해 눈에 보이는 장밋빛 미래를 그들에게 제시하는 것은 현명하다. 그러한 미래보답은 벤처기업에서 주인과 경영진 및 종업원들 사이의 갈등을 푸는데 도움을 줄 수 있을 것이다.

경영자와 채권자의 갈등은 파산해가는 회사에 돈을 빌려준 사람과 경영자의 이기심의 차이에서 크게 드러날 수 있다. 비록 극단의 경우이기는 하지만 만약에 벤처기업이 부채가 있으며, 당장 내일 급여와 빌린 돈을 갚을 돈이 없다면 주인은 급여와 빌린 돈을 메우기 위해 복권을 사려고 시도 할지도 모른다. 만약 벤처기업이 급여와 부채를 지불하지 못한다면 이것은 주인도 아무것도 얻지 못함을 뜻한다. 만약 주인이 아무것도 하지 않으면 그들은 급여를 줄 수 없을 것이다. 만약 주인이 남은 약간의 돈을 가지고 복권을 산다면 아무도 그들에게 시비 걸지 않을 것이다. 만일 그들이 구입한 복권이 당첨되면 급여와 일부 부채를 갚을 수 있을 것이다.

하지만 우리는 복권의 구매를 지지하지는 않는다. 다만 그런 상황에서 이러한 유형의 행동을 택하게 될 수도 있다는 점이다. 모든 사람은 다른 사람의 이기심을 고려해야 한다. 그리고 이기심을 극복할 수 있는 방안들을 강구해야 한다. 아무런 행동을 취하지 않고 그저 참다보면 이기심이 극복될 거라는 희망에 의존하는 것은 현명하지 못한 처사다. 가치를 파괴하는 행동을 최소화하기 위해서 갈등을 해소하기 위해 협상을 자주하는 것이 최선일 것이다.

제2절 | 벤처기업의 자금조달 방법

1 수명주기 접근법

창업경영에 대한 자금조달 방법을 설명하기 위해 보통 수명주기 접근법(life cycle approach)을 사용한다. 수명주기 접근법은 창업가가 그들의 벤처를 다섯 가지 단계의 수명주기 동안 운영할 때 마주치는 주요 경영 및 재무적 결정에 대한 개요이다. 창업가가 벤처의 생존과 사업기회에 대한 유용한 정보들을 지속적으로 창출해 나간다는 사실은 이 접근법이 역동적이고 지속적이어야 한다는 것을 의미한다. 각 단계마다 창업가는 적어도 한번 이상 벤처의 미래에 대한 중요한 결정을 내려야 한다. 즉, 사업아이디어를 포기할까? 또는 벤처를 청산할까? 사업아이디어를 다시 생각해볼까? 제품과 서비스를 다시 디자인하고, 제조 공정, 판매 또는 유통 방식을 변화시킬까? 또는 벤처기업을 구조조정 할까? 등과 같은 종류의 질문에 대한 의사결정을 해야 한다. 이러한 질문은 궁극적으로 "우리가 과연 이 벤처사업을 지속해야 하는가?"로 귀결된다.

2 수명주기에 따른 벤처 자금조달의 유형 및 원천

1) 개발단계

벤처기업의 수명주기(life cycle) 중 개발단계에서 아이디어를 실행 가능한 사업기회로 전환할 수 있는지 없는지를 결정하기 위해 자금의 출처는 아직 종자돈(seed financing)의 형태로 있다. 개발단계에서 자본의 주요한 출처는 창업가의 자산이다. 이러한 제한된 자원에 대한 보충으로서 대부분의 새로운 벤처는 그 사업에 자금을 대기 위해 필요한 현금을 최소화하기 위해서, 교환을 포함한 창조적 방법에 의존한다.

개인 은행계좌나 다른 투자 종목들을 팔아서 얻은 수익금으로부터 얻은 돈이 종자돈의 출처일 것이다. 기업 설립자에게 개인적 자산(자동차, 집 등) 또는 이러한 자산들을 담보물로서 담보 잡히는 것은 꽤 흔한 일이다. 비용을 줄임으로써 생활수준을 낮추겠다는 의지는 벤처 발전단계에 있어서 공식적인 자원조달의 필요성을 경감시켜준다.

비록 위험이 따를 지라도 창업가들은 대부분 사업자금 조달을 위해 개인 신용카드를 사용한다. 가족 구성원과 친구들 역시 종자돈의 2차적 혹은 부수적인 출처를 제공한다. 그들은 아마 대출을 받아서 사업 내에서 창업가와 동등한 위치를 차지할 것이다. 이것은 보통, 구매되는 물건이나 서비스이기 보다 창업가에 대한 가족과 친구의 투자라고 불려진다. 그러한 자금 조달은 적어도 공식적인 벤처 투자에 비교하면 보통 상대적으로 저렴하다. 초기 창업과정의 투자에 관여하는 전문 투자자나 엔젤 투자자들의 수가 적지 않지만, 그들은 벤처창업 단계의 전형적인 자금 조달의 출처는 아니다.

2) 창업단계

창업금융(startup financing)은 벤처기업의 수명주기 가운데 창업단계와 일치한다. 이것은 성공 가능성이 높은 사업기회를 실행하여 최초로 생산과 판매를 가능케 하는 수준까지 이끌 수 있는 자금조달이다. 창업금융은 보통 탄탄한 경영진, 발전된 비즈니스 모델과 플랜을 가지고 있어 수익을 발생시키기 시작하는 회사들이 조달하는 자금조달이다.

만약 개발단계에서 축적한 창업가의 잉여자산이 있다면, 이는 창업금융(startup financing)으로서 역할을 할 것이다. 비록 창업단계에서 가족과 친구들로부터 자금조달을 지속할 수 있겠지만 창업단계의 벤처는 조금 더 공적인 벤처 투자자들에게 접근한다면 장점이 더 많을 수 있다는 점을 생각해야 한다.

판매와 수익이 창업단계 동안 발생하기 시작하겠지만, 일반적으로 창업단계의 자본지출은 자본유입보다 훨씬 크다. 따라서 창업단계에 있는 벤처의 대부분은 외부로부터의 추가적인 지분투자를 필요로 한다. 하지만 이러한 외부로 부터의 지분투자는 벤처기업이 성공하였을 경우 상당히 많은 수익이 벤처투자자와 같은 외부투자자들에게 넘어갈 수 있다는 것을 의미한다. 따라서 그만큼 창업가들의 수익이 줄어들 수 있는 위험을 감수해야 한다. 그러므로 창업가들은 지분참여를 통한 외부자금 수혈에 신중을 기해야 한다.

창업단계의 두 가지의 공식적인 외부적 벤처 자본의 주요 출처는 비즈니스 엔젤(business angels)과 벤처캐피탈리스트(venture capitalists)들이다. 비즈니스 엔젤은 중소기업들에게 자본을 제공하는 부유한 사람들이다. 그들은 개인적으로 혹은 여러 명이 공동으로 함께 투자한다. 많은 엔젤들은 상당한 사업경험과 자금융통의 경력이 있으며, 고등교육을 받은 자수성가한 백만장자들이다. 엔젤은 보통 그들이 개인적으로 관심을 가지고 있거나 과거에 경험을 해본 기술, 제품 및 서비스 등에 투자한다.

벤처캐피탈리스트들은 새롭고 빠르게 성장하는 벤처를 육성하고 그들에게 자본을 배분하기 위해, 공적이면서 조직화된 창업투자회사에 종사하는 개인들을 일컫는다. 창업투자회사는 보통 그들이 투자한 자본의 손실위험을 줄이기 위한 노력의 일환으로, 그들이 몇몇 다른 벤처캐피탈에서 모은 자본을 투자한다.

3) 생존단계

벤처 수명주기 가운데 생존단계는 벤처가 성공을 거두고 가치를 창출할 것인지, 아니면 문을 닫고 청산할 것인지에 있어서 중요한 단계이다. 1차 금융(first-round financing)은 보통 벤처 투자자들로부터 제공되는 동시에 벤처의 생존단계에서 비용과 투자가 수익을 초과하는 생존단계에서의 현금 부족액을 보충하기 위해 주식을 통한 자금조달을 의미한다. 사업 초기에 수익이 난다고 할지라도, 시장 점유율을 확보하기 위해서는 일반적으로 현금부족 현상이 야기된다.

생존단계의 벤처는 다양한 외부의 공급원으로부터 자금조달을 물색한다. 예를 들어, 원자재 공급자와 판매고객 둘 다 자금조달의 중요한 잠재적 원천이 된다. 벤처는 원자재 공급자에게 원자재 구입시 현금을 즉시 지불하지 않고, 일정기간 후에 대금을 지불하는 것을 허용하는 기업간 단기무역신용(trade credit) 계약을 통해 단기자금을 확보할 수 있다. 원자재 공급자에게 갚아야 할 대금에 대해 시간을 좀 더 갖는다는 점은 다른 공급원으로부터의 자금조달에 대한 필요성을 줄여준다.

판매측면에서 벤처회사 제품이나 서비스의 사용자들은 자본을 제공하거나 지급결세를 빨리 해 줌으로서 벤처기업에게 자금지원 역할을 해줄 수 있다.

정부와 지방자치단체는 중소 벤처의 생존기간 동안 자금을 제공한다. 미국에서는 연방정부에 의해 중소기업에게 자본지원을 해주기 위해 1953년 미국 중소기업청(SBA)이 설립되었으며, 상당수의 주정부들이 지역경제를 향상시키고 일자리를 창출하기 위해 고안된 특별 정부보조프로그램을 개발해왔다. 이 프로그램들은 보통 저금리 대출과 담보대출을 제공하고 감세 혜택도 포함한다. 한국의 중소기업청도 중소기업에 대한 자금지원을 위해 다양한 프로그램을 수립하고 있다.

생존단계에서는 은행으로부터 자금을 조달하기도 한다. 보통 일반은행이라고 불리는 상업은행은 기업이나 개인들에게 대출을 통한 자금지원 업무를 담당한다. 하지만 상업은행은 2년 이상의 재무제표를 가진 탄탄한 기업들에게 대출하기를 더 선호하기 때문에, 일반적으로 생존을 위해 사투를 벌리는 상태에 있는 벤처회사들에게는 은행자금을 융통하기가 쉽지 않다. 따라서 상업은행을 생존단계에 있어서 자본공급원의 한 형태라고 말하고 있지만, 성공적인 벤처회사들은 보통 그들의 급속성장기나 성숙단계에서 은행 대출을 받는 것이 훨씬 더 쉽다는 것을 알게 될 것이다.

4) 고속 성장단계

벤처회사가 고속 성장하는 단계에서의 주요한 자금조달 공급원들은 기업경영진, 공급자, 고객, 상업은행 그리고 투자은행에 의해 중개되는 자금들임을 보여준다. 이처럼 고속 성장하는 벤처회사에게 지원하는 자금을 2차 금융(second-round financing)이라고 한다. 대부분의 벤처회사들은 급속도로 수익을 거두는 고속 성장단계에 도달하자마자, 기업 운영으로부터 발생하는 현금흐름이 원하는 성장률을 달성하기 위해 충분하지 않다는 것을 알게 된다. 왜냐하면 이 시기에 재고자산도 많이 쌓이며 미수금 계정도 증가하게 된다. 또한 대규모의 외상매출금 발생을 통한 매출채권 증가와 재고급증은 현금 필요성을 증가시키기 때문에 금융기관 같은 자금조달원을 개척하고 유지하는 것이 중요하다.

고속 성장단계에서는 메자닌 금융도 필요하다. 메자닌 금융(mezzanine financing)은 혼성금융 혹은 성과공유형 금융이라고 한다. 주식을 통한 자금조달이나 대출이 어려울 때 은행 및 대출기관이 배당우선주, 신주인수권부사채(BW) 인수권, 전환사채(CB) 등 주식 관련 권리를 받는 대신, 무담보로 자금을 제공하는 금융기법이다. 벤처기업 등 초기 · 성장단계에 있는 기업이 제3자의 자본참여에 따른 소유권 상실의 우려를 최소화하면서 인수 · 합병, 성장 가속화 등을 위한 양질의 자금을 조달할 수 있도록 하기 위해 도입되었다. 은행 등 대출기관이 출자전환권을 행사해 대주주가 되더라도 기업 경영에는 참여하지 않는다는 조건이 붙는다. '메자닌'은 이탈리아어로 건물의 1층과 2층 사이에 있는 라운지 등의 공간을 의미한다.

연구결과에 의하면, 창업기업이 손익분기점(사업을 운영함으로써 얻는 수익이 운영비용보다 커지게 되는 시점)을 달성하기 위해서는 평균적으로 2년 반 정도가 걸린다고 제시하고, 초기 투자를 회복하는 데에는 6년 이상 걸린다고 한다. 따라서 대부분의 성공한 벤처는 손익분기점을 맞추기 전에, 보통 고속 성장단계까지 잘 지속된다. 벤처가 손익분기점을 달성한 이후에 꾸준히 성장함에 따라, 벤처 투자자들로부터 다른 자본의 투입을 필요로 하게 될 것이다. 벤처의 고속 성장단계 동안, 메자닌 금융으로부터 조달된 자본은 공장 확장, 마케팅 비용, 인적자본 그리고 상품과 서비스 향상을 위해 사용된다. 메자닌 금융은 보통 워런트(일정한 권리행사 기간 동안 미리 정해진 행사가격으로 특정기업의 주식을 인수할 수 있는 권리나 옵션) 형식의 주식성격을 갖고 있는 채권을 통해 얻어진다.

회사를 영속적으로 유지하기 위해서는 공모(public financing) 또는 사모(private financing)를 통하여 자금을 조달하여야 한다. 벤처기업은 필요한 자금을 조달하기 위해 거래소와 같은 공적 시장을 통해 투자자들에게 주식을 제공하고 현금을 납입 받는 방식을 선호할 수 있다. 고속 성장단계에서는 보통 코스닥과 같은 거래소를 통하여 벤처 투자자들에게 위험과 연관된 수익을 현금화할 기회를 제공한다.

가교금융 혹은 브릿지금융(bridge financing : 다음 매출까지 기업이 도산 당하지 않도록 필요한 일시적인 융자)은 현재의 소유권에 대한 구조조정을 가능하게 하고 회사의 첫 번째 공모를 야기하는 격차를 IPO(회사의 첫 번째 주식 상장)로 메우기 위해서 사용된다. 보통, 공모에 의한 수익금의 일부는 다음 모집까지 기업을 도산당하지 않도록 유지시켜주는 브릿지론(bridge loan: 연결융자, 단기융자)을 상환하기 위해 사용된다. IPO 이후에 회사는 아마 창립자와 벤처 투자자들의 지분을 이전에 소유한 지분의 추가 주식상장(secondary stock offering: 창립자와 벤처 투자자들의 지분을 대중에게 파는 것)으로 시장가격에 팔 것이다.

주식발행을 통한 자금조달을 위해 공개시장을 찾지 않는 회사들은 아마도 내부 자금, 은행 대출, 또는 사모자금(private equity)에 의해 지원받을 수 있는 방안을 시도할 것이다. 여기서 사모자금이란 증권시장과 같은 공개시장이 아닌, 기업 경영진과의 협상을 통해 지분을 인수한 후 3~5년에 걸쳐 경영을 정상화시킨 뒤 지분을 되팔아 차익을 챙기는 자금을 말한다. 어려운 회사를 인수해 구조조정을 거친 뒤 비싼 값에 되판다는 의미에서 일종의 탐욕펀드(vulture fund) 같기도 하고 워렌 버핏식 '가치투자' 같기도 하지만 다소의 차이가 있다. 또 사모자금이 헤지펀드(hedge fund)들에 비해선 훨씬 안전한 편이다.

투자은행들은 벤처기업에게 자본구조, 자본조달 타이밍, 신규 증권발행 비용에 관하여 조언하고 도움을 제공한다. 투자은행은 특히 벤처가 IPO를 성공적으로 착수하게 돕는데 노력하다.

한편 벤처법률회사(venture law firm)는 급속히 성장하는 창업기업에게 법률 서비스를 제공하는데 특화되어 있다. 벤처법률회사는 법적 구조, 세금과 면허보유 의무, 지식재산권 전략, 회사의 고용협약과 인센티브제도 뿐만 아니라, 판매할 증권의 구조를 만들 수 있다. 새로운 벤처에 대한 법적인 이슈들에 특화되어 있는 법률 회사들과의 초창기부터 견고한 관계를 유지 하는 것은 기업이 성장하고 지속적으로 자금을 융통하기 위한 상당한 자산이 될 수 있다.

5) 초기 성숙단계

숙성주를 통한 자금조달(seasoned financing)은 벤처의 성숙단계 동안 발생하는 자금조달 형태이다. 숙성주(熟成株)란 영어로 seasoned equity라고 하며 유통시장에서 충분히 오랜 기간 동안 거래되어 그 거래량과 가격의 추이를 상당히 예측할 수 있는 증권 종목을 말한다.

벤처투자자들은 벤처에 대한 개입을 보통 벤처가 성숙단계로 접어들기 전에 마무리 짓고자 한다. 즉, 벤처투자자들은 성숙단계 전에 투자자금을 회수하여 수익을 실현시키기를 희망한다. 영업을 통해 벌어들인 이익은 성숙단계의 벤처를 위한 자금조달의 주요 원천이다. 만약 추가자금이 필요하다면, 은행으로부터 대출을 받거나 투자은행의 도움을 받아 채권이나 주식을 발행하여 자금을 조달할 수 있다. 이미 공개시장에서 증권을 발행한 경력이 있는 성숙단계 기업은 숙성주를 시장에 판매함으로써 자금을 조달할 수 있다.

비록 성숙단계 기업의 성장률은 산업 전체의 성장률 수준으로 감소하지만, 기업 외부 자본에 대한 필요는 더 이상 창업단계만큼 생존을 좌우할 정도의 문제는 아니다. 성숙단계 기업은 종종 절세, 투자자 수익의 미세 조정, 인수 합병, 확장에 필요한 자금 등에 사용하기 위해 자금을 조달한다. 만약 벤처기업 주식이 시장에서 인기 있는 브랜드로 인식되어 있다면, 벤처기업은 아마 투자자에게 직접 증권을 발행하여 인수합병에 필요한 자금을 조달할 것이다. 성숙단계 기업은 숙성주식 형태의 증권을 일반 대중들이 아닌, 제한된 숫자와 계층의 투자자들에게 직접 판매할 수도 있다. 창업기업이 성숙단계에 접어들기 위해 필요한 시간은 그 회사의 경영 특징, 산업의 기술적 변화, 그리고 경영, 비전, 역량, 경영진과 벤처투자자 재원의 정도 등에 따라 달라진다.

제3절 | 정부기관의 정책자금 종류

1 창업기업 지원자금

1) 사업개요

우수한 기술력과 사업성은 있으나 자금력이 부족한 창업초기기업의 생산설비, 사업장 건축 · 매입자금 및 기업활동 자금을 지원

2) 지원대상

『중소기업창업 지원법』 시행령 제2조 및 제3조의 규정에 의한 사업 개시일로부터 7년 미만(신청 · 접수일 기준)인 중소기업 및 창업을 준비 중인 자

* 민간투자연계자금 : 민간 벤처캐피탈로부터 10억원 이상 투자를 받은 기업 또는 민간운용사가 선정한 TIPS 창업팀

3) 융자 범위

① 시설자금

- 생산설비 및 시험검사장비 도입 등에 소요되는 자금

• 정보화 촉진 및 서비스 제공 등에 소요되는 자금
• 공정설치 및 안정성평가 등에 소요되는 자금
• 유통 및 물류시설 등에 소요되는 자금
• 사업장 건축자금, 토지구입비, 임차보증금
• 사업장 확보자금(매입, 경 · 공매)

② 운전자금

• 창업소요 비용, 제품생산 비용 및 기업경영에 소요되는 자금

4) 융자 조건

• 대출금리(기준금리) : 정책자금 기준금리(변동)에서 0.3%p 차감
• 대출기간
  * 시설자금 : 8년 이내(거치기간 3년 이내 포함)
  * 시설자금 신용대출은 대출기간 6년 이내(거치기간 3년 이내 포함)
  * 운전자금 : 5년 이내(거치기간 2년 이내 포함)
• 대출한도
  * 대출한도 : 운전자금은 연간 5억원 이내. 단, 수출향상기업(p.4 금리우대 기준), 최근 1년간 10인 이상 고용창출 기업, 최근 1년간 10억원 이상 시설투자기업(금회 포함), 여성기업의 운전자금은 연간 10억원 이내(청년전용창업자금 제외)

5) 융자방식

• 중진공 직접대출 또는 금융회사 대리대출

6) 문의처

• 중소기업진흥공단 지역본(지)부
• 홈페이지: http://www.sbc.or.kr

2 청년전용창업자금

1) 사업개요

우수한 아이디어를 보유한 청년층의 창업초기 운영자금 공급으로 창업촉진 및 일자리

창출

2) 지원대상

- 대표자가 만 39세 이하로 사업 개시일로부터 3년 미만(신청 · 접수일 기준)인 중소기업 및 창업을 준비 중인 자
  - * 창업성공패키지지원의 경우 7년 미만인 창업 및 예비창업자
  - * 최종 융자시점에는 사업자등록 필요

3) 지원내용

- 융자금리 : 연2.0% 고정
- 융자기간 : 시설 · 운전 6년 이내(거치기간 3년 이내 포함)
- 융자한도 : 기업당 1억원 이내
- 융자방식 : 중진공이 자금 신청 · 접수와 함께 교육 · 컨설팅 실시 및 사업계획서 등에 대한 평가를 통하여 융자대상 결정 후 직접대출(융자상환금 조정형)
  - * 융자상환금 조정형 : 정직한 창업실패자에 대하여 심의를 통해 선별적으로 융자상환금의 일부

4) 문의처

- 홈페이지 : http://www.sbc.or.kr

3 엔젤투자매칭펀드

1) 사업개요

창업 초기기업에 엔젤투자자가 선투자 후 매칭투자를 신청하면, 엔젤투자자와 해당기업에 대해 평가 및 특이사항 검토를 통해 정부에서 매칭하여 투자하는 펀드

2) 지원규모

- 기업당 총 3억원 한도

3) 지원대상

- 창업초기기업

- 「중소기업창업지원법」 시행령 제4조에서 정의하는 "창업에서 제외되는 업종"이 아닌 업종을 영위하는 기업가치(post-money 기준)가 70억원 이하인 기업으로 아래 항목 중 하나라도 해당 되는 기업
  ① 창업 3년 이내의 중소기업
  ② 창업 3년~7년 이내의 중소기업
    * 신청일로부터 최근 3년간 연간 매출액 20억 이하
  ③ 창업 7년 이상의 중소기업
    * 벤처기업, 기술혁신형기업, 경영혁신형기업 중 하나인 중소기업이면서 신청일로부터 최근 3년간 연간 매출액 20억 이하
      - 엔젤투자자
    * 개인형엔젤투자자 : 개별엔젤투자자, 전문엔젤투자자, 엔젤클럽, 개인투자조합
    * 법인형엔젤투자자 : 적격엔젤투자전문회사, 적격벤처기업, 창업지원기관, 지역창업관련기관, 산학협력기술지주회사, 대학관련투자가능기관, 창조경제혁신센터 추천기관, 신기술창업전문회사, 창업경진대회 투자약정기관, 액셀러레이터

4) 지원내용

- 펀드조성 : 1,920억원
  * (전국펀드) 1,130억원, (지역펀드) 480억원, (대학펀드) 210억원, (청년펀드) 100억원
    - 투자형태
  * 신주투자(보통주/상환권, 전환권이 부여된 우선주)
  * 엔젤투자자가 투자한 동일한 조건, 방식 적용
  * 매칭비율

  개별엔젤투자자 : 투자금액의 최대 1배수 이내

  전문엔젤투자자, 지방소재 기업, TIPS프로그램 선정 창업기업, 재창업기업: 2배수

  크라우드펀딩 플랫폼을 통한 투자 : (개별엔젤) 1.5배수, (전문엔젤) 2.5배수 이내

5) 신청방법

- 신청기한 : 매달 1~5일(펀드 예산 소진 시까지)
- 신청방법 : 엔젤투자지원센터 홈페이지를 통한 온라인 접수

6) 유의사항

- 투자금은 현금에 한함
- 현금출자, 채권의 출자전환 등은 매칭신청 대상에서 제외
- 투자금 등기일로부터 1년 이내 엔젤투자자가 신청
- 기한 내 온라인 신청 미완료 시 접수가 되지 않으며 별도 연락 없음

4 1인 창조기업 지원

1) 사업개요

1인 창조기업에 사무공간을 제공하고 세무 · 법률 등에 대한 전문가 자문, 교육 등 경영지원, 지원센터 창출 및 사업화를 지원

2) 지원대상

「1인 창조기업 육성에 관한 법률」 제 2조에 해당하는 1인 창조기업 또는 예비 1인 창조기업(예비창업자)

* 예비 1인 창조기업의 경우 입주 후 3개월 이내 사업자등록을 해야 함.

3) 1인 창조기업이란?

1인 창조기업이란 창의성과 전문성을 갖춘 1인이 상시근로자 없이 사업을 영위하는 자. (단, 부동산업 등 대통령령으로 정하는 업종을 영위하는 자는 제외)

- 공동창업자, 공동대표, 공동사업자 등 공동으로 사업을 영위하는 자가 5인 미만인 경우 인정
- 1인 창조기업이 규모 확대의 이유로 1인 창조기업에 해당되지 아니하게 된 경우에도 3년간은 1인 창조기업으로 인정
  * 상시근로자를 사용하지 않고 있는 기간이 연속으로 1개월 이상이었던 자
  * 1인 창조기업 외의 기업과 합병하거나 창업일이 속하는 달로부터 12개월 이전에 중소기업에 해당하지 아니하게 된 경우는 제외

4) 지원내용

항목	내용
사무공간	사무(직업)공간 및 회의실, 상담실, 휴게실 등 지원센터 공간 지원
경영지원	세무, 회계, 법률, 마케팅, 창업 등 전문가 상담 교육, 정보제공 등 경영지원(무료)
사업화 지원	1인 창조기업과 외부기관(기업)간 프로젝트 연계 및 수행 기회 제공 지식서비스 거래 및 사업화
시설이용	팩스, 프린터, PC 등 사무실 집기 이용 지원

제 7 장

엔젤투자, 액셀러레이터 및 벤처캐피탈

제1절 | 엔젤투자

1 엔젤의 정의

'천사'라는 뜻의 엔젤(angel)은 산업분야에서 가난한 가수 등 연예인을 지원해 주던 '마음씨 좋은 후원자'를 가리키는 말로 사용됐으나, 요즘은 벤처기업에 투자하는 개인투자자라는 뜻으로 굳어졌다. 엔젤은 주로 특정 전문가들이 소규모 그룹을 이뤄 투자활동을 벌이는 것이 보통이다.

사전적 의미로 엔젤은 '창업 또는 창업 초기단계의 기업에게 필요한 자금을 투자형태로 제공하고, 경영에 대한 자문을 해 주어 기업의 가치를 높인 후 일정한 방법으로 투자이익을 회수하는 개인투자자'를 말한다. 창업 초기단계(early stage) 기업에서 '천사'처럼 나타나 필요한 자금을 공급하는 사람이라는 뜻에서 '엔젤'이라고 부른다. 미국에서는 공인투자자(Accredited Investor)라고 표현하고, 영국에서는 비즈니스엔젤(Business Angel)이라 칭한다. 우리나라에서는 창업한 지 7년 이내의 벤처기업에 투자하는 개인 또는 개인들로 구성된 조합을 뜻한다. 이런 엔젤이 사용하는 자금을 '엔젤캐피탈(Angel Capital)이라고 한다.

엔젤은 원래 미국 브로드웨이에서 유래되었다. 1920년대 미국을 중심으로 많은 오페라가 만들어져 공연되었으나 어떤 오페라는 작품성이 있음에도 불구하고 자금이 부족해 공연을 할 수 없었다. 당시 돈 있는 후원자들이 이런 오페라에 자금을 대어 공연을 성공적으로 끝낼 수 있도록 했다. 이 후원자들을 가리켜 '엔젤'이라 불렀다. 이들이 자신의 이름을 밝히지 않고 도와 주다 보니 '선한 일을 하는 좋은 사람'이란 뜻에서 엔젤이란 용어가 사용되었다.

2 엔젤투자 르네상스 시대

산업적인 면에서 엔젤이란 개념이 사용된 것은 1960년대이다. 기업을 창업해 운영하다 보면 초창기에 많은 자금이 필요하다. 하지만 이 자금을 창업하는 개인이 모두 충당하기에는 여러 가지로 어려움이 많다. 1960년대 미국 실리콘밸리에서 많은 기업들이 문을 열면서 이러한 문제에 부딪혔다. 이때 돈 많은 개인들이 창업 초기기업을 대상으로 마치 브로드웨이의 오페라를 후원한 것처럼 자금을 지원하면서 산업적으로도 '엔젤'이란 용어가 사용되기 시작했다.

우리나라에서는 1990년 말 벤처업계에 우수 인재들이 쏟아져 들어오고, 사업성장 가능성이 높아지면서 엔젤에 대한 관심이 높아졌다. 가히 '엔젤 황금기'라고 해도 과언이 아니었다. 2000년 들어서는 벤처 붐을 타고 엔젤투자가 절정에 달해 과열양상을 보였다. 실제 당시 회사 이름에 '인터넷'이나 '테크'라는 단어가 들어가기만 해도 액면가 500원짜리 주식이 30만원대에 거래될 정도였다. 오히려 투자자들이 이들 회사를 직접 찾아가 주식을 사겠다고 할 정도로 기현상을 보였다.

하지만 이런 현상은 그리 오래 가지 않았다. 2000년대 초반 미국을 시작으로 닷컴버블이 꺼지면서 그렇게 고공행진을 하던 주가가 폭락했다. 당시 기록적인 수익률을 내고 '잘 나가던 벤처'들이 소리 소문 없이 문을 닫는 경우가 속출했다. 이와 함께 엔젤투자 시장도 급랭하기 시작, 이후 몇 년 사이 우리나라에서 엔젤투자는 거의 찾아 볼 수 없는 상태에 이르렀다.

실제로 2001년 1만 1,392개였던 벤처기업 수가 2002년 8,778개, 2003년 7,702개 등으로 2년 사이에 32%나 줄어든 것으로 조사됐다. 정부통계에 따르면 최근 창업초기기업에 대한 엔젤투자 규모가 2000년보다 무려 90%이상 줄어들었다고 한다.

하지만 최근 엔젤투자가 10년 만에 다시 고개를 들고 있다. 최근 모바일 시대를 맞아 스마트기기와 모바일 관련 사업이 확산일로에 있고, 청년창업이 붐을 이루고, 더 나아가 정부가 의욕적으로 엔젤투자 지원정책을 내놓으면서 엔젤투자에 대한 관심이 한층 높아지고 있다. 제2의 '엔젤투자 르네상스'를 앞두고 있는 듯하다. 특히 젊은 층을 중심으로 엔젤투자 성공사례가 속속 발표되면서 엔젤투자에 대한 열기가 고조되고 있는 양상이다.

3 엔젤의 역할

현재 국내에서 대표적인 엔젤투자자로 활동하고 있는 이들의 공통점은 창업열기가 뜨겁던 1990년대 말 정보기술(IT) 업계를 주름잡던 '벤처1세대'다. 이들이 엔젤로서 투자할 때 한 가지 법칙이 있다. 그것은 바로 '자신이 직접 경험해 본 분야에만 투자한다'는 것이다.

엔젤이 투자하는 자금은 고위험의 자본이득을 목적으로 하는 개인자금이다. 이 엔젤 자금은 죽음의 계곡(Death Valley : 미국 캘리포니아 중동부 쪽에 있는 험난한 지역, 경제학에서는 개발된 기술을 사업화하는 과정에서 자금난으로 많은 기업이 도산하는 데서 사용하는 개념) 기간으로 간주되는 벤처회사 창업 후 5~7년 정도의 기간에 회사를 운영하고 기술을 사업화하는 데 사용된다.

엔젤은 단순하게 자금을 지원하는 것뿐만 아니라 후견인의 역할도 수행한다. 자신의 경험과 성공 노하우를 창업 초기기업에 전수하여 기업의 가치를 높이고 사업의 성공 확률을 높이는 등 엔젤의 역할이 다양화 되고 있다.

1) 창업 초기 기업에게 필요한 자금 공급

엔젤은 잠재적으로 기술력이 높지만 자본과 경영여건이 취약한 초기기업, 그리고 연구개발이나 기업 설립 초기단계의 창업기업을 주 고객으로 한다. 벤처기업의 경우 창업 초기단계에 운영자금 확보나 기술개발 등에서 많은 어려움을 겪을 수밖에 없다. 이는 설립된 지 얼마 안 된 기업으로서는 소위 '죽음의 계곡'을 통과하기가 쉽지 않기 때문이다.

창업 초기기업의 경우 대부분 필요한 자금을 가족이나 친지, 혹은 아는 사람으로부터 도움을 받는 게 일반적이다. 하지만 죽음의 계곡을 지나면서 이들 자금은 금방 떨어지고, 추가적으로 자금을 충당하는 것도 쉽지 않다. 벤처캐피탈이나 은행 등 금융기관으로부터 자금을 조달하는 것도 그리 만만하지 않다. 신용도도 그렇고, 거래실적이 거의 없는 창업 초기기업으로서는 추가로 자금을 확보하기가 매우 어렵다.

기업의 성장단계에 따라 투자유형이 크게 다르다. 창업자들은 보통 창업초기에는 가족이나 친구, 엔젤로부터 필요한 자금을 조달한다. 그리고 기업이 점차 성장해 실적이 나오기 시작하면, 벤처캐피탈과 은행으로부터 필요한 자금을 융통해 쓰고, 그 후 기업이 충분히 성장하게 되면 직접 자본시장이나 기업공개 등을 통해 필요한 자금을 마련하게 된다. 이것이 일반적인 유형이다.

엔젤들은 위험을 두려워 않는다. 기업이 설립되어 성장 발전하기까지 걸리는 시간은 보통 5 ~ 7년 정도이다. 이처럼 창업기업이 사업을 성공적으로 이끄는 데 시간이 오래 걸리고, 사업을 영위하는 데 위험도 크기 때문에 은행과 같은 금융기관은 초기 창업기업에 대해선 가능하면 자금을 빌려 주지 않으려고 한다. 이러한 상황에서 엔젤이 일정한 역할을 해 주지 않으면 창업자들의 우수한 기술을 발굴해 낼 수 없게 된다. 창업을 꿈꾸는 사람들의 우수한 아이디어나 기술을 찾아 사업화하지 못한다면 그것은 기업가 개인은 물론이고 사회경제 전체적인 면에서 손해가 아닐 수 없다. 잠재적인 이익이 사장되는 것이나 마찬가지다. 우리나라를 포함해 해외 선진국들이 초기 기업을 육성하기 위해 별도의 엔젤육성책을 마련해 추진하고 있는 것은 바로 이러한 이유 때문이다.

2) 창업초기 기업에 자금을 투자형태로 제공

창업초기 기업이 자금을 조달하는 방법은 크게 두 가지로 나뉜다. 하나는 창업자의 소유지분(주식)을 매각하여 자금을 조달하는 자기자본 조달(equity-financing) 방식이고, 또 다른 하나는 타인에게서 자금을 빌려 운전자금화하는 타인자본 조달(debt- financing) 방식이다. 사업을 시작하는 창업초기 기업으로서는 주식을 통해 자금을 조달하는 방식이 금융기관으로부터 대출을 받아 운영하는 방식보다 훨씬 낫다.

그 이유는 다음과 같은 창업초기 기업의 특성 때문에 그렇다.

〈특성 1〉 경영에 관한 지식이나 경험 부족

고위험 고수익 사업 추진 창업초기 기업은 기술력을 앞세워 회사를 설립하는 경우가 많다. 하지만 아무리 기술력이 뛰어난 기업이라 할지라도 초기 기업이다 보니 경영에 관한 지식이나 경험이 부족할 수밖에 없다. 이것은 그만큼 사업이 실패할 가능성이 높다는 것을 의미한다. 반대로 사업이 성공하면 높은 가격에 지분을 매각하거나 기업공개(IPO)를 통해 주식가치를 높일 수 있다. 따라서 이들 기업에 투자하는 것은 고위험-고수익(High Risk-high Return)을 기반으로 하는 지분투자 방식의 투자가 바람직하다. 저위험(Low Risk)을 중심으로 하는 간접금융에 대한 자금조달 방식과는 성격이 맞지 않다.

〈특성 2〉 기술력은 있으나 자산은 절대 부족

미래 성장가능한 기술을 기반으로 하는 창업초기 기업의 창업자는 보통 젊은 공학도들과 과학자들이 주류를 이룬다. 이들은 기술면에서는 해박한 지식을 가지고 있지만 경영경험이 전무한 경우가 많다. 여기에다 회사운영에 필요한 자산도 별로 없다. 그러다 보니 재무제표와 같은 객관적 자료나 담보를 요구하는 금융권으로부터 자금을 대출받는 게 그리 쉽지 않다. 이들 기업으로서는 자금 구하기가 '하늘의 별따기'나 다름없다. 그래서 창업초기 기업 입장에선 미래 기술력의 가치를 보고 투자를 하는 엔젤에 의한 자금조달 방식이 더 좋다.

〈특성 3〉 벤처사업이 성공하기까지 많은 시간 필요

창업초기 기업은 기술을 사업화하고, 어느 정도 성장하기 위해서는 적지 않은 시간이 필요하다. 엔젤은 이러한 여건을 감수하고, 자금을 투자한 후 해당기업이 궤도에 오르면 지분을 매각하거나 기업공개(IPO)까지 오랫동안 인내심을 갖고 기다린다. 하지만 여신기간을 단기로 운영해야 하는 은행 등 금융기관 입장에서는 이것이 어려운 형편이다.

이렇듯 창업초기 기업에 적합한 자금조달 방식은 은행 등에 의한 간접금융 방식보다는 엔젤에 의한 지분투자 방식이 더 효과적이라 할 수 있다. 물론 창업초기 기업의 입장에서 보면 자기자본이 그만큼 줄어들고, 미래 수익이 분산되는 단점이 있다. 하지만 지분매각을 통해 자금을 조달하는 게 간접금융보다 금융비용이 많이 절감되기 때문에 창업초기 기업으로서는 안정적인 경영활동을 영위하는데 큰 도움이 된다.

3) 자금과 경영서비스 제공을 통해 기업의 가치 제고 주력

투자한 기업에 대한 자금 및 경영서비스를 제공하는 것은 벤처캐피탈이 가지는 가장 큰 특징이라고 할 수 있다. 그렇다고 엔젤은 이를 소홀히 해도 된다는 뜻이 아니라 오히려 더 중요하게 다뤄야 할 문제이다. 엔젤 역시 투자한 기업에 대해 직 · 간접적인 경영참여를 통해 투자한 기업의 가치를 높이는 활동을 해야 한다.

자금 제공과 더불어 투자, 회계, 법무, 해외 합작투자, 해외 마케팅 등 각종 경영에 필요한 서비스 활동을 지원하는 역할을 하지 않으면 안 된다. 엔젤이 자신의 분야에서 쌓은 경험과 성공 노하우를 투자한 기업에 전수함으로써 기업성장에 결정적인 역할을 할 수 있다.

엔젤투자자의 면면을 보면 창업에 성공한 후 기업을 넘기고 경영일선에서 물러난 벤처기업가나 또는 대기업의 경영진으로 있다가 은퇴한 전문 CEO들이 많다. 이들은 자신의 경영경험과 경영지혜를 자신이 투자한 기업가들에게 전수해 투자 수익을 많이 내고 싶어 한다. 이들은 또한 자신들이 가지고 있는 다양한 네트워크를 통해 투자기업의 성장을 돕기를 원한다. 즉 자신의 전문분야와 맞는 사업의 기업가를 찾아 지원을 수행하는 것을 최고의 목표로 삼고 있다.

4) 기업의 자산가치가 높아졌을 때 지분매각이나 기업공개(IPO)로 투자수익 회수 추구

엔젤투자자는 앞서 설명했듯이 일정 수준의 자산을 형성하고 은퇴한 전문 경영인이나 벤처 기업가들이 대부분이다. 따라서 이들은 자신이 보유한 자산의 일부를 초기 창업기업에 투자한다. 금융기관과 같이 고수익이 주목적은 아니다. 그러나 이들도 투자자이기 때문에 당연히 성공을 추구하고, 투자 수익성을 중요하게 여긴다. 그래서 엔젤은 창업 초기기업에 투자할 때 세밀하게 기업 가치평가를 하고, 일정 규모의 지분을 확보한다.

투자 자본에 대한 회수에 있어서도 신중하다. 엔젤이 투자지분을 회수하는 방법에는 지분매각과 IPO를 통해 회수하는 방법 등이 있다. 그 중 '지분매각'이란 정부가 인정한 공개시장이나 또는 장외에서 개별 주체들 간 사적인 계약에 따라 지분을 양수도하는 것을 의미한다. 또 IPO는 보통 거래소 시장이나 코스닥 시장에서 기업을 공개하는 형태로 일반인들에게 주식을 양도하는 것을 의미한다. 이뿐 아니라 장외시장에서 경영권을 포함한 회사의 경영 전반을 넘겨주는 이른바 '기업인수 · 합병(M&A)'을 통해 회수하기도 한다. 물론 금융제도와 상거래 관행, 그리고 엔젤의 개인적 성향 등의 이유에 따라 엔젤이 투자한 지분을 회수하는 방법은 조금씩 다르다.

이렇듯 엔젤은 투자한 기업의 가치를 높이기 위해 적극적으로 노력한다는 점에서 같은 투자를 하더라도 투자의 동기가 전혀 다른 소위 '블랙엔젤(Black Angel)과는 분명히 다르다. 여기서 블랙엔젤은 재무구조가 취약해 금융대출이나 기관투자를 유치하기 힘든 벤처기업에 천사처럼 나타나 필요한 자금지원과 경영에 관한 자문을 해주다가 갑자기 얼굴을 바꾸어 창업자를 밀어내고 경영권, 기술정보, 물품 등을 빼앗아 가는 사람이나 기업을 말한다. 즉, 기업을 성장시켜 그 열매를 함께 나누는 진정한 의미의 엔젤투자가 아니라 짧은 시간에 자본이득을 취하려는 사람이다.

4 우리나라 엔젤투자 현황

1) 엔젤투자 급증

우리나라 벤처기업에 대한 엔젤투자가 지난 10년 동안 94% 정도 줄었다. 하지만 최근 스마트한 엔젤이 많이 나타나면서 투자의 질은 오히려 높아지고 있다. 과거 '묻지마 투자'식 저급한 투자가 아니라 초기기업을 탄탄히 키워 기술을 나누는 실리콘밸리식 엔젤들이 우리나라 벤처중흥의 주역으로 등장하고 있다.

그동안 우리나라의 엔젤 투자에서 개인들이 하는 투자는 주로 친인척이나 지인들이 창업하는 소규모 기업에 도움을 주는 것이 대부분이었다. 그들의 투자는 개인적이고 일회성이었다. 그러다 1997년 '벤처기업육성에 관한 특별조치법'을 만들어 개인이 벤처기업에 투자하는 것을 지원하면서 본격적으로 엔젤조합 또는 엔젤클럽이 만들어지기 시작했다. 즉 개인이 직접 투자하는 방식과 개인투자조합에 출자하는 간접투자방식도 함께 도입하고 투자자금과 투자수익에 대해 세제지원을 제공하였다.

엔젤클럽은 투자에 관심이 있는 개인투자자들의 임의적인 모임이다. 아직까지 별도의 법적 근거는 없고 단지 내부 정관에 의해 운영된다. 엔젤클럽은 유망기업을 발굴하여 그 기업에게 회원들을 상대로 기업홍보(IR)을 하도록 하고, 회원들 스스로 투자 여부를 결정함으로써 엔젤과 투자기업을 연결해 주는 가교역할을 한다.

1999년 하반기에 불기 시작한 벤처 붐은 엔젤의 폭발적 증가로 나타났다. 엔젤클럽 또는 엔젤투자조합 등을 통해 공개적으로 활동하는 엔젤은 1997년 100명 정도에서 2000년 말에는 약 2만 8,800명 정도로 늘어났으며, 투자금액은 5,493억원에 달했다. 엔젤투자 추이를 보면 벤처기업에 대한 투자는 투자자금의 회수시장인 코스닥시장의 주가지수에 민감하게 반응하는 모습을 보였다. 2001년에 개인투자자에 대한 소득세 감면이 투자금액의 30%에서 20%로 축소되고 2006년에는 10%로 더 축소되면서 엔젤투자 시장의 분위기를 더욱 얼어붙게 만들었다.

2000년 벤처 열기가 한창일 때는 대학, 상공회의소, 동창회, 상담회사, 공공기관 등을 중심으로 많은 엔젤클럽이 결성되었다. 그러나 벤처 붐의 붕괴와 함께 벤처투자 시장이 신뢰를 상실하면서 엔젤클럽 활동도 크게 위축되었다. 최근 들어 벤처포럼, V포럼 등 일부 전문가들을 중심으로 엔젤클럽 활동이 활발해지고 있다. 2000년대의 벤처 붐 이후 지난 10년 간 엔젤투자자의 연령대가 30대에서 40대로 높아지고, 투자자의 직업도 다양해졌다. 투자선호 업종 또한 정보통신 분야의 편중현상이 어느 정도 개선되었다. 또한 벤처 붐 당시 부정적인 요소로 지적되었던 문제들이 많이 개선되었다.

2) 엔젤투자금 회수시장 조성 미흡

하지만 아직까지 개선해야 될 점이 적지 않다. 성공한 기업인이나 기업은퇴자 등 다소 자금의 여유가 있는 계층의 엔젤보다는 현재 경제활동이 활발한 연령대 비중이 높은 것이 문제다. 또 창업초기 기업의 경영지원에 필요한 회계사, 변호사 등 전문직 비중이 낮고, 투자자금 회수시장이 제대로 조성되어 있지 않아 창업초기 기업에 대한 투자기피 현상이 계속되고 있는 점이 개선되어야 할 문제이다.

엔젤투자자의 투자활동 실태를 살펴보자. 엔젤이 투자대상 업체정보를 수집하는 경로를 보면 주로 개인적 인맥(71%)을 통해 이루어졌다. 이어 기업투자설명회(11%), 신문 등 일반미디어(7%), 엔젤클럽 활동(6%) 등을 통해 투자 대상 업체를 발굴하고 있는 것으로 나타났다.

엔젤의 투자 대상기업의 업력을 조사해 보면 창업한 지 3년 이내 기업에 대한 엔젤투자가 42%로 가장 많고, 다음이 3 ~ 5년(27%), 5 ~ 7년(13%), 7년 이상(13%) 순으로 나타났다. 창업을 하지 않은 업체에 대해서 엔젤투자를 하는 경우도 6% 정도 있었다. 엔젤투자 형태는 신주발행(78%), 구주인수(13%), 회사채(6%) 순으로 투자 재원이 주로 예금(44%)과 주식 등 유가증권(31%)으로 충당되었으며, 부동산 처분(7%)도 일부 있는 것으로 조사됐다.

제2절 | 액셀러레이터

1 개요

4차 산업혁명의 핵심기술로 일컬어지는 빅데이터, 인공지능, IoT, 3D 프린팅과 같은 기술은 기업과 산업, 일자리까지 바꾼다. 여기서 기술의 역할은 점진적 보완이 아닌 파괴적 혁신이다. 데이터 사이언티스트(Scientist), AI튜터(AI Tutor), 메이커스 파트너

(Maker's Partner)와 같은 새로운 직업들이 생겨난 것도 파괴적 혁신을 담당할 주체들이 필요했기 때문이다. 하지만 4차 산업혁명에서 파괴적 혁신을 만들어 내는 진짜 주인공은 혁신기술로 시장을 뒤흔드는 '테크 스타트업(Tech Startup)'이다. 아마존(Amazon)의 물류 창고를 혁신시킨 것은 내부 조직이 아니라 7억 5,000만 달러에 인수된 물류 로봇업체 '키바시스템즈(Kiva Systems)' [35]이다.

경제 분석과 주가예측 분야에서는 AI 기반의 데이터 분석 업체인 켄쇼(Kensho)가 파괴적혁신가이다. 이 기업은 발리 화산이 폭발했을 때 세계 경제와 주요 기업에 미치는 영향을 10분 만에 분석했고, 영국 브렉시트 이후 환율을 정확히 예측했다. 2018년 3월 세계적인 신용평가사 스탠다드 푸어스(S&P)가 켄쇼를 5억 5,000만 달러에 인수했다. 이 거래는 구글의 딥마인드, 인텔의 너바나시스템 인수보다 큰 금액이어서 IT 및 금융업계의 눈길을 끌었다. 켄쇼는 모건스탠리 애널리스트 15명이 4주 동안 할 일을 단 5분만에 끝내는 능력으로 미국 월가에 충격을 주었던 인공지능 금융데이터 분석기업이다. 켄쇼라는 이름은 CEO 다니엘 네이들러가 한때 일본의 선(禪)에 심취했던 경험에서 나온 용어로 '마음으로 이치를 터득한다'는 뜻인 견성(見性)의 일본어 발음이다.

최근 10년 사이 4차 산업혁명 기술 분야에서 엄청나게 많은 테크 스타트업들이 쏟아졌다. 이들이 쓸어간 투자금만 해도 수천억 달러가 넘는다. 도대체 이들 스타트업은 어떻게 발굴되고 성장하고 거액의 투자를 받고 이후 M&A와 기업공개의 주역이 되었을까? 일등공신은바로 '액셀러레이터(Accelerator)'이다. 이들의 존재가 없었다면 현재 스타트업 생태계는 이런 모습이 아니었을지 모른다.

액셀러레이터(Accelerator)는 장기성장가속기라고 번역되어 왔으며, 중소벤처기업부에서는 창업기획자라고 부르기 시작하였다. 이는 SM, YGM, JYP 등 연예기획사들이 재능을 가진 연예인들을 조기에 발굴하고 집중 훈련시켜 데뷰를 시키는데 착안하여 제정하였다고 판단된다. 가능성 있는 창업기업을 발굴하고 집중 육성하여 시장에 내놓는 방법이 연예기획사들과 유사하기 때문이다. 창업기획가는 우리에게 아직은 생소한 개념이나 한마디로 체계적인 창업가 양성기관이라 정의할 수 있다. 최근 민간기업을 중심으로 새로 등장한 전문 엔젤투자자를 가리킨다. 성공한 벤처기업인 출신이 거액의

35 'Kiva'는 믹 마운츠가 2003년에 설립한 'Kiva Systems'라는 회사에서 개발한 로봇으로 넓은 면적의 물류창고에서 사람이 직접 물건을 찾아다니는 수고를 덜게 해주며 시간과 비용을 감소시킨 혁신적인 제품이다. 후에 이 제품의 개발사인 키바 시스템즈는 아마존에게 7억 7500만 달러라는 큰 금액으로 인수되며, 현재는 'Amazon Robotics'로 이름을 공식 변경 하였으며 아마존의 여러 창고에서 약 3만대 정도가 활동하고 있음.

자본을 투자하고 자신의 경험, 사업 노하우와 기술개발, 판로개척, 인적 네트워크를 소개해 주는 선진기법의 엔젤 역할을 수행한다는 점에서 기존 비즈니스엔젤과 비슷하다. 하지만 액셀러레이터는 초기 창업기업을 발굴해 3개월 정도의 짧은 기간 동안 사업과 관련된 각종 교육을 집중적으로 실시한 후 다른 투자자와 연결해 준다는 점에서 기존의 엔젤투자자와 차이점이 있다. 이는 창업기업을 만들어내는 공장에 비유해 '창업공장(Startup Factory)'라고 불린다. 최근 실리콘밸리를 중심으로 스타트업 기업 발굴 육성 프로그램으로 널리 확산되고 있다.

이처럼 액셀러레이터는 초기 유망 창업기업(스타트업)을 발굴하여 엔젤투자, 사업공간, 멘토링 등 종합보육서비스를 제공하는 창업기획자를 말한다. 일반 투자자들이 자금회수에 초점을 두는 것과는 달리, 초기 엔젤투자와 함께 멘토링과 보육, 연구개발 산학연 연계 지원 등을 실시한다. 기존의 벤처캐피탈(VC)이 자본만 투자하는 데 그쳤다면 액셀러레이터는 자금뿐만 아니라 사무실 등 인프라 지원과 경영 · 마케팅 멘토링까지 제공하며 인큐베이팅(창업보육)을 해 준다.

앞으로도 정부는 액셀러레이터의 활성화를 위해 벤처투자조합 결성을 허용하고, 창업지원사업에 창업기획자로서의 참여를 확대해 나가며, 액셀러레이터협회를 중심으로 중국 등 글로벌 네트워크를 구축할 수 있도록 지원할 계획이라고 한다. 액셀러레이터 제도가 시행(2016년 11월)된 이후 정부의 창업 · 벤처 지원 정책에 따라 증가, 최근 100호를 돌파하였고 이중 서울지역에 51개사가 소재하고 있다.

미국에서 가장 대표적인 액셀러레이터는 2005년 설립된 와이컴비네이터(Y-Combinator)이다. 이는 누구나 참여할 수 있는 선발절차를 밟아 스타트업 기업을 찾아내고, 교육과 멘토링을 통해 조직을 완비하고 초기 창업자금을 지원하는 방식으로 운영한다. 이 조직은 설립 후 6년 동안 300개가 넘는 스타트업에 투자했으며, 투자한 스타트업 기업의 시가총액이 모두 50억 달러에 이르는 것으로 알려졌다. 현재 미국에는 와이컴비네이트 이외에 플러그앤플레이(Plug & Play), 테크스타(Tech Star) 등이 활동하고 있다.

[표 7-1] 창업기획자(액셀러레이터) 등록 현황

(출처 : K-Startup, 2019.1.21. 기준)

구분	서울	경기	인천	부산	대구	대전	광주	세종	전북	충북	충남	경북	경남	울산	강원	합계
기업	78	12	3	8	6	13	2	1	2	1	2	2	3	2	3	138
비율(%)	56.5	8.7	2.2	5.8	4.3	9.4	1.4	0.7	1.4	0.7	1.4	1.4	2.2	1.4	2.2	100

2 초기 창업을 위한 국내 창업기획자(액셀러레이터) 소개[36]

초기 창업의 경우 투자 유치와 보육(인큐베이팅)을 위해 도대체 누구에게로, 어떻게 찾아가야하는지 몰라 헤매게 되는 경우가 많다. 또한 운 좋게 벤처캐피탈(VC)을 만나 이야기할 기회를 얻게 된다고 할지라도, 자신의 사업 분야에 대해 전혀 지식이 없는 투자자에게 아이템을 설명하는 것은 어렵다. 그들을 위해 국내 대표 5개 액셀러레이터들의 창업육성 방향과, 주요 관심 분야, 각 액셀러레이터 창업자들의 이력 내용을 소개한다.

1) 프라이머(Primer)

프라이머는 국내 최초로 설립된 창업 액셀러레이터로 국내외에서 IPO 또는 회사를 매각해 본 경험이 있는 한국 1세대 벤처 창업가들이 설립했다. 국내 최초의 액셀러레이터로, PC와 모바일 결제 시스템 KG이니시스를 창업한 권도균 대표가 만들었다. 10대 패션의 선두주자 '스타일쉐어'나 호텔 예약 애플리케이션 '데일리호텔' 등이 프라이머의 지원 아래 탄생해 승승장구하고 있다. 프라이머는 기수제로 운영돼 먼저 성공한 선배 기수가 멘토로 활동하는 특징이 있다. 최근 13기 데모데이를 성공적으로 개최했다.

출처 : Primer 페이스북

36 창업미디어 'beSUCCESS' 자료 참조

프라이머는 연중 수시로 일명 '프라이머 클럽(Primer Club)'을 선발하는데, 2011 ~ 2014년 간 시즌1과 시즌2를 통해 총 27개 팀을 지원했다. 이 중 4개 팀이 인수합병에 성공했다. 프라이머 클럽은 2주당 한 번 정도 파트너들과 미팅을 갖게 되며, 이 멘토링 과정은 길게는 6개월까지 이어진다.

권도균 대표의 주요 이력을 살펴보면 온라인, 모바일 금융 결제 관련 전문가임을 알 수 있다. 이니텍, 이니시스 창업을 거치며 누적된 내공이 있기 때문에 핀테크 창업에 대한 이해도가 상당히 높을 것으로 예상된다. 실제 권도균 대표는 옐로모바일과 공동으로 핀테크 사업에 투자하기도 했다. 권도균 대표는 창업에 있어서 본질, 원칙의 가치를 중요시하는 투자자이기도 하다. 그는 이투데이와의 인터뷰를 통해 '돈 보다는 경영, 재능보다는 진정성, 경험보다는 원칙을 강조한다'고 밝혔다. 실제 6개월 간의 멘토링을 통해 그가 강조하는 것은 '사업의 본질'이다. 그렇기 때문에 고객은 누구, 시장은 어디인가. 고객은 왜 그 제품을 사야하는가. 대안 제품은 존재하는가에 대한 충분한 고민을 거친 후에 지원하는 것이 유리하다. 또한 그는 "빚은 지지 않는다, 5년내 용역 매출이 전체 매출의 50% 이하로 떨어지지 않으면 흑자가 나도 그만 둔다"는 2가지를 본인의 창업원칙으로 삼는다. 전자신문에 기고한 [권도균의 스타트업 멘토링] 연재 칼럼을 통해 투자와 창업, 스타트업 양성에 대한 그의 철학을 자세히 파악할 수 있다.

프라이머는 기본적으로 초기 스타트업에 발굴에 적극적인 태도를 가지고 있는 액셀러레이터다. 이러한 특성 때문에 모바일, ICT, 헬스케어 분야의 초기 스타트업이 문을 두드리기에 적합하다.

2) 스파크랩스(Sparklabs)

스파크랩스는 국내외 출신 기업가들이 설립한 글로벌 지향형 액셀러레이터로, 2014년 설립 이후 현재까지 수십개의 초기 스타트업을 육성했다. 지난 2014년 11월, 송도국제업무단지에 사물인터넷(IoT) 전문 엑셀러레이터를 출범하기도 하는 등 신기술 분야에도 많은 관심을 보이고 있다. 스파크랩스의 스타트업 심사절차는 이메일로 지원을 할 경우, 심사역이 1차적으로 서류를 검토하고 2차 인터뷰까지 본 이후에 파트너들이 해당 스타트업을 검토한다.

특히 글로벌 액셀러레이터의 면모를 갖추고 있기에 해외진출 계획이 있다면 알아 두면 좋다. 김유진 공동대표만 아니라 프랭크 미핸 등 다양한 국적을 지닌 150여 명의 스타트업 멘토진을 보유하고 있다. 또 미국, 영국, 싱가포르, 이스라엘 등 해외에 오피스를 두고 있다. 맛집 앱 '망고플레이트', 뷰티커머스 '미미박스' 등이 스파크랩스의 지원을 받았다. 스파크랩스는 매해 두 차례 데모데이를 열고 있으며, 최근 11기 데모데이를 통해 새로운 11개 스타트업이 기업설명회(IR) 기회를 가질 수 있었다.

스파크랩스의 초기 1,2차 심사 과정에서 꼭 체크하는 것은 창업멤버 내 개발자 유무 문제다. 스파크랩스는 팀내 개발자 상주 문제를 스타트업의 성장속도와 연관 짓는다. 특히 창업멤버 중 개발자가 포함되어 있을 경우, 해당 스타트업의 성장과 확장 가능성이 상대적으로 클 수밖에 없다는 것이 스파크랩스의 믿음이다. 개발이나 디자인 업무를 외주로 해결하는 팀은 한계가 많다고 평가한다. 실제 지원한 많은 스타트업들이 이 벽을 뛰어넘지 못하고 서류 검토 과정에서 낙방한다. 또 팀원 구성의 조화도 중요하게 보는 부분이다. 스파크랩스가 가장 선호하는 타입은 비즈니스, 개발, 디자이너 등 각각의 팀원이 맡고 있는 영역이 분명하게 나눠어져 있는 팀이다. 예를 들어 세 명의 팀원이 모두 개발자이거나 모두 영업인인 팀은 고려대상에서 제외된다.

미국에 상주하고 있는 버나드 문 대표의 경우, 100% 해외 확장 가능성에 무게 중심을 놓고 투자를 검토한다. 따라서 기업이 현재 세계적인 트렌드에 맞는 서비스를 하고 있는지, 기존 성공한 해외 기업과 비교해 어떤 포지셔닝을 할 수 있는지를 중점적으로 검토한다. 플랫폼과 기술 관련 창업자이자, 투자자로서의 양 쪽 경력을 모두 가지고 있는 것이 특징이다. 이한주 대표는 마케팅과 온라인 광고, 서버 기술 관련 전문성을 가지고 있다. 세계 Top 5 호스팅 회사인 호스트웨이의 공동창업자인 그는 호스트웨이의 전략적 협력관계, 인수합병 부문을 책임지고 있다. 최근 스파크랩스는 모바일 타겟팅 광고 플랫폼인 온누리DMC에 스파크랩스가 투자를 하기도 했는데, 이 역시 이한주 대표의 결정이었다는 후문이다. 김호민 대표는 넥슨그룹의 게임개발 스튜디오인 넥소노바(Nexonova)의 대표를 맡는 등 넥슨 경영진 멤버로 활동한 이력이 있어 게임분야 스타트업에 관심이 많다. 김호민 대표는 이제껏 접하지 못한 새로운 분야를 발굴하고, 그 곳에서 혁신적인 서비스를 만들어내는 스타트업을 높게 평가하는 성향이 있다.

출처 : Sparklabs 홈페이지

3) 패스트트랙아시아(Fast Track Asia)

패스트트랙아시아는 초기 단계에 있는 스타트업을 함께 만들고 투자하는 컴퍼니빌더를 표방하고 있으며, 2011년, 티켓몬스터의 신현성 대표, 노정석 파이브락스 대표, 박지웅 당시 스톤브릿지캐피탈 팀장이 의기투합해 설립한 회사다. 특징은 인큐베이터나 액셀러레이터, 벤처캐피탈이 아닌 컴퍼니빌더로서의 역할을 지향한다는 점이다. 단순 투자가 아니라, 함께 회사를 공동창업하기도 하고 기존 스타트업과 협업하기도 하며, 대기업과의 파트너쉽을 통해 새로운 비즈니스를 런칭하기도 한다. 현재 창업교육 프로그램인 패스트캠퍼스를 운영하고 있기도 하다.

스톤브릿지캐피탈(Stone bridge Capital)에서 벤처캐피탈리스트(VC)로 활동한 이력이 있는 박지웅 대표는 팀을 검토할 때 창업자의 태도를 가장 중점적으로 본다. 오히려 아이템, 출신 배경보다도 창업자의 의지와 열정을 우선 순위에 둔다는 이야기다. 스트라입스의 경우, 처음 패스트트랙아시아와 연을 맺을 때까지만 해도 전혀 다른 창업 아이템을 구상 중이었다. 그러나 박지웅 대표와의 끊임없는 대화와 아이디어 개발을 통해 지금의 바쁜 남성 직장인을 위한 맞춤 셔츠 서비스를 만들어냈다. 스트라입스는 2014년 10월 스마일게이트인베스트먼트로부터 10억 원의 자금을 유치하는 동시에, 서비스 자체 수익도 내고 있는 등 순항 중이다.

지난 2013년, 박지웅 대표는 마이더스와의 인터뷰를 통해 "사업안은 그리 중요하지 않다. 역량 있는 인재는 언젠가 획기적 사업안을 찾아낸다. 역량에는 여러 종류가 있지만 가장 중요한 것은 실행력이다. 좋은 생각을 실제 행동으로 옮기는 사람이 생각보다 드물기 때문이다"라고 말한 바 있다. 패스트트랙아시아는 좋은 태도와 실행력, 열정을 가지고 있다면 구체적인 아이템 혹은 정량적인 성과 없이도 지원해볼 수 있는, 비교적 진입장벽이 높지 않은 액셀러레이터라고 할 수 있다.

4) 퓨처플레이(Future Play)

퓨처플레이는 국내 유일의 테크 스타트업 중심 컴퍼니빌더(Company builder)다. 한국의 스타트업과 연구자들이 훌륭한 기술을 가지고 있음에도 불구하고, 선뜻 창업에 나서지 못하는 현실을 바꾸고자 올라웍스의 류중희 대표가 설립했다. 특이점은 팀을 꾸리지 못한 예비 창업자라고 할지라도, 최대 1년까지 월급을 지급하며 창업과 스핀오프를 돕는 IIR(Inventor-In-Residence)프로그램을 운영하고 있다. 퓨처플레이의 주 관심사는 실패와 자금 압박에 대한 두려움으로 대학원, 대기업 등에서 창업을 꿈꾸고만 있는 유능한 개발자들을 스타트업 필드로 끌어내는 일이다.

퓨처플레이는 국내 엔젤투자사와 액셀러레이터 중 기술 전문가가 가장 많이 포진되어 있으며, 팀 내부에 제품 기획자, 재무 전문가, 마케터, 변리사, 변호사 등 회사를 시작하는 데 필요한 모든 분야 전문가들이 예비 창업자가 성공적으로 회사를 만들 수 있도록 1년 동안 도와주며 함께 일하는 것이 차별점이다.

퓨처플레이 CTO는 "기술은 정말 좋은데, 마케팅과 비즈니스 모델, 팀 구성 등 다른 부분에서 어려움을 겪고 있는 개발자에게 우리가 큰 도움을 줄 수 있을 것" 이라면서, "퓨처플레이의 파트너들은 대부분 박사 이상의 기술 전문가이기 때문에, 국내에서 가장 기술 이해도가 높은 액셀러레이터라고 볼 수 있을 것"이라고 말했다. 실제 기술 이해도가 떨어져 사용자 수, 매출로만 기업의 가치를 산정하는 벤처 투자 환경의 문제를 개선해나가는 것도 퓨처플레이의 목적 중 하나다.

류중희 대표의 경우 이미지 분석 기술 기업인 올라웍스를 창업한 이력이 있다. 따라서 영상 처리, 분석 기술 쪽에 전문성을 갖고 있다. UI, UX 관련 강의도 오래 해왔기 때문에 이 분야에도 역량을 가지고 있다. 류중희 대표는 정부 주도로 선정된 '걸어다니는 벤처확인기관, 전문엔젤 1호'에 선정되기도 했다.

한재선 CTO는 빅데이터, 클라우드 컴퓨팅, 머신 러닝, 데이터 분석 기술을 석박사 시절부터 전공, 넥스알을 창업해 KT에게 매각한 이력을 가진 데이터 처리 분야 전문가다. 박사 과정을 마치고는 웹 2.0 트렌드를 접하고 카이스트 학생, 연구원들이 함께하는 웹 2.0 모임을 만들기도 했다. 현재 퓨처플레이에서는 CTO와 내부 개발 조직 운영, 관리를 담당하고 있다. 그는 비석세스(beSUCCESS)와의 인터뷰를 통해 "퓨처플레이의 궁극적인 목표는 테크 스타트업이 성장할 수 있는 생태계를 조성하는 일"이라면서, "개발자들을 스타트업과 연결시키고, 좋은 개발문화를 전파시키며, 개발자들이 쉽게 창업에 도전할 수 있는 자양분을 만들어주기 위해 노력할 것"이라는 포부를 밝힌 바 있다.

황성재 CCO는 카이스트 대학원생 시절부터 스스로 개발한 특허로 대기업과 라이센스를 성사시킨 장본인이다. 황성재 CCO는 모바일, 웨어러블, 및 IoT 환경에서의 UX와 HCI 관련된 30여 편의 논문과 300 여건의 특허를 발표 하였으며 이 중 10 여건의 기술을 국내외 기업에 성공적으로 매각 한 경험을 가지고 있다. KAIST 학교 설립이래 가장 많은 특허를 출원하는 동시에 가장 많은 기술을 기업에 이전한 장본인이기도 하다. 퓨처플레이는 이 밖에도 윤경민 CIO, 정호석 CLO를 포함해 총 5명의 파트너가 만장일치 제도로 지원 스타트업을 선정하고 있다.

5) 디쓰리쥬빌리(D3Jublilee)

디쓰리쥬빌리는 소셜벤처에 투자하는 국내 임팩트투자기관으로, 소셜벤처 육성 프로그램 'D3 임팩트엔진'을 운영하고 있다. 소셜벤처 중에서도 주로 헬스케어, 공유경제, 신재생 에너지 분야에 초점을 맞춰서 액셀러레이팅을 진행하고 있으며, 그 외에는 스마트 교육 분야에도 관심이 있다. 국내 뿐 아니라 케냐, 아이티공화국, 탄자니아, 페루, 인도 등의 국가의 소셜벤처에도 투자하고 있는 것이 특징이다. 2014년 D3 임팩트엔진 2기는 약 4개월 간 워크샵, 멘토링, 피칭 기회 등을 제공했고, 김정현 딜라이트 창업자, 오승환 네이버 공동창업자, 윤필구 빅베이신캐피탈대표, 한 킴 알토스벤처스 대표, 김재현 크레비스파트너스 공동대표 등이 멘토로 참여했다.

실제 소셜벤처 전문 액셀러레이터가 많지 않은 가운데, 지마켓 CFO를 거쳐 빅베이신 캐피탈 등에서 벤처캐피탈리스트(VC)로 활동한 이력이 있는 이덕준 대표는, 자신이 보유한 투자자 네트워크를 통해 사회적 기업과 벤처캐피털 간 다리를 놓는 역할을 맡고 있다. 지금까지의 디쓰리쥬빌리 포트폴리오를 살펴보면, 소셜벤처 중에서도 실제적인 매출을 창출하고 있는 기업 위주로 투자하고 있음을 알 수 있다.

사회혁신형 벤처투자사인 크레비스 파트너스의 대표를 맡고 있는 김재현 파트너는 디쓰리쥬빌리의 공동창업자이기도 하다. 실제 이 크레비스 파트너스와 디쓰리쥬빌리 간에는 긴밀한 연관관계가 있는데, 임팩트엔진 1기와 2기 참여팀 중 3개 팀이 크레비스 파트너스 출신이다. 초기 기업 시절 크레비스에서 인큐베이팅을 받은 기업들이, 보다 규모있는 투자를 만들어내기 위해 디쓰리쥬빌리 쪽으로 지원하기도 한다. 트리플래닛, 프렌트립, 브링유어컵 등이 이러한 방식으로 참여했다.

3 이스라엘 액셀러레이터 사례 래드그룹

1) 이스라엘 생명과학의 새로운 액셀러레이터

이스라엘의 래드 바이오메드(RAD BioMed)회사는 의료기기를 개발하는 다양한 벤처기업과 바이오 제약 및 진단 분야에서 최첨단 시설을 갖춘 전문가와 이들을 기반으로 한 광범위한 네트워크를 보유하고, 과도기의 벤처기업을 성공으로 이끌어주는 종합 솔루션을 제공하고 있다. 즉, 자체 인큐베이터(창업보육센터)에서 의료분야의 혁신 아이디어를 발전시켜 수익을 창출하고 이스라엘 특유의 벤처생태계 강점을 지속적으로 강화시키려고 노력한다.

이곳의 모체가 되는 래드(RAD)그룹은 한사람이 주도하여 만든 수직적 조직이 아닌 각각 독립적 대표들이 모여 서로 협력할 수 있는 구조로 구성된 회사이다. 래드그룹은 약 20여개의 개별적 기업들이 모여 협력하고 있는 그룹이고 그중 10개의 기업이 M&A를 통해 성공적으로 성장했다. 현재 래드그룹에는 RAD Data Communications(통신사업자 및 기업 네트워크를 위한 RAD 액세스 솔루션 제공, 1981년 설립), RADWIN(광대역 무선 솔루션, 1997년 설립), RADware(지능형 어플리케이션 스위칭, 1997년 설립), Ceragon Network(무선광대역망 시스템 제공, 1996년 Giganet이라는 이름으로 설립), RADCOM(차세대 네트워크 모니터링, 분석 · 문제 시스템 제공, 1991년 설립), Silicom(서버 및 보안기구 어댑터, 1987년 설립), Packet Light Networks(통신사업자 및 기업에 대한 CWDM/DWDM 솔루션, 2000년 설립), Bynet System Integrator(텔레커뮤니케이션 네트워크 제공, 1973년 설립), SecurityDAM(보안시스템 제공, 2012년 설립), RADiFlow(보안산업용 인터넷, 2009년 설립)가 속되어 있다. 현재 RAD 그룹에 있는 직원은 약 4천명이며, 매출은 연간 약 10억 달러를 달성하고 있다.

2) 연구자들은 연구에 집중, RAD는 추가부분 지원

최근 이스라엘의 창업(Start-up)이 어떻게 파생이 되고 발전이 되었는지에 대한 텔아비브 대학 교수진들의 연구결과가 발표되었다. 이에 따르면 RAD그룹을 통해서 150여개의 Start-up이 파생되었다고 한다. 이곳에서 진행되는 방식을 보면 Start-up은 가장 중심에 있지만 작은 부분을 차지하고 있는데 오히려 이것이 빨리 성장·발전할 수 있도록 지원하는 프로그램을 많이 가지고 있다. 그래서 Start-up의 핵심이 되는 연구자들은 연구에만 집중할 수 있고 RAD는 추가적인 모든 부분을 지원하는 보육센터 역할을 하고 있다. 즉 벤처기업을 꿈꾸는 과학자에게 최첨단 시설을 갖추기 위한 자금 조달, 기술지도, 사업개발, 마케팅, 인사관리, 행정 서비스, 교육 등 사업 성공에 필요한 기본 틀을 지원하는 것이 주요 역할인 것이다.

3) 바이오 분야 특유의 위험방지를 통한 핵심기업 육성

RAD BioMed는 사업구상 단계에 있는 과학자들에게 그들의 아이템을 분석하고 사업화방안을 컨설팅하며 이들의 창업을 지원하는 종합적인 활동을 한다. 시작단계에서의 위험감축과 혁신적인 제품 개발을 위한 포괄적인 지원을 제공하는 것이다.

생명공학 분야가 다른 분야와 다른 점은 위험요소가 더 크고 투자금을 회수 하는데 시간이 훨씬 오래 걸린다는 점이다. 이러한 문제를 보완하기 위해서 이곳은 회사의 발전 단계를 각각의 세분화된 이정표에 맞춰서 최대한 진행하려고 하고 있다. 또한 생명공학 분야는 기술적 위험요소가 많기 때문에 관리, 운영, 경영에 대해 창업(Start-up) 기업들에게 조언을 해주는 등 업체와 아주 긴밀한 관계를 맺고 있다. 이스라엘에서 가장 성공한 벤처 투자가인 야후다 지사펠(Mr. Yehuda Zisapel)과 나바 지사펠(Nava Zisapel)이 대표를 맡고 있는데, 그들의 명성과 깊이, 효율적인 프로세스는 공동투자자들에게 글로벌 사업개발 파트너로서의 신뢰를 얻고 있으며, 낮은 위험도를 유지하도록 벤처기업을 관리하여 작은 기업을 이스라엘 생명과학분야의 핵심기업으로 만드는데 기여하고 있다.

4) 장기적 성장을 유도하는 액셀러레이터 프로그램

RAD BioMed는 창업보육 전 단계(Pre-Incubation), 창업보육단계(Incubation), 창업보육 후 단계(Post-Incubation)의 세 가지 단계로 프로젝트를 진행한다. 창업보육 전 단계(Pre-Incubation)에서는 새로운 연구를 개발하고 그것을 어떻게 시작할 것인지를 심사하고 계획을 세우는 것이다. 이 단계에서는 사실 큰 자금이 요구되지 않기에 일반적으로 5만 달러 정도의 지원이면 충분하다. 창업보육단계에서는 그것을 실행할 수 있는 연구자들을 추가로 모집해서 팀을 구성하고 이정표(마일스톤)대로 나눠 전략을 세운다. 그 후 창업보육 후 단계(Post-Incubation)에서는 자금을 모으고 네트워킹을 조직하는데 초점을 두고 있다.

마지막 단계에서는 정부의 지원을 받을 수 없기 때문에 RAD BioMed에서 직접 투자를 한다. 이러한 단계를 거치면서 단기간의 빠른 성장보다 업체가 장기적으로 성장할 수 있도록 힘을 실어준다는 의미로 액셀러레이터(Accelerator)라고 부르고 있다. 현재 이스라엘에서는 구글이나 마이크로소프트 같은 다국적 기업이 참여하는 액셀러레이터 50여개가 활동 중이다.

이 단계별 과정마다 공식적인 교육프로그램을 운영하지는 않는다. 하지만 창업(Start-up)을 위한 보육센터를 구성하는 단계에서 RAD BioMed가 직접 회사나 텔아비브 대학에서 세미나를 개최하는 등의 활동을 통해 간접적으로 교육을 하고 있다. 학교가 연구를 활성화하면서 벤처캐피탈로 넘어가는 그 중간단계의 역할을 하고 있는 것이다.

제3절 | 벤처캐피탈

1 벤처캐피탈의 정의

벤처캐피탈(venture capital)이란 벤처기업의 창업이나 사업확장을 지원하고 그 기업이 성공한 후에 투자원금의 회수는 물론 높은 투자수익과 부수적인 거래에 따른 수익을 기대하는 기업 또는 투자가 그룹을 말한다. 벤처기업은 유망한 기술과 장래성을 가지고 있으나 기업역사가 일천하고 기반이 취약하여 일반금융기관으로서는 높은 위험부담을 부담하기 때문에 자금을 지원하기 어렵다.

벤처캐피탈은 벤처기업에 대해 주식, 신주인수권, 신주인수권부 사채, 전환사채, 전환우선주 등의 취득형태를 통한 투자를 하는 데 주식보다는 이익배당이나 청산의 경우 우선권이 있는 전환우선주나 전환사채 등을 취득하는 것이 일반적이다. 이 밖에도 벤처캐피탈은 벤처기업에 대해 대출, R&D 지원, 경영 및 기술 등을 중심으로 한 컨설팅 등의 서비스를 제공한다.

벤처캐피탈이 투자자금을 회수하는 방법은 벤처기업의 기업공개(IPO), 제3자와의 합병, 경영자에 의한 매각, 벤처기업이 실패할 경우의 정리 등이 있으며 이 중에서도 기업공개와 M&A를 통한 회수가 가장 일반적인 형태이며 이를 통해 보유주식을 매각하여 자본이득을 얻는 것이다. 이 밖에 벤처캐피탈의 수익원은 투자자들로부터 자금을 모아 투자한 경우 받는 2 ~ 3%의 관리수수료 등이 있다.

벤처캐피탈은 기업가정신이 투철한 벤처기업의 경영자에게 자금지원은 물론 자신의 경험, 노하우, 네트워크 등 모든 지원을 하며 경우에 따라서는 경영자를 교체하거나 매각하는 등 철저하게 이윤을 추구하는바, 이와 같은 행위로 말미암아 탐욕자(vulture)라는 비난을 받기도 한다.

벤처캐피탈은 벤처기업에 자금을 지원한다는 점에서 일반금융기관과 유사하나 지원기업이 성장하지 못하면 자본이득을 얻을 수 없어 벤처기업과 벤처사업에 대한 위험을 분담 내지 공유한다는 점에서 일반금융기관과 다르며 벤처기업에 대한 지배의 목적이 없다는 점에서 일반적인 출자관계와 다르다.

2 벤처캐피탈의 역사

벤처캐피탈은 1950년대 중반 미국의 대학 등에서 개발된 신기술의 기업화를 지원하기 위해 생성되어 1960년대에 들어 본격적으로 발전하기 시작하였다. 오늘날 벤처캐피탈은 우주 및 군사개발 프로젝트, 컴퓨터, 의료 및 유전공학 등의 첨단산업과 관련된 벤처기업에 대한 지원으로까지 영역을 확대하고 있다.

미국에서 벤처기업에 대한 금융은 크게 엔젤캐피탈이나 벤처캐피탈 등에 의한 출자단계, 벤처기업이 어느 정도 기반을 잡은 후의 공개단계(IPO) 및 상장 후의 직·간접 금융단계로 나누어 볼 수 있다. 이 중 첫 단계는 주로 독립적인 엔젤캐피탈이나 벤처캐피탈회사 및 경우에 따라서는 벤처캐피탈을 자회사로 둔 투자은행에 의해 지원되고 기업공개나 기업공개 후의 금융은 투자은행들에 의해 지원된다. 엔젤이란 원래 브로드웨이의 공연후원자를 지칭하는 것으로, 엔젤캐피탈은 천사처럼 나타나 벤처기업에 투자하는 개인투자자들을 지칭한다. 이들은 주로 사업대상을 개발하고 제품의 성공가능성을 확인하는 사업초기단계에 비교적 소규모(5 ~ 10만 달러)단위의 사업자금(seed money)을 제공하는바, 창업초기의 자금지원에 있어서는 벤처캐피탈회사보다 기동성과 유연성이 크다. 엔젤캐피탈은 개인이 직접 투자하는 방식과 소액자금을 모아 엔젤펀드로 투자하는 방식이 있다.

벤처캐피탈회사는 제품의 개발이나 판매단계에 비교적 큰 규모(200 ~ 300만 달러)로 사업자금을 지원하는 것이 보통이다. 그러나 엔젤캐피탈의 투자건수가 훨씬 많아 총투자액은 엔젤캐피탈이 벤처캐피탈회사를 상회하고 있다.

투자은행들은 자체 내에 투자은행 자신의 자금과 일반투자자로부터 모은 자금을 집합하여 기금을 조성하고 이 기금으로 벤처기업의 공개와 관련된 업무와 앞으로 거래관계를 기대하여 공개 이전에 이들 기업에 투자하기도 한다. 이 밖에 투자은행들은 자신이 무한책임사원이 된 조합을 조직하여 기관투자자나 개인투자자들로 구성된 유한책임사원들로부터 출자를 받아 동 조합을 운영하거나, 다른 벤처캐피탈조합의 유한책임사원으로 출자를 하기도 한다. 벤처캐피탈의 자본조달은 펀드 형태로 주로 연기금이나 보험회사 등이 주축이 된 유한책임사원에 의한 조달이 많다.

3 우리나라의 벤처캐피탈

우리나라는 벤처캐피탈 업무를 주로 「중소기업창업지원법」에 의한 창업투자회사와 「여신전문금융업법」에 의한 신기술금융회사가 수행하고 있다. 종래 창업투자회사는 주식이나 주식관련증권에 대한 투자보다는 융자와 사실상의 자금대여라 할 수 있는 약정투자가 많았다. 그러나 최근에 들어 「중소기업창업지원법」의 개정으로 창업투자회사의 투자범위를 확대하여 창업투자회사가 사모펀드(PEP: private equity fund)의 유한책임사원 또는 무한책임사원으로 참여 할 수 있도록 하고 창업투자회사가 투자한 기업과 동반성장하기 위하여 투자기업에 대한 경영지배를 허용하는 등 벤처기업 활성화 지원을 확대함에 따라 주식관련 투자가 늘어나고 있다.

투자의 경우 주식인수가 일반적이나 위험분산을 위해 전환사채, 신주인수권부 사채 등 인수방식을 취하기도 한다. 융자의 경우 신기술의 기업화가 성공하는 경우 융자금의 상환과 더불어 매출액의 일정률을 로열티로 받고, 실패하면 최소상환금만 상환하는 조건부 융자와 일반은행의 융자와 동일한 형태인 일반융자가 있다.

창업투자회사의 자본조달은 자본금, 차입금 및 창업투자조합의 기금으로 조성된다. 창업투자조합의 업무집행조합원에게는 투자수익에 따른 성과보수를 지급할 수 있고 일반조합원에 대해서는 배당소득세의 일정분에 대한 원천징수 분리과세, 유사 배당세 면제 등 세제상의 우대와 조합재산의 손실 발생시 정부(창업지원기금) 및 창업투자회사의 출자분으로 우선 충당하는 등 우대를 하고 있다.

창업투자회사가 창업투자조합의 업무집행조합원이 되어 자금을 운용하는 경우 창업투자회사의 자기자본계정투자와 투자조합 간 또는 다른 투자조합 상호간 이해상충 문제가 발생할 수도 있다. 이러한 점을 보완하기 위해 2011년 「상법」개정으로 도입된 유한책임회사(LLC: limited liability company)를 활용한 투자조합제도가 도입되었다. 동 투자조합의 경우 펀드매니저가 설립한 LLC를 중심으로 투자조합이 결성되고 동 투자조합은 하나의 펀드만을 운용함으로써 이와 같은 이해상충문제를 해소할 수 있으나 도입이 얼마 되지 않아 아직까지 활성화되지는 못하고 있다.

벤처캐피탈은 벤처기업주식의 매각에 따른 자본이득이 그 주요목적이므로 벤처기업의 주식이 상장되어 거래될 수 있는 자본시장의 발전이 그 성장의 필수요건이라 할 수 있다. 따라서 대부분의 국가에서는 벤처기업주식의 원활한 거래를 지원하기 위해 상장요건을 일반기업보다 완화하고 자본소득세율을 인하하는 등 지원제도를 갖추고 있다.

우리나라도 1998년 1월부터 코스닥시장에 벤처기업 전용시장을 개설하고 벤처기업에 대해서는 의결권 없는 주식을 발행주식 총수의 1/2까지 발행할 수 있게 하는 등 지원제도를 도입하고 있다. 한편 「벤처기업육성에 관한 특별조치법」을 일부 개정(2009.1.8)하여 대학이나 연구기관이 신기술창업전문회사의 설립이나 양도를 보다 쉽게 하고 중소벤처기업의 인수합병을 지원하기 위한 제도를 도입하여 대학이나 연구기관이 보유한 우수한 기술의 사업화를 촉진할 수 있게 하였다. 또한 중소벤처기업의 인수합병을 효율적으로 지원하기 위해 중소벤처기업부 장관이 중소기업지원 관련 기관 또는 단체를 중소벤처기업 인수합병 지원센터를 이용할 수 있다.

4 이스라엘의 벤처캐피탈 사례

1) 개요

벤처캐피탈의 역사는 자본주의 역사만큼 깊다. 벤처캐피탈이 주목받게 된 것은 인터넷 때문이라 할 수 있을 정도로 밀접한 관계가 있다. 벤처캐피탈은 인터넷 열기를 타고 자본시장의 스타로 급부상했다. 이스라엘 벤처캐피탈 역시 예외는 아니다. 모든 비즈니스에 있어 자금은 중요하나 특히 자본이나 담보능력 없이 아이디어만으로 출발하는 벤처들에게 자금조달은 가장 어려운 문제 중의 하나이다. 이스라엘의 벤처기업의 경우도 자금문제가 큰 걸림돌이었다. 이러한 문제를 해결하기 위하여 이스라엘은 벤처캐피탈을 본격적으로 만들어 창업 및 성장을 적극적으로 지원하여 성과를 거두었다. 인구 800만의 중동국가 이스라엘에는 약 4,800개의 스타트업 기업이 있고 이를 약 80개 벤처캐피탈이 지원하고 있다.

이스라엘에서 벤처캐피탈의 일반적 정의는 주로 첨단 신상품 개발 제작사에 투자하기 위해 조성한 자본 또는 자본관리 운영회사를 말한다. 그러나 실질적 의미로는 첨단 기술제품을 개발 및 제작하는 기업에 대한 투자를 전문으로 하고 자본은 일인 또는 한정된 투자가를 위하여 조성되며, 전문적인 자본 운영관리진(Management Team)을 보유하며 경우에 따라 상시 운영 가능한 자본이 없이 필요에 의해 자본을 조달 공급하는 형태도 있다.

벤처자본은 벤처투자를 전문으로 하는 회사(Venture Capital Company)에 의해 공급되는 것이 주종을 이루나 일반 투자회사가 벤처투자를 목적으로 자사 내에 조성한 자금에 의해 공급되기도 한다. 벤처자본의 자금지원을 받은 기업은 벤처기업이라고 칭한다. 그러나 좀 더 정확히 말하자면 벤처기업은 첨단 신상품 개발 및 제작을 도모하는 회사 전체를 말하며, 벤처자본은 이중에서 유망기업을 선택하여 투자하는 것이다.

이스라엘에 본격적인 벤처 창업의 기운이 싹트기 시작한 것은 1990년대 초부터다. 1991년 옛 소련 해체를 전후해 그 지역에 흩어져 살던 75만여 명의 유대인들이 돈과 자유를 찾아 이스라엘로 넘어왔다. 당시 인구가 700만 명도 되지 않던 나라에 100만 명 가까운 이민자들이 순식간에 유입되면서 이스라엘은 실업률 급등이라는 국가적 위기를 맞았다. 당장 이들에게 질 좋은 일자리를 제공하는 것이 불가능하다는 것을 깨달은 정부는 과학자나 엔지니어 등 고급 인력들에게 창업을 권장해 스스로 일자리를 만들어 내도록 하는데 초점을 맞췄다.

이스라엘 최초로 벤처투자센터를 세우고 벤처투자 관련법도 정비해 나갔다. 투자자에게 사업실패에 따른 위험 부담을 짊어지게 하고 실패한 사업가에게 법적인 책임을 묻지 않는 이스라엘 특유의 창업 시스템도 이때 완성 됐다.

초창기 이스라엘의 벤처캐피탈은 1985년 설립된 2,900만 달러의 아테나 펀드(Athena Fund)가 유일한 것이었다. 그러나 이스라엘 정부는 1991년에 벤처캐피탈을 촉진시키기 위한 '요즈마(Yozma)'를 설립하였다. 이것은 초기에 약간의 문제가 있었으나 1993년 민영화되면서 대 성공을 거두었다. 이를 계기로 1993년 게미니(Gemini), 인벤테크(Inventech), 폴라리스(Polaris) 등이 출범하였으며 1994년 유로펀드(Eurofund), 예루살렘 벤처파트너(Jerusalem Venture Partners), 1995년 메디카(Medica) 등이 영업을 시작하면서 1996년은 이스라엘 벤처캐피탈의 확장기라 칭해진다.

특히, 1996년 말 이스라엘 정부는 외국 연기금 등 자국에서 세금 면제를 받는 기관투자가들이 이스라엘에서 면세로 투자할 수 있도록 법령을 제정한 것이 촉매제가 되어 미국을 비롯한 외국자본이 대거 유입되기 시작하여 벤처캐피탈의 중흥기를 맞이하였다.

요즈마 벤처캐피탈사의 가장 큰 특징은 정부가 개별 기업들에 직접 투자하기보다 경험 많은 민간 투자회사들을 파트너로 끌어들인 뒤, 서로 경쟁시켜 최대한 많은 벤처기업에 자금이 수혈되도록 배후에서 움직였다는 데 있다. 요즈마그룹은 각각의 펀드에 투자자로 참여해 개별 펀드 운용에 직 · 간접적인 영향력을 행사했다.

2) 창업생태계의 플랫폼 역할

개별 펀드사들은 수익률을 극대화하기 위해 더 많은 신생기업을 발굴해 투자했고, 해당 기업이 성공해 큰 수익을 거두면 이를 더 많은 신생 기업들에 재투자해 선순환이 되도록 한 것이다. 요즈마 벤처캐피탈사가 창업 생태계의 플랫폼(승강장) 역할을 한 것이다.

개별 펀드사들이 장기간 좋은 성과를 내면 요즈마 지분을 정리해 정부로부터 독립할 수 있게 한 것도 주목할 만하다. '황금알을 낳는 거위'처럼 지분을 미끼로 펀드사들에게 끊임없이 배당금을 받아낼 수도 있었지만, 이스라엘 정부는 스스로 해체를 선택했다. 마중물[37]로서의 역할이 요즈마 벤처캐피탈사의 책임이라고 본 것이다.

요즈마 벤처캐피탈사가 시도한 '매칭 펀드'방식도 큰 성과를 거뒀다. 1990년대 초만 해도 전쟁 지역인 이곳에서 선뜻 투자하겠다고 나서는 해외 펀드사는 많지 않았다. 그때 요즈마는 투자한 금액만큼 자신도 같은 액수를 투자해 실패 위험을 반으로 줄여 주겠다고 제안한 것이다. 해외 펀드 자금에 세금을 면제해 주는 인센티브도 제공했다. 이런 노력들이 더해지면서 유대계 자금을 중심으로 해외 투자자들이 서서히 이곳에 발을 붙이기 시작했다.

1억 달러를 갖고 시작한 요즈마 벤처캐피탈사의 위력은 실로 대단했다. 요즈마 벤처캐피탈사가 초기 80만 달러씩 투자했던 10곳의 펀드사는 현재 40억 달러를 굴리며 수백 개의 벤처기업을 지원하고 있다. 요즈마 벤처캐피탈사가 직접 투자했던 15개의 벤처기업 가운데 9곳이 상장되거나 글로벌 기업에 인수되며 성공했다.

3) 100개 이상 기업을 창업한 기자 펀드

가. 개요

기자펀드(Giza VC)도 현재 이스라엘에서 가장 활발한 벤처 투자그룹 중 하나로 지난 20년 동안 이스라엘을 이끌어온 대표적인 벤처캐피탈이다. 5개의 펀드를 통해 6억 달러의 자금을 다루었다. 기자펀드는 초기 단계의 혁신기업에 투자를 하며, 지금까지 101개의 이스라엘 업체에 투자를 해왔고 그중 33개는 성공적으로 시장에 진출하였다.

투자분야는 반도체, IT, 소프트웨어, 생명과학, 청정기술, 모바일기술, 미디어 등이다. 전문가들이 분야별 팀에서 활동하기는 하지만 모든 가능성을 활용하기 위해 임시 투자그룹을 만들어 활동한다. 현재 기자펀드의 매니지먼트 팀에는 6명의 파트너가 함께 일하고 있고 각자 출신배경이나 전문분야가 모두 다르다.

어떤 사람은 의사출신으로 의료분야를 담당하고 있다. 매니지먼트 팀의 파트너는 또한 투자를 결정하는 최종위원회의 멤버이기도 하며 위원회는 다수결로 결정이 된다. 지위가 높은 사람이나 낮은 사람이나 동일하게 한 표를 행사해서 다수결로 표결한다.

투자분야를 나눠보면 혁신적인 초기단계의 투자를 하며 현재 정보통신기술(ITC)에 60%, 인터넷 모바일에 25%, 의료기기에 15%정도 투자를 하고 있다. 기자펀드는 모

37 마중물은 옛날 수동식 펌프에서 물이 안 나올 때에 물을 이끌어 내기 위하여 위로부터 붓는 물이다.

든 투자대상 업체를 리드할 수 있는 역할을 하고 있다. 왜냐하면 그 업체가 최초로 받는 자금을 주로 기자펀드에서 투자를 하기 때문이다. 이로 인해 투자 회사와 아주 긴밀한 관계를 유지하고 있다.

나. 전 분야의 업종 취급하며 글로벌 시장까지 진출

기자펀드는 소프트웨어, 하드웨어, 커뮤니케이션, 의료기기 등 전 분야의 업종을 모두 다룬다는 특징이 있다. 글로벌 진출의 경우 해외의 인텔이나 샌디스크 같은 유명 대기업에서 인수합병을 하는 경우도 있고 주식시장에 상장하는 경우도 이스라엘뿐 아니라 나스닥이나 스위스 같은 곳에도 진출을 하고 있다. 한 업체가 10억 달러 이상의 가격에 팔린 경우도 있다.

다. 적극적 회사 경영 참여

예를 들어 플래시 메모리 기반의 보조기억장치(SSD: solid state drive)를 개발하는 엑스트림(XtremIO)이라는 회사가 있다. 3년 전 기자펀드가 이 회사와 접촉했을 때는 단지 아이디어 하나밖에 없는 상태였다. 처음에는 기자펀드에서만 투자를 시작했지만 이후 미국의 두 벤처캐피탈이 공동투자를 하였다. 2년 동안 2,600만 달러의 투자금을 모으게 되었다. 2년 반 후, 2012년에 아직 매출성과를 내지 않는 제로단계에서 EMC에 회사가 4억 3,500만 달러에 매각이 되었다. 즉 기자펀드는 오직 600만 달러의 투자를 해서 8,200만 달러의 수익을 거둔 성과를 올린 것이다. 가자펀드는 단순히 회사에 투자하는 것이 아니라, 이사회에 참여하고 CEO를 훈련시키기기도 하면서 적극적으로 회사에 참여하여 엑스트림 투자는 투자대비 수익률 14%에 이르는 아주 성공적인 케이스로 꼽힌다.

기자펀드는 처음에는 이스라엘 국내에 치중하였지만 나중에는 아시아를 주요 목표 시장으로 하고 있다. 2001년 싱가포르에 지사를 설립하여 이곳을 아시아지역 기반으로 성장하였으며 최근에는 대만기업 투자기회 확대를 노리고 있다.

라. 인수 · 합병으로 기술력과 규모 키워

엑스트림(XtremIO)과 같이 이스라엘에서는 창업펀드가 지원한 기업이 다른 기업과 협력하거나 인수합병 되는 사례가 많은데, 이는 기업이 글로벌 경쟁력을 갖도록 하기 위해 기술력과 규모를 키우는 것을 장려하기 때문이다. 기자펀드가 투자한 액티마이즈(Actimize)는 나이스시스템(NICE Systems)에 인수됐고, 역시 기자펀드가 투자한 프로

사이트사(Prosight)는 프리마 베라 시스템에 인수됐다. 그밖에 오 플러스, 쿄타, X 기술, M-시스템, DSPG, DSPC 등의 투자기업들도 기술력을 인정받아 세계의 내노라 하는 기업과 합병되거나 인수됐다.

마. 학생 위한 과학 · 기술교육 추진

기자펀드는 또한 'ORT'라는 조직을 통해 고등학생과 대학생을 위한 과학·기술교육 네트워크에 참여하고 있다. 이곳에서 기자 펀드는 마케팅 및 금융과 같은 주제를 다루는 3개월 과정의 강의를 만들어 첨단 기술 기업가 정신을 키우려는 학생들의 사업기반을 제공한다.

바. 정보교환 및 네트워킹 기회 제공

기자펀드는 추가로 다양한 커뮤니티를 운영하면서 정보교환 및 네트워킹 기회를 제공하고 있다. 기자펀드는 젤(Zell), 스타타우(StarTAU), 테크 로프트(TechLoft), IDC 엘리베이터 등 다양한 커뮤니티 조직을 운영하고 있다. 대표적인 곳이 젤과 스타타우이다.

'젤'은 기업가정신 프로그램을 운영하여 실제 비즈니스 벤처기업의 창업에 첨단 연구를 적용할 수 있는 기회를 학생들에게 제공한다. 이 프로그램은 학기 과정을 통해 맞춤형 학습과 실무경험을 결합하여 실행된다. 글로벌 비즈니스 환경에 적응되기 위해 전 과정이 영어수업으로 진행되고 있다. 또한 활발한 동문 네트워크 프로그램은 참가자들에게 자신의 꿈을 현실로 만들 수 있는 창구를 제공하는데 도움을 주고 있다.

'스타타우'는 텔아비브대학의 기업가정신센터에 의해 성립된 조직으로 기자펀드와 긴밀한 관계를 갖고 있다. 텔아비브대학(TAU) 학생 및 졸업생에 초점을 두고 지원하고 있으며, 인터넷 벤처기업, 생명공학 기업, 모바일 응용 프로그램 개발 기업들을 지원하는 비영리 단체이다.

4) 세부적 정보 제공을 통한 벤처기업의 창업지원

IVC연구센터(IVC Research Center)는 1997년에 설립되었고 이스라엘에서 진행되는 모든 벤처업체에 관련된 정보를 모두 기록하고 제공하고 있는 회사이다. 이곳은 이스라엘 첨단기술 산업에 대해 포괄적이면서도 정확한 정보의 제공을 자랑한다. IVC는 스타트업 기업들에게 특정 산업영역의 벤처캐피탈과 투자펀드 등에 관련한 정보를 제공하고 투자자금에 대한 통찰력을 제공하여 기업 창업을 쉽게 할 수 있는 정보를 준다.

또한 투자자들에게 가능한 기회와 새로운 거래의 흐름을 파악할 수 있는 능력을 키워주며 기업과 투자자들의 연결을 돕는 온라인 장소를 제공한다.

IVC의 고객은 이스라엘 첨단기술 기업 및 주요 임원, 잠재적인 파트너 및 고객에 대한 정보에 쉽고 직접적인 접근이 가능하다. 이곳의 자료들은 최신 업계 뉴스 및 보고서, 보고자료, 설문조사 등을 포함한다. 더 나아가서는 이스라엘 뿐 아니라 해외의 모든 업체들을 추적하고 있다.

IVC의 웹사이트에는 다양한 정보를 제공하고 있다. 이 사이트를 통해 한 업체를 검색하면 그 업체에 관련된 모든 정보, 현황 뿐 아니라 직원들의 배경, 이력부터 시작해서 자본의 규모, 수상경력, 운영현황, 현재 수익률, 그리고 그 업체와 관련된 모든 기사들을 세부적으로 다 볼 수 있다(현재 약 1만개 정도의 업체와 8만 명 정도의 인력들을 추적하고 있다). IVC의 이와 같은 서비스 제공은 전 세계에 몇 개 안 되는 업체 중 하나이다. 이스라엘의 창업기업(Start-up)을 찾아보는 데는 IVC의 웹사이트가 가장 유용하다고 한다. 다양한 분야를 모두 다루고 있으며 일부는 유료로 서비스를 제공한다.

5) 이스라엘 벤처캐피탈의 특징

가. 첨단기술 투자를 통한 기업육성

2011 ~ 2012년 벤처캐피탈의 투자규모를 주요 국가별로 보면 750만 명의 인구밖에 되지 않는 이스라엘이 20억 달러 이상을 매년 평균적으로 투자 한다는 것을 알 수 있다. 이러한 문화에 기반하여 이스라엘의 혁신적 기술을 통해 전 세계에 큰 영향을 주는 업체들이 만들어졌다. 트러스티어(Trusteer) 같은 경우는 IBM에 10억 달러에 매입된 가장 최근에 성공적으로 데뷔한 업체이다. 1997년 ~ 2013년까지 수치를 보면 벤처캐피탈에 투자된 총액은 260억 달러이다. 그 중 이스라엘의 벤처캐피탈이 모은 금액은 150억 달러 정도이며 약 6,500여개의 창업회사가 설립이 되었다. 이 가운데 M&A를 통해 얻은 수익이 500억 달러, 주식상장을 통해 얻은 수익이 40억 달러이다. 수치만 보면 260억 달러를 투자해서 약 두 배인 540억 달러의 수익을 낸 것으로 보이지만 260억 달러를 투자한 회사들이 아직도 계속 성장하고 있고 몇 년 안에 또 새로운 수익을 낼 수 있기 때문에 실제로는 투자한 금액의 몇 배 이상의 수익을 얻을 수 있는 이스라엘 벤처생태계임을 알 수 있다.

나. 산업 분야별 안정 유지 지속

지난 수년동안의 이스라엘 벤처캐피탈의 수치적 변화를 살펴보면 각 분야별로 안정적으로 유지되고 있는 것을 알 수 있다. 특히 특별히 주목할 만한 통계는 최근 시장에 성공적으로 진출하는 업체들의 비율이 크게 증가하고 있고, 또 하나는 와즈(Waze)나 트러스티어처럼 매각되는 금액이 10억 달러를 초과하는 업체들이 등장하기 시작했다는 것이다.

다. 빠른 적응을 통한 경제위기 극복

2004 ~ 2013년까지 10년 동안의 흐름을 살펴보면 매년 새롭게 창업하는 업체횟수가 문을 닫는 업체횟수보다 훨씬 많다는 것을 알 수 있다. 보통 새로 창업하는 기업의 수 보다는 실패로 가는 기업의 수가 많은 경우도 존재하지만 이스라엘의 경우는 한 번도 그런 적이 없었다. 2007년 ~ 2009년 글로벌 경제위기 때에도 이스라엘에서는 안정적으로 계속해서 새로운 기업들이 시장에 진출하였다. 이스라엘 업체들이 이러한 경제흐름에 전혀 영향을 받지 않았다고 할 수는 없지만 이스라엘은 굉장히 빨리 적응하였다.

이스라엘은 지역시장(local market)을 목표(target)로 하는 기업이 거의 없고 세계시장(global market)을 주요 목표로 한다. 미국에서 글로벌 위기가 시작되었을 때 많은 업체들이 재빨리 아시아 쪽으로 눈을 돌렸다. 한국, 중국, 대만 등 아시아 시장을 새롭게 개척하면서 새로운 신생기업들이 안정적으로 유지될 수 있었다.

라. 적대적 환경 속에서의 지속 성장

더욱 중요한 것은 이스라엘은 주변 환경이 적대적인 환경 속에 놓여있기 때문이다. 이러한 환경을 극복할 수 있도록 항상 긍정적이고 진취적인 사고를 가져야 한다. 주목할 만한 점은 2009년 경제위기가 한창일 때에도 이스라엘에서는 700개의 새로운 신생기업이 창업을 했다는 점이다. 경제위기로 인해 모든 사람들이 새로운 것을 시도하지 않거나 자신의 직장을 지키기 위해서만 노력할 때 이스라엘에서는 약 200 ~ 300명의 사람들이 기존의 직장에서 뛰쳐나와 창업을 했다. 10억 달러에 팔린 트러스티어도 이 때 창업을 한 회사이다. 이스라엘에 투자되는 벤처캐피탈의 투자비율을 보면 이스라엘 내에서 매년 15 ~ 20억 달러의 금액이 계속해서 투자되고 있지만 이스라엘 벤처캐피탈에서 모금하는 펀드의 비율은 갈수록 줄어들고 있고 오히려 해외에서 투자하는 비율이 점점 증가하고 있는 추세를 알 수 있다.

마. 경제동향에 따른 펀드

이스라엘 벤처캐피탈이 매년 모으는 펀드 금액은 1995년, 요즈마 벤처캐피탈사 활성화 이후부터 시작하여 급성장을 유지하다 다시 어려운 시기가 있고 또 성장하다가 떨어지고 하는 주기가 있음을 알 수 있다. 1990년대 후반에 크게 펀드를 모았다가 2002 ~ 2003년에 크게 떨어지고 최근에는 안정적으로 유지가 되는 것을 알 수 있다.

특히 2012년 기준 벤처캐피탈 투자를 살펴보면 금액기준으로 창업단계(Seed stage)에 11%, 초기단계(Early Stage)에 25%, 중간단계(Mid Stage)에 49%, 후기단계(Late Stage)에 14%를 투자하고 있다.

또한 이스라엘에 투자하는 해외 벤처캐피탈의 투자 성향을 보면 다양한 목표를 추구하고 있다는 것을 할 수 있다. 일부는 이스라엘에만 투자를 하고 있으며, 일부는 이스라엘을 주요 목표로 하면서 다른 나라에도 투자를 하는 펀드들도 있다. 또한 기업에서 직접 운영 하는 펀드 등 다양한 투자 형태를 지니고 있다. 이들은 펀드투자를 통해서 이스라엘의 혁신적인 기술을 각 나라의 제품에 접목시킬 수 있고 이를 통해 최근에는 기업들이 직접 투자하는 방식을 취하고 있다.

바. 세계적 다국적 기업들의 유지전략

이스라엘의 투자동향을 바탕으로 이스라엘의 기업들이 세계시장에 진출할 뿐 아니라 다양한 기업들이 현재 이스라엘에 직접 투자하거나 이스라엘에 들어와 있다. 애플이나 페이스북 같은 기업들은 지난 12 ~ 18개월 사이에 새롭게 이스라엘에 들어온 업체들이다. 이외에도 많은 다국적 기업들이 이스라엘에 큰 규모로 진출해 있다. 인텔(Intel)의 경우 연구개발(R&D)센터에만 7,700명의 직원이 근무하고 있고 칩을 생산하는 한 개의 공장에서 이스라엘 전체 수출의 15%를 담당하고 있다.

이렇듯 지난 10여 년 동안 수십억 달러 이상의 자금이 이스라엘에 유입되었다. 이를 바탕으로 많은 업체들이 세계적 다국적 기업에 인수 · 합병되었다. 2013년 상반기에만 10억 달러 이상에서 M&A가 성립된 두 업체만으로도 M&A를 통해 나오는 전체 수익의 절반을 차지하게 된 만큼 규모가 확장되었다.

5 요즈마 벤처캐피탈사(Yozma Venture Capitals Ltd.)

1) 발족배경

요즈마 벤처캐피탈사는 1993년 1월 발족하였으며 이를 계기로 이스라엘 벤처 산업이 뿌리를 내리기 시작하였다고 한다. 당시 이스라엘의 신생기업이 공통적으로 갖고 있었던 문제는 뛰어난 기술력이 있다 하여도 경영 노하우가 없었고, 해외시장에 진출하려 하여도 마케팅 능력이나 네트워크가 부족하였다. 아무리 기술적으로 뛰어난 것들을 개발하였다 하여도 그것을 상품으로서 시장에 팔 수 없다면 그것은 상업적으로 성공할 수 없는 것이었다. 모든 기술개발의 성패는 궁극적으로는 시장에서 판단 받게 된다. 그러나 대부분의 벤처기업의 경우 이 점에 있어서 결정적인 문제점을 갖고 있기 마련이다.

이스라엘 정부는 이와 같은 시장에서의 실패를 극복하기 위해, 해외의 벤처캐피탈을 불러 그 노하우를 벤처기업에 접목시키는 것이 중요하다고 판단하였다. 이에 기반하여 이스라엘은 당시 산업통상부(Ministry of Industry and Trade, 현 경제부 : Ministry of Economy) 산하의 수석과학관실(Office of the Chief Scientist, OCS)가 주도하여 정부가 1억 달러를 투자하여 요즈마 벤처캐피탈사를 창설하였다.

요즈마의 도입 이전에도 이스라엘에는 벤처사업을 육성하기 위하여 1990년에 인발 프로그램(Inbal Program)이라는 것이 있었다. 이 프로그램은 벤처기업을 육성하기 위해 수석과학관실(OCS)가 도입하여 실시한 것이다. 정식 명칭 인발보험사(Inbal Insurance Company)는 정부계 보증기관을 창설하고 텔아비브 증권거래소에 상장한 벤처캐피탈에 투자한 사람에게 투자금액의 85%를 증권거래소가 5 ~ 7년 동안 보증하는 것이었다.

이 프로그램을 활용하여 벤처 3사가 텔아비브 증권거래소에서 자금조달을 하였으나 4번째 회사는 이 프로그램을 사용하지 않고 독자적으로 자금을 조달하였다. 이 프로그램이 실패로 끝나게 된 것은 최저투자액(10% 이상의 주식 보유), 투자처는 이스라엘 국내에 한정하는 등의 제약조건이 너무 많았기 때문이다.

결과적으로 이 제도는 이용하는데 조건이 까다롭고 너무 엄격하여 실패로 끝났다. 이런 경험을 살려 요즈마의 제도설계는 가능한 민간의 자유로운 활동을 전제로 한다는 사고를 처음부터 갖고 출발하였다. 사업자들이 손쉽게 접근하여 간단히 활용할 수 있도록 제도적으로 많은 보완을 하여 출발한 것이 요즈마인 것이다.

요즈마는 펀드매니지먼트 회사로 이스라엘 정부가 1억 달러를 출자하고, 정부의 주식 비율은 100%에 가까웠다. 단 창업 시의 경영자 3명도 주식의 일부를 보유하게 하였다. 요즈마의 경영진은 수석과학관실(OCS) 창설자로 수석과학관실에서 연구개발(R&D) 회장직에 있었으며 요즈마를 기획했던 에르리히(Erlich)씨가 수석과학관실을 사직하고 사장으로 취임하였다. 같이 근무하던 골드스미트(Goldsmidt)씨도 수석과학관실에서 요즈마로 이직하였다. 또 한명은 전 뉴욕 투자은행의 옵션센터에서 근무하였으며, 이스라엘에 돌아와 독일계 첨단기술 기업에 있던 라비(Rabi)씨를 스카웃하였다. 결과적으로 기술 전문가, 행정 전문가, 사업 전문가가 모여서 사업을 시작한 형태가 되었다.

요즈마의 설립의 근거규정이 제정되고 운영의 기본이념을 이스라엘 벤처산업 육성 및 활성화, 이스라엘의 민간 벤처캐피탈 산업발전의 도모, 이스라엘 벤처산업에 대한 외국인 투자 유치, 이스라엘의 수출 지향적 첨단기술 산업의 성장을 촉진시키기 위한 것으로 규정하였다. 그리고 출자는 정부가 할 것 등에 관한 기본 골격을 앞의 3명에 의해 작성되었다.

요즈마의 이사는 상기 3명에 추가하여 첨단기술기업 대표자 등을 영입하여 과반수를 민간인으로 하고 정부대표는 소수에 머물게 함으로서 운영자체가 민간주도로 되도록 하였다. 요즈마의 스탭으로는 기술면, 재정면에서 잘 지원할 수 있는 분석가 2명, 비서 한 명을 채용하고 외부의 컨설턴트도 활용하였다. 요즈마의 운영경비는 일반의 주식회사와 똑같이 갹출하였다.

2) 요즈마의 민영화

요즈마의 실적이 좋았기 때문에 1997년 3월에 요즈마 본체와 직접 투자한 기업의 자산을 입찰에 부쳤다. 이 입찰에서는 이스라엘 최대의 기업그룹으로 부동산조선금융, 화학, 사해관련 제품 등의 업체인 오퍼형제투자사(Offer Brothers Investments Ltd.)에게 낙찰되어 민영화되었다. 물론 입찰에는 해외기업에 의한 컨소시엄 등도 참가하였었다. 민영화 후의 요즈마는 1998년 9월에 민간 베이스로 800만 달러 규모의 요즈마 2호 펀드의 조성에 성공하였다.

3) 요즈마의 해외전파

요즈마의 성공이 세계적으로 알려지면서 전 세계에 펀드 설립 논의가 진전되었다. 특히 한국과의 사이에는 한국 대통령의 발언으로 논의가 진행되어, 대사급도 포함하여 수차례 요즈마를 방문하였고, 1999년 9월 한국 중소기업청과 요즈마와의 공동펀드(Korean Venture Fund)를 설립하는 취지의 각서를 교환, 12월에는 투자협정(Investment Agreement)이 성립되었다.

6 엔젤과 벤처캐피탈의 비교

이 두 종류의 투자자는 비슷하지만 서로 다르다. 엔젤투자자는 벤처기업의 기술력과 장래성만 보고 무담보로 투자하는 것으로, 사업이 망하면 투자자금을 돌려받을 수 없다. 창업기업 사업성공률은 10% 미만일 정도로 위험하다.

반면에 벤처캐피탈리스트는 보통 엄격한 투자지침과 절차에 따라서 투자할 기업을 선정한다. 벤처캐피탈은 벤처기업에 대해서 주식, 신주인수권, 신주인수권부사채, 전환사채, 전환우선주 등의 현태로 투자한다.

1) 자금투자는 동일하지만, 미래가치를 보는 시야는 상이

벤처캐피탈이란 창업투자회사를 말하며 소수의 투자자로부터 자금을 모아서 이를 투자재원으로 활용해 자금이 필요한 창업기업에 투자하고, 수익을 내는 기관투자가를 일컫는다. 그러나 엔젤투자는 벤처캐피탈과 달리 보통 돈 있는 개인들이 모여서 투자클럽을 결성해 창업회사에 대해 미래의 가능성만 보고 투자를 하면서, 주식지분으로 그 대가를 받는 방식으로 운영된다. 엔젤과 벤처캐피탈은 투자규모나 투자 대상기업, 운영주체 등 여러 가지 부문에서 비슷하기도 하고 차이를 보이기도 한다.

그럼 엔젤투자와 벤처캐피탈의 비슷한 점은 무엇인가? 우선 투자대상 기업이 창업초기 기업이라는 점이 같다. 투자 대상기업의 창업 기간에서 조금 차이가 있긴 하지만 비교적 설립된 지 얼마 되지 않은 초기기업을 대상으로 하고 있다는 점은 비슷하다. 그리고 소수의 투자자로부터 자금을 모아 투자재원으로 활용한다는 점과 투자자금 운용을 전문인력이 담당한다는 것, 단순한 자금대여가 아니라 지분투자를 한다는 점과 투자 과정이나 수익률 분배방식이 비슷하다.

2) 투자수익률 수십 배 기대

엔젤투자자들은 개별 회사에 대한 투자여부를 검토하기 위하여 일정 서식에 맞춰 작성된 회사의 사업계획서를 요구하고, 최초 투자액의 5 ~ 10배의 수익을 만들어 줄 회사를 찾는다는 점도 비슷하다. 또 투자약정계약을 체결하기 전에 조사 분석을 실시하고, 창업자에게 분기별로 재무제표를 제출해 줄 것을 요구하고, 5 ~ 7년 내에 투자금액을 회수할 수 있는 전략을 기대한다는 점도 거의 같다.

엔젤투자나 벤처캐피탈은 만약 투자한 기업이 잘못되어 파산하면 갖고 있는 주식이 모두 휴지조각이 되고 만다는 위험적인 요소가 없지 않지만 투자한 기업이 성공하여 기업가치가 올라가면 수십 배 이상의 이득을 얻을 수 있다는 점도 비슷하다.

그러나 엔젤투자와 벤처캐피탈의 차이점은 매우 많다. 우선 투자금액 면에서 그렇다. 엔젤투자의 투자규모는 벤처캐피탈에 비해 아주 적다. 엔젤투자 조합의 결성 금액은 창업투자 조합의 100분의 1도 안 된다. 이는 엔젤투자의 조세지원액이 벤처캐피탈에 비해 상대적으로 많은 상황임에도 불구하고, 아직까지 우리에게 널리 홍보되지 않았기 때문으로 보인다.

운영 주체에서도 차이가 많다. 벤처캐피탈은 전문회사가 운영하고 있지만 엔젤은 개인이 자체 운영하고 있다. 그래서 엔젤투자자에 의한 투자기준이 훨씬 탄력적이고, 절차 또한 용이하다. 엔젤투자와 벤처캐피탈의 핵심적인 차이는 엔젤투자자는 개인이며, 자신의 돈을 투자하고, 자신의 책임하에 투자하게 된다. 이들은 현재의 직업 또는 이전의 직업에서 번 돈을 투자하여 추가적인 수익을 창출하기 위해 창업초기 기업의 자금조달 과정에 직접 참여하기도 한다. 엔젤투자자는 개인적으로 움직이기 때문에 공식적인 인명록 등을 통해 자료를 찾기 어렵다. 그래서 창업자들 입장에서 보면 자신을 도울 엔젤을 찾는 것이 쉽지 않다.

3) 미래가치 중시 대 투자수익 관심

엔젤투자와 벤처캐피탈은 창업초기 기업을 투자대상으로 하는 것은 같지만 개별 투자기업을 보면 상당한 차이가 있다. 즉, 엔젤투자자는 투자대비 수익률이 벤처캐피탈보다 상대적으로 낮고, 투자규모가 작으면서 되도록 빨리 회수할 수 있는 투자를 선호한다. 큰 규모의 투자가 이루어지고 보다 장기간의 투자를 통해 많은 수익을 내려고 하는 벤처캐피탈과 비교하면 크게 다르다. 그래서 벤처캐피탈은 엔젤투자가 이루어진

기업에 대한 투자를 꺼린다.

엔젤의 투자목적은 오직 주주의 투자가치를 극대화하려는 벤처캐피탈과 많이 다르다. 엔젤이 투자하는 데 있어서 수익률 외에 다른 동기가 있다는 것은 벤처캐피탈과 투자 기준이 다르다는 것에서 찾을 수 있다. 벤처캐피탈은 보통 엄격한 투자지침과 절차에 따라서 투자할 기업을 선정한다. 그리고 사업계획서를 보고 투자대상 기업을 철저히 조사 분석하며, 경영자의 자질과 소양에 대해서도 면밀히 조사한다. 하지만 엔젤투자자는 그렇게까지 하지 않는다. 사업계획서가 제대로 준비되어 있지 않더라도 미래의 가능성을 보고 기꺼이 투자를 결정한다. 물론 엔젤의 투자기준 및 절차가 다소 소홀해 보일지도 모른다. 그렇다고 벤처캐피탈보다 더 큰 위험에 직면하게 되는 것은 아니다.

벤처캐피탈은 투자에 대한 위험을 최소화하기 위하여 여러 회사에 자금을 분산해 투자한다. 하지만 엔젤은 투자수익을 창출할 수 있는 한두 개의 훌륭한 투자 대상을 찾기 위하여 더욱 집중한다. 또한 자신이 투자한 기업 경영에 매우 적극적인 역할을 한다. 창업자의 조력자로서 역할을 마다하지 않는다. 엔젤은 자신이 직접 사업을 해보아서 시장, 생산, 조직, 인사, 마케팅 등 경영의 각 영역에 대해 정통한 지식을 갖고 있는 게 보통이다. 사실 엔젤과 벤처캐피탈은 기본적으로 창업 초기기업에 지분투자를 하는 속성이 같기 때문에 일반적으로 '벤처캐피탈'이라고 할 때 '엔젤투자'를 포함하여 사용하기도 한다.

제 8 장

창업관련 법규

제1절 | 창업의 정의

창업이란 개인적 입장에서는 어떤 형태로든 새로운 기업을 설립하는 것으로 정의한다. 다만 법률적 의미에서의 창업에 대한 정의는 다소 엄격한데 그것은 창업에 따른 지원을 악용하는 사례를 미연에 방지하려는 방어적 입장에서 초래된 것이다. 우리나라「중소기업 창업지원법」에 따르면 창업이란 "새로 중소기업을 설립하는 것"을 말한다. 보다 구체적으로 보면 숙박 및 음식점업, 금융 및 보험업, 부동산업, 골프장 및 스키장 운영업, 미용·욕탕 및 유사서비스업을 제외한 업종으로서, 다음 각 호의 하나에 해당하지 아니하는 중소기업(중소기업기본법 제2조의 규정에 의한 중소기업)을 새로이 설립하는 것을 창업이라 하며, 이렇게 설립된 기업을 창업중소기업이라 한다.

또한「중소기업 창업지원법」 시행령에 따르면 창업은 다음 각 호의 어느 하나에 해당되지 아니하는 것으로서 중소기업을 새로 설립하여 사업을 개시하는 것을 말한다.

① 타인으로부터 사업을 승계한 사업과 같은 종류의 사업을 계속하는 경우. 다만, 사업의 일부를 분리하여 해당기업의 임원·종업원이나 그 외의 자가 사업을 개시하는 경우로서 산업통상자원부령으로 정하는 요건에 해당하는 경우는 제외한다.
② 개인사업자인 중소기업자가 법인으로 전환하거나 법인의 조직변경 등 기업형태를 변경하여 변경 전의 사업과 같은 종류의 사업을 계속하는 경우
③ 폐업 후 사업을 개시하여 폐업 전의 사업과 같은 종류의 사업을 계속하는 경우

• 타인으로부터 사업을 승계하여 동종의 사업을 계속하는 경우란?

원시적으로 사업을 새로이 개시하지 않고 기존의 사업을 인수하여 같은 종류의 사업을 계속 영위하는 경우 중소기업을 새로이 창설하는 효과가 없으므로 창업의 범위에서 제외한다. 다만, 사업의 일부를 분리하여 당해 기업의 임원·종업원 또는 그 외의 자가 사업을 영위하던 자와 사업분리에 관한 계약을 체결하고 새로이 설립되는 기업의 대표자로서 당해 기업의 최대주주 또는 최대출자자가 되는 경우에는 창업으로 인정한다.

• 법인 전환 조직 변경 후, 동종의 사업을 계속하는 경우란?

단순히 조직을 변경함으로써 형식상의 창업 절차만 있을 뿐 실질적으로 중소기업의

창설 효과가 없는 경우는 창업의 범위에서 제외한다.

• 폐업 후 사업을 개시하여 동종사업을 계속하는 경우란?

사업을 폐지한 후 같은 종류의 사업을 재개하더라도 창업으로 보지 않는다.

• 동종사업으로 보지 않는 경우란?

위 3가지 경우에 해당되는 같은 종류의 사업을 하더라도 사업개시 전의 기존 업종과 분류를 달리하는 업종을 추가하여 사업을 새로이 개시하는 경우에는 다음의 산식에 의하여 산출된 비율이 100분의 50이상인 경우

제2절 | 창업관련 법규의 구조

1 중소기업 설립촉진에 관한 법

창업촉진시책의 실시 근거법은 '중소기업기본법'으로서 중소기업의 범위와 중소기업의 설립촉진 시책의 실시 근거를 규정하고 있다. 중소기업의 설립 촉진에 관한 법에는 '중소기업 창업지원법'과 '벤처기업 육성에 관한 특별조치법'이 있다. '중소기업 창업지원법'은 중소기업의 설립을 촉진하고 성장 기반을 조성하여 중소기업의 건전한 발전을 통한 건실한 산업구조의 구축에 기여함을 목적으로 한다. '벤처기업 육성에 관한 특별조치법'은 기존 기업의 벤처기업으로의 전환과 벤처기업의 창업을 촉진하여 우리 산업의 구조조정을 원활히 하고 경쟁력을 높이는 데에 기여하는 것을 목적으로 한다.

1) 중소기업 창업 지원법

① 중소기업의 범위

중소기업의 범위는 다음의 그림에 요약되어 있다. 농업, 임업, 어업, 전기, 가스, 증기, 수도사업, 도매, 소매업, 숙박, 음식업, 금융, 보험업, 전문, 과학, 기술서비스업, 예술, 스포츠, 여가관련 산업은 상시 근로자가 200명 미만이며 매출액이 200억원 이하인 기업을 중소기업이라 한다. 제조업은 상시근로자가 300명 미만이며 자본금이 80억원 이하인 기업을 중소기업이라고 한다.

② 중소기업자의 요건

중소기업 시책의 대상이 되는 중소기업은 중소기업범위 기준, 상시근로자 수, 대규모 기업 집단 소속여부 등이 다음의 요건을 모두 충족하는 기업으로 한다.

[표 8-1] 중소기업자의 요건

구분	내용
중소기업의 범위 기준에 적합한 기업	• 중소기업육성시책의 대상이 되는 중소기업자는 업종의 특성과 상시근로자 수, 자산규모, 매출액 등을 참작하여 그 규모가 대통령령이 정하는 기준에 해당하는 기업을 영위하는 者로 함
중소기업의 범위 기준에 해당하지 않는 기업	• 상시 근로자수 1천명 이상인 기업 • 자산총액이 5천억원 이상인 법인(말일기준 재무상태표) • 자기자본 5백억원 이상 기업 • 직전 3개 사업연도의 평균매출액이 1천5백억원 이상인 기업
중소기업의 소유 및 경영의 실질적인 독립성 기준에 적합한 기업	• 상호출자 제한기업 집단에 속하지 아니하는 회사일 것(독점규제에 관한 법률) • 발행주식 총수의 30/100 이상 소유하고 있는 최대주주인 기업이 아닐 것

제3절 | 벤처기업 육성에 관한 특별조치법

1 목적

우리 산업의 구조조정을 원활히 하고 경쟁력을 강화하는데 기여함을 목적으로 함.

2 벤처기업의 요건

1) 중소기업법 제2조의 규정에 의한 중소기업일 것

2) 다음의 하나에 해당할 것

- 벤처투자기업
- 연구개발기업
- 기술평가보증, 대출기업

벤처투자기업의 요건

벤처투자기관의 투자금액이 해당기업의 자본금의 10/100 이상 (문화 산업진흥기본법 제2조 제9조에 따른 제작자 중 법인이면 자본금의 7/100 이상)
벤처투자기관의 투자금액이 5천만원 이상
투자유지기간이 벤처기업확인 요청일로부터 직전으로 연속하여 6개월 이상

• 기술평가 보증 · 대출 기업(모두 충족해야 함)

- 기술신용보증기금 : 기술보증기금에서 기술 평가보증을 받아야함
- 중소기업진흥공단 : 개발기술의 사업화 또는 창업을 촉진하기 위하여 무담보로 자금을 대출할 것
- 보증 · 대출 받은 금액이 기업의 총자산에서 차지하는 비율이 5/100 이상일 것, 창업 후 1년이 경과하지 않은 기업이나 보증 또는 대출금액이 10억원 이상인 기업에 대해서는 적용하지 않는다.
- 보증 · 대출받은 금액이 8천만원 이상일 것, 다만, 창업 후 1년이 경과 하지 아니한 기업에 대해서는 4천만원으로 한다.
- 보증 · 대출기관으로부터 기술성이 우수한 것으로 평가 받을 것.

• 벤처기업 인증의 혜택

① 창업지원 : 교수 · 연구원 창업 / 산업재산권 출자
② 세제혜택 : 법인세, 소득세 50% 감면 / 취득세 · 등록세 면제 / 재산세 50% 감면
③ 금융지원 : 정책자금우대, 신용보증 우대 등
④ 인력 : 병역특례 연구기관으로 지정받을 수 있는 신청기회를 년 2회 부여 (일반기업은 1회), 산업기능요원 추천 심사 시 가점 부여
⑤ 입지 : 실험실공장 / 창업보육센터 입주기업에 대한 도시형공장 등록 특례

제4절 | 창업지원에 관한 특례조항을 규정하고 있는 법률

1 소상공인 지원을 위한 특별조치법

1) 내용

소상공인의 자유로운 기업활동을 촉진하고 구조개선 및 경영안정을 도모하여 균형 있는 국민경제의 발전에 기여함을 목적으로 하며 공장설립에 관한 특례(제4조), 창업지원에 관한 특례(제8조), 주식회사 설립 등에 관한 특례(제8조의 2)에 관하여 규정

2) 법제정의 목적

- 소기업의 자유로운 생산활동 촉진
- 구조개선 및 경영안정 도모
- 균형있는 국민경제의 발전에 기여

3) 소기업의 범위

- 광업, 제조업, 건설업 및 운수업을 주된 사업 : 상시 근로자수 50인 미만인 기업
- 상기 이외의 업종을 주된 사업으로 하는 경우 : 상시 근로자수 10인 미만인 기업

4) 소상공인 범위

- 광업, 제조업, 건설업 및 운수업의 경우 : 상시 근로자수 10인 미만인 기업
- 상기 이외의 업종 : 상시 근로자수 5인 미만 사업장

5) 창업지원에 관한 특례

- 중소기업창업투자회사 또는 중소기업창업투자조합이 면적이 500m^2 미만 소기업 및 대통령령[38]이 정하는 업종을 제외한 업종을 영위하는 기업에 투자한 경우에는 창업자에게 투자한 것으로 본다.

- 유한회사인 소기업을 주식회사로 조직변경하거나 소기업인 주식회사를 설립하는 경우에는 1인 이상의 발기인, 자본금 5천만원 미만으로도 할 수 있다.

38 대통령령이 정하는 업종 : 숙박 및 음식점업 / 금융 및 보험업 / 부동산업 / 무도장 운영업 / 골프장, 스키장 운영업 / 도박장 운영업 / 기타 개인서비스업(산업용세탁업 제외)

2 여성기업 지원에 관한 법률

여성기업의 활동과 여성의 창업을 적극적으로 지원함으로써 경제영역에 있어 남녀의 실질적인 평등을 도모하고 여성의 경제활동과 여성경제인의 지위향상을 제고함으로써 국민경제발전에 이바지함을 목적으로 하며 여성의 창업지원 특례(제8조)에 관하여 규정

3 장애인 기업활동 촉진법

장애인의 창업과 기업활동을 적극 촉진함으로써 장애인의 경제적 · 사회적 지위를 제고하고 경제력 향상을 도모하여 국민경제 발전에 이바지함을 목적으로 하며 장애인의 창업지원 특례(제8조)에 관하여 규정

4 법인설립 및 등기절차에 관한 상법

① 최저자본금제 폐지, 동일상호가 아닌 한 유사상호 사용가능

② 10억원 미만 회사 설립 시 정관 및 이사회의사록 공증 불필요, 감사선임 면제, 은행잔액증명서로 주금 납입확인서 대체가능

③ 전자문서에 의한 주주제안권, 주주총회 소집청구권 행사가능

5 조세 및 부담금 감면을 규정하고 있는 조세특례제한법

1) 대상자

① 창업중소기업과 창업보육센터 사업자

2014년 12월 31일 이전에 수도권 과밀억제권역 외의 지역에서 창업한 중소기업과 창업보육센터사업자로 지정받은 내국인에 대해서는 해당 사업에서 최초로 소득이 발생한 과세연도와 그 다음 과세연도의 개시일로부터 3년 이내에 끝내는 과세연도까지 해당 사업에서 발생한 소득에 대한 소득세 또는 법인세의 100분의 50에 상당하는 세액을 감면한다.

② 창업벤처중소기업

창업 후 3년 이내에 2014년 12월 31일까지 벤처기업으로 확인받은 기업의 경우에는 그 확인받은 날 이후 최초로 소득이 발생한 과세연도와 그 다음 과세연도의 개시일로부터 3년 이내에 끝나는 과세연도까지 해당 사업에서 발생한 소득에 대한 소득세 또는 법인세의 100분의 50에 해당하는 세액을 감면한다.

2) 조세특례 제한법(감면대상 세금의 종류)

① 소득세, 법인세의 감면

- 창업중소기업의 경우

  해당 사업에서 최초로 소득이 발생한 과세연도와 그 다음 과세연도의 개시일로부터 5년 이내에 끝나는 과세연도까지 해당 사업에서 발생한 소득에 대해 소득세 또는 법인세의 50/100에 상당하는 세액

- 창업 벤처중소기업의 경우

  창업 후 3년 이내에 2015년 12월 31일까지 벤처기업으로 확인 받은 기업의 경우에는 그 확인받은 날 이후 최초로 소득이 발생한 과세연도와 그 다음 과세연도의 개시일로부터 5년 이내에 끝나는 과세연도까지 당해 사업에서 발생한 소득에 대한 소득세 또는 법인세의 50/100에 상당하는 세액. 다만, 벤처기업의 확인이 취소된 경우에는 취소일이 속하는 과세연도부터 감면을 적용하지 아니한다.

② 인지세의 면제

창업 후 2년간 금융기관의 융자관련 문서에 대하여 인지세를 면제

6 창업관련 지원법

1) 창업지원법의 목적

중소기업의 설립을 촉진하고 성장기반을 조성하여 중소기업의 건전한 발전을 통한 건실한 산업구조의 구축에 기여함을 목적으로 한다.

2) 창업지원법의 적용범위

① 창업사업계획승인 및 창업의 본적인 사항에 대한 적용 : "중소기업 창업지원법"

적용

② 조세의 감면 : "조세특례제한법" 적용

③ 기타 각종지원제도 : "중소기업 창업지원법" 상의 창업에 해당하는 중소기업 중에서 개별 지원제도에서 특별히 정하는 내용을 적용

3) 창업에서 제외되는 업종(시행령 제4조)

① 숙박 및 음식점업

② 금융 및 보험업

③ 부동산업

④ 무도장운영업

⑤ 골프장 및 스키장운영업

⑥ 기타 갬블링 및 베팅업

⑦ 기타 개인서비스업(산업용 세탁업 제외)

4) 창업자 등에 대한 지원 대상

창업지원 대상자 : 창업자 및 아래 어느 하나에 해당하는 자.

① 창업보육센터 사업자

② 중소기업 창업 투자 회사

③ 중소기업 창업투자조합

④ 중소기업 상담회사

⑤ 창업대학원 지정

⑥ 중소벤처기업부 장관이 고시하는 기준을 갖춘 사업자

• 창업지원 등에 대한 대상

가. 중소기업 창업투자회사

창업자에 투자하는 것을 주된 업무로 하는 회사로서 중소벤처기업부에 등록한 회사

① 창업투자회사의 등록 및 취소

등록요건	· 주식회사로서 납입자본금 50억원 이상 · 임원이 상법상 결격사유에 해당하지 않는 자
등록신청/ 교부, 말소	· 중소기업청장에게 제출/ 발급 · 신청에 의한 등록 말소, 취소사유 해당시 등록 취소
권리,의무 승계 등록 등 공고	· 양도양수 또는 합병으로 인한 승계(30일 이내 신고) · 관보에의 공고와 컴퓨터통신을 통해 알림 : 등록, 등록의 말소/취소

② 사업목적

- 창업자에 대한 투자
- 벤처기업에 대한 투자
- 중소기업 창업투자조합 및 한국벤처투자조합의 결성과 업무집행
- 중소기업청장이 정하는 방법에 의한 해외투자(해외기업 주식/지분인수 등)
- 상기 사업의 부수사업으로서 중소기업청장이 정하는 사업

나. 중소기업 창업투자조합

- 창업에 투자하고 그 성과를 배분하는 것을 주된 업무로 하는 회사로서 중소기업 창업지원법 제 20조에 따라 등록된 조합
- 중소기업 창업투자회사와 중소기업 창업투자회사 외의 자가 출자하여 중소기업 창업투자 조합을 결성하는 경우에는 대통령령으로 정하는 바에 따라 중소기업청장에게 등록하여야 한다.
- 투자의무, 조합재산의 운용(주식에 투자할 경우 출자금총액의 5/100를 초과하여 투자할 수 없음)

등록요건	· 출자금 총액이 30억 원 이상일 것 · 출자 1좌 금액이 100만원 이상일 것 · 유한책임 종업원수 49인 이하일 것 · 업무집행조합원의 출자지분이 출자금총액의 1/100 이상일 것 · 존속 기간이 5년 이상일 것
업무집행의 제한	· 자기 또는 제3자의 이익을 위하여 창업투자조합의 재산을 사용하는 행위 · 자금차입, 지급보증 또는 담보를 제공하는 행위 · 창업투자회사의 행위제한에 해당하는 행위

제 9 장

벤처기업조직의 형태

제1절 | 조직형태

1 개인기업(個人企業, Sole proprietorship)

개인이 출자하고 동시에 경영하는 기업이다. 법인의 형태가 아니며 사업의 위험 부담을 개인이 지고(무한책임), 소매점 · 서비스업 등 영세기업에 많다. 설립 및 폐쇄가 쉽다는 점과 경영과 관련한 의사 결정이 신속하다는 점이 장점이다. 개인의 자본규모의 한계와 개인의 생명과 경영능력의 한계로 기업의 영속성을 보장하기 어렵고, 무한책임은 위험도가 높다는 점이 단점이다.

2 합자회사(合資會社, Limited Partnership)

합자회사는 무한책임사원(無限責任社員)과 유한책임사원(有限責任社員)으로 조직된다. 합자회사는 무한책임사원과 유한책임사원이 각각 1명 이상으로 구성되는 회사이다. 무한책임사원은 합명회사의 사원과 같이 회사채무에 대하여 직접 · 연대 · 무한책임을 지지만, 유한책임사원은 그 출자가액에서 이미 이행한 부분을 공제한 가액을 한도로 하여 회사채무를 변제할 책임이 있다. 회사에 이익이 없음에도 불구하고 배당을 받은 금액은 변제책임을 정함에 있어서 이를 가산한다. 합자회사의 유한책임사원은 신용 또는 노무를 출자의 목적으로 하지 못한다. 합자회사도 사단법인이지만 합명회사와 같이 실질적으로 조합의 성질을 가지고 있다.

3 합명회사(合名會社, Partnership)

합명회사는 2인 이상의 무한책임사원(無限責任社員)으로 구성되는 단일한 성격의 조직의 회사로서 전사원이 회사채무에 대하여 직접 · 연대 · 무한의 책임을 지고, 원칙적으로 각 사원이 업무집행권과 대표권을 가지는 회사이다. 합명회사는 2인 이상의 사원이 공동으로 정관을 작성하고, 설립등기를 함으로써 성립한다. 사원의 대내관계는 조합과 유사한 성질을 가지므로 정관 또는 상법에 규정이 없으면 조합에 관한 민법의 규정이 준용된다, 각 사원은 출자의무를 지지만 그 출자는 재산뿐만 아니라 노무와 신용까지도 할 수 있으며, 그 업무집행권과 대표권은 정관에 다른 규정이 없는 한 각 사원이 모두 가지게 된다.

또 각 사원은 서로 개인적 신용관계로서 결합되고 있으므로 사원의 변경은 각 사원에 대하여 중대한 영향을 미친다. 지분을 타인에게 양도하려면 다른 모든 사원의 동의를 얻어야 하며 사원은 다른 사원의 동의가 없으면 본인 또는 제3자의 계정으로 영업상의 거래를 하거나, 동종의 영업을 목적으로 하는 타회사의 무한책임사원 또는 이사도 될 수 없고, 이를 위반하였을 경우에는 회사의 개입권이 인정되어 있다. 손익의 분배는 정관 또는 민법의 규정에 의하여 한다. 사원의 대외관계란 회사와 제3자와의 관계 및 사원과 제3자와의 관계를 말한다.

업무집행사원은 원칙적으로 각자 회사를 대표한다. 회사재산을 가지고 회사의 채무를 완제할 수 없을 때에는 각 사원도 연대하여 그 변제의 책임을 져야한다. 사원의 신뢰관계가 중시되므로 사망·금치산·파산 및 제명 등의 경우에만 퇴사가 인정된다. 퇴사원은 본점의 소재지에서 퇴사의 등기를 하기 전에 생긴 회사의 채무에 대하여서는 사원으로서의 책임을 진다.

합명회사는 상법 제227조에 열거된 사유로 인하여 해산한다.

① 존립기간의 만료 기타 정관으로 정한 사유의 발행, ② 총사원의 동의, ③ 사원이 1인으로 될 때, ④ 합병, ⑤ 파산, ⑥ 법원의 명령 또는 판결 등이다. 해산하였을 때에는 일정한 기간 내에 본점 또는 지점의 소재지에서 해산의 등기를 하여야 한다. 청산에는 임의청산과 법정청산이 있다.

임의청산은 정관 또는 총사원의 동의로써 정하여진 방법에 따라서 행하는 청산이며, 법정청산은 법률의 규정에 의한 청산이다. 경제적으로 서로 신뢰할 수 있는 소수의 사람들이 결합하는 소규모공동기업에 적합한 형태이다.

4 유한회사(有限會社, Private company)

유한회사는 사원이 원칙적으로 출자가액(出資價額)을 한도로 하는 출자의무를 부담할 뿐 직접 아무런 책임을 부담하지 않는 회사이다. 이때 출자 1좌의 금액은 100원 이상으로 균일하게 하여야 한다.

유한회사는 독일, 프랑스의 유한책임회사(有限責任會社), 영국의 사회사(私會社)를 모방하여 채용된 물적 회사와 인적회사의 장점을 융합시킨 중간적 형태의 회사로서 중소기업에 적합한 형태의 회사이다. 그 조직이 비공개적, 폐쇄적인 점에서는 그 인적회사와 유사하나, 유한책임사원(有限責任社員)으로 구성되는 자본단체란 점에서는 주식회사와 유사하다. 다만 유한회사에는 인적회사의 요소가 적용됨으로서 주식회사에 대하여 여러 가지 특징을 갖는다. 흔히 ① 폐쇄성, ② 법규제의 간이화, ③ 사원의 책임과 자본 등 3가지로 그 특징이 요약된다.

유한회사에서는 설립절차나 회사의 관리운영절차가 주식회사에 비하여 현저히 간소화되어 있다. 설립에 있어서는 모집설립이 인정되지 않으므로 사원 이외에 발기인제도가 없으며 복잡한 절차나 내용을 요하지 아니하며, 유한회사는 폐쇄적, 비공개적이다. 따라서 사원의 지위는 개성적이다. 출자구좌는 사원의 권리의무를 단위로 작용하는 점에 주식회사의 주식과 같으나 이것을 지분이라 부른다. 사원의 공모 사채의 발행등도 금지되며 지분의 유가증권화도 금지하고 있다.

또 주식회사에서와 같은 공시주의를 채용하지 않으므로 재무상태표의 공고는 요하지 않으며 주식회사와 같은 정리제도가 없다. 이사는 필요기관이지만 이사회제도가 없고 이사의 수, 임기에 제한이 없다. 감사는 임의기관이며, 업무 · 회계감사권한을 가진다. 사원총회는 필요기관이지만 그 소집절차가 간편하고 소집기간이 단축되어 있으며, 총사원의 동의가 있으면 소집절차를 생략할 수 있다. 결의의 요건은 강화되어 있으나 정관에 따른 자치권은 인정한다.

유한회사도 주식회사와 같이 사원의 지위를 지분이라 하며 각 사원은 그가 가진 출자좌수에 따라 지분을 가진다. 그 출자의무는 인수한 출자좌수에 따라 정하여지고 그밖에는 아무런 책임을 지지 않는다. 사원은 그 지분의 전부 또는 일부를 양도하거나 상속할 수 있다. 다만 정관으로 지분의 양도를 제한할 수 있다.

5 주식회사(株式會社, Corporation)

주식회사는 주주의 지위가 회사의 가치를 균등한 비율로 세분화된 주식을 가지고, 사원은 주식의 인수가액을 한도로 회사에 대하여 출자의무를 부담할 뿐, 회사채무자에 대하여 아무런 책임을 지지 않는 회사를 말한다. 주식회사의 법적 특징으로서는 주식과 유한책임을 들 수 있다. 주식회사를 설립할 때는 발기인이 정관을 작성하여야 한다. 설립의 방법에 따라 발기설립과 모집설립이 있다. 사원은 균등한 비율적 단위로 세분화한 주식을 중심으로 출자를 하고 이에 따른 권리와 의무를 가진다. 출자는 원칙적으로 현금이며 신용이나 노무출자는 제한된다.

미국에서 일반적인 주식회사는 미국 내국세법(Internal Revenue Code) Sub-Chapter C의 적용을 받기 때문에 C Corporation이라도 불린다. C Corporation은 법인의 과세 소득에 대하여 법인세율을 적용하여 한번 과세를 받고, 과세 후 남는 이익잉여금을 주주에게 배당의 형태로 배분하면 주주는 동 배당소득에 대하여 주주의 소득으로 다시 과세를 받는 이중과세의 문제점을 가지고 있다.

주식은 주식회사의 구성단위로서의 금액의 뜻과 주주의 회사에 대한 권리와 의무를 내용으로 하는 지위라는 두 가지 뜻이 있다. 이러한 주식을 나타내는 유가증권으로서 주권이 발행된다. 주주는 자기가 인수한 주식의 금액을 한도로 회사에 출자의무를 질 뿐 그 밖의 아무런 책임을 지지 않고, 다만 회사채권자를 보호하기 위한 특별한 조치가 강구되어 있다. 소유와 경영이 분리되어 주주가 직접 경영에 참가할 필요는 없고, 기관의 분화가 잘 이루어져 있다. 의사결정기관으로서의 주주총회와 집행기관으로서의 이사회, 대표이사가 있다. 감독기관으로서의 감사는 필요적 상설기관이다.

주주의 지위를 나타내는 주식은 자유로이 양도할 수 있고 정관으로써도 이를 제한할 수 없다. 사원의 퇴사제도는 없으나 주식회사는 일인회사까지 인정된다. 신주의 발행은 수권자본제의 채택에 따라 정관변경에 관계없이 행하여진다. 그 결정은 원칙적으로 이사회의 권한이다. 회사의 자금조달의 수단으로서 사채의 발행이 인정되며, 이에 대하여는 상세한 규정이 있다.

주식회사는 물적회사이며 주주의 책임은 유한하므로, 회사의 지급 의무 및 책임에 대하여 엄격한 규정을 설정하고 있다. 정관의 변경은 주주총회의 특별결의에 의하며, 자본의 감소는 정관변경사항은 아니나 이것도 주주총회의 특별결의사항이다. 회사의 정리는 회사정리법에 의한 정리절차에 의한다. 해산은 주주총회의 특별결의가 있으면 된다.

이 외에 ① 존립기간의 만료 기타 정관으로 정한 사유의 발생, ② 합병, ③ 파산한 경우, ④ 법원의 해산명령 또는 판결이 있었을 경우에는 해산한다.

주식회사는 경제적으로 사회에 널리 분산된 소자본을 규합하여 대규모의 공동기업으로 경영하는데 적합한 회사이다.

6 S 주식회사(S corporation)

S 주식회사는 미국 국세청법(Internal Revenue Code) Sub-Chapter S의 적용을 받기 때문에 S Corporation이라 불린다. 이중과세를 피하기 위하여 주식회사에 있어서도 합자회사(Partnership)와 같이 법인의 소득(Profits) 또는 손실(Losses)에 대하여 주주의 소득 또는 손실로 귀속시켜 한번만 과세를 받고자 하는 경우에 선택하는 것이 S 주식회사다.

S 주식회사의 적용을 받기 위해서는 IRS 서식 2553(Election by a Small Business Corporation)을 작성하여 모든 주주의 서명을 받아 미국 국세청에 신청하면 된다. S 주식회사를 선택하기 위해서는 사업연도 개시일로부터 2개월 15일 이내(법인을 새로 설립한 경우에는 설립일로부터 2개월 15일 이내)에 신청하여야 한다. 연방 세금에 있어서 S 주식회사를 채택한 경우 그 내용을 주정부에도 등록하여야 한다.

S Corporation을 신청할 수 있는 요건은 다음과 같다.

① 미국 내의 법인(Domestic Corporation)이어야 한다.
② 주주가 100인 이내이어야 한다.
③ 주주가 개인, 비영리기관, 법에서 정한 일정한 요건을 갖춘 미국 내의 신탁회사(Trust)이어야 한다.
④ 비거주 외국인(Nonresident Alien) 주주가 없어야 한다.
⑤ 한 가지 종류(보통주 또는 우선주)의 주식을 발행하여야 한다.
⑥ 은행, 보험, 국제거래업종 등 법이 정하는 일정한 업종은 제외한다.
⑦ 사업연도가 일정한 조건에 해당(예 : Calendar Year 등)되어야 한다.
⑧ 주주 전원의 동의가 있어야 한다.

S 주식회사를 조직하기 위해 개인기업이나 합자회사보다 더 많은 시간과 비용이 든다. 또한, 주주 숫자의 제한 때문에, S주식회사는 일반 주식회사보다 대규모 주식자금 조달이 어렵고 소유권의 이전이 어렵다.

7 유한책임회사(有限責任會社, limited liability company. LLC)

우리나라에서 유한책임회사(LLC)는 2012년 개정된 상법에 도입된 회사의 형태이다. 유한책임회사의 내부관계에 관하여는 정관이나 상법에 다른 규정이 없으면 합명회사에 관한 규정을 준용한다. 주식회사의 경직된 지배구조 보다 신속하고 유연하며 탄력적인 지배구조를 가지고 있고, 출자자가 직접 경영에 참여할 수 있으며 각 사원이 출자금액만을 한도로 책임을 지므로, 고도의 기술을 보유하고 있으며 초기 상용화에 어려움을 겪는 청년 벤처 창업에 적합하다.

미국에서 유한책임회사는 주주의 책임이 유한하며, 법인세가 없어 회사수익이 고스란히 소유자들에게 이전된다. 따라서 유한책임회사는 S 주식회사와 유사하게 일반 주식회사와 합자회사 양쪽을 결합한 형태이다. 미국에서 첫 번째 유한책임회사는 해밀턴 형제 정유(Hamilton Brother Oil)회사를 위한 특별법 하에서 1977년 와이오밍 주에서 설립되었다. 그 이후로, 모든 주가 유한책임회사 법률을 통과시켰다. 유한책임회사의 소유주는 멤버라 불리고 그들의 개인적 행동을 제외한 유한책임회사의 부채로부터 보호받는다.

유한책임회사는 무한책임사원이 없이 유한책임사원으로만 구성된 합자회사와 같다. 유한책임회사 자본은 소유주나 멤버들에게 주식제공을 통해 조달된다. 유한책임회사의 수명은 소유주에 의해 결정되며 일반적으로 미리 확정된다. 이러한 유한책임회사의 수명제한은 일반 주식회사의 무한수명과 대비가 된다. 또한 소유주나 멤버의 동의가 필수적이기 때문에 소유권의 변경은 어려울 수 있다. 추가 자본조달의 난이도 및 소유권 이전의 난이도를 비교하여 일반 주식회사를 택할 것인가 혹은 유한책임회사를 택할 것인가는 창업가가 선택해야할 중요한 결정사항이다.

제2절 | 조직형태별 세금

1 일반 주식회사

일반 주식회사는 회사가 법인세를 납부한다. 그리고 회사의 이익으로부터 배당을 받은 주주는 별도로 개인소득세를 납부한다. 즉, 이중과세를 하는 것이다. 하지만 회사가 손실이 났을 경우 그 손실이 주주들에게 넘겨져 주주들의 세금을 낮추지는 않는다. 이러한 이익에 대한 이중과세(double taxation)와 손실에 대한 비이전성(inability to pass loss through)은 일반 주식회사에 독특한 세금단점이라고 할 수 있다.

2 합자회사

합자회사는 이익과 손실에 대해서 모두 세금이전성(pass-through taxation)을 가지고 있다. 즉, 회사의 이익이나 손실은 주주에게 고스란히 이전된다. 이익에 대해서 법인세는 없고 오직 개인소득세만 있다. 손실이 났을 경우에는 그 손실이 그대로 주주에게 이전되어 주주의 개인소득세를 경감시키는 역할을 한다.

3 S 주식회사(S corporation)

S 주식회사는 주주들에게 유한책임만을 허용하면서도 회사의 이익이 주주들의 개인소득으로 간주되어 개인소득세만 내면되는 회사 조직형태이다. 즉, 주식회사 형태를 갖고 있으면서도 주식회사의 이중과세(법인세, 개인소득세)를 면하게 하는 형태이다. 쉽게 말해서 기업이윤에 대해서 법인세는 부과하지 않고, 오직 개인소득세 부과라는 한 단계의 세금만 있다. 세금 면에서 상당한 특혜를 제공한다고 할 수 있다.

S 주식회사로 알려진 이러한 형태의 회사가 되기 위해 미국 국세청은 다음과 같은 세 가지 필수사항을 요구하고 있다. 첫째, S회사는 100명 이하의 주주만 가져야 한다. 둘째, 주주는 개인이어야만 하고 회사는 안 된다. 셋째, S 회사는 개인기업이나 합자회사보다 설립시간과 설립비용이 더 소요된다. 더구나 주주들의 숫자가 제한되어 있기 때문에, 일반회사와 비교해서 대규모의 지분투자를 유치하기 힘들고, 소유권을 다른 사람에게 이전시키는 것도 어렵다.

S 주식회사가 일반적인 주식회사의 이중과세의 단점을 보완하기 위해 고안된 회사라는 것을 이미 언급했다. 따라서 미국에서는 합법적으로 일할 수 있는 사람이 주주여야 한다는 제한조건만 만족시킨다면 S 주식회사 가장 유리한 회사형태라 할 수 있다.

S 주식회사가 절세 측면에서 유리하다는 것을 보여주는 한 사례가 바로 자영업세금(Self-employment tax)이다. 미국에서 2005년부터 모든 고용주는 종업원들의 임금에 대하여 처음 9만 달러에 대해서는 7.65%의 사회보장세(Social security tax)와 7.65%의 의료보험을 납부하여야 한다. 9만 달러 이상에 대해서는 의료보험 명목으로 1.45%를 따로 뗀 뒤 이와 동일한 액수를 보태어 미국 국세청(IRS)에 납부한다. 다시 말하면, 첫 9만 달러에 대해서는 15.3%(= 7.65% + 7.65%)를 납부하고, 그 이상의 액수에 대해서는 2.9%(= 1.45% + 1.45%)를 납부하면 되는데 이것이 바로 자영업세금이라는 개념이다.

S 주식회사나 유한책임회사(LLC) 모두 회사자체에 법인세를 부과하지 않고, 주주들에게만 세금을 부과한다는 개념을 가지고 있기 때문에 두 형태 모두 자영업세금이 문제가 된다. 여기서 유한책임회사는 수익의 전체에 대하여 세금을 내야 하는데 반해, S 주식회사는 월급명목으로 받은 액수에 대해서만 자영업세금을 낸다. 예를 들어 회사가 11만 달러의 수익을 실현하였고, 당신이 연봉으로 6만 달러를 받았다면 당신은 6만 달러에 대한 15.3%의 자영업세금을 내고 나머지 5만 달러에 대해서는 세금을 납부하지 않아도 된다.

4 유한책임회사

합자회사 또는 S 주식회사와 유사하게 유한책임회사의 이윤과 손실은 회사의 종업원들에게 그대로 전달될 것이다. 하지만 S 주식회사와 다르게, 종업원이 개인이어야만 한다는 제한도 없으며 종업원수에 대한 제한도 없다. 미국 국세청의 규정 하에서, 만약 유한책임회사가 적극적으로 일반 주식회사로써 세금이 매겨지는 것으로 선택하지 않는다면, 신생 유한책임회사는 합자회사와 같이 세금이 부과될 것이다.

[표 9-1] 주요 법인기업의 형태별 비교

	주식회사	주식회사	합자회사	합명회사	영농조합법인
법적근거	상법	상법	상법	상법	특별법, 민법
책임	유한책임	유한책임	유한책임 무한책임	무한책임	무한책임
발기인 수 또는 사원수	제한 없음	2인 이상 50인 이하 (벤처기업은 300인 이하)	2인 이상	2인 이상	5인 이상
출자의 종류	금전/현물(주식)	금전/현물(지분)	금전,현물,노무 신용(지분)	금전,현물,노무 신용(지분)	금전,현물 농지(지분)
정관인증	필요	필요	불필요	불필요	불필요
출자단위	1주에 100원 이상 자본금 제한 없음	1좌에 5000원 이상 자본금 1000만원 이상	출자한도 없음 등기시 명시	출자한도 없음 등기시 명시	출자한도 없음 등기시 명시
관선검사인 선임	발기설립과 변태설립 시 필요	불필요	불필요	불필요	불필요
의결기관	주주총회 (1주1의결권)	사원총회	무한책임사원의 동의	무한책임사원의 동의	조합원총회
주주와 사원의 이동	원칙상 자유 정관에 양도 제한 가능	사원 외 양도 시 사원총회 특별결의 필요	무한책임사원 동의 필요	무한책임사원 동의 필요	조합원총회
조직변경	유한회사로 변경가능	주식회사로 조직변경 가능(법원인가 필요)	합명회사로 변경가능(전사원 동의 필요)	합자회사로 변경가능(전사원 동의 필요	합자회사 합명회사로 변경 가능
합병	자유	유한회사 및 주식회사와 합병가능	전사원동의 필요	전사원동의 필요	전조합원의 동의 필요

제3절 | 창업과 세무

1 사업자 등록

개인과 법인을 포함하는 모든 신규 사업자는 사업을 시작할 때 반드시 사업장 등록을 사업장마다 하여야 하며 사업을 시작한 날로부터 20일 이내에 사업장 소재 관할 세무서에 신청하여야 한다.

사업자 등록 신청시 구비서류는 다음과 같다.

① 사업자 등록 신청서(사업자 인적사항, 등록신청 사유, 사업개시 연월일 또는 설치 착수 연월일 등)
② 사업허가증 사본 및 신고필증 사본(법령에 의해 허가 및 신고가 필요한 경우)
③ 임대차계약서 원본(사업장을 임차한 경우) 및 상가건물 도면(상가건물의 일부를 임차시)
④ 동업계약서(2인 이상 공동으로 사업을 영위하는 경우)

이와 같이 모든 신규사업자는 사업자 등록을 해야 함에도 불구하고 이행하지 않는 경우에는 개인사업자는 공급가액의 1%(간이과세자는 공급가액의 0.5%), 법인사업자는 공급가액의 2%의 가산세를 물게 되고, 또한 상품 구입시 세금계산서를 교부받을 수 없어 상품 구입시 부담한 부가가치세를 공제받지 못하는 불이익을 받게 된다. 더구나 신용카드가맹점에 가입할 수 없어 고객확보에 어려움을 겪을 수 있다.

사업자 등록 신청시 유의사항은 다음과 같다.

① 과세유형의 선택 : 1년간 매출이 4,800만원 이상이 될 것으로 예상될 때에는 일반과세자로 신청하고, 4,800만원 미만이 될 것으로 예상되는 때에는 간이과세자로 신청해야 한다. 신청 리하다. 이는 사업개시 전에 매입하는 재화나 용역에 대하여 부가가치세 공제 및 환급에 유리하기 때문이다.
③ 부부가 각각 사업하는 경우 : 부가가치세는 사업장별로 단일세율로 과세되나, 소득세는 4단계 초과 누진세율의 구조를 취하고 있기 때문에 남편의 소득과 부인이 운영하는 남편명의의 사업장의 소득이 합산되어 보다 높은 세율이 적용될 수 있다. 결국 부부가 각자의 사업을 독립적으로 운영할 경우 사업자 등록도 실질 내용에 따라 각자 하는 것이 바람직하다.

2 세금의 종류

1) 세금체계

우리나라 세금은 우선 크게 '내국세'와 '관세'로 나눌 수 있고, 내국세에서 다시 '국세'와 '지방세'로 나눌 수 있다.

국세는 「소득세」, 「법인세」, 「종합부동산세」, 「상속세 및 증여세」, 「부가가치세」, 「개별소비세」, 「교통 · 에너지 · 환경세」, 「인지세」, 「주세」, 「증권거래세」, 「교육세」, 「농어촌특별세」가 있으며, 지방세는 「재산세, 「취득세」, 「등록면허세」, 「자동차세」, 「레저세」, 「주민세」, 「지방소득세」, 「지방소비세」, 「담배소비세」, 「지방교육세」, 「지역자원시설세」가 있다.

그리고 납세자(納稅者)와 담세자(擔稅者)의 일치여부에 따라서 직접세, 간접세를 나눈다. 납세자와 담세자가 일치하면 직접세, 불일치하면 간접세라고 한다. 납세자는 법상으로 신고 또는 납부할 의무가 있는 자로서, 납세의무자, 제2차 납세의무자, 연대납세의무자, 원천징수의무자등으로 구성되어 있다. 그리고 납세자는 세법상 신고납부의무를 부여 받은 자이고, 그 의무를 이행하지 않으면 의무불이행에 대한 제재조치가 있다. 한편, 담세자는 경제학적인 용어로 실제 세금을 부담하는 자를 말한다.

직접세는 납세자와 실제세금을 부담하는 담세자가 일치하는 세목이며, 사업을 하고 돈을 벌면 1년에 한번씩 세무서에 소득금액을 신고하고 세금을 낸다(우리나라는 5월에 소득세 신고함). 이때 사업자가 납세의무자이면서 담세자가 된다. 직접세는 소득세, 상속세, 증여세, 법인세, 종합부동산세 등이다. 간접세는 입법 당시부터 납세자와 담세자가 다를 것으로 예상된 세목이다. 예를 들어 소비자가 식당에서 음식을 먹고 음식값을 내면 음식값 속에는 부가가치세가 포함되어있다. 식당주인은 소비자에게 받은 부가가치세를 모아두었다가 일정기간(6월) 경과후 세무서에 신고하고 납부한다. 이때 식당 주인은 납세의무자고, 소비자는 담세자입니다. 간접세는 부가가치세, 특별소비세, 주세, 교통세 등이다.

또한 누진세와 비례세가 있다. 누진세는 세금을 부과하는 기준인 과세표준이 커지면 세율도 같이 올라가는 세목이며 소득세, 상속세, 증여세, 법인세 등이 누진세 적용대상이다. 비례세는 과세표준 크기에 무관하게 일정한 세율을 적용하는 세목이며, 예를 들어 부가가치세는 10% 세율을 적용한다.

2) 부가가치세

가. 부가가치세 개념 및 연혁

부가가치세(VAT: Value Added Tax)는 국세 · 보통세 · 간접세에 속한다(국세기본법 제2조). 그리고 부가가치세는 모든 재화 또는 용역의 소비행위에 대하여 부과되는 일반소비세이며, 조세의 부담이 거래의 과정을 통하여 납세의무가 있는 사업자로부터 최종 소비자에게 전가되는 간접소비세이고, 모든 거래단계에서 생성된 각각의 부가가치에 부과되는 다단계거래세(多段階去來稅)의 성격을 가진다.

부가가치세는 매출세의 일종으로서 발달된 조세이다. 그러나 부가가치세는 매출세가 재화 또는 용역의 공급총액에 대하여 부과되는 것과는 달리 재화 또는 용역에 새롭게 부가된 가치의 부분에 한하여 부과되므로, 이론상 세액의 계산과 징수에 있어서 매출세보다 훨씬 합리적인 조세이다.

부가가치세는 1919년에 독일에서 제안되었으며, 1921년에 미국에서 법인세를 대신할 세목으로 주장되었다. 그러나 부가가치세를 도입하여 시행한 것은 1955년에 프랑스가 제조세를 부가가치세로 대체한 것이 최초이다. 그 후 1967년에 유럽공동체는 부가가치세를 회원국의 공통세로 인정하였다. 오늘날에는 대부분의 국가가 부가가치세를 채택하고 있다.

우리나라는 부가가치세법을 1976년에 제정하여 1977년부터 시행함으로써 종전의 영업세법, 물품세법, 직물류세법, 석유류세법, 전기가스세법, 통행세법, 입장세법, 유흥음식세법 등에 의하여 부과되던 세목(稅目)을 폐지하고 부가가치세를 도입하였다. 그 배경은 간접세 체계를 근대화하고 경제개발계획을 효과적으로 지원하기 위하여 부가가치세제를 도입함으로써, 부가가치세가 가지고 있는 장점인 세목과 세율의 단순화에 의한 세제(稅制) 및 세정(稅政)의 간소화와 간접세의 환급에 의한 수출 및 투자의 촉진을 기하고, 누적과세의 배제에 의한 물가의 누적적 상승요인을 제거하며, 또한 기업의 수직적 통합이익을 배제함으로써 기업의 계열화를 촉진함과 동시에, 세금계산서의 수수에 의한 탈세를 원천적으로 예방하여 근거과세를 구현하려는 데에 있다.

3) 종합소득세

개인에게 귀속되는 각종 소득을 종합해 하나의 과세단위로 보고 세금을 부과하는 제도이다. 우리나라는 종합소득세제를 채택하고는 있으나 모든 소득을 종합하지는 않는다. 즉, 현행 소득세법에서는 이자소득, 배당소득, 부동산소득, 사업소득, 근로소득, 연금소득, 기타소득 등을 한데 묶어 하나의 과세단위로 보아 종합소득세를 부과한다.

종합소득세는 매년 5월중 전년도 소득세에 대해 신고납부 하는데 업종별로 표준소득률이라는 게 있어 각 업종 해당자는 국세청이 정한 이 표준소득률을 근거로 전년 소득을 계산, 그 이상의 소득을 신고해야 하는 것이 원칙이다.

소득세는 영국에서 1789년 나폴레옹 전쟁의 비용조달을 위해 임시세로 등장했다가 1907년 제도화됐으며 우리나라엔 일제시대인 1936년 첫 도입됐다. 양도소득세를 제외한 나머지 소득세의 산출세액을 계산하는 데 적용하는 기본세율은 최저 5%(과표 4백만원 이하)에서 최고 50%(5천만원 초과)까지 8단계의 초과누진세율로 되어 있다.

4) 법인세

법인 형태로 사업을 하는 경우 그 사업에서 생긴 소득에 대하여 부과하는 세금으로, 기업소득세라 할 수 있다. 개인이 소득세를 납부하는 것과 같이 법인은 소득세법의 적용을 받지 않고 법인세법에 의하여 법인세를 부담하게 된다. 여기서 법인이란 주식회사, 합자회사, 합명회사, 유한회사 등의 영리법인과 사립학교 등의 비영리법인을 말한다. 비영리법인의 경우 공익사업에는 과세하지 않고 수익사업에만 과세한다. 사업연도마다 법인에 귀속되는 소득에 대하여 각 사업연도의 소득에 대한 법인세가 과세되고, 내국법인이 해산하거나 합병 · 분할로 인하여 소멸하는 경우 청산소득금액에 대하여는 청산소득에 대한 법인세가 과세된다. 또 지가급등지역에 소재하는 토지 및 건물을 양도할 때 생긴 소득에 대하여는 법인세를 납부하는 것과는 별도로 토지 등 양도차익에 대한 법인세를 추가로 부담한다.

법인은 사업연도 종료일부터 3월내 '법인세 과세표준 및 세액신고서'에 기업회계기준에 의하여 작성된 재무제표(재무상태표, 손익계산서, 이익잉여금처분계산서)와 세법에 의해 추가로 손금 또는 익금이 허용되는 사항을 반영한 세무조정계산서와 부속서류를 첨부하여 관할 세무서에 신고해야 한다. 이때 소득이나 특정 분야의 중소기업 등은 조세특례제한법에 따라 비과세, 세액감면 등의 혜택을 받으며, 또 외국인 투자촉진을 위한 조세특례제한법에 따라 ▲외국인 지분이 10% 이상인 외국인 투자기업과 ▲국내 미개발부문 등 고도기술수반사업 ▲산업지원 서비스업 ▲제조, 호텔업 등 대규모 투자사업 ▲자유무역지대, 관세자유지역내의 투자 사업은 조세감면을 받아 소득세, 법인세를 처음 7년간은 전액, 이후 3년간은 50%를 깎아 준다. 우리나라의 법인세율 체계는 과세표준 2억원 이하 10%, 2억원 초과～200억원 이하 20%, 200억원 초과 22% 등으로 나뉘어 있다.

5) 개인기업과 법인기업의 과세 차이

개인기업과 법인기업의 과세 차이는 다음 표에서 요약되어 있다.

[표 9-2] 개인기업과 법인기업의 과세차이

구분	개인기업	법인기업
과세근거법	소득세법	법인세법
과세기간	매년 1월1일~12월 31일	정관에 정하는 회계기간
과세소득	총수입금액 – 필요경비	익금의 총액 – 손금의 총액
과세범위	특정소득의 경우 종합과세하지 않고 원천징수만으로 분리과세	분리과세가 인정되지 않음
이중과세 여부	하나의 원천소득에 대해 이중과세가 되지 않음	법인에게 법인세 과세후 주주의 배당에 대해 소득세 과세
세율구조	누진세율 : 6%~38% 주민세 : 소득세의 10%	누진세율 : 10%~22% 주민세 : 법인세의 10%
납세지	개인기업의 소유지	법인등기부등본상의 본점, 주사무소
기장의무	수입금액에 따라 일기장 의무자, 간이장부 의무자, 복식부기 의무자로 구분	수입금액에 상관없이 복식부기의무화
외부감사제도	적용되지 않음	전기말 자산총액이 100억원 이상인 경우, 공인회계사의 감사를 받음
공시여부	재무상태표 공고의무가 없음	법인세 신고기간 내에 일간신문에 공고의무가 있음

제 10 장

지식재산권

제1절 | 지식재산권의 정의 및 종류

지식재산권(知識財産權)은 발명, 상표, 디자인 등의 산업재산권과 문학·음악·미술작품 등에 관한 저작권을 아우르는 말이다. 지식재산권은 무형의 재산권을 지칭하는 용어로 유형의 재산권의 대비된다. 새로운 기술을 국가차원에서 보호해주는 특허도 지식재산권에 포함된다. 예전에는 지적재산권 혹은 지적소유권이라고 불렀으나 최근 지식재산권으로 법률 명칭이 변경됐다.

이처럼 일반적으로 지식재산권은 산업재산권과 저작권으로 구분된다. 산업재산권은 특허권, 실용신안권, 디자인권 및 상표권 등 4가지를 말하며, 산업과 관계가 밀접한 지식재산권을 의미한다. 4가지 산업재산권은 그 보호대상이 다르며, 특허법, 실용신안법, 디자인보호법, 상표법 등 서로 다른 법률에 의하여 10~20년 정도 각각의 권리가 보호된다. 저작권은 인간의 지적능력을 통해 창작한 미술, 음악 등의 예술문야와 시 소설 등과 같은 문학분야의 창작물에 대하여 창작자의 사후 70년까지 그 창작물에 대한 독점권을 부여하는 권리이다. 그리고 저작권과 산업재산권의 주요한 차이를 살펴보면, 저작자의 권리는 산업재산권과 달리 별도의 출원 및 등록에 의하여 권리가 발생하는 것이 아니라 저작권등록과 무관하게 저작물을 창작한 시점에 발생한다는 점이다.

지식재산권(IP: Intellectual Property)에 관한 문제를 담당하는 국제연합의 전문기구인 세계지식재산권기구(WIPO)는 이를 구체적으로 "문학·예술 및 과학작품, 연출, 예술가의 공연·음반 및 방송, 발명, 과학적 발견, 공업의장·등록상표·상호 등에 대한 보호권리와 공업·과학·문학 또는 예술분야의 지적 활동에서 발생하는 기타 모든 권리를 포함한다."고 정의하고 있다.

지적소유권의 문제는 특히 국가와 국가 간에 그 보호장치가 되어 있느냐의 여부와 국가간의 제도상의 차이 때문에 분쟁의 대상이 되고 있다. 오늘날과 같이 정보의 유통이 급속하게 이루어지고 있는 시대에는 어떤 국가가 상당한 시간과 인력 및 비용을 투입하여 얻은 각종 정보와 기술문화가 쉽게 타국으로 흘러들어가기 마련이어서 선진국들은 이를 보호하기 위한 조치를 강화하고 있다.

최근에는 새로운 기술의 산물인 컴퓨터 소프트웨어와 유전공학 기술 등의 보호방법과 보호범위가 지적 소유권보호제도의 한 과제가 되고 있는데, 컴퓨터 소프트웨어는 대부분의 선진국들이 저작권으로 보호하는 추세에 있어서 한국도 1986년 12월 '컴퓨터 프로그램보호법'을 제정하여 1987년 7월부터 시행하여 오다 2009년에 저작권법에 편입하여 함께 보호하고 있으며, 유전공학 기술은 그 제조방법을 한국 등 대다수의 국가가 특허로 인정하고 있다.

1973년 이래 세계지식재산권기구에 정회원이 아닌 옵서버 자격으로 참여하여 온 한국은 1979년 정식으로 가입하여 정회원국이 되었고, 물질특허권(공업소유권)제도도 도입하여 운영하고 있다. 또 국제저작권조약에는 법규해석에 있어 비교적 융통성이 많고 소급효과를 인정하지 않는 국제저작권협약(UCC)에 1987년 10월 정식으로 가입하였다.

지식재산권과 관련된 한국의 법률로는 특허법 · 저작권법 · 실용신안법 · 디자인법 · 상표법 · 발명보호법 등이 있으며, 이들에 관한 권리를 보호하기 위하여 국제적으로 협약한 조약으로는 '공업소유권의 보호를 위한 파리협약', '한 · 일 상표권 상호보호에 관한 협정' 등이 있다.

최근에는 첨단기술과 문화의 발달로 지식재산권도 점차 다양해져서 기업비밀보호권이나 반도체칩 배치설계보호권과 같은 새로운 지식재산권이 늘어날 전망이다. 현재 한국에서는 산업재산권은 특허청에서, 저작권은 문화체육관광부에서 관장하고 있다.

가치 있는 재산은 아마 물질적 자산(벽돌, 장비, 재고자산 등), 무형자산, 인적자원의 형태를 갖고 있을 것이다. 무형자산과 인적자원은 아마 신규 벤처에게 가장 중요한 자산일 것이다.

지식재산권은 벤처의 무형자산과 인적자원과 관련이 있다. 지식재산권의 중요한 부분은 사람들에 의해 자유롭게 사용되거나 복제되는 것으로부터 보호받을 수 있는 발명과 혁신을 포함한다. 무형자산은 특허, 기업비밀, 등록상표 그리고 저작권을 통해 보호받는다. 지식재산권은 혁신을 위한 경제적 인센티브를 제공한다. 예를 들어, 연구와 개발에 대규모 자금을 투입할 것인지에 대한 결정은 오직 그 연구개발로 부터의 산출물이 다른 사람의 사용으로부터 일정기간 보호받을 때에만 정당화 될 수 있다.

벤처가 사업초기 단계에서 아이디어로부터 실행 가능한 사업기회로 발전해 나갈 때, 벤처의 귀중한 지식재산권을 파악하고 보호하는 것은 중요하다. 아이디어나 발명에 대한 법적 보호를 추구하는 것 뿐만아니라 새로운 투자자, 공급업자, 고객 등과 함께 일하게 될 때 비노출협정(NDA; nondisclosure agreement)을 맺는 것이 중요할 것이다. 또한 새로운 핵심종업원을 고용할 때 지식재산권을 보호하기 위해 별도의 고용계약을 맺을 수도 있다.

지식재산권관련 법률은 매우 복잡하다. 따라서 지식재산권을 보호하려 할 때에는 법적인 도움을 요청하는 것이 중요하다. 어떻게 지식재산권이 보호받을 수 있는지 간단히 소개한다. 지식재산권은 각국의 법에 의해 지배 및 보호를 받는다. 각 나라는 지식재산권을 보호하기 위해 자신들의 규정들을 따로 제정한다. 이처럼 표준화된 지식재산권의 부재는 각국 정부와 국제기업들 사이에 갈등을 야기할 수 있다.

과연 어떤 종류의 지식재산권이 보호받을 수 있는가? 주로 새로운 제품, 서비스, 또는 생산과정 등이 보호받을 수 있다. 아마 새로운 디자인, 포장, 또는 마케팅 판매촉진 방법 등도 보호받을 수 있을 것이다. 일단 새로운 아이디어나 사업기회를 포착했다면, 다음 단계는 지식재산권을 보호받을지 말지와 보호받는다면 어떻게 받을지를 결정하는 것이다. 아마 회계목적상 무형자산으로 공식적으로 기록되는 특허, 기업비밀, 등록상표, 저작권 등 4가지 보호형태가 가능하다.

또한 특별한 형태의 지식재산권은 광범위한 해적판(piracy) 때문에 1984년 '반도체칩보호법'이라는 명칭으로 제정되었다. 이 경우 마스크워크(maskwork)라는 항목으로 미국 특허청에 등록될 수 있다. 마스크워크는 반도체 칩 표면에 인쇄되는 회로 패턴으로 다층 칩의 3차원 디자인이라고도 한다. 마스크워크의 소유자는 독점적 권리를 갖는다.

제2절 | 특허권

1 특허권 개념

특허(Patents)는 유용하고(useful), 새롭고(novel) 자명하지 않은(non-obvious) 발명에 대한 지식재산권이다. 특허권은 자연법칙을 이용한 기술적 사상의 창작으로서 수준이 고도한 발명에 대하여 부여되는 권리이다. 특허권의 권리는 특허권의 설정등록일로부터 발생하며 권리존속기간은 출원일 후 20년까지이다.

특허권은 특허발명을 업(業)으로 독점실시하는 것을 내용으로 하는 권리로서 공업소유권의 하나이며, 무체재산권(無體財産權)의 일종이다. 이는 특허권의 설정등록에 의하여 발생한다. 특허제도는 근대국가에 있어서 기술개발과 산업발달을 목적으로 하는 기본 정책으로 되어 있다. 즉, 발명을 장려 및 보호함으로써 기술의 진보발전을 도모하고 국가산업의 발전에 기여하게 한다는 것이 그 제도의 목적이다. 산업에 이용할 수 있는 신규의 진보성이 있는 발명을 한 자가 특허법 절차에 의하여 공개한 대가로서 그 발명을 독점, 배타적으로 실시하는 권리를 부여해 경쟁과정에서 초과이윤을 보장해주고, 그 결과 발명의 연구를 자극, 촉진하여 기술의 발전 · 향상을 도모함으로써 국가의 산업발달에 기여하게 한다.

한편, 일반국민에 대하여도 특허권의 존속기간 중에는 권리자로부터 승낙을 얻어서, 존속기간 경과 후 누구에게나 자유로 그 발명을 이용할 수 있는 기회를 줌으로써 발명을 한 자와 일반국민과의 이해를 조화시키고 나아가서는 국가의 복리를 증진시키자는 것이다. 특허권은 이상과 같은 사회적 기능을 가진 것이므로 그 권리로 지배내용이 되는 객체의 존재가 필요하며, 그것이 바로 발명이다. 여기에서 발명이라 함은 자연법칙을 이용한 기술적 사상의 창작을 말하며, 이러한 발명의 특허요건을 충족하는 경우에 특허권이 성립된다. 물건의 특허발명은 상업적으로 그 물건을 생산 · 사용 · 판매 · 수입 또는 배포할 권리를 독점하고, 그 방법의 발명 또한 상업적으로 그 방법을 사용하거나 그 방법에 의하여 생산된 물건의 사용 · 판매 · 수입 또는 배포하는 권리를 독점하는 것이다.

2 특허제도 역사

특허제도는 그 연원을 14세기 영국에서 찾을 수 있다. 영국에서는 새로운 산업기술을 도입하기 위하여 외국의 우수한 기술자에게 특권을 부여하고 길드(guild)의 독점권에서 해방시키려고 노력하였다. 그리고 영국 국왕의 공개문서(literae patentes, letters patent)에 의하여 영업을 허가하였다. 현재의 특허(patent)라는 어원도 여기에서 유래한다고 한다. 그 최초의 예는 1331년 에드워드 3세(Edward Ⅲ)에 의하여 네덜란드의 직물가 켐프(Kempe,J.)에게 수여된 것이라 한다.

우리 특허제도는 한말인 1908년 8월 13일에 내각고시 제4호로 공포된 '대한제국특허령'에서부터이다. 당시의 한국특허 제1호가 부여된 사람은 정인호로서 '말총모자'에 대한 발명특허가 최초라 한다. 이때는 이미 1907년부터 일본제국주의 통감부 정치가 시행될 때이며, 1907년 7월 한일신협약(정미7조약)이 체결된 후이므로 한국정부의 법령 제정은 일본통감의 승인을 거치도록 되어 있었기 때문에 당시의 '대한제국특허령'도 일본의 1899년의 특허법을 원용하는 조치에 불과하였다. 그 뒤 1910년 8월 한일합병으로 일본 정부는 '특허법 등을 조선에 시행하는 건'을 공포하여 다시 일본의 특허법, 의장법, 실용신안법, 저작권법 등을 한국내에서 시행하게 하였다.

광복이 된 뒤에도 얼마간 미군정하에서 기초작업을 했고, 1946년 1월 미군정법령 제44호에 의하여 특허원을 설치하고 특허, 실용신안, 의장, 상표 및 저작권에 관한 사항 등 무체재산권 일체에 관한 사항을 관장하게 하였다. 한편, 잠정적인 조처로서 보호원제도(保護願制度)를 채택하였는데 이는 정식 특허출원이라고는 할 수 없으나 발명·고안의 내용을 표시한 명세서와 도명을 첨부하여 보호원을 제출하면 특허법이 제정된 뒤에도 이를 우선적으로 보호하도록 하는 제도였다. 이러던 중 같은 해 10월 특허법안을 완성하여 군정법령 제91호로 공포하였다. 여기에는 그 소관기관명을 특허국이라 하고 당시 상무부(商務部)에 소속시켰다.

그 뒤에도 이 법은 헌법 부칙 제100조의 규정에 의하여 유효한 법률로 인정되어 오던 중, 1961년 12월 31일 구법령정리사업의 일환으로 이에 대치한 것이 현행법의 기초가 된 특허법이며, 그 뒤 여러 차례 개정을 거쳐 1997년 4월에 마지막으로 개정되었다.

3 특허권의 법적 성질

특허권은 그 객체인 특허발명을 직접 지배하는 배타적 권리로서 양립하는 권리의 병존을 허락하지 않는 등의 특질을 가지며, 또 이러한 특질로부터 물권적 청구권이 발생되는 등 강력한 효력을 발생하는 대세적(對世的)인 권리이므로 일정한 심사과정을 거쳐서 형성된다. 즉, 특허권은 그 형성에 앞서 특허출원과 심사청구에 의하여 심사가 진행된다. 심사청구가 없는 출원은 출원일로부터 1년 6개월이 경과된 때에 또는 1년 6개월이 경과하기 전이라도 출원인의 신청이 있는 때에 특허공보에 출원공개를 한다.

심사관은 심사청구가 된 특허출원에 대하여 거절할 이유를 발견할 수 없으면 출원공고결정을 하여야 한다. 출원공고기간은 2개월간이며, 이 기간에 이의신청을 할 수 있으나, 거절할 이유를 발견할 수 없을 때에는 특허사정을 하여야 한다. 소정의 특허료를 납부하여 특허원부에 설정등록을 함으로써 특허권이 발생한다. 특허권의 존속기간은 출원공고가 있는 경우에는 그 공고가 있는 날로부터, 출원공고가 없는 경우에는 특허설정의 등록이 있은 날로부터 20년으로 한다.

특허권은 권리자 스스로 실시하는 외에 그 존속기간중 양도할 수 있고, 상속의 대상이 되며, 질권을 설정할 수 있고, 타인에게 실시권을 허락할 수도 있다. 다만, 그 권리가 공유일 때에는 다른 공유자의 동의가 있어야 한다. 특허권자의 실시허락에 의한 실시권에는 전용실시권(專用實施權)과 통상실시권(通常實施權)이 있다. 특허권은 포기할 수도 있으나 공유자 · 질권자 · 실시권자 등이 있을 때에는 이들의 승낙이 없으면 포기할 수 없다.

그리고 특허권의 이전이나 질권 및 실시권의 설정 등은 모두 등록을 하지 않으면 그 효력이 발생하지 않는다. 특허권은 존속기간의 만료, 특허료의 불납, 권리자인 자연인의 사망이나 법인이 소멸한 경우에 상속인 또는 승계인이 없을 때, 권리의 포기 등에 의하여 소멸한다. 또, 특허의 무효판정이 확정된 때 특허권은 등록시까지 소급하여 소멸한다. 특허권을 침해한 자는 민사상의 불법행위와 이득반환 및 신용회복조처 등의 책임이 있고, 고소권자(특허권자, 전용실시권자)의 고소에 의하여 형사상의 책임도 있다.

4 특허 수여 기관

미국에서는 특허청(Patent and Trademark Office)이 특허를 수여한다. 지원과정은 주로 검토와 가능한 변화가 요구된다. 특허지원비와 법인이용 금액은 몇 천 달러에서 몇 십만 달러까지 다양하다. 특허가 만기 되었을 때, 발명은 공공영역으로 옮겨지고 어떤 누구라도 사용하고, 만들고, 팔 수 있게 된다, 특허법은 굉장히 복잡하다. 만약 특허를 받길 원한다면, 특허법에 전문화된 변호사를 고용할 필요가 있다.

한국의 특허법은 발명을 보호 · 장려하고 그 이용을 도모함으로써 기술의 발전을 촉진하여 산업발전에 이바지함을 목적으로 하고 있다. 특허는 산업상 이용할 수 있는 발명에 대하여 한다. 동일한 발명에 대하여 다른 날에 2건 이상의 특허출원이 있는 때에는 먼저 특허출원한 자만이 그 발명에 대하여 특허를 받을 수 있다.

특허청장 · 특허심판원장은 보정명령의 불이행이나 특허료의 미납 등의 경우에는 그 특허에 관한 절차를 무효로 할 수 있다. 특허에 관한 권리에 관하여 밟은 절차의 효력은 그 권리의 승계인에게 미친다. 당사자의 사망 등의 경우에는 계속 중인 절차는 중단되며, 중단된 절차는 상속인 등이 수계하여야 한다. 특허청장 또는 심판관이 천재지변 등의 사유로 인하여 직무를 행할 수 없는 때에는 계속 중인 절차는 중지된다. 외국인은 일정한 경우를 제외하고 특허권 또는 특허에 관한 권리를 향유할 수 없다. 특허에 관하여 조약에 법률과 다른 규정이 있는 경우에는 그 규정에 따른다.

특허청 또는 특허심판원에 제출하는 출원서 · 청구서 기타의 서류는 특허청 또는 특허심판원에 도달된 날부터 그 효력이 발생된다. 특허에 관한 절차를 밟는 자 중 일정한 자는 특허청 또는 특허심판원에 고유번호의 부여를 신청하여야 한다. 특허에 관한 절차를 밟는 자는 전자문서의 방법을 이용할 수 있다.

특허를 받을 수 있는 권리는 이전할 수 있으나, 질권의 목적으로 할 수 없다. 특허권의 존속기간은 특허권의 설정등록이 있는 날부터 특허출원일 후 20년이 되는 날까지로 한다. 특허권자는 업으로서 그 특허발명을 실시할 권리를 독점한다. 특허발명의 보호범위는 특허청구범위에 기재된 사항에 의하여 정하여진다. 특허권은 양도할 수 있으며 특허권자는 타인에게 전용실시권 또는 통상실시권을 허락할 수 있다. 특허 · 실용신안 · 디자인 및 상표에 관한 심판과 재심 및 이에 관한 조사 · 연구에 관한 사무를 관장하게 하기 위하여 특허청장 소속하에 특허심판원을 둔다.

총칙과 특허요건 및 특허출원, 심사, 특허료 및 특허등록 등, 특허권, 특허권자의 보호, 심판, 재심, 소송, 특허협력조약에 의한 국제출원, 벌칙에 대하여는 각각 별개의 장으로 자세한 규정이 있다.

5 특허권 분쟁 사례

특허권 분쟁 사례는 코닥과 폴라로이드 간의 분쟁을 들 수 있다. 1990년 코닥사가 제작한 카메라가 폴라로이드사의 즉석카메라의 원천특허를 침해했다는 판결이 내려졌다. 코닥사는 폴라로이드사에 9억달러가 넘는 손해배상금을 지불해야 했고, 15억 달러를 투자한 공장을 폐쇄하고, 700명의 사원을 해고했으며, 이미 판매된 카메라를 회수하는데도 5억달러 이상을 사용해야 했다.

또한 특허괴물(patent troll)이라는 용어가 언론에 가끔 등장하는데 특허괴물은 2001년 인텔의 변호사인 피터 테드킨(Peter Detkin)이 처음으로 사용한 용어로서, "특허에 대하여 당해 특허를 현재 실시하고 있지도 않고(not practicing), 미래에도 실시할 의사가 없고(have no intention of paracticing) 대부분 과거에도 실시된적이 없는(never practiced at all) 특허로 막대한 돈을 빌려는 자" 라고 정의하였다. 그러나 최근에는 특허괴물 비실시자(NPE : non-ptacticing entity)라고 정의하고도 있으며, 비실시자는 특허된 발명을 제조하거나 사용하지는 않으면서 라이선스 및 소송의 협상을 통하여 특허권을 행사하기를 원하는 특허권자이다.

특허요건이란 특허출원한 발명이 특허를 받기 위한 요건을 특허요건이라 한다. 특허를 획득하기 위해서는 발명의 성립성 및 산업상 이용 가능성이 있어야 한다. 특허법 제2조 제1항에는 '발명이라 함은 자연법칙을 이용한 기술적 사상의 창작으로서 고도한 것을 말한다'라고 정의하고 있다. 대부분의 출원발명이 산업상 이용가능성이 있다고 인정되나, 다만 사람을 수술하는 방법, 치료하는 방법과 같은 의료방법은 산업상 이용가능성이 없는 것으로 해석된다.

특허를 얻기 위해서는 신규성 및 진보성을 보유해야 한다, 신규성이란 발명의 내용이 사회일반에 공개되지 않은 것을 말한다. 공개되어 신규성을 상실한 발명은 새로운 기술을 공개하는 것이 아니기 때문에 이러한 발명에 특허권을 줄 필요가 없기 때문이다. 진보성이란 출원발명이 속하는 기술분야에서 통상의 지식을 가진 자가 선행기술로부터 출원발명을 용이하게 발명할 수 없는 정도를 말한다. 진보성 유무의 판단은 출원발명이 속하는 기술분야에서 통상의 지식을 가진 자를 기준으로 한다.

6 특허 신청시 유의사항

새로운 아이디어 그 자체는 특허를 받지 못한다. 다만 아이디어는 제품과 같은 물질적 형태를 갖는 발명의 일부이어야만 한다. 물질적 형태는 과정에 포함된 일련의 단계 혹은 제품의 배달 등에서 포함되는 일련의 단계로써 존재할 수 있다. 미국에서는 일단 발명을 하였다면, 등록된 특허전문변호사가 특허신청을 준비한다. 특허신청은 미국 특허청(Patent and Trademark Office)에 청구한다.

미국에서 1995년 6월 8일 이래로, 발명가는 임시 특허신청서를 작성하는 것을 인정받았다. 500명 미만의 종업원을 가진 중소기업 같은 소규모 신청자는 대규모 신청자보다 적은 비용을 낸다. 임시특허 신청서는 데이터를 작성하는데 더 빠르고 비용이 적게 든다. 왜냐하면 정규특허 신청서보다 요구사항 등이 적기 때문이다. 일단 임시특허 신청서가 받아들여지면, 발명가들은 특허출원중(patent pending)이라는 용어를 사용할 수 있게 허락 받는다. 하지만, 특허출원중이라는 용어가 모든 권리를 지키거나 보호된다는 것은 아니라는 것을 알아야 한다. 특허 권리와 보호는 오직 특허증명서가 발행되었을 때만 발생한다.

식물특허는 새로운 다양한 식물형 무성생식방법의 발견을 보호한다. 날씨에 영향을 덜 받고 더 오랜 기간 생산되는 생물과학적으로 설계된 식물들이 포함되고 또한 동물유전이나 다양한 인간공학들을 다룬다.

사업방법 특허는 비즈니스운영과 컴퓨터코드, 프로그램, 기술의 기본의 세부적인 방법들을 보호한다. 최근의 컴퓨터화된 기본 전자 상업기능, 전자옥션, 비디오 스트리밍, 웹 브라우징 등의 노력은 특허를 보호하고 있다. 예를 들어, 일부 기술 라이선스 회사는 많은 수의 인터넷 및 전자 상업 회사에 대해 특허사용료를 요구하였다.

임시특허신청서는 서신을 위한 발명 타이들과 발명가 성명, 거주지, 주소 등을 요구한다. 임시특허신청서 안에는 발명에 대한 작성된 상세설명과 어떻게 발명품이 사용될 수 있는지 설명이 되어 있어야 한다. 발명가의 상세설명은 발명분야에 재능이 있는 사람들이 사용하도록 허락된다. 임시특허신청서는 오직 12개월의 수명만 허락되고 만약, 정규신청서가 그 기간 안에 제출되지 않는다면 폐기될 것이다. 정규 특허신청서는 어떻게 발명품이 작동하는지에 대해 정확히 작성된 상세설명서뿐만 아니라, 왜 그 발명품이 특허를 받아야 하는지에 대해 정당화하는 주장이 요구된다. 또한, 정규신청서는 발명을 수행하기 위한 최적의 사용법을 요구한다. 부가적 사용만 강조하면서 다른 사람들이 발명품의 최선의 사용을 하지 못하도록 하는 행위는 특허 무효화로 이어질 수도 있다.

7 특허 신청의 거절 가능성

정규특허신청서는 발명품이 실생활에 도움이 되어야 한다는 것을 요구한다. 예를 들어, 어떠한 역할도 안하는 상호 연결된 기어시스템은 특허를 받을 수 없다. 왜냐하면 실생활에 도움이 되지 않기 때문이다. 마찬가지로, 유용성의 부족 때문에 작동안하는 장비나 기계는 특허를 받을 수 없다. 정규특허신청서는 발명이 새롭다라는 주장을 한 두 개 정도 기입해야 한다. '새로운(novel)' 이란 단어는 제안된 발명이 예전에 생산된 적이 없다는 것을 의미한다. 모든 특허신청서의 출발점은 유사한 발명품에 대한 이전 특허사항에 대한 조사이다. 발명이 자명한(obvious)지 아닌지에 대한 질문은 부분적으로 주관적인 해석에 달려 있다. 발명이 발명분야의 보통의 기술을 가진 사용자에게 자명한지 아닌지를 테스트 하는 것이다. 본질적으로, 테스트는 발명이 예전에 사용된 지식과 충분히 다른지 아닌지 확인하는 것이다. 새롭지만 자명한 발명은 특허를 받지 못한다.

또한, 특허신청의 타이밍은 해당 특허신청서가 특허를 받을 수 없도록 할 수 있다. 신청서는 대중에게 소개된 지 1년 이내에 작성되어야만 한다. 이것은 신문이나 잡지 등 대중에게 알려진 것에 대한 것도 포함된다. 하지만, 1년의 유예기간을 집행하는 어려움 때문에, 특허법은 특허신청이 대중에게 공개 전에 받는 걸로 바뀔 수 있다.

8 특허 소유의 이점

솔직히 말해서, 특허권을 가지는 것은 발명가에게 고소할 수 있는 자격을 준다. 정부는 특허발명가의 권리를 강요하진 않는다. 만약 특허를 가진 발명가라면 특허를 집행하는 부담은 온전히 특허발명가의 몫이다. 하지만, 합법적 집행은 쉬운 것만은 아니다. 특허침해소송 중 50% 이상은 발명가의 손을 들어준 것은 아니다.

또한 다른 사람들이 그 특허를 피하여 디자인 할 수 도 있다. 어떤 사람들이 발명품을 피하여 디자인 할 수 있다는 가능성은 발명가에게 발명품에 관한 많은 정보를 노출하지 말 것을 요구하는 것과 같다고 말한다. 하지만 그렇다고 발명에 대한 특허권 보호를 찾지 말라고 하는 것은 아니라는 것을 명심하라. 대신, 특허 소송은 돈이 많이 든다는 점을 지적하고 싶다. 물론, 특허발명가의 귀중한 발명을 위해서 특허소송비용은 값어치가 있을 수 있다.

9 특허 출원 및 심사 절차

1) 특허출원 절차

특허를 받고자 하는 자가 국가(특허청)에 대하여 관련 서류를 제출하면서 특허권의 부여를 요구하는 절차를 말하며, 그 절차를 행하는 자를 출원인이라 한다. 특허출원은 소정의 사항을 기재한 특허출원서에 명세서, 도면 및 요약서를 첨부하여 특허청에 우편 또는 전자출원 중 하나의 형식으로 제출 가능하다.

2) 특허심사 절차

심사 결과 특허출원된 발명이 특허요건을 만족하는 경우에는 심사관은 해당 출원 발명에 대해 특허결정을 내린다. 만일 특허출원된 발명이 특허요건을 만족하지 못하는 경우에는 심사관은 출원인에게 거절이유를 통지하며, 이에 대해 출원인은 특허출원된 발명이 특허를 받을 수 있다는 견해를 의견서와 보정서를 통해 주장할 수 있다.

3) 출원 공개 제도

출원공개제도란 특허출원된 발명에 대하여 심사 진행여부에 관계없이 일정기간이 경과하면 그 출원내용을 공보에 개재하여 공중에 공표하는 제도를 말한다. 출원공개제도는 신기술을 조기에 공개하여 기술진보 및 개발을 촉진하고, 심사지연에 따른 중복연구 및 중복투자를 미연에 방지하기 위한 것이다. 특허출원된 발명은 특허출원일로부터 1년 6개월이 경과한 때 공개된다.

4) 우선심사제도

출원중이고 심사청구된 특허출원에 한하여 누구든지 우선심사를 신청하여 심사를 빨리 받을 수 있다.

제3절 | 실용신안권

실용신안권(實用新案權)은 물품의 형상 구조 조합에 관한 고안(소발명)에 대하여 부여되는 권리이다. 실용신안권은 설정등록일로부터 발생하며, 권리존속기간은 설정등록일로부터 출원일 후 10년까지이다. 대부분의 새로운 제품, 서비스, 과정에 관련된 발명을 다룬다. 특허 신청시 대부분 창업가들은 실용신안 특허를 신청한다.

다시 말하면 실용신안권은 산업상 이용할 가능성이 있는 물품의 형상, 구조 또는 조합한 것 등에 관한 구체적인 기술적 목적과 기술적 구성 및 기술적 효과에 의하여 체계적으로 형성된 신규성 있는 기술적 사상의 창작인 무형의 고안을 보호의 객체로 하는 권리를 말한다. 여기에서 물품이란 거래의 대상으로 되어 운반가능한 것이고, 물품의 형상이란 물품의 외관적 형태를 의미하고, 입체적인 것과 평면적인 것도 포함된다. 물품의 구조란 물품의 기계적 구조이고, 물품의 조합이란 2개 이상의 물품을 합체하여 1개의 물품으로서 사용가치가 생기는 경우를 말한다.

고안(考案)이란 자연법칙을 이용한 기술적 사상의 창작이며(실용신안법 제2조 1호), 발명과 동질이나 고도성이 요구되지 아니한다. 실용신안등록(實用新案登錄)의 요건으로서는 물품과 형상, 구조 또는 조합에 관한 고안이라는 것 이외에, 산업상의 이용성(利用性), 신규성(新規性), 진보성(進步性)이 있음을 요하고(실용신안법 제4조, 제5조), 또 국기(國旗) 또는 훈장(勳章)과 동일하거나 유사한 고안 및 공공의 질서 또는 선량한 풍속을 문란하게 하거나, 공중의 위생에 해할 염려가 있는 고안이 아닐 것 등을 요한다(실용신안법 제6조).

앞에서 언급한 것처럼 실용신안권이란 기존의 물품을 개량하여 실용성과 유용성을 높인 고안을 출원하여 부여받는 권리이다. 특허제도 운용과정에 있어서 경우에 따라서 소위 개량발명 또는 소발명을 보호, 장려하고 기술발전을 촉진하여 산업발달에 이바지하기 위해 실용신안 제도를 도입했다. 1999년 7월 제도가 대폭 변경되어 심사를 거치지 않고 일정한 형식만 갖추면 실용신안권을 허용한다. 심사를 거치지 않으므로 침해에 대해 권리를 주장하기 위해서는 반드시 특허청에 기술평가신청을 하여 등록유지결정을 받아서 권리행사를 해야 한다.

실용신안권은 특허보다 기술 고도성이 약간 떨어진다. 예를 들어 전화기 자체의 개발은 특허의 대상이 될 수 있으나, 송화기와 수화기가 분리돼 있던 것을 일체로 편리하게 만든 형상이나 구조 등은 실용신안의 대상이 된다. 출원 후 약 6～8개월 후에 권리를 부여받고 출원일로부터 10년간 지속된다. 그리고 특허와 실용신안은 상호 이중출원이 가능하다. 실용신안출원을 한 기술을 실용신안등록을 받은 날로부터 1년 이내에 특허로 다시 출원할 수 있고, 특허출원한 기술을 특허사정이 나기 전까지는 실용신안등록 출원으로 다시 할 수 있다. 다만 이중출원된 것들이 모두 등록에 성공할 경우 어느 하나를 선택해야 한다.

실용신안권은 실용신안등록원부(實用新案登錄原簿)에 설정의 등록을 함으로써 발생한다. 그리고 실용신안권자는 그 등록실용신안을 실시할 권리를 독점하고, 또는 자기의 실용신안권의 침해에 대하여 금지(또는 예방) 및 손해배상의 청구권(請求權)을 행사할 수 있다. 우리나라의 실용신안권 존속기간(存續期間)은 실용신안등록출원일로부터 10년으로 한다.

실용신안 특허는 기술적 또는 일반적 발명, 화학적 발명, 전기적 발명을 다룬다. 예를 들어, 1998년에 대유행이었던 퍼비(Furby)기계동물장난감은 특허를 받았다. 실제로 특허출원중(Patent pending)이란 단어는 초기 퍼비사에서 사용되었다. 특허출원중이라는 단어는 특허가 청구되어 있다는 것을 의미한다. 많은 소비제품과 가정용제품은 기술적 또는 일반적 발명으로 특허를 받는다. 화학적 발명의 예는 처방약과 합성수지를 만드는 새로운 과정이나 방법 등이 포함된다. 컴퓨터 소프트웨어 또한 특허를 받는다. 자동생산시설이나 금융기관을 위한 금융관리시스템을 제공하는 소프트웨어를 운영할 응용프로그램도 특허를 받을 수 있다. 하지만 마이크로소프트 오피스 시리즈와 같은 대부분의 소프트웨어는 특허를 받기보다는 저작권으로 보호받는다. 과거에 미국 실용신안 특허의 수명은 특허발급 이후 17년이었다. 하지만 1995년 6월 8일부터 실용신안 특허의 수명이 20년으로 바뀌었다.

제4절 | 디자인권

디자인권은 물품의 외관인 디자인을 보호하는 권리이다. 즉 디자인권은 독특한 형상 모양 색채가 있는 물품의 외관에 부여되는 권리로서 권리의 존속기간은 설정등록일 후 15년까지 이다. 이러한 특허는 스포츠 유니폼, 전자제품, 자동차와 같은 아이템의 외관을 다룬다. 디자인 특허는 일반적으로 실용신안특허보다 더 쉽고, 특허유지비가 저렴하다.

디자인특허 출원의 대상은 물품의 구성이나 형상, 물품에 적용된 표면 장식, 또는 구성과 표면 장식의 조합 등이다. 디자인특허와 기술특허 사이에는 몇 가지 차이가 있다. “기술특허”는 물품이 사용되고 동작하는 방식을 보호하고 “디자인특허”는 물품이 보여지는 방식을 보호하는 것이다. 미국법에 따르면 1995년 6월 8일 또는 그 후에 출원된 기술특허의 보호기간은 미국출원일로부터 20년이고 디자인특허의 보호기간은 등록일로부터 14년이다. 기술특허에 대하여는 유지료가 요구되지만, 디자인특허에 대하여는 유지료가 요구되지 않는다. 또한 기술특허 출원은 여러 청구범위를 가지나, 디자인특허 출원은 하나의 청구범위만을 가진다.

영국의 1988년의 저작권, 디자인, 특허법(CDPA)은 영국 의회의 법으로 1988년 황실의 승인을 받았다. 그것은 저작권의 법적인 기반을 완전히 재구성하였다. 그 때까지는 1956년의 저작권법에 의해 시행되었다. 그것은 비등록 디자인권을 생성하였고 여러 가지 개선점을 포함하였다

제5절 | 상표권

1 상표권 개념

상표권(商標權)은 식별력 있는 상표 또는 서비스표에 부여되는 권리이다. 상표란 타인의 상품과 식별되도록 유형의 상품에 사용하는 표장으로 기호, 문자, 도형 또는 이들의 결합을 말하며, 서비스표는 무형의 서비스업에 사용하는 표장을 말한다. 상표권의 존속기간은 등록일로부터 10년까지이지만, 다른 산업재산권과 달리 갱신 절차를 통해 10년씩 존속기간을 계속적으로 연장 가능하다.

상표는 상품을 표시하는 것으로서 생산 · 제조 · 가공 또는 판매업자가 자기의 상품을 다른 업자의 상품과 식별시키기 위하여 사용하는 기호 · 문자 · 도형 또는 그 결합을 말한다. 상표권은 설정등록(設定登錄)에 의하여 발생하고(상표법 41조), 그 존속기간은 설정등록일로부터 10년이며, 갱신등록(更新登錄)의 출원에 의하여 10년마다 갱신할 수 있다.

상표권의 가장 중요한 내용은 지정상품에 대하여 그 등록상표를 사용하는 것인데, 그 외에도 상표권은 재산권의 일종으로서 특허권 등과 같이 담보에 제공될 수 있으며, 지정상품의 영업과 함께 이전할 수도 있다.

상표권의 침해에 관해서는 권리침해의 금지 및 예방청구권, 손해배상청구권, 신용회복 조치청구권 등 민사상의 권리가 인정됨은 물론, 침해행위를 한 자에게는 형사상의 책임도 인정된다. 이와 같이 등록상표를 보호하는 목적은 상표사용자의 업무상의 신용유지를 도모하여 산업발전에 이바지하고, 수요자의 이익을 보호하려는 데 있다.

상표(Trademark)는 지식재산권의 일종이며, 브랜드명, 로고, 상품명 등의 상표를 보호함으로써 상표 사용자의 업무상의 신용유지를 도모할 목적으로 제정된 법률이다. 이 법률에서 규정하는 상표란 문자, 도형 기호, 입체적 형상 또는 이것들의 결합을 말한다. 등록 상표의 유효 기한은 10년이며 갱신도 가능하다. 권리자는 상표에 관련된 물품에 대해 독점권을 가지며, 권리가 침해되면 침해자에 대해 손해 배상을 청구할 수 있다.

상표는 한마디로 사업자가 자기가 취급하는 상품을 타인의 상품과 식별하기 위하여 상품에 사용하는 표지이다. 즉, 상품을 업으로서 생산 · 제조 · 가공 · 증명 또는 판매하는 자가 그 상품을 타업자의 상품과 식별하기 위하여 사용하는 기호 · 문자 · 도형 또는 이들을 결합한 것을 말한다(상표법 2조 1항). 상표는 상품에 관하여 사용되는 표지이므로 상인이 영업상 자기를 표시하기 위한 명칭인 상호와는 구별된다. 상표는 평면적으로 시각에 호소하는 것에 한정되어, 입체표지나 음향표지는 상표가 아닌 것으로 되어 있으나, 외국에서는 이것도 포함하여 상표로서 보호하는 나라도 있다.

상표는 상품의 식별표지로서 상품의 명칭 · 생산지 · 판매지 · 품위 · 품질 · 효능 등은 상표가 아니지만, 오랫동안의 사용에 따라 상품의 식별력을 구비하게 된 경우에는 상표로 인정될 수 있다. 이런 상표는 상표권자의 상품의 출처를 표시하는 기능과 함께 상품의 오인 · 혼동을 방지함으로써 수요자에게 상품의 품질을 보증하는 기능을 하며, 나아가서는 광고 · 선전 기능과 재산적 기능도 한다. 예를 들어 '네이버'는 NHN Corp.의 등록상표(Registered Trademark)로 상표법에 의해 보호를 받는다. 이 의미는 다른 사람이나 기업이 이 이름을 함부로 사용하지 못하게 되고 그렇지 않을시 법의 처벌을 받게 된다는 것이다. 네이버는 웹사이트나 그 내용물을 의미하는 것이 아니라 네이버란 이름 자체만을 의미한다. 네이버는 이름임과 동시에 웹사이트를 의미하고 또 그 내용물을 포함하고 운영하는 시스템도 있을 것이다.

2 상표권의 법적 성질

법률적인 면에서 상표권이라 함은 공업소유권(工業所有權)의 범주에 속하는 사권(私權)으로 특허권, 실용신안권, 디자인권과 같이 배타적(排他的)·독점적인 효력을 가진 무체재산권(無體財産權)을 말한다. 상표권은 다른 공업소유권과 다음의 점에서 다르다.

① 상표권은 자기의 업무에 관계되는 상품에 관하여 타인의 동종상품(同種商品)과 구별하기 위하여 선정사용(選定使用)하는 표지를 그 목적으로 하고 특별히 지능적 소산이라고 말할 수 없는 무형의 이익을 독점적으로 지배하는 권리이다. 이에 대하여 다른 3권(특허권, 실용신안권, 디자인권)들은 그 어느 것도 창의고안(創意考案), 즉 지능적 소산(所産)를 그 목적으로 한다. 이것과 관련하여 다른 3권에서는 출원 전에 이미 특허 또는 등록을 받을 수 있는 권리를 인정하고 있는데 대하여, 상표법에서는 출원 전에 등록받을 수 있는 권리는 인정되지 아니한다.

② 발명·실용신안·디자인에 있어서는 신규성(新規性)을 특허 또는 등록의 요건으로 하고 있는데 대하여, 상표에 있어서는 신규성을 요건으로 하지 아니하고, 단지 자타상품(自他商品)을 식별할 수 있는 특별현저성(特別顯著性)이 있으면 된다.

③ 상표권은 부정경쟁(不正競爭)을 방지하고, 영업상의 신용유지를 도모하는 사권이므로 상표를 영속적으로 사용하게 하는 것은 하등 산업의 발전을 저해하는 것이 아니고, 따라서 갱신을 허용하고 있는데 대하여 다른 3권에서는 존속기간의 만료로 소멸되는 것으로 하여 갱신 또는 연장을 인정하지 않는다.

또 다른 3권에서는 등록된 권리의 이전성(移轉性)이 인정되고 있는데 대하여 상표법에서는 상표는 등록여부를 불문하고, 그 지정상품의 영업과 같이 하는 경우에 한하여 이전성이 인정된다. 이상과 같은 상이점을 제외하고는 상표권은 다른 3권과 거의 비슷하다. 상표권에서의 상표라 함은 상품을 생산, 가공, 증명 또는 판매하는 것을 업으로 영위하는 지기 자기의 업무에 관련된 상품을 나인의 상품과 식별되도록 하기 위하여 사용하는 기호, 문자, 도형 또는 이들의 결합 또는 이것에 각각 색채를 결합한 것(표장<標章>이라 한다)에 해당하는 것을 말한다. 위에서의 상표의 의의를 요약해 보면 상표라 함은, 상품을 업으로 생산 등을 하는 자가 자타상품을 식별되도록 하기 위하여 사용하는 표장에 해당하는 것을 말한다.

3 상표권의 기능

1) 자타상품의 식별가능

상표를 상품에 표시하여 사용하는 경우 그 상표의 표시로 인하여 자기의 상품과 타인의 상품을 식별할 수 있는 기능이다.

2) 출처표시 기능

동일한 상표를 표시한 상품은 동일한 출처에서 나온다는 것을 수요자에게 나타내는 기능이다.

3) 품질보증기능

동일한 상표를 표시한 상품은 그 품질이 동일한 것으로 수요자에게 보증하는 기능이다.

4) 광고선전기능

상표를 보면서 상품에 대한 심리적인 연상 작용을 동적인 측면에서 파악한 것으로 상품거래사회에서 판매촉진 수단으로서의 기능이다.

5) 재산적 기능

상표사용자가 자기의 상표를 오랜 기간 계속 반복적으로 사용함으로써 그 상표에 대한 신용이 화체되어 주지, 저명한 상표가 되면 상당한 영업상의 고객흡인력을 창출하게 되어 그 자체로 독립적 재산권으로 인정되는 것을 말한다.

제6절 | 저작권

저작권(Copyrights)은 어떤 창작물에 대한 권리에 관한 것으로 해당 창작물의 지적재산권을 제작자나 소유주가 독점적으로 가지는 권리이다. 여기서 창작물이란 어떠한 매체(책, 출판된 글, 웹사이트, 영화, TV, 라디오, 상품을 포함한 기타 생각이나 이미지 등을 표현할 수 있는 것들)를 통해 표현된 생각, 기술, 이미지, 체계 등과 이들의 전체인 상품, 기술, 작품 등을 포함한다. 저작권법, 특허법, 그리고 기타 상법과 민법에서 관리되고 보호된다.

저작자의 권리는 저작물을 창작한 때 발생하며 어떠한 절차나 형식의 이행을 필요로 하지 않는다. 즉 특허권이나 상표권과 같은 권리는 특허청에 대한 등록을 거쳐 권리가 발생하는 반면 저작권은 저작권 등록과 상관없이 저작물을 창작한 시점에서 발생한다는 점에서 그 차이가 있다.

작곡가나 작사가들의 작품, 소설가들의 작품, 영화와 그 속의 캐릭터들, 컴퓨터소프트웨어 등도 이런 저작권법에 의해 보호를 받는다. 또는 특허법에 의해 보호를 받게 된다. 창작물의 소유권자가 독점적으로 권리를 행사할 수 있는 저작권을 가지게 되는 것이다. 네이버의 내용물과 운영체계들은 저작권법에 의해 보호를 받는다.

그래서 네이버의 페이지 아래 부분에 보면 'Copyright ⓒ NHN Corp. All Rights Reserved.'이라는 부분을 볼 수 있는데 해당 페이지의 그리고 네이버 웹사이트의 글, 이미지, 표현방법 등의 소유권이 NHN에 있음을 나타내주고 있다.

저작권의 존속기간은 특허권의 기간보다 길다. 저작권은 인간의 지적능력을 통해 창작한 미술, 음악 등의 예술분야와 시, 소설 등과 같은 문학 분야의 창작물에 대하여 창작자의 사후 70년까지 그 창작물에 대한 독점권을 부여하는 권리이다. 또한 저작권은 초상권과도 대별된다. 초상권은 개인 자체에 의해 발생되는 권리를 말하며, 저작권은 개인의 창작물에 대한 권리이다.

저작권에 대한 이해를 돕기 위해 흥미 있는 사례를 살펴보자. 한국음악저작권협회의 자료에 의하면, 가수겸 작곡가인 박진영과 작곡가 조영수 등은 한해 저작권료 수입만 억대가 넘는다고 한다.

제7절 | 지식재산권을 보호하기 위한 다른 방법들

1 기업비밀

기업비밀(Trade secrets)은 일반적으로 다른 사람에게 알려지지 않은 발명이나 정보형태의 지식재산권이다. 기업비밀은 비밀제조법(fomulas), 제조과정(process), 고객리스트(customer lists) 등이다. 기업비밀은 노하우(know-how) 등과 같이 법적인 보호의 대상이 되지 않는 기업비밀을 가리킨다. 기업비밀법은 특허를 취득하지 못한 발명품을 보호하는 경우도 있다. 미국 특허청(Patent and Trademark Office)에 제출해야 할 세세한 노출을 피하고자 특허보호를 신청하지 않는 경우도 있다. 또 다른 이유는 특허법 하에서 허용된 기간인 20년 이상 지식재산권을 보호받기 위해서이다. 즉, 기업비밀에 대한 기간제한은 없다.

코카콜라의 제조비법은 100년 이상 동안 비밀을 유지해오고 있다. 미국에서는 주법으로 기업비밀을 보호하기 위하여 제3자나 종업원, 퇴직자가 기업비밀을 불법적으로 이용하는 것을 금지하고 있다. 기업비밀법에 의존하는 것에 대한 단점은 무엇일까? 특허신청 절차와는 반대로, 기업비밀로서 정보나 특허 보호를 획득하기 위한 공식적인 절차가 없다. 대신, 기업비밀법 하에서의 보호는 기업비밀의 특성이나 그 비밀을 보호할 노력에 달려있다. 기억해야 할 중요한 점은 이전에 기업비밀이었던 제품이나 서비스에 대해 어떤 사람이 독립적으로 복제했다면 기업비밀의 원소유자는 법적으로 보상을 청구할 수 없다는 것이다.

기업비밀을 보호하기 위해 취해야 할 절차는 무엇인가? 이 질문에 대한 답은 지속적인 보호계획이 수행되어야 한다는 것이다. 종업원과 다른 컨설턴트, 공급업자 등이 기업비밀을 사용하거나 노출하지 못하도록 비밀노출방지협약(NDA; Non-disclosure agreement)에 서명하도록 하여야 한다. 컴퓨터 시스템, 하드카피 파일, 그리고 기업비밀을 포함하는 다른 형태의 정보들은 제3자나 기밀노출방지협약을 하지 않은 종업원으로부터 격리시켜야 한다. 예를 들어, 코카콜라의 고유한 제조기법은 아틀란타(Atlanta)의 은행 지하창고(bank vault)에 보관되어 있고 소수의 임원진만 그 기업비밀을 안다.

기업비밀의 부정 유용성은 빈번히 전직 종업원들과 관련되어있다. 종업원들은 전형적으로 벤처사업의 기업비밀에 대해 많은 것을 배운다. 확실히 경험이나 지식의 인수는 전직 종업원들이 다른 회사로 옮겨가 새로운 회사를 더욱 가치 있게 만든다. 하지만 중요한 것은 그가 예전에 근무했던 회사의 기업비밀을 사용하는가가 문제이다. 예를 들어, 예전회사의 고객리스트는 기업비밀이 될 수 있고 보호할 가치가 있다. 따라서 회사를 떠나는 판매종업원들이 고객리스트를 가지지 않고 떠나길 명확히 하고 싶을 것이다. 기업비밀의 부정유용을 법정에서 확인하는 것은 비용이 많이 든다. 물론, 옮

격간 종업원이 예전회사의 기업비밀을 안다는 사실만으로는 그 종업원이 예전회사의 기업비밀을 다른 회사에게 전달하거나 사용하였다는 점을 의미하는 것은 아니다. 때로는 그것이 사실로 밝혀질 때까지 예전회사의 기업비밀이 사용되었는지 전혀 알지 못할 수도 있다.

대부분의 국가에서는 개인들이나 단체조식들이 비록 기업비밀법이 없더라도 비밀정보를 보호할 계약상 권리를 갖고 있다고 인정한다. 중요한 기업비밀을 보유하고 있는 회사가 외국에서 사업을 하려고 할 때 회사의 기업비밀이 노출의 위험에 처할 수 있는지 아닌지 조사해볼 필요가 있다. 예를 들면 코카콜라는 인도에서 콜라를 생산하기 위한 조건으로 비밀제조법을 전수해야 한다는 요구를 받자 인도진출을 포기했다고 한다.

2 비밀노출금지협약(NDA)

밀노출금지협약서(NDA : Non Disclosure Agreement)는 다른 개인이나 단체에게 노출될 때 아이디어나 지식재산권을 보호하기 위한 서류이다. 예를 들면, 벤처를 시작하기 위하여 투자가로부터 자금을 얻을 필요가 있을 수도 있다. 특허가 아직 출원되지 않았을 때 모형제품을 만들 필요도 있을 것이다. 또한 벤처회사가 사업초기 단계에 있으며 새롭기는 하지만 아직 특허를 발급받지 못한 발명품에 대한 주요 부품을 생산하기 위하여 공급업자의 도움도 필요할 수도 있다. 대형고객이 새롭지만 아직 특허를 받지 못한 제품의 시험용 견본을 요구할 수도 있을 것이고 또한, 아이디어를 개발하는 방법이나 신제품을 마케팅 할 방법에 대한 컨설턴트의 조언을 추구할 수도 있다. 이러한 경우에 다른 사람들이 아이디어를 갖고 가든가 제품을 복사할 수도 있을 것이다. 비밀노출금지협정은 그들에게 경고를 보내는 것이다.

3 고용계약

고용계약(employment contracts)은 고용주와 종업원 사이에 기업비밀 유지기간, 종업원 신분상태, 암묵적 동의 등과 종업원들에게 아이디어와 개발에 대한 권리를 할당하는 것을 포함한다. 모든 아이디어, 발명품, 그리고 종업원들에 의해 개발된 다른 지식재산 형태는 회사로 귀속되어야 한다. 고용기간 동안에 만들어진 벤처 관련 지식재산도 벤처회사에 귀속시켜야 된다. 종업원은 새로운 아이디어나 발명품들을 신속히 보고할 의무가 있다. 그리고 회사가 필요할 때 특허나 저작권을 획득하는 일에 협조해야 한다. 물론, 종업원이 개발했지만 벤처사업과 연관되어 있지 않은 지식재산은 종업원에게 속한다.

고용계약은 회사와의 비경쟁 조항을 포함할 수 있다. 비경쟁 조항은 종업원들이 고용기간 동안과 퇴직 후 일정기간 동안에는 회사와 경쟁을 삼가는 것을 요구한다. 종업원이 갖고 있는 모든 비밀정보는 고용 종료시에 회사에 반납해야 한다.

컨설턴트와의 계약은 특별한 형태의 고용계약이다. 예를 들어, 마케팅 또는 생산 분야의 전문컨설턴트를 고용할 수 있다. 정규 종업원처럼 그 컨설턴트가 회사의 지식재산을 노출하지 않거나 사용하지 않을 협약에 서명할 것을 요구할 수 있다. 그리고 컨설팅 기간 동안 개발된 아이디어나 발명품들을 회사에 귀속시킬 것이라는 협약에 서명을 요구할 수 있다. 결과적으로 컨설턴트 계약은 정규종업원 계약보다 복잡하여 시간을 더 들여 준비하는 것이 필요하다.

제 11 장

벤처 마케팅

제1절 | 마케팅의 개요

1 개요

마케팅이란 소비자에게 최대의 만족을 주고 생산자의 생산목적을 가장 효율적으로 달성시키는 방법에 의하여 재화나 용역을 생산자로부터 중간생산자나 소비자에게 유통시키는 일체의 기업활동이다. 마케팅은 첫째, 고객이 누구이고 그들이 원하는 것이 무엇인지를 발견하는 것이다. 둘째, 고객의 욕구를 만족시킬 제품을 개발하는 것이다. 셋째, 그 제품을 고객이 소유하게 하는 것 등에 목표를 둔다.

다른 말로 표현하자면 마케팅이란 고객이나 기업의 목표인 고객만족과 이윤추구를 충족시키기 위해 판매와 구입이라는 교환을 창출하기 위해 아이디어, 제품, 그리고 서비스 개념 정립(product), 가격결정(price), 이들에 관한 정보를 제공하고(promotion), 유통을 계획하고 집행하는(place) 과정이다.

최근에는 위 정의에 덧붙여서 고객가치 창출과 커뮤니케이션의 중요성이 부각되면서 고객에게 전달하고, 고객과의 관계를 관리하기 위한 조직의 기능 및 일련의 과정이 추가 되었다. 고객을 창출만 하기 보다는 기존고객과 관계 유지하는 것이 더 중요하다는 것을 강조한 것이다. 그래서 교환(exchange)은 단기적인 의미의 거래와 장기적 의미의 관계를 모두 포함해서 사용한다.

마케팅전략은 한 치 앞도 예측하기 힘든 무한경쟁시대에서 급변하는 환경변화에 적절하게 대응하지 못하면 구축하기 힘들다. 환경변화에 적절하게 대응하기 위해 환경적 요인으로 외부환경과 내부환경으로 분류할 수 있다. 외부환경은 의지나 선택과는 상관없이 형성되는 것으로 거시환경분석, 경쟁자분석, 시장/고객분석 등을 통해 기업에게 기회가 되거나 위협이 되는 요인을 찾아내는 과정이다. 내부환경은 창업자의 특성을 비롯하여 인적/물적 자원, 조직구조, 조직문화 등을 분석하여 기업이 내부적으로 가질 수 있는 강점과 약점의 요인을 찾아내는 과정이다. SWOT분석은 외부환경분석을 통해 얻은 기회(Opportunity)와 위협(Threat)의 요인과 내부환경분석을 통해 얻은 강점(Strength)과 약점(Weakness) 요인을 찾아 각각의 상관관계로부터 대응전략을 찾아내는 과정이다.

제2절 | 마케팅 전략수립 과정

마케팅 전략을 수립하는 과정은 다음과 같이 대략 4단계로 요약될 수 있다.

첫 번째 단계는 마케팅 환경을 분석하는 것이다. 우선 기업이 직면하는 외부환경과 내부환경을 분석하고, 그 다음에 고객(customer)·경쟁사(competitor)·자사(company)에 대한 3C 분석을 하며, 자사의 강점(Strength)·약점(Weakness)·기회요인(Opportunity)·위험요인(Threat) 등 SWOT 분석한다.

두 번째 단계는 기업의 역량을 바탕으로 전체시장을 세분화(segmentation)하여 세분화한 몇 군데의 시장을 집중적(targeting)으로 관리(positioning)하는 STP전략이다. 복잡 다양한 사회에서 시장을 포괄적으로 관리하는 것보다 집중관리 하는 것이 이윤창출에 도움이 된다.

세 번째 단계는 제품, 서비스, 아이디어를 창출(product)하고, 가격을 결정하고(price) 이들에 대한 정보를 제공하며(promotion), 이들을 배포하여(place) 개인 및 조직체의 고객만족과 이윤추구를 만족시키는 4P 활동이다. 기업의 마케팅 전략을 뒷받침하고, 가격과 다른 마케팅 믹스간에 일관성을 유지하여 시너지 효과를 창출할 수 있어야 한다.

마지막으로 네 번째 단계는 마케팅 통제(control)단계이다. 계획(plan)과 실행(do)결과를 비교(see), 실행과정 수정 혹은 계획의 수정(feedback)이 이루어지는 단계이다.

제3절 | 마케팅 환경분석

1 마케팅 환경분석 개요

마케팅 환경분석은 크게 외부 환경분석과 내부 환경분석으로 나눌 수 있다. 외부 환경분석은 거시환경분석, 산업구조분석, 고객가치분석, 시장세분화분석, SWOT분석 등이 있다. 내부 환경분석은 창업자/기업가의 특성, 인적/물적 자원, 상권 및 입지 분석, 핵심역량 분석 등이 있다.

이러한 내 · 외부 환경분석을 통한 마케팅 전략을 실행하는 프로세스는 다음과 같다.

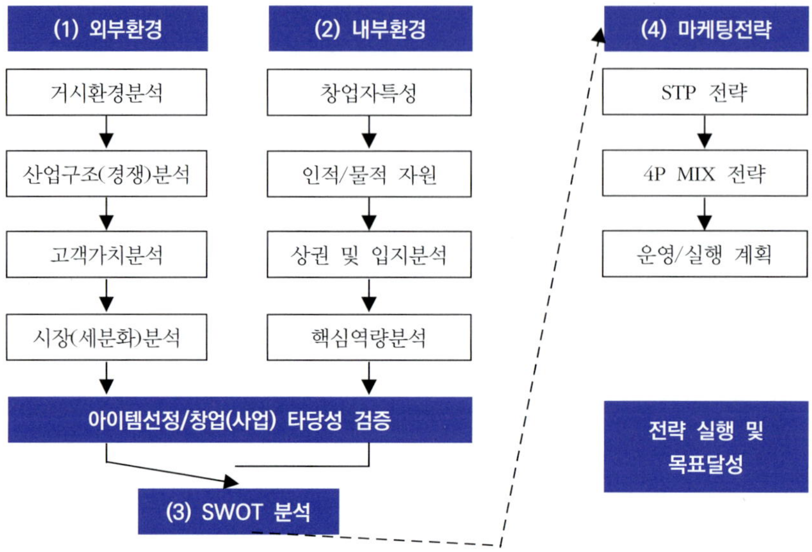

[그림 11-1] 마케팅전략 실행 프로세스

2 거시적 환경분석 방법

PEST분석(Policy, Economy, Society, Technology 분석)은 안팎을 꿰뚫어 보는 환경분석의 역할을 한다. PEST분석기법을 이용한 거시 환경분석은 정치, 경제 사회/문화, 기술 등의 관점에서 요인들이 기업에 어떤 영향을 미치는지를 분석하여 기화와 위험의 요소를 찾아내는 역할을 한다.

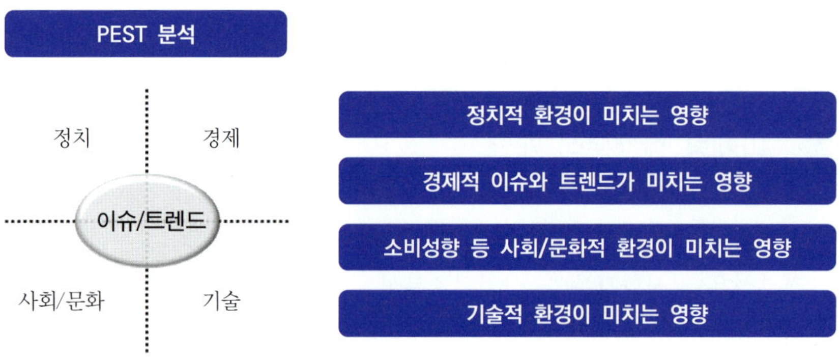

[그림 11-2] PEST 분석

[표 11-1] PEST기법의 구성요소

정치	경제
• 정치권력과 정책노선 • 개혁정책, 지원정책 • 규제완화와 민영화 • 무역장벽 및 자유화 • 조세/특허 • 부패, 정치적 리스크	• GDP 성장률 • 인플레이션, 이자율, 환율 • 금융/재정정책 • 소비성향 • 산업구조 변화 • 금융시장의 변화/임금수준
사회/문화	**기술**
• 인구구조/노동력 유연성 • 소비자 라이프스타일 • 여성의 사회진출 • 환경/에너지에 대한 관심 • 교육수준	• 신기술 • 기술혁신 및 호가산 • 신제품 혁신 • 정책적 지원
디지털/인터넷/SNS	**기타환경**
• 산업/경제의 디지털화 • 인터넷 및 기반기술 • SNS의 확산	• 인구통계학적 요인 • 자연적 요인

3 경쟁자(competitors) 분석

산업구조분석은 산업 내 기존경쟁자, 잠재적 진입자, 공급자, 구매자, 대체제의 5가지 요인의 경쟁강도를 파악함은 물론, 산업의 경쟁구조와 수익성에 영향을 미치는 관련 요인들 간의 경쟁관계를 분석하여 산업구조를 변화시키는 요인과 기회와 위협의 요소를 찾아내는 역할을 한다. 즉, 사업을 하기 전에 주변에 나와 경쟁할 자가 누가 있나 잘 살펴볼 필요가 있는 것이다.

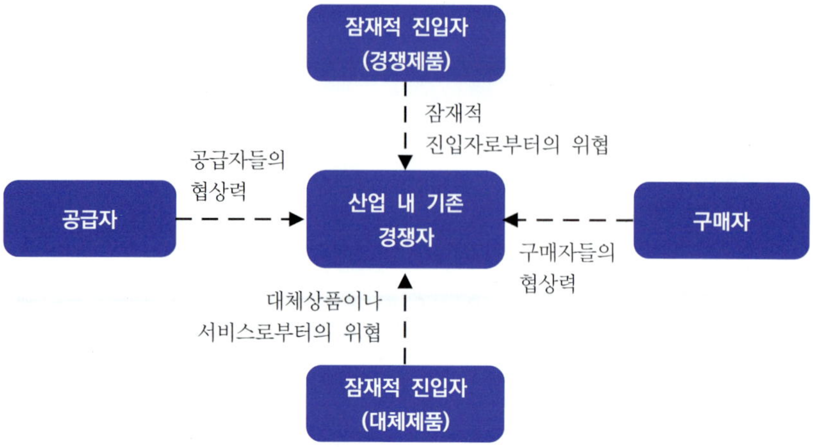

[그림 11-3] 산업구조 분석

산업구조에 대한 체계계적인 분석을 위해 세계적인 컨설팅업체인 보스턴 컨설팅 그룹(BCG)에 의해 사용되는 산업동향 분석 매트릭스(MATRIX)에서는 각 산업을 성장산업, 신규산업, 수확산업, 사양산업 등으로 구분하여 분석한다.

- Questions : 신규산업
- Stars : 성장산업
- Dogs : 사양산업
- Cows : 수확산업

Question Marks	Stars
• 높은 시장성장률과 낮은 상대적 시장점유율의 사업단위. • 시장점유율을 유지, 증가에 있어 많은 현금이 필요함. • 경쟁력이 있는 사업단위는 시장점유 증대를 위해 현금 지원을 하고, 경쟁력이 낮은 사업단위는 처분해야 함. • 적기에 투자를 성공적으로 하면 성장사업으로 이행되나 그렇지 못한 경우에는 사양사업으로 전락하게 됨.	• 높은 시장성장률과 높은 시장점유율의 사업단위. • 자체사업을 통해 많은 현금을 벌어들이지만, 급속히 성장하는 시장에서 시장점유율을 유지, 증대시키기 위해 많은 자금이 필요함. • 단기적으로 기업에 자금을 공급하지는 못하지만 어느 정도 성장을 하면 수익 주종사업으로 이행됨.
Dogs	**Cash Cows**
• 낮은 시장성장률과 낮은 상대적 시장점유율의 사업단위. • 대체로 수익성이 낮고 시장전망이 어두움. • 장래성이 없는 사업으로서 조건이 나빠지면 점차 처분이 되어야 함.	• 낮은 시장성장률과 높은 상대적 시장점유율의 사업단위. • 낮은 투자지출로 인해, 많은 이익을 벌어들임. • 기업의 다른 사업군들에게 자금을 공급함.

[그림 11-4] 산업동향 분석 매트릭스

4 3C 분석

기업은 시장을 세분화하고 이중에서 매력도를 평가하여 표적시장을 결정한다. 매력도 평가의 자료로서 3C(Customer, Competitor, Company) 분석이 자주 활용된다. 3C 분석이란 자사, 경쟁사, 고객의 3가지 변수를 이용하여 자사의 강점과 약점을 분석하고, 경쟁사의 생산능력, 기업규모, 주요 고객 및 판매 전략, 인지도 등을 분석하여 자사가 진입하려는 시장에서 경쟁 강도가 어느 정도인지를 판단하기 위한 과정이다.

[표 11-2] 3C 분석

3C	평가 요소	분석 기준
Company (자사)	기업 목표, 자원, 시너지 효과	• 창업자가 목표로 하고 있는 시장인가? • 시장 진입을 위한 경영자원은 충분한가? • 시존 브랜드와 마케팅 시너지 효과를 창출 가능한가?
Competitor (경쟁사)	현재 경쟁자 잠재적 경쟁자	• 현재 시장의 경쟁강도는? • 미래 시장의 경쟁강도는?
Customer (고객)	시장 규모 시장 성장률	• 세분 시장은 적절한 규모인가? • 시장 성장 가능성이 높은가? • 세분 시장별 잠제수요는 충분한가?

5 SWOT분석

기업의 내부환경과 외부환경을 분석하여 강점(strength), 약점(weakness), 기회(opportunity), 위협(threat) 요인을 규정하고 이를 토대로 경영 전략을 수립하는 기법으로, 미국의 경영컨설턴트인 알버트 험프리(Albert Humphrey)에 의해 고안되었다. SWOT 분석의 가장 큰 장점은 기업의 내·외부 환경 변화를 동시에 파악할 수 있다는 것이다. 기업의 내부 환경을 분석하여 강점과 약점을 찾아내며, 외부 환경 분석을 통해서는 기회와 위협을 찾아낸다.

- 강점(strength) : 내부 환경(자사 경영 자원)의 강점
- 약점(weakness) : 내부 환경(자사 경영 자원)의 약점
- 기회(opportunity) : 외부 환경(경쟁, 고객, 거시적 환경)에서 비롯된 기회
- 위협(threat) : 외부 환경(경쟁, 고객, 거시적 환경)에서 비롯된 위협

SWOT 분석은 외부로부터 온 기회는 최대한 살리고 위협은 회피하는 방향으로 자신의 강점은 최대한 활용하고 약점은 보완한다는 논리에 기초를 두고 있다.

SWOT 분석에 의한 경영 전략은 다음과 같이 정리할 수 있다.

- SO전략(강점-기회 전략) : 강점을 살려 기회를 포착
- ST전략(강점-위협 전략) : 강점을 살려 위협을 회피
- WO전략(약점-기회 전략) : 약점을 보완하여 기회를 포착
- WT전략(약점-위협 전략) : 약점을 보완하여 위협을 회피

SWOT 분석은 방법론적으로 간결하고 응용범위가 넓은 일반화된 분석 기법이기 때문에 여러 분야에서 널리 사용되고 있다. 즉, SWOT분석은 외부 환경분석을 통해 얻은 기회와 위협의 요인과 내부 환경분석을 통해 얻은 강점과 약점 요인을 찾아 각각의 상관관계로부터 대응전략을 찾아내는 과정이다. SWOT 분석은 '제품이나 서비스'를 대상으로 할 때는 '마케팅전략'이고 '기업'을 대상으로 할 때는 '경영전략'이 된다.

외부환경 / 내부역량	기회(O)		위협(T)	
강점 (S)	투자확대 시장확대 신제품개발 점유율확대 다양화	**SO전략** 시장점유율 확장 전략	원가우위강화 제품차별강화 유통경로/고객기반 유지 수익성 강화 선별적	**ST전략** 차별화 전략
약점 (W)	재무구조개선 경쟁력보완 교육훈련강화 조직단순화 집중화	**WO전략** 약점을 보완하면서 기회를 활용하는 전략	매각/합병 시장의 부분적 철수 상품종류정리 조직단순화 구조조정	**WT전략** 약점을 보완하고 위협을 극복할 수 있는 전략

[그림 11-5] SWOT 분석

제4절 | STP 전략

1 시장세분화(segmentation)

동질적 욕구(needs)를 가진 소비자를 묶어 몇 개의 세분시장으로 나누는 과정을 말한다.

1) 시장세분화의 효과

- 경쟁우의 확보
- 마케팅 기회의 발견
- 차별화를 통한 경쟁완화

2) 시장세분화의 요건

- 측정가능성
- 접근 가능성
- 시장의 규모성
- 내부적 동질성 대 외부적 이질성

3) 시장세분화의 기준변수

- 고객특성 변수 : 지리적, 인구통계적, 심리분석적 변수
- 고객행동 변수 : 사용상황, 추구편익, 상표애호도, 사용량 또는 사용여부

2 표적시장(Targeting)

세분시장 중 자사와의 적합도가 가장 높은 세분시장을 선택하는 과정을 말하며, 타게팅을 위해서는 먼저 세분시장의 평가가 필요하다.

1) 세분시장의 평가

- 시장요인 : 시장규모, 성장률, 시장구조의 매력도

• 기업요인 : 기업목표와의 부합성, 기업의 능력과 자원과의 부합성, 기업의 장기적 경쟁 우위 유지 가능성

2) 목표시장의 선정(Product & Market Mix)

① 비차별화 마케팅 전략

세분화된 시장의 차이를 무시하고 단일 제품으로 단일 마케팅 프로그램을 수립하여 전체 시장을 공략한다. 마케팅 비용이 최소화되기 때문에 세분화가 덜 진행된 도입기에 사용이 가능하다

② 차별화 마케팅 전략

세분시장마다 상이한 제품과 차별적 마케팅 프로그램을 사용한다. 가용자원이 풍부한 기업들이 사용하기에 적합하다. 비용이 다소 과다하게 들지만 전체 판매량 및 고객만족도는 증가하게 된다.

③ 집중화 마케팅 전략

한 개 혹은 몇 개의 세분화된 시장을 선택하여 집중적으로 공략한다. 주로 단일제품으로 단일 세분시장을 공략한다. 이 전략은 자원능력이 한정되어 있을 때 사용한다. 틈새시장을 겨냥하여 파고들기 때문에 경쟁력은 강화될 수 있으나 위험분산이 되지 않아 실패시 큰 타격을 입을 수 있다.

3 포지셔닝 (positioning)

선택한 세분시장에서 고객들의 뇌리에 자사의 브랜드를 각인시키는 활동이다. 세분시장에서 경쟁제품과 차별화된 제품으로 포지셔닝 함으로써 경쟁우위를 이룰 수 있다. 제품의 변경에 의한 혹은 제품의 변경 없이 다른 마케팅 변수의 변경에 의해 재포지셔닝 하기도 한다.

1) 포지셔닝의 절차

• 1단계 : 경쟁우위 파악
• 2단계 : 알맞은 경쟁적 우위 선택
• 3단계 : 선택한 포지션의 커뮤니케이션과 전달

2) 포지셔닝의 유형

- 속성에 의한 포지셔닝 : 볼보-안전성, BMW-성능의 우수성
- 이미지에 의한 포지셔닝 : 아라비카 커피
- 사용상황과 목적 : 게토레이-운동 후, 포카리-일상 갈증
- 제품사용자 : 버드와이저-젊은 남성 및 노동계층
- 경쟁제품에 의한 포지셔닝 : 7-up은 콜라가 아니다

3) 지각도를 이용한 신제품의 포지셔닝 전략

- 경쟁이 없는 부분(blue ocean)에 포지셔닝 : 기술적으로 가능하고 소비자 수가 많아야 함.
- 경쟁상품에 가까운 포지셔닝 : 경쟁제품보다 우수한 제품생산, 시장의 크기가 커야 함, 자원이 많거나 전략이 뛰어나거나 해야함.

4) 전략적 위치 선정(Positioning) 방법

① 속성활용 : 제품의 무게, 색깔, 브랜드, 성능(예: 타이레놀의 경우 어린이/어른, 감기/두통/생리통 등으로 구분), 혜택, 문제의 해결, 근원적 욕구(건강용품)

② 사용상황 활용 : 제품의 적절한 사용 상황을 묘사하거나 제시

③ 특정용도 활용 : 가치관이나 라이프스타일 등을 고려하여 특정인이나 특정 그룹 사람들에게 적절하다고 강조(운동선수용 등)

④ 경쟁 활용 : 소비자의 인식 속에 경쟁 제품과 명시적 묵시적으로 차별화된 비교 우위를 강조

⑤ 틈새시장 공략 : 기존 제품이 충족하지 못하는 소규모 시장을 가격 및 품질 등으로 공략

⑥ 제품군 활용 : 호평을 받는 기존 제품군과 동일시하거나 악평을 받는 제품군과 차별점을 강조

제5절 | 마케팅믹스 4P 전략

1 개요

마케팅 믹스란 마케팅의 목표 달성을 위해 필요한 요소를 최적으로 조합하는 것이다. 상업 마케팅에서 마케팅 믹스는 마케팅 목표달성을 위해 필요한 요소를 최적으로 조합하는 것이다. 마케팅 믹스의 가장 핵심 요소를 4P라고 하는데, 제품(Product), 가격(Price), 유통(Place), 판촉(Promotion)이다. 최적의 마케팅 믹스는 마케팅 목표 달성이 핵심이다. 이를 통해 권장 행동 실현이라는 목표를 달성하고, 어떤 제품을 선택하고, 개발할지를 생각해야 한다. 또한, 소셜 마케팅이 상업 마케팅처럼 실제 제품을 개발했다면 그에 따른 가격이 설정되어야 한다. 그리고 금전 비용뿐만 아니라 비금전적 비용, 희생, 정신적 장애, 노력의 대가도 고려해야 한다. 4P MIX 전략은 마케팅의 모든 요소를 통합하여 그 효과를 최대한 발휘하는 것이며 통합되고 일관된 전략 전개가 필요하다.

2 제품(Product)

마케팅믹스 4P는 4가지 요소를 단계적으로 분석하여 효과적인 마케팅 전략을 수립하는데 의의가 있다. 마케팅믹스 4P분석 그 첫 번째는 바로 제품(Product)이다. 마케팅의 주체가 되는 제품이나 서비스의 기능, 품질, 경쟁상품, 브랜드 이미지 등을 종합적으로 분석하여 해당 제품의 경쟁력이 무엇인지 파악하는 과정이라고 할 수 있다. 핵심 고객에게 특히 어필되는 제품의 특징은 무엇인지, 향후 마케팅을 전개할 때 어떤 기능을 부가시켜서 소비자들의 환심을 살 것인지를 미리 결정해 둔다면 마케팅믹스 4P 전략에 많은 도움이 될 것이다. 물론 이때 시장트렌드에 따른 제품 수명주기(도입기 → 성장기 → 성숙기 → 쇠퇴기)까지 고려하여 각 시장상황에 맞는 소비지출 및 소비행태에 맞는 제품경쟁력을 제고할 수 있어야 하겠다.

3 가격(Price)

첫 번째 마케팅믹스 4P분석에서 제품경쟁력 및 제품수명주기에 따른 시장환경을 파악하였다면, 이번에는 적절한 가격을 결정할 단계이다. 여기서 수익창출이 목적인 기업의 입장에서는 원가대비 수익을 낼 수 있는 가격대 이어야 한다. 소비자 입장에서는 해당 제품을 구매하기에 합당하다고 느껴지는 정도의 가격이 책정되는 것이 마케팅믹스 4P에서 가격(Price)의 기본이다.

하지만 제품출시 당시 시장트렌드, 소비행태, 경쟁상품 등을 고려하여 적게 남기되 많이 팔아 수익을 내는 박리다매 전략으로 낮은 가격을 결정할 수도 있다. 또한 오히려 가격을 높게 책정하여 로열티를 제고하는 마케팅믹스 4P전략도 있다. 이때 책정된 가격을 변경하는 데는 비용이 들지는 않지만 소비자들이 가격변동에는 부정적인 인상을 느낄 경우 중장기적으로 매출에 타격을 입을 수 있으니 가격책정은 멀리 내다보고 결정해야 한다.

4 판매장소(Place)

품의 강점을 파악했고, 그에 맞는 가격까지 결정했다면, 다음 마케팅믹스 4P 분석단계는 판매장소 및 유통경로를 결정하고 확보하는 것이다. 제품을 구입하는 핵심고객들이 주로 어떤 곳에서 제품을 구매하는지를 판단하기 위해 신뢰도 높은 시장분석을 통해 판매장소를 결정하는 것이 좋다. 제품자체가 가격대가 높고 핵심고객의 소비수준이 높은 편이라면 백화점, 아웃렛 등 고급매장을 선택하는 것이 좋다. 제품이 소모품이고 고객이 언제든지 주위에서 쉽게 구매할 수 있어야 한다면 편의점, 마트 등을 선택해야할 것이다. 여기서 판매장소로 물품을 이동시킬 유통경로도 결정해야 하는데 유통경로에 따라 제품가격이 높아질 수 있으니 마케팅믹스 4P 전략요소를 종합적으로 고려할 필요가 있다. 최근에는 유통비용을 줄이고 보다 저렴한 가격에 상품을 판매하기 위해 직거래 형태의 온라인 쇼핑몰도 많이 등장하였다.

5 판매촉진(Promotion)

마케팅믹스의 다른 요소들이 결정되었다면 마지막으로 이 모든 요소를 아우르는 판매촉진(Promotion) 전략을 수립해야 한다. 만약 제품이 새롭게 등장하는 시기를 소비자들에게 브랜드, 제품을 알리는 것이 급선무라면 다양한 매개체를 통해 인지도를 높이는 마케팅을 선택해야 한다. 만약 기존 상품이 업그레이드되어 등장하였다면 기존고객들의 라이프스타일에 적합한 광고매체를 선택하여 신기능을 어필하는 것이 좋다.

이처럼 판매촉진(Promotion) 전략은 특히 마케팅믹스 4P 분석의 나머지 요소를 모두 고려하여 체계적으로 정리되어야 효과적인 마케팅 성과를 거둘 수 있다. 뿐만 아니라 최근 어떤 마케팅전략이 효과적인지와 온·오프라인 마케팅 매체를 어떻게 활용하는 것이 좋은지에 대해 트렌드를 분석하는 것도 마케팅믹스 4P 전략을 수립하는데 필요한 과정이다.

제6절 | 고객 및 소비자에 대한 이해

1 고객의 분류

마케팅을 효율적으로 하기 위한 기초는 바로 고객을 제대로 이해하는 것이다. 고객은 1차 고객, 2차 고객, 3차 고객 등으로 분류할 수 있는데 1차 고객과 2차 고객을 먼저 만족시킬 수 있어야 한다.

1차 고객은 자사에 소속된 임직원 및 직장동료가 바로 가장 소중한 1차 고객이다. 이들은 마케팅 아이디어 공유나 전략상담, 업무협조 등에 대해 실질적인 혜택을 줄 수 있는 가장 가까이 자리한 고객이다.

2차 고객은 자사와 거래하고 있는 협력업체 모든 구성원들을 말한다. 구매자(buyer), 영업사원, 광고대행사, 제휴파트너 등은 해당기업을 떠나서도 다양한 정보와 혜택을 제공해 줄 수 있는 고객이다.

3차 고객은 마케팅에서 말하는 가장 일반적인 고객으로 자사의 해당 상품이나 서비스를 최종적으로 사용하는 소비자를 말한다.

2 소비자 분석

소비자의 특성을 알기 위해서는 소비자행동에 대한 분석을 하여야 한다. 소비자 행동에 대한 연구는 세 가지 유형의 정보를 제공한다. 즉, 소비자 성향을 제공하고, 구매행동에 관한 정보를 제공하며, 의사결정 과정을 설명할 수 있다. 이러한 소비자행동분석은 시장세분화, 제품포지셔닝, 차별화, 환경분석, 마케팅믹스와 개발 등에 관한 마케팅관리의 기초를 제공한다.

최근에는 신경과학을 사용하는 뉴로마케팅이라는 첨단 마케팅 기법도 사용된다. 뉴로마케팅이란 신경과학을 의미하는 뉴로(Nuro)와 마케팅의 합성어로 뇌 영상촬영을 비롯한 최신 신경과학 기술을 이용하여 소비자의 뇌 반응을 측정함으로써 소비자심리 및 행동의 매커니즘을 해명하고 이를 마케팅에 활용하는 분야이다.

또한 특정 상황에 있어 자극에 의해 유발되어 지각된 개인적인 중요성이나 혹은 관심도의 수준을 나타내는 관여도에 따라 소비자구분 매트릭스를 수축하고 관여도에 따른 마케팅 전략을 수립하는 방법도 사용한다.

제7절 | 게릴라 마케팅

1 게릴라 마케팅 개념

마케팅 대가인 제이 콘래드 레빈슨은 대기업 위주의 마케팅 전략이 아닌 소기업에 적합한 게릴라 마케팅(Guerrilla Marketing) 전략을 소개한다. 즉, 꿈은 크지만 자금은 부족하고, 돈 대신 열정과 상상력, 노력과 정보를 투자할 각오를 갖고 있는 중소시업이나 자영업자 등에게 적합한 마케팅 기법을 제시한다.

제이 콘래드 레빈슨은 캘리포니아 대학에서 강의를 했으며, 세계적인 광고대행사인 J. Walter Thompson사의 부사장 및 유럽의 Leo Burnett사의 마케팅 책임자/총괄이사를 역임했으며, 현재 게릴라 마케팅 인터내셔날(Guerrilla Marketing International Co.)의 회장으로 있으면서 어도비(Adobe)나 애플(Apple) 등과 같은 대기업들에게 컨설팅을 해주고 있다.

2 게릴라 마케팅 성공 전략

이 콘래드 레빈슨이 제시하는 게릴라 마케팅의 16가지 성공전략은 다음과 같다.

① 마케팅 프로그램에 헌신 또 헌신하라
② 그 프로그램을 투자로 생각하라
③ 중단하지 말고 지속하라
④ 신뢰는 품질과 가격보다 중요하다.
⑤ 헌신을 유지하기 위해서는 인내하라
⑥ 다양한 게릴라 무기들을 활용하라
⑦ 이익은 판매의 결과로 생긴다는 사실을 명심하라
⑧ 편의를 제공하라
⑨ 마케팅에 감동의 요소를 집어넣어라
⑩ 마케팅 무기의 효율성을 측정하라
⑪ 장기적으로 후속관리를 하고 고객과의 결속을 입증하라
⑫ 상호이익을 위해 제휴하라
⑬ 테크놀로지라는 게릴라 병기에 능통하라
⑭ 고객의 동의를 얻어내고 확장하라
⑮ 스타일보다는 내용으로 승부하라
⑯ 마케팅을 공격적으로 확대하라

제8절 | 실전마케팅 방법론

1 마케팅 채널

마케팅 채널은 주된 목적에 따라 광고, 홍보, 판매촉진 등으로 구분한다. 광고는 회사가 광고비를 지불하기 때문에 콘텐츠에 대한 통제가 가능하고, 정보전달이 빠르다. 하지만 TV나 신문매체 등을 이용할 경우 비용이 많이 드는 단점이 있다. 홍보는 신뢰도가 높으며 비용이 많이 안든다는 장점이 있다. 하지만 회사의 홍보비용이 적게 드는 대신 정보전달에 대한 통제가 어려운 단점이 있다. 판매촉진은 시식회를 개최하거나 샘플을 제공함으로써 정보전달은 빠르나 경쟁자들끼리 과잉 판촉활동으로 효과는 떨어지고 비용이 증대할 수 있다는 단점이 있다.

2 SNS 마케팅

SNS 마케팅 활동의 5단계는 다음과 같다.

1단계는 재품개성(Idendity)을 확립하는 단계로 프로필은 명확한 표현을 요구하며, 블로그는 기반콘텐츠로서 전문성을 나타내는 브랜드 콘텐츠의 역할을 수행해야하며, 팀블로그는 조직용 블로그와 SNS상의 다양한 거점 허브 역할을 수행하며, 홈페이지의 역할도 수행한다.

2단계는 블로그에 가입하여 활동하는 단계로서 키워드를 검색하며, 온라인에 참여하고, 온라인에 댓글을 다는 단계이다.

3단계는 연결단계로 인맥을 확대 강화하고, 한계치를 파악하는데 이 기간은 보통 1달 정도 걸린다.

4단계는 결사단계로 인맥을 연결하자마자 커뮤니티에 초대하는 단계이다.

5단계는 문화단계로 이벤트행사를 개최하며, 문화를 형성하고, 오프라인에서 정기적으로 모임도 갖는 단계이다.

3 실전 마케팅 방법

전 마케팅은 마케팅 채널의 선택이 중요하다. 이때 내게 맞는 마케팅 채널을 선택하고 집중하는 전략이 필요하다.

1) ATL과 BTL

초창기 광고회사의 청구서 부분의 Line 위쪽을 차지하는 항목을 ATL(Above The Line)이라 하였고, 그 아래에 설정된 항목을 BTL(Below The Line)이라고 하였다. ATL은 전통적 광고매체인 TV, 신문, 잡지, 라디오 등에 노출되는 광고를 일컬으며 현대에 들어와서는 인터넷을 포함하고 있다. ATL은 직접적으로 광고하고자 하는 제품을 체험해 볼 수는 없지만 매체라는 연결고리를 통해서 상품을 노출 시키는 광고라고 할 수 있다. ATL은 정보를 강요(push)하던 시대의 마케팅 즉, 소비자가 원하지도 않는데 광고를 뿌리는 매체를 이용한 마케팅이 ATL마케팅이다.

BTL은 전통적 광고 매체를 제외한 세일즈 프로모션(sales promotion)에 해당하는 광고를 말한다. BTL은 ATL과는 달리 일방적이지 않다. 즉, 소비자들의 관심을 끌어들여(pull) 참여를 통해 소비자들에게 다가가기 위한 광고전략이다. 전시 및 매장 디스플레이(display), 다이렉트 메일(DM), 이벤트나 스포츠마케팅, 텔레마케팅(TM), 간접광고(PPL : Product Placement) 등 이른바 과외 판촉활동을 가리킨다. 현대에 들어서는 직접적인 광고에 대한 제약이나 견제 등의 이유로 BTL이 ATL에 대한 대안으로 주목받고 있는 추세이다.

2) PPL

PPL(product placement)은 직역하면 제품 배치다. 즉 필요한 위치에 제품을 갖다 놓는 것을 의미하는데, 원래 영화를 제작할 때 각 장면에 사용될 소품을 적절한 장소에 배치하는 것을 일컫던 말이다. 초기에는 영화 제작부서에서 시나리오를 보고 기업이나 점포를 방문해 각 신(scene)에 필요한 소품을 요청해 배치했다. 이 시기만 해도 영화사보다는 기업이 주도권을 갖고 있었다.

하지만 영화에 등장했던 제품이나 브랜드에 소비자들이 반응을 보이고, 심지어는 매출도 증가하자 기업들이 먼저 자신의 제품을 사용해 달라고 요청하거나 때로는 제품 사용의 대가로 제작비를 지원해 주기도 했다. PPL이 본격적인 마케팅 수단으로 사용된 영화 <ET>에서는 주인공이 ET를 유인하기 위해 사용되었던 허쉬(Hershey)의 초콜릿이 1개월 만에 영화 개봉전 대비 65%의 매출 상승을 보였다. 2012년 방송된 드라마 <신사의 품격>에서 배우들이 사용했던 선글라스, 옷핀 등은 실제로 매장에서 매진되었으며, 여주인공이 자주 찾던 빵집 '뚜레쥬르'는 방송 2주간 매출이 전달 대비 166% 상승했다.

이처럼 영화나 TV 프로그램 속에 등장한 제품이나 브랜드의 인지도와 매출이 상승하자 기업들은 과거와 달리 적극적으로 PPL을 마케팅 수단으로 사용하기 시작했다. 즉, 이제 PPL은 단순히 콘텐츠 내에서 소품을 배치하는 것을 넘어섰다. 마케팅 및 광고, PR 수단으로서 PPL이란 '주로 영화 제작사나 방송사에 제품이나 제작비를 협찬해 주고 그 대가로 기업이나 제품, 브랜드 로고를 노출시키는 것'이라 할 수 있다. 여기서 중요한 점은 협찬(sponsorship)의 대가로 제품이나 로고를 노출시키는 것이다. 따라서 PPL을 이용한 기업들은 영화나 프로그램 말미에 엔딩 크레딧에서 자막으로 확인할 수 있다.

3) POP

POP은 Point Of Purchase의 약자로 구매시점광고라고 번역된다. 매장측면에서 POP은 종업원 상품소개에 대한 수고를 더는 동시에 판매효율을 향상시킨다. 주로 인지도 제고, 점포존재 부각, 객단가 상승, 구매정보 제공, 점포로 유인 등을 위해 사용된다.

POP의 종류는 다음과 같다.

- 외벽 현수막 : 주요 행사 및 홍보발신 매체, 발신메시지로 고객관심 유도
- 대형 와블러(부착형) : 주출입구 위치, 주요행사 고지
- 현수막 : 행사고지로 고객참여 유도
- 우드락(스티로폼으로 제작) : 주동선 중심에 위치, 주요행사 고지, 상품정보 안내
- X배너 : 행사안내 및 고객참여 유도
- POS POP(Point of Sales POP) : 계산전에 여러 가지 혜택 안내로 계산단가 확대 유도
- 카테고리 배너 : 상품영역 안내로 쉽게 상품을 찾게 유도

4 On-line 마케팅시 주의사항

① BLOG/PAGE로 자신의 BRAND를 강화하라

② Google로 세상의 정보를 조사분석하여 사업 아이템을 찾아라

③ 스마트기기로 세상과 실시간 소통하라

④ Facebook으로 Network을 강화하고 세계와 연결하라

⑤ Twitter로 세상의 Trend를 읽고 반응하라

⑥ 글보다 사진으로, 사진보다 영상으로, 영상보다 스토리로 소통하라

⑦ 카카오스토리, 밴드, FB그룹, Linknow로 사람들을 엮어라

5 SNS 마케팅의 10계명[39]

① 나를 알리기 보다 고객을 알려고 애써라.

② 소셜미디어(Social Media) 마케팅의 시작도 경청이요, 끝도 경청이다.

③ 남이 만든 요령의 함정에 빠지지 말고, 원칙을 끝까지 유지하는 것이 더 중요하다.

④ 돈이 없더라도 성실과 부지런함으로 호감을 얻고 신뢰를 쌓아야 한다.

⑤ 혼자서 도모하지 마라. 연합군을 만들어 같이 움직이도록 한다.

⑥ 진정성만이 좋은 친구를 얻을 수 있는 방법이다. 진정성을 어떻게 보이고 전달할 것인지 고민해야 한다.

⑦ 고객이 필요로 하는 가치를 제공하라.

⑧ 우유부단하게 고민만 하는 것 보다는 일단 소셜미디어 마케팅을 시작하라.

⑨ 차별성, 독창성, 원조, 공짜 선물, 창의성이 내 친구가 되게 한다.

⑩ 나만의 소셜미디어 마케팅 방법을 개발하라.

6 브랜드마케팅

1) 로고

① 누구나 부르기 쉽고, 기억하기 쉬워야 한다.

39 한국창업지도사협회 자료 참조

② 취급하는 제품이나 제공하는 서비스 등 사업내용이 쉽게 나타나야 한다.

③ 고객에게 시청각적으로 강한 인상을 줄 수 있어야 한다.

④ 주소비자(고객)층의 취향을 반영한다.

예) 10대 - 신선, 발랄, 중장년층 - 쉽고 친근함

⑤ 상점의 입지적 특성을 고려하여 주변 상점들과 조화로운 차별화를 이루어야 한다.

예) 압구정동 - 세련미, 인사동 - 전통성

⑥ 시대적 트렌드를 반영하되, 유행어나 기호를 남발하면 식상 거부감 유발

예) 밀레니엄 오락실, www.노라조.com

⑦ 화제를 불러일으킬 수 있는 기발한 명칭으로 광고효과를 극대화할 수 있다.

⑧ 경쟁업체의 상표 도용을 방지하고 법의 보호를 받을 수 있는 차별화된 명칭을 선택

예) 유명인 이름, 보통명사, 지리적 명칭 등은 등록 어려움

⑨ 부정적인 의미나 이미지 연상이 없어야 한다.

⑩ 패키지나 유니폼 등에 적용하기에 적합한가를 고려한다.

2) 간판

간판을 기억하고 찾아오게 하기 위해 다음과 같은 사항들을 명심해야한다.

① 업종과 매장분위기에 맞는 네이밍(Naming)을 먼저 생각한다.

② 점포 이름보다 업종을 부각시킨다.

③ 간판 형상을 독특하게 한다.(맥주잔, 맥주병 등을 활용)

④ 움직이는 간판이 주목성이 높다.

⑤ 소재의 차별화(직사각형 플라스틱 탈피)

⑥ 가장 눈에 띄는 곳에 설치한다.

⑦ 간판 글씨의 크기와 글자 수에 유의한다(4~6자 적당).

⑧ 색을 많이 쓰지 않는다(보색대비). 백색 - 검정, 청색 - 빨강, 노랑 - 빨강, 노랑 - 검정

⑨ 경우에 따라 돌출간판이나 입간판을 설치한다.

⑩ 간판은 정기적으로 깨끗이 청소하라.

7 디자인 마케팅

새로운 제품이나 서비스의 기획에서부터 개발과 유통 등 전 과정에서 디자인 의 중요

성이 강조되고 있다. 이러한 디자인의 필요조건으로는 적합성, 심미성, 독창성, 경제성 등을 들 수 있다.

① 적합성(適合性)

디자인의 목적은 합리적이고 인간공학적이며 객관적인 사고로 설정되어야 하고 기능성 및 실용성을 충족시켜야 한다.

② 심미성(審美性)

디자인에서의 미는 인간 본연의 감성적이고도 이성적인 가치로 대중에 의하여 수용되고 공감되는 미로 정립된다.

③ 독창성(獨創性))

가장 중요하고 핵심적인 가치이다. 무에서 유를 조성해내는 새로운 창조와 높은 수준의 창의성은 바로 디자인의 필수적인 요소이다.

④ 경제성(經濟性)

최소의 비용으로 최대의 효과를 올려야 한다는 일반적인 경제 원리가 디자인에도 적용된다.

제 12 장

재무성과 평가

제1절 | 재무제표

1 재무제표의 정의

재무제표(財務諸表, financial statements)는 회사의 경영현황을 일반적으로 인정되는 회계원칙(GAAP)에 따라 일목요연하게 표현한 것으로 기업회계기준에 따라 크게 재무상태표, 포괄손익계산서, 현금흐름표 및 이익잉여금 처분계산서로 나뉜다. 회계는 회계실체의 이해관계자에게 회계실체에 관련된 유용한 재무적 정보를 제공하는 수단으로서 회계보고서를 작성 · 보고하는 것으로서, 재무제표는 이러한 회계보고서의 가장 중심적이고 종합적 체계를 이루고 있다.

회계실체의 외부에 있는 이해관계자는 그 실체에 관한 정보를 얻을 수 있는 기회가 극히 제한되어 있기 때문에, 이들 외부 이해관계자에게 있어서 재무제표는 매우 중요하다. 따라서 이해관계자가 광범위하게 존재하는 기업이나 그 밖의 사회적 조직에 대하여는 재무제표 작성 및 보고가 법령으로 의무화되어 있으며, 또 그 작성 및 보고방법에 관하여도 규제가 가해지는 것이 일반적이다.

재무제표는 기본적으로 회계실체의 경영자 또는 그 지배를 받는 사람에 의하여 작성되며 그 정보는 회계실체의 경영자를 포함한 여러 이해관계자의 이해관계에 직접 · 간접으로 영향을 준다. 따라서 경영자는 자신에게 유리한 방향으로 재무제표를 작성 · 보고할 가능성이 있다. 그러므로 이러한 문제점을 방지하기 위하여 오늘의 경제사회에서는 회계실체와 직접적 이해관계가 없는 독립적인 전문가에 의하여 그 정보의 타당성에 관한 감사(監査:audit)를 받고, 감사인(auditor)의 감사의견을 첨부하여 보고하는 경우가 있다.

2 재무상태표

재무상태표(statement of financial position)는 일정 시점에서 기업의 자산과 부채 및 자본을 일정한 구분 · 배열 · 분류에 따라서 기재함으로써 기업의 재무상태를 총괄적으로 표시하는 재무제표이다. 재무상태표는 이와 같은 정보를 제공하는 재무보고서로서 대차대조표(balance sheet : B/S)라고도 한다. 이 때 자산은 그 자금이 운용되는 형태를 표시하며 기업재산의 부채와 자본은 기업자금이 조달된 유입원천을 표시한다. 즉, 재무상태표는 일정 시점의 재무 상태를 나타내는 보고서로서 차변(왼쪽)에 자산을, 대변(오른쪽)에 자본 및 부채를 기재하며 자산은 기업자금의 구체적인 운용형태를 나타내고 부채 및 자본은 자산의 원천을 나타낸다. 재무상태표에서는 특히 기업의 단기 채무에 대한 지급 능력을 나타내는 지표인 유동비율과 기업의 재무건전성을 나타내는 부채비율이 적정한 수준인지 반드시 파악해야 한다.

3 포괄손익계산서

포괄손익계산서는 기업의 경영 성과를 명확히 하기 위해 영업연도 중에 발생한 수익과 이에 대응하는 비용을 기재하고 그 기간의 순이익을 표시하는 계산서를 말한다. 포괄손익계산서에는 회사의 실적을 평가하는 대표적인 잣대인 매출액 영업이익경상이익 당기순이익 등이 모두 포함된다. 즉, 한 회계기간 동안에 발생한 비용항목과 수익항목(收益項目)을 기재하여 당해 기간의 순이익 혹은 순손해를 표시하는 재무표(財務表)라고 할 수 있다.

포괄손익계산서에 기재되는 계정과목은 수익이나 비용을 발생하게 한 이유 · 원인을 나타내는 것으로서, 매출액 · 수입이자 등은 기업의 가치를 증가시킨 원인이며, 반대로 매입비 · 급료 · 잡비 등은 기업의 가치를 감소시킨 원인이다. 이같이 포괄손익계산서에서는 수익과 비용의 과목을 대응 · 비교시켜 손익을 표시하므로, 그 기능은 순손익액을 명백히 할 뿐만 아니라 손익발생의 과정을 분석적으로 추적할 수 있도록 하여 영업의 수행과정까지 알려준다.

따라서 포괄손익계산서는 기업의 목적달성 정도를 측정하는 기준이며 경영정책의 수립과 방향 설정에 있어 가장 중요한 자료가 된다. 양식에는 계정식(計定式)과 보고식이 있는데, 기업회계기준에서는 보고식을 원칙으로 하고 있다. 계정식은 총계정원장의 차변과 대변을 그대로 옮겨놓은 형식으로, 총비용과 총수익의 대조에 편리한 방식이나, 일반의 이해관계자가 이해하기 쉽고 편리한 형식을 채용하기 위해 보고식을 택하고 있다.

포괄손익계산서에는 한 회계기간 중에 발생 또는 실현한 모든 손익항목을 기재하는 포괄주의(包括主義) 손익계산서와 경상적(經常的)이고 기간적인 손익항목만을 기재하는 당기업적주의(當期業績主義) 손익계산서가 있다. 원칙적으로 수익과 비용이 한 회계기간을 단위로 하여 측정되므로 그 차액인 이익도 기간적인 것으로 간주된다. 따라서 이익이란 일반적으로 한 회계기간 중의 총수익에서 총비용을 감한 기간순이익을 뜻한다.

4 현금흐름표

현금흐름표(statement of cash flow)는 일정기간 동안 해당기업의 현금이 어떻게 조달되고 사용되는지 나타내는 표로, 기간별 현금의 유입과 유출 내용을 표시함으로써 향후 발생할 기업자금의 과부족현상을 미리 파악할 수 있다. 즉, 현금흐름표는 일정기간 동안의 기업의 현금흐름을 나타내는 표이다. 현금의 변동내용을 명확하게 보고하기 위하여 당해 회계기간에 속하는 현금의 유입과 유출내용을 적정하게 표시한 표이다. 현금이 어떻게 창출되어 어디에 얼마만큼 쓰였는가를 보여주는 표라고 할 수 있다.

현금흐름표는 재무상태표, 포괄손익계산서, 자본변동표, 이익잉여금처분계산서와 함께 주요 재무제표의 하나이다. 현재 주식회사의 외부감사에 관한 법률에서는 직전 사업연도 말 자산총액이 70억원 이상인 주식회사는 반드시 현금흐름표를 작성하여 공인회계사의 감사를 받도록 하고 있다. 현금흐름표는 일정기간 동안의 현금흐름을 나타내는 보고서이므로 유량(flow)개념이고 동적 재무제표이다. 대차대조표가 기초에서 기말로 변천해 간 과정을 현금흐름의 측면에서 관찰한 것이 현금흐름표라고 할 수 있다.

현금흐름표는 현금과 3개월 내에 현금으로 바꿀 수 있는 요구불예금과 어음 등의 유출·입 규모를 나타내기 때문에 당장 기업이 보유하고 있는 현금상황이 어떤지를 확인할 수 있게 한다.

현금흐름은 영업활동 현금흐름, 투자활동 현금흐름, 재무활동 현금흐름 등으로 나뉜다.

- 영업활동을 통한 현금흐름 : 기업 고유활동인 생산제품의 판매, 원재료와 상품의 구입에 따른 현금 유출입 상황을 나타낸다.
- 투자활동에 의한 현금흐름 : 유가증권 및 토지의 매입 매각, 예금 등에 따른 현금 유출입 상황을 나타낸다.
- 재무활동에 의한 현금흐름 : 단기차입금, 회사채 및 증자 등에 따른 현금 유출입 상황이다.

제2절 | 재무비율 분석

1 재무비율 분석의 중요성

우리는 기본적인 재무제표가 어떻게 준비되는지 이해함으로써, 다양한 집단이 재무적 데이터를 왜 그리고 어떻게 사용하는지 검토할 준비가 되었다. 일단 벤처가 사업 초기단계의 충격에서 살아남는다면, 관심은 벤처의 건강상태를 측정하고 관찰하는 것으로 옮겨져야 한다. 재무적 데이터가 어떻게 사용되는지에 대한 올바른 지식은 현재의 성과가 다른 사람들에 의해 어떻게 분석되고 이해되는지를 이해하는데 있어서 매우 중요하다. 돈을 빌려주는 사람이 대출을 늘릴지 말지를 결정하기 위해서는 어떤 재무비율을 이용할까? 어떤 재무비율이 벤처투자자들이 투자여부 및 투자기간을 결정할 때 중요한가? 재무비율 분석은 과거를 이해하는데 있어서 중요한 것처럼 미래를 다루는 데 있어서도 중요하다.

재무비율(financial ratio)은 재무제표상에 표기된 한 항목의 수치를 다른 항목의 수치로 나눈 것으로, 기업의 재무 상태나 경영성과를 파악하는데 사용되는 비율이다. 재무비율을 이용할 때는 사용목적에 적합한 비율을 구성하여 기준이 되는 수치와 비교하게 된다.

2 주요 재무비율

1) 유동성 비율

가. 유동비율

유동비율(current ratio)은 재무상태표 상에 있는 유동자산을 유동부채로 나눈 것이다. 즉, 유동비율은 다음과 같다.

$$유동비율 = \frac{유동자산}{유동부채}$$

유동비율은 기업이 대출을 받으려고 할 때 은행이나 투자자들이 기업의 대출상환능력을 판단하기 위해 사용하는 분석지표로, 보유한 유동자산이 유동부채의 몇 배인지 나타낸다. 기업의 단기부채 상환능력을 측정하는 지표로, 유동비율이 높을수록 현금 동원력이 좋다는 의미이다.

여기서 유동자산이란 1년 이내에 환금할 수 있는 자산 또는 전매할 목적으로 소유하고 있는 자산을 뜻하며 현금, 예금, 일시 소유의 유가증권, 상품, 제품, 원재료 등이다.

유동부채란 1년 이내에 갚아야 하는 단기성 채무의 총액을 말한다. 기업은 부채를 갚아야 할 시기에 반드시 갚을 수 있도록 단기간 내 현금화가 가능한 유동자산을 적정하게 보유해야 한다. 아무리 이익을 많이 내더라도 현금화가 어려운 부동산 등에 이익금이 모두 투자됐다면 당장 갚아야 할 돈을 갚지 못하고 도산하는 이른바 흑자도산을 당할 위험이 있기 때문이다. 기업이 유동자산을 충분히 보유하고 있는지의 여부는 유동자산의 유동부채에 대한 상대적인 크기를 나타내는 유동비율로 표시되며, 일반적으로 200% 이상이면 양호한 것으로 평가된다. 이를 2:1의 원칙이라고도 한다.

나. 당좌비율

당좌비율(quick ratio)은 산성시험비율(acid test ratio)이라고도 하며, 유동자산 중에서 재고자산을 뺀 부분을 유동부채로 나눈 것이다. 즉, 당좌비율은 다음과 같다.

$$\text{당좌비율} = \frac{\text{유동자산} - \text{재고자산}}{\text{유동부채}}$$

$$= \frac{\text{현금} + \text{단기투자자산} + \text{매출채권순액}}{\text{유동부채}}$$

현금 · 예금 · 매출채권, 시장성이 있는 유가증권 등으로 구성된 당좌자산 합계액을 외상매입금 · 단기차입금 등의 유동부채 합계액으로 나누어서 얻는 비율이다. 일반적으로 이 비율이 100% 이상이면 좋다고 한다. 당좌자산은 화폐적 자산으로 지체 없이 부채에 대한 지불수단이 될 수 있기 때문이다. 유동자산 중 현금화할 수 있는 당좌자산으로 단기 채무에 충당할 수 있는 정도를 측정하고, 기업의 직접적인 지급능력을 나타내는 당좌비율을 산출함으로서 기업의 유동성분석에 보조적으로 사용하고 있다. 유동비율이 당좌자산에 재고자산(상품 · 제품 · 반제품 · 원재료 등)을 보탠 유동자산을 유동부채와 대비시키는 데 비하면 당좌비율에 의한 분석방법은 유동성을 파악하는데 한층 엄격하다.

다. 부채비율

부채비율(debt to equity ratio) 또는 레버리지 비율(leverage ratio)은 기업이 타인자본에 의존하고 있는 정도와 타인자본이 기업에 미치는 영향을 측정하는 것으로 기업의 타인자본의존도를 측정하는 지표이다. 부채비율은 유동성비율과 함께 재무위험을 측정하는 방법이다.

그러나 유동성비율은 단기 채권자의 재무위험을 측정함에 반해 부채비율은 장기 채권자의 재무위험을 측정하는 경우가 일반적이다. 부채비율 측정방법은 재무상태표를 이용하여 부채비율, 자기자본비율, 고정비율 등을 통해 부채의존도를 측정하는 방법과 포괄손익계산서를 이용하여 타인자본에 의존함으로써 발생하는 재무적 고정비가 영업이익에서 차지하는 비중을 계산하여 부채의존도를 측정하는 것으로 이자보상비율이 있다.

부채비율은 총자본을 구성하고 있는 자기자본과 타인자본의 비율을 말하는 것으로, 타인자본은 유동부채, 장기차입금, 사채 등을 포함하며, 자기자본에는 보통주, 유보이익, 자본준비금 등이 포함된다. 즉, 부채비율은 다음과 같다.

$$\text{부채비율} = \frac{\text{부채}}{\text{자기자본}}$$

라. 이자보상비율

이자보상비율(interest coverage ratio)은 기업이 영업으로 벌어들인 영업이익을 지급이자비용으로 나눠 산출한 값으로, 기업이 차입금에 대한 이자를 감당할 수 있는 정도를 보여주는 지표다. 이자보상비율은 타인자본의 사용으로 발생하는 이자가 기업에 어느 정도의 압박을 가져오는가를 보기위한 것이다. 즉, 기업의 채무상환능력을 나타낸다. 이자보상배율이 1보다 작으면 기업이 벌어들인 영업이익보다 갚아야 할 이자비용이 더 많다는 뜻으로, 이자지급능력에 문제가 있는 상태로 볼 수 있다. 반면 숫자가 높을수록 기업의 여유자금이 많다는 의미다. 이자비용은 법인세비용 차감전 이익에서 지출되므로 이자지급능력은 세금의 영향을 받지 않는다. 이자보상비율을 구하는 식은 다음과 같다.

$$\text{이자보상비율} = \frac{\text{영업이익}}{\text{이자비용}}$$

2) 안정성 비율

안정성비율은 기업의 장기 지급능력을 측정하는데 사용되는 비율이며, 재무유동성과 안정성을 나타내는 비율이다.

가. 고정비율

고정비율(fixed ratio)은 기업의 안정성을 측정하기 위하여 사용되는 고정자산의 자기자본에 대한 비율이다. 고정자산을 자기자본으로 나눈 고정비율은 또한 자본의 유동성을 나타낸다. 고정자산은 환금할 수 없고 또 여기에 투자한 자산의 회수(감가상각)도 기간이 오래 걸리므로 가급적 자기자본으로 조달하고 타인자본에 의존하지 않는 것이 바람직하다. 즉 이 비율은 100% 이하가 이상적이며, 비율이 낮을수록 안정도가 높은 회사라 할 수 있다. 고정비율은 기업의 실적에 따라 차이가 있고, 보통 100%를 최저 안전한계로 보고 있다.

이 고정비율은 자본배분 상태, 즉 자본의 고정화 정도를 표시하는 것이다. 다시 말하면 자기자본이 자금의 회전율이 낮은 고정자산에 얼마나 투자되어 있는가의 정도를 표시하는 것이다. 이 비율이 높을 때는 자기자본이 고정자산에 과대 투자되어 있는 상태이고 이로 인하여 자금의 유동성이 낮아진다. 고정비율은 다음과 같이 구할 수 있다.

$$\text{고정비율} = \frac{\text{고정자산}}{\text{자기자본}}$$

나. 고정장기적합률

고정장기적합률(ratio of fixed assets to long term capital)은 고정화 정도를 판단하기 위한 비율로서 고정자산의 장기자본에 대한 비율이다.

설비자본은 자기자본에 의존해야 한다는 것이 재무관리상의 원칙이지만, 기업의 현실에서 볼 때 차입자본으로 기업의 설비확장을 하는 경우가 많다. 이런 경우, 고정비율을 보충하기 위하여 고정자산을 자기자본과 고정부채의 합계, 즉 장기자본에 대한 비율로 나타내는 수가 있다. 그래서 고정자산의 장기자본에 대한 비율을 고정장기적합률이라고 한다. 보통 고정비율이 100%를 초과 하고 있다고 하더라도 고장장기적합률이 100% 이하인 경우에는 기업의 재무유동성에 큰 영향을 주지 않으므로 자본배분의 안정성이 양호하다고 본다.

이 고정장기적합률은 100% 까지가 한계점이며, 고정비율이 큰 경우라도 고정부채가 차지하는 비율이 클 경우, 고정장기적합률은 낮게 나타나므로 외관상 좋은 자본구조를 표시하게 된다. 만약, 이런 경우 고정자산의 내용연수(耐用年數)에 비하여 고정부채의 상환기간이 상대적으로 짧으면 기업은 고정부채의 상환을 위한 자금난에 봉착할 우려가 있다. 따라서 이 비율의 활용에는 고정자산의 구성과 고정부채의 상환기간 및 자기자본 증가의 정도에 유의하여 적절한 관리상의 판단을 내려야 한다.

고정장기적합률은 다음과 같이 구한다.

$$\text{고정장기적합률} = \frac{\text{고정자산}}{\text{장기자본}}$$

3) 활동성 비율

활동성비율(activity ratio)이란 기업이 소유하고 있는 자산들이 얼마나 효율적으로 이용되고 있는가를 추정하는 비율로, 일정기간(보통 1년)의 매출액을 각종 주요 자산으로 나누어 산출한다. 효율성비율(efficiency ratio)이라고도 불리는 이 비율은 대부분 일정기간의 영업활동수준을 나타내 주는 매출액의 자산에 대한 비율이다. 즉, 여러 종류의 자산에 대하여 그 자산이 현재의 영업활동수준을 나타내는 매출액과 관련하여 얼마만큼 높거나 낮은가를 결정함으로써 그 자산의 효율적 사용정도를 측정하게 된다. 다시 말하면 기업에 투하된 자본이 기간 중 얼마나 활발하게 운용되었는가를 나타내는 비율로 주로 회전율이 이용된다. 따라서 회전율이 높다는 것은 자산의 활용도가 높음을 의미한다.

기업의 활동을 대표하는 것은 매출액이며 이를 뒷받침하기 위해 투자된 구체적인 형태의 자산이 외상매출대금, 재고자산, 총자산 등이다. 따라서 매출액과 주요자산의 관계를 비율에 의해 평가하는 것은 기업을 이해하는 데 큰 도움이 된다. 활동성비율은 유동성 비율을 평가할 때 추가적으로 고려되는 비율로, 특히 고도성장 기업의 경우 중요하다. 활동성 비율에는 매출채권회전율, 재고자산회전율, 평균회수기간 회전율, 총자산회전율 등이 있다.

가. 매출채권회전율

매출채권회전율(receivables turnover ratio)은 매출액을 외상매출금으로 나눈 값이다. 같은 매출액에 비하여 외상매출금이 적을수록 매출채권 관리를 잘하고 있다고 볼 수 있으므로, 매출채권회전율은 클수록 좋다. 매출채권회전율을 구하는 공식은 다음과 같다.

$$매출채권회전율 = \frac{매출액}{외상매출금}$$

매출채권회전율과 관계되는 것으로 매출채권회수기간(receivables collection period)이 있다. 매출채권의 평균회수기간은 외상매출금을 1일 평균매출액으로 나누어 구한다.

$$평균회수기간 = \frac{외상매출금}{1일평균매출액}$$

나. 재고자산회전율

재고자산회전율(inventory turnover ratio)은 매출액을 재고자산으로 나누어 구한다. 재고자산의 회전속도 즉 재고자산이 당좌자산으로 변화하는 속도를 나타낸다. 재고자산 보유수준의 과부족을 판단하는데 가장 적합한 지표로서 일정한 표준비율은 없으나 일반적으로 이 비율이 높으면 자본수익률이 높아지고 매입채무가 감소되며, 상품의 재고손실을 막을 수 있어 기업 측에 유리하게 된다. 그러나 과대하게 높을 경우는 원재료 및 제품 등의 부족으로 계속적인 생산 및 판매활동에 지장을 초래할 수도 있다. 재고자산회전율 계산 시 매출액은 시장가치로 계산된 반면, 재고자산은 역사적 원가에 의하여 기록되므로 양쪽 항목을 원가 또는 시가로 통일시키는 것이 좋다.

$$재고자산회전율 = \frac{매출액}{재고자산}$$

다. 총자산회전율

총자산회전율(total asset turnover ratio)은 매출액을 총자산으로 나누어 구한다. 이 비율은 총자본회전율이라고도 하며, 기업이 소유하고 있는 자산들을 얼마나 효과적으로 이용하고 있는가를 측정하는 활동성비율의 하나로서 기업의 총자산이 1년에 몇 번이나 회전하였는가를 나타낸다. 총자산회전율이 높으면 유동자산 · 고정자산 등이 효율적으로 이용되고 있다는 것을 뜻하며, 반대로 낮으면 과잉투자와 같은 비효율적인 투자를 하고 있다는 것을 의미한다.

$$총자산회전율 = \frac{매출액}{총자산}$$

4) 수익성 비율

수익성비율(ratios of profitability)은 기업이 얼마나 효율적으로 관리되고 있는가를 나타내는 종합적 지표다. 기업의 수익성을 나타내는 지표로는 총자본순이익률, 자기자본순이익률, 매출액순이익률 등이 있다. 이중 매출액순이익률이 가장 중요한 지표로 간주된다.

가. 총자본순이익률

총자본순이익률(net profit to total asset)은 순이익을 총자본으로 나누어 구한다. 이 비율은 투자수익률(return on investment)라고도 하며 ROI로 쓰기도 한다. 이 비율은 제품의 순수익 마진과 매출대비 총자본으로 여겨질 수 있는 유용한 자산이다. 총자본 수익률의 계산은 순수익을 평균 총자본으로 나누는 것이다. 총자본수익률을 바로 구하기보다 총자본순이익률 모델(총자본순이익률을 제품의 순이익과 총자본대비 매출 비율로 분리)을 통해 간접적으로 계산할 수 있다. 이 방법의 이점은 사업의 총자본순이익률을 사업의 운영에서 다른 두 측면의 결과의 결합으로 동시에 보여준다는 것이다.

$$총자본순이익률 = \frac{세전순이익}{총자본}$$

나. 자기자본순이익률

자기자본순이익률(net profit to net worth)은 순이익을 총자본으로 나누어 구한다. 1원의 자기자본으로 순이익을 얼마만큼 발생시켰는가를 나타낸다.

$$자기자본순이익률 = \frac{세전순이익}{자기자본}$$

다. 매출액순이익률

매출액순이익률(net profit to sales)은 순이익을 매출액으로 나누어 구한다. 매출액 1원에 대한 순이익이 얼마인가를 나타낸다.

$$매출액순이익률 = \frac{세전순이익}{매출액}$$

5) 성장성 비율

성장성비율(growth ratio)은 기업의 한 해 동안 경영 규모 및 기업 활동의 성과가 전년도에 비하여 얼마만큼 증가하였는가를 보여주는 지표이다. 매출증가율, 순이익증가율, 총자산증가율 등이 쓰인다.

가. 매출액증가율

매출액증가율(net sales growth rate)은 기준연도 매출액에 대한 비교연도 매출액의 증가율을 말한다. 일반적으로 이 지표를 이용해 기업이 일정 기간 동안 얼마나 성장하고 있는지를 알 수 있다.

매출액증가율을 구하는 공식은 다음과 같다.

$$\text{매출액증가율} = \frac{\text{당기매출액} - \text{기준연도 매출액}}{\text{기준연도 매출액}}$$

나. 순이익증가율

순이익증가율(growth rate of net income)은 기업의 최종적인 경영성과인 당기순이익이 전년에 비해 어느 정도 증가하였는지를 보여주는 지표로서, 기업이 일정 기간 동안 얼마나 성장하고 있는가를 검토하는 성장성의 분석에 사용된다.

순이익증가율을 구하는 공식은 다음과 같다.

$$\text{순이익증가율} = \frac{\text{순이익 증가액}}{\text{전기순이익}}$$

다. 총자산증가율

총자산증가율은 전년도와 비교해서 당해 연도의 총자산이 어느 정도 증가했는지를 측정하는 지표이다.

총자산증가율을 구하는 공식은 다음과 같다.

$$\text{총자산증가율} = \frac{\text{당해년도 총자산} - \text{직전년도 총자산}}{\text{직전년도 총자산}}$$

제 13 장

기업공개(IPO)를 통한 투자회수

제1절 | 투자회수전략 계획 수립

창업가나 일반 기업가들은 투자자들이 최종적인 자금회수를 얼마나 열망하는지를 예리하게 아는 것이 중요하다. 초기 사업계획이 준비되어졌을 때, 어떻게 그리고 언제 창업가들이 벤처 투자자들에게 자금회수를 제공하는 것을 고려하는 것은 중요하며, 처음부터 투자회수를 위한 출구전략을 계획하는 것이 중요하다. 자금회수를 위한 심각한 압력이 투자자들로부터 있을 때까지 기다리는 것은 출구계획을 세우고 자금회수가 적당해질 때를 기다리는 것보다 훨씬 고통스럽다.

이처럼 출구 가능성과 타이밍을 미리 준비하는 것은 투자자에게 뿐만 아니라 창업가에게도 중요하다. 벤처투자가들은 출구전략이 그들의 투자자금이 벤처기업에 투입되기 전에 세워져야 한다고 주장한다. 출구전략이 미리 세워지면 투자자들과 창업가은 출구 방법에 대해서는 다소 여유를 갖고 고려할 시간을 가지게 된다. 대체로 창업가의 약 절반 이상이 투자가들로부터 출구전략들이 미리 세워질 요구 받는다고 한다.

제2절 | 발행시장의 의의와 구조

1 발행시장의 의의

발행시장은 신규발행된 증권이 발행자로부터 최초의 투자자에게 판매되는 시장이며, 자금수요자인 발행자가 자금공급자인 투자자들에게 증권을 발행하여 제공함으로써 자금을 조달하는 일련의 과정을 포함하는 시장이다. 따라서 벤처기업을 창업하여 어느 정도 성장시켰으면 주식을 발행하여 추가 자금을 모집하든가 투자자금을 회수하는 시장이므로, 발행시장은 창업가나 벤처투자가들 모두에게 의미 있는 시장이다.

발행시장은 다음과 같은 기능을 한다.

① 발행주체로 하여금 대규모의 장기자금을 조달할 수 있게 한다.
② 자본형성을 가능하게 하는 것과 아울러 자본을 가장 생산성이 높은 분야로 배분되게 한다.

③ 투자자에게 수익성 있는 기회를 투자기회를 제공함으로써 부(wealth)를 증식시킬 수 있도록 한다.

④ 경영자에게 이익창출능력에 대한 투자자들의 판단 또는 평가와 관련된 정보를 제공함으로써 기업경영의 가이드라인을 제공한다.

2 발행시장의 구조

발행시장은 자금수요자인 발행주체(발행회사), 자금공급자인 투자자, 그리고 주식의 발행과정에서 발행과 관련된 전문적 사무를 담당하는 발행기관으로 구성된다.

주식발행의 경우 대표적인 발행주체는 기업이다. 발행기관은 간사(underwriter), 위탁자(broker), 인수자(dealer) 등이 있다. 간사는 주로 발행절차를 대행하며, 위탁자는 단순히 주식의 판매만 대행하는 역할을 담당한다. 인수자는 발행회사로부터 주식을 매입하여 판매하는 역할을 담당한다. 인수자의 경우 주식발행에 따른 위험을 분산시키기 위해 일반적으로 인수단(syndicate)을 조직한다. 인수단은 주간사 회사와 공동간사회사로 구성된다. 투자자는 개인투자자와 기관투자자로 구분된다.

3 주식의 발행방법

주식의 발행방법은 우선 어떤 수요자를 대상으로 이루어지는가에 따라 공모와 사모로 나누어진다. 공모는 발행주체가 불특정 다수(50인 이상)를 대상으로 동일한 가격과 조건으로 주식을 발행하는 것을 말한다. 사모는 소수의 특정인을 대상으로 주식을 발행하는 방식이다.

다음으로 주식의 발행과정에 발행기관의 개입여부에 따라 직접발행과 간접발행으로 나누어진다. 직접발행은 발행주체가 발행과 관련된 사무를 담당할 뿐만 아니라 발행위험까지 모두 부담한다. 직접발행은 발행규모가 작거나 발행주식이 시장에서 쉽게 소화될 수 있는 경우에 적합하다. 간접발행은 전문적인 조직 및 경험을 가진 발행기관을 통하여 주식을 발행하는 방식이다. 간접발행은 발행기관의 위험부담 정도에 따라 다음과 같이 모집주선, 잔액인수, 총액인수로 구분된다.

① 모집주선(best-effort offering)은 발행주체가 주식발행에 따른 위험을 모두 부담하고, 발행기관은 발행과 관련된 사무만 담당하는 방법이다.

② 잔액인수(stand-by agreement)는 발행기관이 발행주식을 일정기간동안 위탁판매한 후, 매각되지 않고 남은 주식에 대해서는 사전에 정해진 가격으로 발행기관이 인수하여 자기 책임하에 투자자에게 매각하는 방법이다.

③ 총액인수(firm commitment)는 발행기관이 발행주식 전량을 자기명의로 인수하여 자기 책임하에 투자자에게 매각하는 방법이다. 발행기관의 위험부담이 가장 큰 발행 방법이다.

제3절 | 기업공개의 의의 및 방법

기업공개(going public)는 일정한 요건을 갖춘 기업이 공모를 통하여 일반투자가들에게 발행주식을 분산시키고 기업의 재무내용 등 해당 기업의 실체를 알리는 것이다.

기업을 공개하는 방법은 신규 자금조달 필요성 유무에 따라 크게 모집과 매출로 나눈다. 모집은 기업이 투자에 필요한 자금을 조달할 때, 기존 주주들의 신주인수권을 포기하게 하고 신주를 발행하여 일반투자자들에게 판매하는 방법이다. 매출은 기업이 충분한 자금을 가지고 있어서 더 이상 자금조달이 필요하지 않는 경우 기존 주주들이 소유하고 있는 주식을 일반투자자들에게 매각하는 방법이다. 한편, 발행주식을 최초로 일반투자자에게 공모하는 것을 최초공모(IPO : initial public offerings)라고 한다.

제4절 | 주식발행 유형

주식의 발행유형은 우선 주금납입 여부에 따라 유상증자와 무상증자가 있다. 유상증자는 주주들의 주금납입을 통해 기업의 자본을 증가시키는 것으로 신주의 발행이 동반된다. 신주를 발행하는 경우 발행되는 신주를 인수할 수 있는 권리가 신주인수권(preemptive right)인데 기존 주주에게 우선적으로 신주를 할당하고, 기존 주주가 배정된 주식을 인수하지 않아서 실권되는 실권주에 대해서는 일반공모를 한다. 기존 주주에게 신주인수권을 우선 부여하는 것은 그들의 의결권을 보호하는데 목적이 있다. 무상증자는 주금의 납입이 없이 자본잉여금, 이익잉여금 중 이익준비금 등을 자본금으로 전환할 때 기존 주주에게 무상으로 주식을 발행하는 것을 말한다.

주식배당은 기업의 영업성과에 따라 발생한 이익잉여금을 자본으로 전환하는 것으로 기업이 이익을 주주에게 현금으로 배당하는 대신 신주를 발행하여 배당하는 것이다. 주식배당은 사외로 유출될 자금을 자본화시켜 주식으로 지급하기 때문에 이익의 자본화라고도 한다.

그리고 전환사채권자가 전환권을 행사하여 사채를 주식으로 전환시킴으로써 주식을 발행하는 경우 전환액에 상당하는 부채가 감소하고 자본이 증가하나 자산은 변화하지 않는다. 상장법인의 경우 공모전환사채은 3개월, 사모전환사채는 1년 동안 전환권 행사가 금지되어 있다. 신주인수권부사채권자가 신주인수권을 행사하는 경우 신주를 발행하게 되며, 전환사채와는 달리 신주인수권이 행사된 후에도 사채가 존속된다.

한편 주식분할(stock split)은 자본이나 재산을 변경하지 않고 기존의 주식을 세분화하여 발행주식의 수를 증가시키는 정차이다. 주식병합(reverse stock split)은 주식분할과 반대로 발행주식 수가 감소하는데 주주의 지분은 변동이 없으나 1주의 금액만 변경된다.

제5절 | 코스닥시장 [40]

1 코스닥시장의 의의 및 역사

코스닥시장(KOSDAQ : Korea Securities Dealers Association Automated Quotation)은 미국의 나스닥(NASDAQ)을 벤치마킹한 시장으로서, 소규모이지만 성장잠재력이 높은 중소기업과 벤처기업 등의 자본조달에 편의를 제공하기 위한 목적으로 탄생한 시장이다. 1966년 7월에 개설된 코스닥시장은 정부의 중소·벤처 진흥정책 및 한국정보기술(IT)산업의 발전과 함께 짧은 기간에도 불구하고 괄목할만한 성장을 보였다.

40 네이버 지식백과 참조

정부는 1986년 7월 규모의 영세성 등으로 인하여 현실적으로 증권거래소 시장을 이용하기 어려운 중소기업 등이 증권시장에서 자금조달할 수 있도록 지원한다는 관점에서 '중소기업 등의 주식거래 활성화를 위한 시장조직화 방안'을 발표했다. 이후 1987년 4월 장외시장 조직화가 이루어졌으며, 1987년 4월 15일 ㈜에어로시스템, 범양건영㈜, 한국물산㈜의 3개 기업이 최초의 주권장외거래종목으로 등록되었다.

1991년 10월 고객과 증권회사 간, 증권회사 상호간 상대매매를 중개하기 위한 주식장외거래 중개기가 설치되었다. 1996년 5월에는 상대매매방식으로 이루어지던 낙후된 거래방식을 경쟁매매방식으로 전환하기 위하여 코스닥 시장을 운영할 ㈜코스닥증권시장이 설립되었으며, 그해 7월 매매시스템이 가동되었다. ㈜코스닥증권시장의 주주는 중소기업진흥공단, 한국증권금융㈜, 한국증권업협회, 증권예탁원, 한국증권전산㈜과 주요 증권사들로 되어있다.

1997년 1월에는 코스닥시장 주가지수 발표가 발표되었는데, 이는 1996년 7월 1일을 기준지수 100으로 한 것이다. 이후 1998년 10월에 시장의 운영과 감독을 분리하여 시장의 공공성 및 효율성 제고하기위해 '코스닥위원회'가 신설됐다. 코스닥위원회는 코스닥 시장 업무에 관한 최고의사결정기구로 코스닥 시장의 등록심사, 취소, 규정의 제 · 개정에 관여한다.

한편, 1997년 말 외환위기 이후의 경기침체로 코스닥 시장은 위기를 맞이했으나, 이후 경기가 회복되고 등록 요건 완화 및 세제 혜택 제공 등을 주요 골자로 하는 정부의 '제3차 코스닥 시장 활성화 방안(1999.5.4)'의 발표로 코스닥 시장은 2000년 들어 급격한 성장을 이루게 되었다.

초창기의 코스닥시장은 한국증권업협회에 등록된 유가증권이 ㈜코스닥증권시장의 중개에 의해 매매가 이루어지는 형태로 운영되었다. 코스닥시장은 2005년 1월 한국거래소로 통합되는 계기를 맞이하여 거래소 내 유가증권시장과 함께 명실상부한 증권시장으로서의 위용을 갖추게 되었다. 코스닥시장은 한국거래소 유기증권시장 보다는 상장기준이 완화된 편이어서 유가증권시장의 상장요건에 미달되는 기업 중 유망 중소기업, 벤처기업 등에게 자금조달기회를 제공하는 한편, 투자자에게는 고위험 · 고수익의 투자수단을 제공한다.

코스닥시장에서 거래를 시작하려면 증권사에서 계좌를 개설해야 한다. 다만 기존 증권사 계좌(상장사매매용 계좌)가 있으면 별도의 계좌를 만들 필요가 없다. 상장 주식을 매매하는 것과 같이 주문표를 작성하거나 전화를 통해 매매할 수 있다. 매매거래 시간은 오전 9시부터 오후 3시까지 단일장이며 점심시간은 따로 없다. 최소매매 수량 단위는 1주이며, 신용거래도 가능하다.

2 코스닥 지수

코스닥시장이 발표하는 주가지수에는 코스닥종합지수, 코스닥50, 벤처지수, 업종별 지수 등이 있으며 모두 시가총액식 지수이다. '코스닥종합지수'는 코스닥시장에 등록된 전 종목을 구성종목으로 하는 것으로, 기준시점을 1996년 7월1일로 하고 기준지수를 100으로 하였으나, 2004년 1월 26일부터 기준지수가 1000으로 상향조정되었다. '코스닥50'은 코스닥시장을 대표하는 50개 종목을 대상으로 산출하는 시가총액식 지수로 선물, 옵션 등 파생금융상품이나 벤치마크 기준지수로 활용될 수 있도록 개발되었다. 기준시점은 1999년 1월 3일이고, 기준지수는 100이다.

한편 코스닥증권시장은 2004년 1월 26일 30개의 우량 기업만으로 구성된 '코스닥 스타지수'를 공표했고, '코스닥50'을 '스타지수'로 전면 대체키로 했으나 시행 여부는 불투명하다.

3 코스닥 상장요건

코스닥시장에 상장하기 위해서는 '코스닥시장 상장규정'에서 정하는 요건을 충족하여야 한다. 코스닥시장의 상장요건은 일반기업, 벤처기업 등 기업의 특성에 따라 선택적으로 적용된다. 여기에는 일반기업의 상장요건을 중심으로 살펴본다. 상장요건을 심사함에 있어서 기술성, 수익성, 경영성과 및 재무상황 등을 반영할 수 있으며, 이 경우 기업별 특성에 따라 심사항목의 우선순위가 달라질 수 있다.

[표 13-1] 코스닥시장 상장요건 (2015.11.4. 개정규정 기준)

<table>
<tr><th colspan="2"></th><th>일반기업</th><th>벤처기업</th><th>기술성장기업</th></tr>
<tr><td colspan="2">설립후 경과년수</td><td>3년이상</td><td>미적용</td><td>미적용</td></tr>
<tr><td rowspan="2">규모</td><td>자기자본</td><td>30억원 이상</td><td>15억원 이상</td><td></td></tr>
<tr><td>기준시가 총액</td><td colspan="3">90억원 이상</td></tr>
<tr><td colspan="2">지분의 분산</td><td colspan="3">다음의 요건 중 택일
1) 소액주주 500명 이상, 지분 25% 이상 & 청구후 모집 5%(25% 미만시 10%)
2) 소액주주 500명 이상 청구후 모집지분 10% 이상& 규모별 일정주식수 이상
3) 공모 25% 이상 & 소액주주 500명</td></tr>
<tr><td colspan="2">자본상태</td><td colspan="2">자본잠식 없을 것(대형법인 미적용)</td><td>자본잠식률 10% 미만
(대형법인 미적용)</td></tr>
<tr><td colspan="2">감사의견</td><td colspan="3">최근 사업연도 적정일 것</td></tr>
<tr><td colspan="2">경영성과</td><td colspan="2">계속사업이익 시현(대형법인 미적용)</td><td>미적용</td></tr>
<tr><td colspan="2">이익규모, 매출액
& 시가총액</td><td>다음요건 중 택일
1) ROE 10%
2) 당기순이익 20억원
3) 매출액 100억원 & 시가총액 300억원
4) 매출증가율 20% & 매출액 50억원</td><td>다음요건 중 택일
1) ROE 5%
2) 당기순이익 10억원
3) 매출액 50억원 & 시가총액 300억원
4) 매출증가율 20% & 매출액 50억원</td><td>미적용</td></tr>
<tr><td colspan="2">기타 외형요건</td><td colspan="3">주식양도 제한이 없을 것</td></tr>
</table>

4 코넥스시장

코넥스(KONEX, Korea New Exchange)는 자본시장을 통한 초기 중소·벤처기업의 성장지원 및 모험자본 선순환 체계 구축을 위해 개설된 초기·중소기업전용 신시장이다. 현재 중소기업의 자금조달 현황을 살펴보면 대부분 은행대출에 편중되어 있고, 직접금융(주식발행)을 통한 자금조달은 매우 낮은 수준이다. 이로 인해 중소기업 등 비상장기업의 부채비율이 높아지고, 이자비용 부담도 상장기업에 비해 과중한 실정이며 은행의 대출정책 변화 등에 따라 기업의 존립이 위협받을 수 있는 가능성도 있다.

중소기업 자금조달이 이처럼 은행대출 등에 편중된 데에는 중소기업 지원을 위한 코스닥시장이나 프리보드의 기능이 미흡했다는 점에서도 이유를 찾을 수 있다. 코스닥시장의 경우 투자자 보호를 위한 계속적인 상장요건 강화로 인해 성숙단계의 중소기업 대상 시장으로 변모하여 초기 중소기업은 진입이 곤란한 시장이 되었다. 설립부터 코스닥시장 상장까지 소요되는 기간이 2004년에는 평균 9.3년이었던 것에 비해, 2011년도에는 평균 13.3년으로 크게 늘어났다. 그리고 프리보드의 경우에는 계속된 거래 부진으로 인해 그 시장기능이 크게 위축되었다.

이러한 이유로 초기 중소기업에 최적화된 증권시장의 필요성이 제기되었으며, 초기 중소기업 특성을 반영한 시장제도를 마련하기 위해서는 기존 증권시장을 활용하기 보다는 제로베이스에서 설계하는 것이 용이하다는 판단 하에 코넥스시장을 개설하게 되었다.

코넥스시장은 초기 중소기업 중심의 시장으로서 어느 정도 위험감수능력을 갖춘 투자자로 시장참여자를 제한할 필요가 있어 코넥스시장 상장주권을 매수하려는 자의 경우 1억원 이상을 기본예탁금으로 예탁하도록 하고 있다. 이 때 기본예탁금은 현금 외에 대용증권으로도 예탁이 허용된다. 다만, 충분한 위험감수능력이 있거나 중소기업에 대한 투자전문성이 인정되는 자들은 기본예탁금을 면제하고 있는데 면제대상자는 다음과 같다.

① 자본시장법상 전문투자자
② 법시행령 제6조제1항 각 호의 어느 하나에 해당하는 법률에 따라 설립 또는 설정된 집합투자기구(창투조합)
③ 「중소기업창업 지원법」에 따른 중소기업창업투자회사
④ 「벤처기업육성에 관한 특별조치법」 제13조에 따른 개인투자조합
⑤ 「벤처기업육성에 관한 특별조치법」 제2조의2제1항제2호 가목(8)에 해당하는 전문엔젤투자자
⑥ 분리과세 하이일드펀드에 해당하는 투자일임재산(랩어카운트, 투자일임계좌 등)
⑦ 「금융투자업규정」 제4-77조제7호에 따른 맞춤식 자산관리계좌(“랩어카운트”)를 통해 위탁하는 자
⑧ 「근로복지기본법」 제2조제4호에 따른 우리사주조합
⑨ 「중소기업창업 지원법」 제2조제4호의2에 따른 창업기획자(액셀러레이터)

또한, 2015년 7월 27일 도입된 소액투자전용계좌의 경우에도 기본예탁금 규제가 적용되지 않는다. 기본예탁금제도는 코넥스시장 상장주권을 매수하려는 경우에만 적용되는 것으로서, 기존에 보유하고 있는 코넥스시장 상장주권을 매도하려는 경우에는 기본예탁금에 상관없이 언제든 매도가 가능하다.

제 14 장

기업 인수합병(M&A)을 통한 투자 회수

제1절 | M&A의 의의

기업이 지속적으로 성장 발전하기 위해서는 자체생산 규모와 매출액 증가를 통한 내적성장(internal growth)를 추구하지만, 때로는 외부 기업을 소유하여 성장을 꾀하는 외적성장(external growth)을 추구할 수도 있다. 이러한 외적성장을 대표하는 방법으로 합병(merger)과 인수(acquisition)으로 구분되는 M&A(mergers and acquisitions)가 있다.

합병은 두 개의 기업이 합쳐서 하나의 기업으로 통합되는 경우를 말하며, 인수는 타회사의 주식이나 자산의 일부를 취득하여 그 기업의 경영권을 확보하는 방법이다. 이러한 M&A의 목적은 기존 기업의 내적성장한계를 극복하고 신규 사업참여에 소요되는 기간과 투자비용의 절감, 경영상의 노하우, 숙련된 전문인력 및 기업의 대외적 신용확보, 경쟁사 인수를 통한 시장점유율 확대, 경쟁기업의 주식 매입을 통한 M&A대비, 자산가치가 높은 기업을 인수한 뒤 매각을 하여 차익 획득 등 여러 가지가 있다.

M&A는 그 성격에 따라 우호적M&A(기업의 인수, 합병을 상대기업의 동의를 얻는 경우)와 적대적M&A(상대기업의 동의 없이 강행하는 경우)가 있다.

제2절 | M&A의 종류

1 기업합병

기업합병에는 흡수합병과 신설합병이 있다. 흡수합병(merger)은 합병되는 기업들 중에서 한 개의 기업(합병기업)만이 법률적으로 존속하고 나머지 기업(피합병기업)들의 자산과 채권 및 채무를 인수하는 방식을 말한다. 신설합병(consolidation)이란 합병대상이 되는 기업들은 모두 해산하고 새로운 기업(합병기업)을 신설하여 이 기업에 모든 자산과 채무를 이전시키는 방법을 말한다.

2 기업인수

기업매수 또는 인수에는 주식매수 및 자산매수 방법이 있다. 우선 주식매수(stock acquisition)는 합병기업이 피합병기업의 주식지분 일부를 인수하여 피합병기업의 경영권을 획득하는 방법을 말한다. 주식매수의 경우 피합병기업의 법률적 독립성은 계속 유지 된다.

주식매수의 일반적인 방법은 피합병기업의 주주로부터 직접 주식을 매수하는 방법과 피합병기업의 일반주주들을 대상으로 직접 매입가격과 수량 등을 공개적으로 제시하여 주식을 매수하는 공개매수(TOB : takeover bid)방식이 있다. 또한 공개매수에는 우호적 인수합병(friendly takeover)의 경우와 적대적 인수합병(hostile takeover) 방식이 있다.

자산매수(asset acquisition)란 피합병기업의 자산 또는 사업부를 매입하여 기업의 지배권을 확보하려는 방법이다. 이 경우 피합병기업의 법률적 독립성은 그대로 유지된다. 피합병기업의 자산매각을 위해서는 주주총회의 의결을 거쳐야 한다. 자산매수방법은 소수의 주주가 자산매각을 반대하는 경우 유리한 인수방법이다. 그러나 매수자산에 대한 소유권 이전 등 많은 법적인 절차가 필요하고 이전비용 또한 큰 부담이 될 수 있다.

위임장 대리전(proxy fight)이란 합병기업이 피합병기업의 소액주주로부터 백지 위임장을 받아 다수의 의결권을 확보한 후 주주총회에서 새로운 경영진을 구성하게 하여 경영권을 지배하려는 방식이다.

성장과 확대를 위한 M&A전략이 많이 사용되고 있지만, 불황기에는 기업축소(downsizing)를 통한 내실화 및 생존을 추구하려고 M&A방법들이 사용되기도 한다. 이러한 기업축소 전략들 중 하나가 회사분할전략인데 회사분할의 방법에는 회사분할과 분리매각이 있다. 회사분할은 특정 부분을 분리하여 별도의 자회사 형태로 설립하는 것을 말한다.

회사분할은 완전분할과 불완전분할로 구분된다. 완전분할이란 모기업은 완전히 소멸되고 자회사만 남게 되는 경우를 말한다. 이 경우 모회사의 자산은 둘 이상의 자회사에 현물출자되어 포괄승계되고, 모회사 자신은 청산절차 없이 소멸되는 형태로 청산형분할(split-up)이라고도 한다. 불완전분할이란 일명 존속분할이라고도 하며 분할 후에도 모회사가 존속하는 회사분할로 모회사자산 중 일부만이 분할회사에 이전되고, 모회사는 축소된 상태로 존속하는 형태이다. 불완전분할방식에는 다시 분할설립방식(spin-off)과 분할독립방식(split-off)이 있다.

분할설립방식은 모회사가 일부 사업부문을 분리하여 별도의 회사를 설립하기 위해 회사재산의 일부를 신설되는 회사(분할회사)에 현물출자하고, 그 반대급부로 받은 신설회사의 주식을 모회사의 기존지분비율과 동일하게 기존주주에게 주식배당형식으로 분배하는 분할방식이다. 따라서 기존주주들은 모회사와 분할회사 모두의 주주가 되나 양사의 모자관계는 소멸한다. 모회사의 주주는 신설회사의 주식을 배당받음에 있어 아무런 대가를 지불하지 않고 모회사와 신설회사의 주주구성은 동일한 지분구조를 갖게 된다.

분할독립방식은 모회사가 그 회사재산의 일부를 신설회사에 현물출자 하되 현물출자의 대가로 신설회사의 주식을 교부받아 이를 모회사의 기존주주에게 모회사주식과 교환으로 분배하는 방식이다. 분할설립과는 달리 기존주주에 대한 배정비율이 주식보유비율과 동일하게 할 필요는 없으며 모회사는 반환받은 주식을 감자처리 한다. 분할독립방식은 기존주주에 대한 주식교환비율을 달리함으로써 모회사의 주식만을 소유하는 자와 신설회사의 주식만을 보유하는 자로 구분되어 모회사와 신설회사의 주주구성이 다르게 되어 별개의 주주그룹이 될 수도 있다.

분리매각(divestiture)은 일부 사업부가 실적이 좋지 않거나 전략상 불필요하다고 판단되는 사업부문이나 자산을 외부에 매각하는 방식이다. 따라서 분리매각의 경우에는 회사분할과는 달리 외부로부터의 현금유입이 발생한다. 하지만 분리된 회사에 대한 지배권은 소멸된다.

3 차입매수

차입매수(LBO : leveraged buyout)란 기업의 인수합병에 소요되는 자금의 상당부분을 차입금에 의존하는 방식을 말한다. 다시 말하면, 차입인수는 기업매수가 성공할 것이라는 기대하에 매수자가 피매수기업의 자산이나 수익력을 담보로 차입금을 통해 기업매수에 소요되는 자금을 조달하는 방식이다. 특히 차입금으로 차입매수(LBO)를 할 경우 매수자는 차입금에 대한 직접적인 상환책임을 부담함이 없이(non-recourse) 피매수기업의 수익성이 향상되면 그 수익이나 자산의 매각대금으로 채무를 상환한다.

차입매수(LBO)에 의한 기업매수과정은 다음의 3단계를 거쳐 이루어진다.

첫째, 매수기업은 자시자금을 직접 출자하여 매수주체로 명목회사인 특별목적회사(SPC : special purpose company)를 세운다. 그리고 특별목적회사가 피인수기업의 자산이나 현금흐름을 담보로 고수익채권(high yield bond, 일명 junk bond)을 발행하여 자금을 조달한다.

둘째, 신설기업인 명목회사와 피인수기업이 결합하여 새로운 기업으로 발족하게 되는데, 이때 새로 설립된 기업은 비공개의 사기업화(going private)되는 경향이 일반적이다.

셋째, 설립된 비공개기업이 피매수기업의 현금흐름이나 일부 사업부문의 매각 또는 기업공개 등의 방식을 통해 자본을 조달하여 부채를 상환하게 되며 이 과정에서 자본이득을 얻을 수도 있다.

차입매수(LBO)과정에서 활용되는 정크본드는 채무불이행의 위험이 높아 투자위험 등급을 받았지만 수익률은 아주 높을 것으로 기대되는 기업이 발행한 회사채를 말한다. 피인수기업의 자산을 담보로 인수기업이 발행하는 채권도 고수익-고위험 성격을 가지므로 정크본드라고 불린다.

4 경영자매수(MBO)

MBO(management buyout)란 기업내부의 경영자가 차입금을 활용하여 회사를 인수하는 것을 말한다. MBO는 외부차입금을 이용한다는 점에서 차입매수(LBO)와 동일하나 기업내부의 경영진이 기업을 인수한다는 점에서 차이가 있다.

경영자매수(MBO)는 기업이 위기에 처해 있을 때 채권자인 금융기관이 기업내부의 능력 있는 경영자에게 자금을 제공하여 기업을 인수하게 한 뒤 기업을 회생시키려는 의도에서 시작되었다.

제3절 | 적대적 M&A 방어전략

벤처창업가들이 특별한 아이디어나 기술을 기반으로 엄청난 노력을 들여 회사를 탄탄하게 만들어 수익성과 성장성이 뛰어난 회사로 만들고 나면 이 회사를 인수하고자 호시탐탐노리는 기업이나 투자자들이 많이 생길 수 있다. 이때 회사의 경영진이나 소유주들이 반대하는 데도 회사를 인수하려는 적대적 M&A 집단에 대응하여 다양한 방어전략들이 있는데 여기에 일반적으로 널리 알려진 방어전략들을 소개하고자 한다.

1 정관상의 규정

적대적 M&A를 어렵게 하는 조치를 정관에 규정하는 방법이다. 일명 상어퇴치전략(shark repellent)이라고 한다. 우리나라의 경우 상법상 주주의 동의를 얻어 적대적 M&A를 방어하기 위한 정관의 변경은 가능하다. 다만, 특정주주의 이익을 일방적으로 도모하거나 사회의 상규에 반할 정도의 정관변경은 허용되지 않는다.

회사의 정관에 규정할 수 있는 사항들은 다음과 같다.

① 합병이나 영업양수도 승인에 필요한 주주총회의 의결정족수를 50% 이상으로 하는 초다수 의결원칙(super-majority) 규정
② 이사들의 임기를 달리하는 시차임기제도(staggering term) 규정
③ 이사회에 주주총회의 별도승인 없이 신주인수권부사채(BW)나 전환사채(CB)를 발행할 수 있게 하여 적대적 매수 시도가 있을 경우 우호적 매수자(백기사, white knight)에게 매각할 수 있게 하는 조치
④ 주식의 양도는 정관의 정함에 의하여 이사회의 승인을 받도록 하는 규정

2 공개매수 제도

공개매수(tender offer)란 불특정 다수인에 대하여 의결권 있는 주식의 매도청약을 하고 장외에서 주식을 취득하는 것을 말한다. 우리나라는 총 발행주식수의 5%이상을 장외에서 10인 이상으로부터 매수하는 경우 반드시 공개매수를 하도록 규정하고 있다. 단,

거래소에서에서의 매집은 공개매수 규정이 적용되지 않는다. 거래소에서의 매매는 공정하게 이루지기 때문에 주주간의 평등이 저하되지 않기 때문이다.

공개매수제도는 기존 경영진에게 적대적 M&A 시도에 대한 방어기회를 주고 경영권 프리미엄을 일반투자자들에게도 공유시키기 위한 제도이다. 특정인을 대상으로 주식을 대량으로 매집하는 경우 기존 대주주나 일반투자자들에게 피해를 입힐 가능성이 있기 때문이다.

3 대량주식취득 공시 제도

대량주식취득공시제도는 일명 5% rule 이라고도 하며 대량 보유자의 주식보유상황을 신속하게 파악하여 지배주주로 하여금 경영권 방어를 위해 대비할 수 있도록 하는 제도이다. 의결권 있는 주식을 5% 이상 보유하게 된 자는 그날부터 5일 이내에 보유상황, 보유목적, 보유주식 등에 관한 주요 내용을 금융위원회와 거래소에 보고하고 그 사본을 지체 없이 해당 주식발행인에게 송부하 여야 한다.

또한 5% 이상보유자가 보유주식의 1% 이상의 보유변동이 있을 경우 변동된 날로부터 5일 이내에 변동된 내용을 금융위원회와 거래소에 보고하고 그 사본을 지체 없이 해당 주식발행인에게 송부하여야 한다. 발행회사에 통보를 의무화한 것은 타인이 자신의 주식을 대량 보유하는 것을 파악하기가 현실적으로 어렵기 때문이다.

더구나 경영권에 영향을 주기위한 주식 대량취득은 보고한 날 이후 5일까지 의결권을 행사할 수 없다. 이를 냉각기간(cooling off period)이라 하며 발행인에게 대응할 시간을 주기 위해서다.

4 특정증권 등 소유상황 보고

특정증권 등 소유상황보고제도는 일명 10% rule 이라고도 하며 임원 또는 주요주주는 임원 또는 주요주주가 된 날부터 5일 이내에 특정권의 소유상황을, 그리고 소유상황에 변동이 있는 경우 그 변동이 있는 날부터 5일까지 그 내용을 증권선물위원회와 거래소에 보고하는 제도를 말한다.

5 의결권대리행사 권유 제도

우리나라는 주주로 하여금 대리인에 의하여 의결권을 행사할 수 있도록 규정하고 있으며, 이 규정은 강행규정이므로 정관에 의해서도 의결권대리행위를 금지할 수 없다. 이 제도는 원래 주주총회의 의결정족수를 확보하기 위한 수단이었으나 적대적 M&A를 목적으로 하거나 이로부터 경영권을 방어하기 위한 목적으로도 자주 이용되고 있다.

의결권위임권유(proxy solicitation)는 경영진이 할 수도 있고 제3자가 할 수도 있다. 제3자가 경영진을 축출하기 위해 위임장권유를 하는 경우에는 경영진도 경영권을 방어하기 위해 위임장권유에 나서는 것이 보통이며 이를 위임장경쟁(proxy contest)이라고 한다.

6 주식매수선택권 제도

주식매수선택권제도는 회사의 임직원이나 우호적 매수자에게 주식매수선택권(stock option)을 부여함으로써 적대적 매수 시도가 있을 경우 이를 행사하여 현 경영진의 우호적 세력이 될 수 있게 하자는 것이다. 주식매수선택권의 부여방법에는 신주인수권방식, 자기주식교부방식, 주가차액교부방식 등이 있다.

신주인수권방식은 주식매수선택권자가 주식매수선택권을 행사하여 행사가격을 회사에 납입한 경우 그에게 신주를 발행하여 교부하는 방식이다. 자기주식교부방식은 주식매수선택권자가 주식매수선택권을 행사하여 행사가격을 회사에 납입한 경우 회사는 이미 보유하고 있는 자기주식을 교부하는 방식이다. 주가차액교부방식은 주식매수선택권자가 주식매수선택권을 행사한 때에 주식매수선택권의 행사가격이 실질가격보다 낮은 경우에 회사는 그 차액을 금전으로 지급하거나 차액에 상당하는 자기주식을 교부하는 방식이다.

주식매수선택권으로 발행할 수 있는 주식은 발행주식 총수의 10% 이상을 초과할 수 없다. 주식매수선택권은 주주총회 결의일 부터 2년 이상 재직하여야 행사할 수 있다.

7 자기주식취득 제도

자기주식취득제도(self tender)는 회사가 자기주식을 취득 및 보유함으로써 시장의 유통물량 감소를 통한 주가관리나 적대적 매수에 대항할 수 있게 하기 위한 제도이다.

8 주식제3자배정 제도

주식제3자배정제도는 주주의 신주인수권에 대한 중요한 예외제도로 원칙적으로는 허용되지 않으나 신기술 도입과 재무구조개선의 경우에 한해 예외적으로 허용된다. 제3자에게 신주인수권을 부여하는 경우 정관에 규정하거나 주주총회의 특별결의가 있어야 한다.

9 자본감소 전략

감자(減資)를 통해 자기주식을 매입하여 소각한다면 매수대상기업의 총 발행주식 수가 감소하여 대주주의 지분율은 상승하게 되고 주가도 상승하게 될 것이다. 따라서 매수를 위한 지분확보가 어렵게 되고 주가상승으로 인한 매수비용이 증가될 수 있다.

10 우리사주 제도

우리사주를 보유한 종업원은 일반적으로 우호적 안정주주로서의 역할을 한다. 회사는 증자 시 발행주식의 일정비율(20%)을 우리사주조합에 우선배정하거나 우리사주 조합원에게 일정비율(20%) 이내에서 시가보다 저렴한 가격으로 주식을 매입할 수 있는 권리를 줄 수 있다.

11 황금낙하산 제도

황금낙하산(golden parachute) 제도는 적대적 매수의 성공으로 현 경영진을 해임할 경우 비정상적으로 높은 퇴직금이나 일정기간의 보수를 지급하는 고용계약을 맺고 보상계획을 회사정관에 명시하도록 함으로써 매수자가 매수에 성공하더라도 과다한 비용을 부담하게 됨으로 적대적 매수의욕을 꺾으려고 할 때 사용된다. 최고경진에게 제공되는 것을 황금낙하산, 중간관리자에게 제공되는 것을 은닉하산(silver parachute), 일반 종업원에게 제공되는 것을 주석낙하산(tin parachute)라고 부른다.

12 차등의결권 제도

차등의결권제도(dual class recapitalization)는 주식의 종류에 따라 의결권을 차등화하거나 주식거래를 제한하는 제도이다. 이 제도는 적대적 M&A로부터 경영권을 방어하기 위해 이용되는데, 그 예로 황금주(golden share)가 있다. 황금주는 평상시에는 보통주와 같은 권한을 가지나 적대적 매수시도가 있을 경우에는 주주총회의 결의사항에 대해 거부권을 갖는 등 강력한 권한을 갖는 주식을 말한다.

13 의무공개매수 제도

의무공개매수(mandatory offer) 제도는 일정 지분 이상의 주식을 취득하는 경우 모든 잔여주식에 대해 소정의 가격 이상으로 공개매수 주문을 내도록 강제하는 제도를 말한다.

14 독소조항 전략

독소조항(poison pill) 전략은 적대적 매수자가 일정 비율 이상의 주식을 취득하는 경우 적대적 매수자를 배제한 잔여주주에게만 시세보다 저렴한 가격으로 해당 주식을 매수할 수 있는 선택권을 부여하거나(right plan), 적대적 매수자가 매수를 성공시키더라도 손해를 보도록 함으로써 매수의지를 약화시키려는 전략이다. 독소조항 전략은 다양하나 주식매수선택권(stock purchase right)이 부여된 콜옵션플랜(call right plan)이나 교환 또는 매도선택권이 부여된 풋옵션플랜(put right plan) 등이 많이 사용된다.

제 15 장

자본유형과 자본비용

제1절 | 자본유형

1 개요

기업을 경영하기 위해서는 자본이 필요하다. 자본은 크게 자기자본과 타인자본으로 구분된다. 자기자본은 기업의 전체 투하자본인 총자산에서 부채를 차감한 것을 말한다. 재무제표상으로는 자본금, 법정준비금(자본준비금, 이익준비금)과 잉여금을 합계한 것으로 순자산이라고도 한다.

자기자본은 주주가 낸 납입자본금, 영업성과를 사내에 적립한 이익잉여금, 자본활동을 통해 발생한 자본준비금으로 구성된다. 기업이 자기자본을 늘리는 데는 두 가지 방법이 있다. 우선 증자를 통해 자금을 추가 조달하는 것이다. 또 기업 영업성과인 이익을 사내에 남겨 적립금을 늘려도 된다. 총자산 중 자기자본이 많으면 많을수록 재무 내용이 뛰어난 우량기업이라고 한다.

반면 기업이 경영활동에 사용하고 있는 자본 가운데 차입금이나 사채와 같이 외부로부터 조달한 부분은 기업외부에서 조달되었다는 의미로 타인자본이라고 한다. 흔히 말하는 자본에서 자기자본은 재무상태표상의 자본이고 타인자본은 재무상태표상의 부채이다. 즉, 재무상태표에서 차변에 자산, 우변에 부채와 자본을 쓸 때 자본은 자기자본만을 뜻하며 부채는 타인자본이라고도 불리운다.

2 기업금융과 자본

벤처기업을 비롯한 각종 기업을 영위하기 위해서 필요한 기업금융은 크게 기업이 자체적으로 조달할 수 있는 내부금융과 금융기관이나 정부 등 기업 외부에서 조달해야 하는 외부금융으로 대별할 수 있다. 내부금융은 기업의 영업활동으로부터 발생한 이익잉여금, 사내유보, 감가상각충당금 등과 기업이 주식이나 채권을 발행하여 조달하는 직접금융 등이 있다. 외부금융은 주로 은행과 같은 금융기관으로부터의 차입과 정부의 정책자금 그리고 해외로부터의 자금조달인 해외 금융으로 구성되어 있다.

이러한 기업금융 가운데 이익잉여금, 사내유보, 감가상각충당금 등과 주식발행으로 조달된 자본을 자기자본이라고 하며, 회사채발행을 통하여 조달된 자금이나 간접금융 및 해외차입 등을 통해 조달된 자금을 타인자본이라 한다.

3 자기자본과 타인자본

1) 자기자본

자기자본은 다시 출자자로부터 조달된 기초자본과, 경영활동의 결과로 얻어진 부가자본으로 대별된다. 부가자본은 자본잉여금 · 재평가잉여금 · 이익잉여금과 같은 유보자본과 당기이익금인 성과자본으로 구성된다. 그리고 자기자본의 근간을 이루는 주식에는 보통주, 전환주, 전환우선주 등이 있다.

가. 보통주

보통주(common stock)란 소유한 주식 수에 따라 평등하게 대우받는다는 상법상에서의 주주평등의 원칙에 의거하여, 지분에 따라 평등하게 잔여이익의 배당과 잔여재산의 분배를 받을 수 있는 통상의 기준이 되는 주식을 말한다.

보통주는 주식 간 평등한 관계를 가지기 때문에 이익, 이자배당 시 주식 종류에 따른 특별한 우선권이 없다. 따라서 우선주가 배당을 받은 다음 그 잔여이익에 대하여 배당에 참가한다. 또 회사가 해산한 때에는 우선주 잔여재산 분배가 이루어진 후 분배에 참가하며 회사손실에 대한 부담순위는 1순위이다. 다른 주식에 의결권이 없는 경우에는 회사경영에 대한 최대 지배권을 갖는다.

회사 잔여이익(remained earnings)을 배분할 때 기본적으로 이익에 대한 청구권 우선순위로부터 시작한다. 벤처기업의 자산에 대한 최종청구권(last claims)은 소유주들이 보유하고 있는 보통주에게 돌아간다. 일반적으로, 기업의 다른 증권 소유주들은 보통주 주주들이 지불을 받기 전에 먼저 이자 및 배당을 받는다. 예를 들어, 파산 시에 보통주 주주들은 모든 채권자들과 다른 투자자들이 그들의 지분을 가져간 후에 남은 것이 있을 경우 배당받는다. 다시 말해 보통주 주주들의 청구권은 다른 청구권에 비해 가장 하위에 있다.

비록 청구권 상으로는 최하위에 있지만 보통주 주주들은 이사회 멤버를 선출하는 권한을 포함하여 회사의 경영진을 선출하며, 주요 의사결정에 대한 투표권을 갖는다. 또한 보통주 주주들은 회사 이익이 선순위 청구권자들에게 지불되고 난 잔여이익 모두에 대한 청구권을 보유한다. 더구나 보통주의 소유자들이 신주인수권(preemptive right)을 통하여 그들의 소유권 비율을 유지할 권리를 가질 수 있도록 보장한다.

이러한 신주인수권(新株引受權)은 기존의 소유주들이 기업의 추가자금조달 과정에서 그들의 소유권이 희석되지 않도록 하기 위해서 충분한 지분을 살 수 있도록 허락한다. 만약, 주주들이 새로운 자금조달과정에 참여할 만한 여분의 금융자산이 없거나, 그들이 그들의 신수인수권을 행사할 수 없는 다른 이유가 있다면 그들의 소유 지분율은 감소하게 될 것이다. 이때 기존주주에게 팔리지 못한 보통주는 다시 모집될 수 있고, 다른 사람에게 판매되거나 회사에 귀속될 수 있다.

다시 말하면, 신주인수권은 회사성립 후 신주를 발행하는 경우 그 신주를 우선적으로 배정 받을 권리를 말한다. 인수를 우선해서 할 수 있는 권리일 뿐 발행가액이나 기타 인수조건에서 우대받을 수 있는 권리는 아니다. 우리나라 상법은 주주의 이익을 보호하기 위하여 주주의 신주인수권을 원칙적으로 인정한다(상법 제418조). 회사에서 신주가 발행되면 구주주(舊株主)의 주주총회에서 가졌던 결의권 비율은 감소하고 이전 같으면 행사할 수 있었던 소수주주권을 행사할 수 없게 되는 경우가 생기며, 또 주가의 하락에 따른 경제적 손실도 없지 않다.

그러나 신주인수권을 기계적으로 구주주에게만 인정한다면 신주발행에 관한 이사회의 자유재량권이 제한되므로 자금조달의 기동성을 확보하려는 수권자본(授權資本)의 제도적 의의가 격감한다. 이에 상법은 주주 이외에 제3자에게 법률 또는 정관에 특별한 정함이 있는 경우에 신주인수권을 부여하고 있다. 이러한 법률에 의한 주주의 신주인수권과 정관에 의한 제3자의 신주인수권은 이른바 추상적 신주인수권이며, 이사회의 결의로써 주주 또는 제3자에게 신주인수권을 줄 것을 정한 때에는 구체적 신주인수권이 된다. 그러나 주주는 유한책임을 지므로 신주인수권은 주주의 권리일 뿐 의무는 아니다. 따라서 신주인수권자는 반드시 신주인수권을 행사하여 출자해야 하는 것은 아니다. 또한 신주인수권은 주식의 과실이 아니며 신주인수권을 행사하여 인수한 주식에는 질권의 효력이 미치지 아니한다. 신주인수권을 양도할 수 있다는 것은 정관으로 또는 이사회가 임의로 정할 수 있다. 따라서 이를 정하지 아니할 수도 있다.

한편 주식은 일반적 형태의 보통주와 특별한 권리를 가지는 특별주로 나뉜다. 특별주에는 우선주, 후배주(후위적 지위를 가진 주식), 혼합주(우선주와 후배주의 혼합) 등이 있다. 통상적으로 주식이라 하면 보통주를 말하는 것이며 단일종류로 발행할 때에는 이 명칭을 사용하지 않는다.

나. 우선주

우선주(preferred stock)란 의결권을 주지 않는 대신 보통주보다 높은 배당률을 지급하는 주식을 말한다. 즉, 우선주는 기업이 배당을 하거나 기업이 해산할 경우의 잔여재산을 배분 등에서 다른 주식보다 우선적 지위를 가지는 주식이다. 대개의 경우 의결권이 부여되지 않는다. 우선주 발행은 회사 측에서는 기존 주주들의 경영권을 보호하면서도 자금 조달을 쉽게 할 수 있는 이점이 있으며, 배당금을 규칙적으로 확실하게 받기를 원하는 투자자들을 끌어들이기 위해 발행한다. 우선주는 일반적으로 보통주보다 낮은 가격에 형성된다. 다시 말하면, 우선주 소유주들에게는 보통주 주주보다 이익분배 시 우선적인 조치를 부여한다. 우선주 주주들은 배당금과 이익금을 보통 주주들이 배당 받기 전에 받는다. 이러한 우선적 조치들은 기업의 정관에 명시되어 있어야 한다.

우선주 자체에 대하여 상법상 발행한도에 대한 제한 규정은 없으나, 우선주는 보통 무의결권주로 발행되는데 상법상 무의결권주의 발행제한이 있으므로 일반적으로 우선주의 발행제한이 있는 것으로 인식되고 있다. 상법상 의결권이 없는 주식은 발행주식 총수의 25%를 초과할 수 없다.

우선주는 우선권의 내용에 따라 여러 가지로 분류된다. 우선권의 존속기간이 한정되어 있는 것이 있고, 우선배당의 참가방법에도 여러 가지가 있다.

참가방법에 따라 분류하면, ① 소정비율의 우선배당을 받고도 이익이 남는 경우에 우선주주가 다시 보통주주와 함께 배당에 참가할 수 있는 참가적 우선주(participating preferred stock), ② 소정비율의 우선배당을 받는 데 그치는 비참가적 우선주(이익이 많은 경우에는 보통주보다 불리하므로 실제로는 거의 발행하지 않음), ③ 당해 영업연도에 소정비율의 우선배당을 받지 못한 경우, 그 미지급배당액을 다음 영업연도 이후에도 우선하여 보충 배당받는 누적적 우선주(cumulative preferred stock), ④ 당해 영업연도에 우선배당을 받지 못하고 그 미지급배당액을 다음 영업연도에도 보충 배당받지 못하는 비누적적 우선주 등이 있다.

우선주 배당은 보통주 배당과는 다르게, 보통 우선주의 가치에 대한 비율이 명시되어 있다. 보통주에 대해 우선순위를 가지고 있는 이 배당금은 다른 보통주 배당 전에 지불되어야 하며 우선주 배당금이 누적되지 않는다면, 미래의 지불에 대한 어떤 제한도 부과하지 않으며, 만약 누적된다면 모든 이전의 지불되지 않은 우선주 배당은 어떤 보통주 배당에 앞서 지불되어야 한다. 만약 우선주 배당금이 누적적이라면 우선주 배당을 지불하기에 충분한 소득이 될 것이다. 우선주 배당을 지불하는 것에 대한 반복적인 실패에 대해 부과되는 처벌은 우선주 주주가 이사회 멤버를 선출하는 권한, 그리고 배당철회 불가, 배당률의 증가 등을 포함한다.

우리나라 최초의 무의결권 우선주는 1986년 7월 상장된 동양맥주 우선주이다. 우선주는 지난 2000년부터 종합주가지수에 반영이 되지 않아, 주가지수에 미치는 영향은 없다. 우선주에는 '구형우선주'와 '신형우선주'가 있다. 「1우」라고 표시된 것은 '구형우선주'이고, 「1우B」「2우B」하면서 B자가 붙은 것은 '신형우선주'이다. 1996년 상법 개정 전에 발행된 우선주가 '구형우선주'로, 보통주보다 배당을 1% 이상 더 해 준다. '신형우선주'는 법 개정 이후 발행된 우선주로 일반적으로 끝에 B자가 붙어 있다.

신형우선주는 정관으로 최저배당률(보통 정기예금 금리임)을 보장해주는 것이 특징이다. 기업 입장에서 보자면 확정된 이자를 주는 것과 다름없기 때문에 채권의 성격을 지니고 있다고 하여 B자가 붙는 것이다. 그 해에 배당을 실시하지 못하면 다음해로 배당의무가 누적된다.

다. 전환우선주

전환우선주(convertible preferred stock)는 다른 종류의 주식으로 전환할 수 있는 권리가 부여된 우선주로서 누적 · 비참가형 우선주가 많다. 전환의 목적물(증권), 전환비율, 전환기간 등 전환에 관한 사항은 모두 전환사채에 준하여 정해지며, 총 발행주식의 25% 범위 내에서 발행할 수 있다. 전환우선주는 특정세력의 적대적 M&A시도가 있을 때 기존 우호주주에게 우선 배정해 경영안정을 도모할 수 있는 장점이 있다.

명확히 해야 할 점은 전환우선주의 특징이 투자자에게 많은 가치를 부여할 수 있다는 것이다. 기업이 위험에 처해있음에도 불구하고 배당금이나 다른 유동성 수익 측면에서 우선순위는 보통주 주주들보다 우선주 주주들에게 위치해 있다. 기업이 이처럼 전환우선주 주주들에게 혜택을 주는 것은 보다 많은 투자자를 유치하기 위한 것이다.

일반적으로 우선순위의 포기는 우선주 주주가 우선주 지분을 보통주로 변환하기 위해 전환 옵션을 실행한 경우에 발생하며 기업의 전환우선주는 우선 지분을 명시된 숫자의 보통주로 만기 전에 언제든지 변환할 수 있는 권한을 가지고 있다. 또한 회사는 우선주 주주들에게 특정 시점에 전환을 강제요구 할 수 있다.

라. 부가자본

부가자본에는 자본잉여금, 재평가잉여금, 이익잉여금, 당기이익금 등이 있다. 기업회계상 회사의 순자산액이 법정자본액을 초과하는 부분을 잉여금이라고 하는데, 그 중 자본거래에 의한 재원을 원천으로 하는 잉여금을 자본잉여금(capital surplus)이라고 말한다. 즉, 주식발행시의 액면초과한 금액, 자본감소의 경우 감소액이 반환액을 초과한 금액(감자차익), 회사합병의 경우 소멸된 회사의 순자산액, 재평가적립금, 자본적 지출에 충당한 국고보조금 및 공사부담금, 보험차익, 자기주식처분이익, 자본보전을 위한 자산증여이익 및 채무면제이익 등 자본거래에 의하여 생기는 잉여금이다.

부연하여 설명하면, 주식발행초과금은 경영성적이 우수한 회사가 증자를 위하여 신주를 발행할 때, 액면금액을 초과하여 할증 발행하는 경우가 있는데, 이 액면 초과 금액을 말하며, 감자차익은 회사가 경영상의 이유로 감자를 하는 경우, 감소한 자본금이 주금의 환급액 또는 결손금의 보전액을 초과한 때, 그 초과액을 말한다. 기타 자본잉여금에는 자기주식처분이익, 합병차익, 기타의 자본잉여금 등이 있다.

2) 타인자본

가. 타인자본의 정의 및 종류

타인자본(borrowed capital)은 기업이 경영활동에 사용하고 있는 자본 가운데 차입금이나 회사채와 같이 외부로부터 조달한 부분을 말한다. 이는 자기자본과 비교할 때 자금조달의 원천이 다르고 변제기한이 있으며, 배당이 아닌 이자가 지급된다는 점에서 차이가 있다. 타인자본에는 장기 · 단기차입금, 지급어음, 외상매입금, 회사채 등이 있다. 일반적으로 자본에서 자기자본은 재무상태표상의 자본이고 타인자본은 재무상태표상의 부채이다. 즉, 재무상태표에서 차변에 자산, 대변에 부채와 자본을 쓸 때 자본은 자기자본만을 뜻하며 부채는 타인자본이라고도 불리운다.

기업경영이 어려울 때도 원칙적으로 원리금 지급이 불가피해 기업의 안정성 면에서 타인자본은 될 수 있는 한 적은 것이 바람직하나 호황기에는 레버리지 효과가 크므로 이를 적절히 조절할 필요가 있다.

나. 회사채

① 회사채 개요

회사채(corporate bond)는 기업이 자금조달을 위해 직접 발행하는 채권으로 사채라고도 한다. 회사채는 주식과는 달리 회사의 수익에 관계없이 일정률의 이자가 지급되는 것이 특징이다. 금융기관에서 지급을 보증하는 보증사채와 무보증사채, 담보부사채가 있는데, 상장기업 또는 금융감독원에 등록된 법인이 기업자금조달을 위해서 직접 발행한다. 이자는 3개월마다 후불하며 만기가 되면 액면금액을 지급받는다.

회사채는 회사가 직접금융시장에서 자금을 조달하기 위하여 공모 또는 사모로 채권을 발행하는 것으로서, 공모채는 금융감독원에 유가증권 발행신고서를 접수하여 일반 대중에게 판매하는 절차로 발행된다.

보증사채(guaranteed bond)는 원리금의 상환을 발행회사 이외의 제3자가 보증하는 채권으로서, 우리나라에서는 주로 신용보증기금이나 은행에서 보증한다.

② 전환사채

전환사채(CB : convertible bond)는 만기 이전의 일정기간 내에 정해진 가격으로 발행회사의 보통주로 전환할 수 있는 권리가 부여된 채권이다. 전환사채는 전환 전에는 사채로서의 확정이자를 받을 수 있고 전환 후에는 주식으로서의 이익을 얻을 수 있는 사채와 주식의 중간형태인 채권이다. 채권을 주식으로 전환하는 방식은 전환사채 발행 당시에 미리 결정해 두는데, 보통 채권과 주식을 얼마의 비율로 교환할 것인가 하는 전환가격을 정해두게 된다. 전환사채의 주식으로의 전환은 통상 사채 발행후 3개월부터 가능하다.

전환사채 보유자는 주식시장이 활황을 보여 주가가 전환가격을 웃돌게 되면 주식으로 전환해 시세차익을 누릴 수 있다. 반면 주식시장 침체로 주가보다 낮게 되면 만기까지 보유해 발행회사가 발행당시 확정된 만기보장수익률만큼의 이자를 지급받게 된다. 이때 이자율은 일반적으로 보통 회사채에 비해 낮은 편이다.

전환사채는 제3자 보증여부에 따라 보증부전환사채, 담보부전환사채, 무보증전환사채 등으로 나눌 수 있다. 또한 전환 정도에 따라 회사채 액면금액의 전부를 주식으로 전환할 수 있는 전액전환사채와 액면금액의 일정 부분만 전환할 수 있는 부분전환사채가 있다.

전환사채는 공모냐 사모냐에 따라 사모전환사채와 공모전환사채 2가지 종류가 있는데 공모전환사채는 불특정 다수에게 균등한 조건으로 발행하는 한편, 사모전환사채는 기업이 매입자를 개별적으로 접촉해 모집하는 전환사채이다. 사모사채는 발행할 때 증권관리위원회에 유가증권신고서를 낼 필요가 없으며 인수 주선기관도 필요하지 않다. 사모전환사채는 특수관계에 있는 인물에게 지분을 몰아줄 수 있는 장점이 있어 오너들의 재산증여와 경영권 방어 수단으로 자주 이용되고 있다.

③ 신주인수권부사채

신주인수권부사채(BW : bond with warrant)는 주어진 기간 내에 정해진 가격으로 발행회사의 주식을 매입할 수 있는 권리가 부여된 채권으로서, 신주인수권 행사에 의해 주식을 취득하더라도 여전히 채권자로서의 자격을 갖는다. 신주인수권부사채 소유자는 일반회사채의 경우와 마찬가지로 일정한 이자를 받으면서 만기에 사채금액을 상환 받을 수 있으며, 동시에 자신에게 부여된 신주인수권을 가지고 주식시가가 발행가액보다 높은 경우 회사 측에 신주의 발행을 청구할 수 있다.

신주인수권부사채의 발행회사 입장에서 보면 일반사채에는 없는 신주인수권을 사채권자에게 부여함으로써 주가상승에 따르는 투자수익을 기대할 수 있어 사채에 대한 투자수요를 유발시켜 자금조달을 촉진시킨다. 또한 신주인수권에 대한 대가로 저리의 사채를 모집할 수 있으며, 신주인수권의 행사로 사채는 그대로 존속하면서 추가자금이 납입되어 새로운 자금조달을 도모할 수 있다는 장점이 있다.

투자자 입장에서 보면 회사채가 지니는 이자소득기능과 주식이 지니는 자본소득기능을 동시에 가지고 있기 때문에 투자의 안전성과 투기성을 모두 가지고 있다. 즉, 신주인수권을 행사하면 사채는 그대로 사채권자에게 남을 뿐만 아니라 새로 발행회사의 주식을 취득하여 주주가 될 수 있다. 따라서 사채에 의한 이자소득과 주식에 의한 배당소득, 주가상승에 따른 이익을 동시에 꾀할 수 있다.

신주인수권부사채는 발행형태에 따라 사채와 신주인수권을 분리하여 양도할 수 있는 분리형과 사채와 신주인수권을 결합해서만 양도할 수 있는 비분리형으로 구분된다. 분리형 신주인수권부사채는 발행을 결의할 때 신주인수권만을 양도할 수 있도록 정한 것으로 사채권을 표시한 유가증권인 사채권과 신주인수권을 표시한 유가증권인 신주인수권증권을 각각 분리하여 발행하는 형태의 채권이다. 비분리형 신주인수권부사채는 하나의 채권에 채권과 신주인수권을 함께 표시하여 발행하는 형태로서 양자의 분리양도가 인정되지 않기 때문에 결합형이라고도 한다.

④ 교환사채

이밖에도 교환사채(EB : exchangeable bond)가 있는데 상장법인이 이사회의 결의에 의하여 발행하는 회사채의 한 종류로서 교환사채와 발행회사가 보유한 제3의 기업의 주식과 교환되므로 교환 시 발행회사의 자산과 부채가 동시에 감소하는 특징이 있다. 발행회사가 보유하는 교환대상 유가증권은 상장유가증권으로 제한하고 있으며 증권예탁원에 예탁을 의무화하고 있다.

교환사채는 전환사채와 신주인수권부사채와 달리 권리행사시 발행회사의 주식이 발행되는 것이 아니므로 자본금 변동이 발생하지는 않으며, 교환사채권자는 교환사채 발행 시 특정된 주식의 가격이 상승할 경우 시세차익을 얻을 수 있고 발행회사는 낮은 이율로 사채를 발행하여 이자지급 부담을 덜 수 있는 동시에 사채발행에 의한 자금조달을 촉진시킬 수 있는 장점이 있다. 또한 투자자에게는 전환사채와 마찬가지로 투자의 안정성과 투기성을 겸비하고 있어 유리한 투자대상이 된다.

그러나 교환 시 급격한 자산감소가 나타나고, 교환 청구에 대비하여 보유 유가증권을 현금화하여 운용할 수 없으며, 증권예탁원에 일정기간 예치하여야 하므로 보유 유가증권의 담보화 또는 고정 자산화를 초래하는 단점이 있다. 교환권이 행사되면 증권예탁원은 교환사채권을 발행회사에 제출하고 교환주식을 계좌대체 방식으로 교환사채권자에게 교부하는데, 전환사채와 마찬가지로 교환대상주식의 발행회사가 주식을 추가로 발행하는 경우에는 교환가격을 조정해주어야 한다.

다. 장 · 단기차입금

차입금(loan)이란 기업을 경영함에 있어서 운전자금의 부족 또는 시설투자를 위하여 외부로부터 자금을 조달하는 경우 차용증서를 교부하고 타인으로부터 금전을 차용하는 것을 말하고 기간의 장 · 단기에 따라 단기차입금 또는 장기차입금으로 나누어진다. 또한 담보유무에 따라 유 · 무담보, 또는 차용증서에 의한 것과 대인신용에 의한 것 등으로 분류할 수 있다. 장기차입금에는 시설자금 차입, 사채(社債) 등이 있다. 전자는 부동산 · 유가증권 등을 담보로 하여 금융기관에서 차입하며, 사채는 주식회사가 사채 발행의 형식으로 조달한다. 단기차입금은 상업신용에 근거한 어음발행, 대출 등으로써 조달된다. 장기와 단기의 구분은 나라에 따라 다른 데, 한국의 기업회계기준에는 "상환기한 1년 이내를 단기로 한다"고 규정되어 있다. 그리고 차입처에 따라 관계회사차입금, 주주 · 임원 · 종업원차입금 등으로 나누어진다.

라. 지급어음

지급어음(notes payable)은 일반적 상거래에서 발생한 어음상의 채무로서 상품이나 원재료의 매입대금에 대하여 약속어음을 발행하거나 타인발행의 환어음을 인수한 경우에 발생한 채무를 말하고 상거래를 원인으로 하는 상업어음만 장부에 계상되며 자금조달을 위한 융통어음이나 고정자산 또는 유가증권의 취득 등 일반적인 상거래 이외의 거래에서 발생한 어음 채무는 단기차입금 또는 미지급어음 등으로 처리한다.

일반적으로 상품을 외상으로 매입하면 외상매입금 계정으로 처리되지만, 어음을 발행하여 교부하면 어음채무가 발생하게 되어 지급어음 계정이 된다. 따라서 금전의 소비대차를 배경으로 한 금융어음 또는 관계회사에 대한 지급어음은 일반 상거래에서 유래되는 지급어음과는 구별하여 어음차입금 계정 또는 관계회사 지급어음으로 표시하여야 한다.

지급어음 계정이 발생하는 경우는, ① 타인앞 약속어음을 발행하였을 때, ② 타인발행 자기앞 환어음을 담당하였을 때, ③ 자기앞 환어음을 발행하였을 때 등이다.

마. 외상매입금

외상매입금(accounts payable)은 제품이나 원자재를 살 때 현물을 받고서도 아직 그 대금을 치르지 않은 단기의 미지급금을 말한다. 기업 간 신용이라고 불리는 것의 일종이다. 거래가 이루어진 후에도 즉시 대금의 지급을 하지 않고 대금지급을 후일로 연기하는 것을 외상거래라고 하며, 외상거래는 사는 편에서 보면 매입채무가 되므로, 그 채무액이 외상매입금이다. 반대로 파는 편의 채권액은 외상매출금이다. 기업의 자금난이 심하면 외상매입금이 증가하게 된다.

제2절 | 자본비용

1 자본비용의 개념

자본비용(cost of capital)은 기업이 조달운용하고 있는 자본과 관련해서 부담하게 되는 비용으로 조달원천에서 보면 자기자본 비용과 타인자본 비용으로 분류된다.

타인자본 비용은 차입금에 대한 이자, 회사채이자 등이며 자기자본 비용은 주주에 대한 배당에서 나타난다. 자본비용은 기업이 외부투자자나 채권자에게 지급하는 비용 외에 자본을 보다 유리하게 운영했을 경우에 기대되는 이익, 즉 기회비용으로 측정되는 경우도 있다.

재무관리상 자본비용이 투자계획을 위한 목표이익률, 실제의 현재원가를 측정하기 위한 할인율 등의 갖가지 목적에 이용된다. 따라서 자본비용의 합리적인 측정은 기업의 재무정책에 있어 매우 중요하다. 자본비용의 사정방법에는 각종 조달원천별 자본비용의 가중평균을 구하는 방법, 새로 조달되는 데 필요한 한계 비용을 구하는 방법 등이 있다.

2 자기자본의 자본비용[41]

1) CAPM을 이용한 자기자본비용 산출

자기자본비용(cost of capital)을 계산하는 데에는 자본자산가격결정모형(CAPM : Capital Asset Pricing Model)을 이용한 방법이 가장 보편적으로 사용된다. CAPM을 이용하여 해당 주식에 대한 기대수익률(자기자본비용)은 다음과 같이 계산된다.

$$E(r_i) = r_f + [E(r_m) - r_f]\beta_i$$

여기서 $E(r_i)$: 주식 i의 기대수익률

r_f : 무위험 이자율

$E(r_m)$: 시장포트폴리오의 기대수익률

β_i : 주식 i의 체계적 위험

41 「현대재무관리」, 박정식 외 공저, 다산출판사 참조

그런데 CAPM을 이용하여 주식에 대한 기대수익률을 구하려면 다음과 같은 가정이 필요하다.

• CAPM 가정

① 투자자들은 기대효용을 극대화하고자 하는 위험회피형 투자자이다.
② 투자자들은 평균-분산 모형에 따라 포트폴리오를 선택한다.
③ 모든 투자자들은 무위험이자율로 아무런 제한 없이 차입 또는 대출할 수 있다.
④ 모든 투자자들의 투자기간은 1기간(1년, 1월, 1일 등)이다.
⑤ 세금이 없으며 거래비용과 같은 장애요인이 없다.
⑥ 증권시장은 완전경쟁시장이며 증권의 공급은 고정되어 있다.
⑦ 모든 투자자들은 자산의 기대수익률, 분산, 공분산에 대해 같은 기대를 한다.

2) 배당평가모형을 이용한 자기자본비용 산출

배당평가모형(dividend discount model)은 주식의 가격결정시 배당금만을 고려한다. CAPM을 이용하여 자기자본비용을 계산하려면 앞에서 제시한 바와 같이 여러 가지 가정이 성립하여야 한다.

배당평가모형은 배당금만으로 주식의 가격을 쉽게 구할 수 있다는 장점이 있다. 현재의 주가 S_0는 주주에게 돌아갈 미래배당의 현재가치의 합으로 정의할 수 있다.

$$S_0 = \frac{D_1}{(1+k_s)} + \frac{D_2}{(1+k_s)^2} + \cdots + \frac{D_\infty}{(1+k_s)^\infty}$$
$$= \sum_{t=1}^{\infty} \frac{D_t}{(1+k_s)^t}$$

여기서 D_t : t기의 주당 배당액

k_s : 자기자본비용

이 모형은 미래배당이 주가를 결정하는 것으로 보고 있기 때문에 이를 배당평가모형이라고 한다. 이 모형의 할인율 k_s가 바로 자기자본비용이다.

만약 배당이 D로 매년 일정하다면 주식의 가치는 다음과 같다.

$$S_0 = \frac{D}{k_s}$$

$$\text{따라서, } k_s = \frac{D}{S_0}$$

자기자본비용은 배당수익률(dividend yield)과 일치한다.

그러나 배당이 매년 g 만큼의 비율로 성장을 하고, g가 자기자본비용 k_s보다 작다면 $(k_s > g)$, S_0는 다음과 같다.

$$S_0 = \frac{D_1}{k_s - g}$$

이러한 모형을 항상성장배당모형(constant growth dividend discount model)이라고 한다.

이 식을 k_s에 정리하면 다음 식이 얻어진다.

$$k_s = \frac{D_1}{S_0} + g$$

위 식의 의미는 배당이 항상 일정율로 성장하는 경우 자기자본비용(k_s)는 차기의 예상배당(D_1)을 현재의 주식가격(S_0)으로 나눈 값인 배당수익률에 성장률을 더한 것과 같다는 것을 보여 준다.

3) 우선주의 자기자본비용 산출

우선주의 자본비용은 우선주에 명기된 배당금에 달려 있다. 확정배당을 갖는 우선주는 만기가 없는 영구사채와 같은 성격을 갖는다. 이 경우 우선주의 가치는 다음과 같이 미래에 받게 되는 확정배당액의 현재가치로 평가된다.

$$P_p = \frac{D_p}{1+k_p} + \frac{D_p}{(1+k_p)^2} + \cdots + \frac{D_p}{(1+k_p)^\infty} = \frac{D_p}{k_p}$$

P_p : 우선주의 현재가격

D_p : 우선주 주당 확정배당액

k_p : 우선주의 자본비용

위 식을 우선주의 자본비용에 대해 정리하면 다음과 같다.

$$k_p = \frac{D_p}{P_p}$$

우선주의 자본비용은 우선주 주당배당액을 우선주 가격으로 나눈 배당수익률로 구할 수 있다.

4) 유보이익의 자기자본비용 산출

유보이익은 주주에게 배당으로 지급하는 대신 기업의 재투자를 위하여 유보시킨 것이므로, 주주들은 유보이익에 대하여 최소한 이 기업과 동일한 투자기회에 투자하였을 때 얻을 수 있는 수익만큼을 요구하게 된다. 따라서 유보이익의 자본비용은 보통주의 자본비용과 동일하며, 유보이익을 따로 분리하여 자본비용을 계산할 필요가 없다.

3 타인자본의 자본비용

타인자본비용(cost of debt)은 매년 지급하는 이자의 계약조건에 따라 매년 일정할 수도 있고 다를 수도 있다. 계약조건에 따라 매년 지급하는 이자는 시장이자율의 변동에 따라 달라질 수 도 있으나 대부분의 경우 일정한 것이 일반적이다.

먼저 세금효과를 고려하기 전의 타인자본비용(k_B)은 다음과 같다.

$$k_B = \frac{I}{B}$$

I : 매년의 이자지급액
B : 타인자본사용액

다음에 타인자본에 대한 이자는 법인세 산정의 기준이 되는 과세소득을 줄여주는 항목이므로 법인세 감세효과를 가져온다. 법인세율이 T일 경우 기업이 실제로 부담하는 이자비용은 $I(1-T)$가 되며, 실제이자율은 $k_B(1-T)$가 된다.

따라서 세금효과를 고려한 타인자본의 비용은 다음과 같다.

$$
\begin{aligned}
\text{세후타인자본비용} &= \text{세전타인자본비용} - \text{법인세 감세효과} \\
&= k_B(1-T)
\end{aligned}
$$

여기서 T : 법인세율

4 가중평균자본비용

가중평균자본비용(WACC : weighted average cost of capital)은 원천별 자본비용을 각 원천별 자본이 차지하는 구성비율로 가중평균한 값을 말한다. 원천별 자본의 제공자인 채권자, 우선주주, 보통주주들은 부담하는 위험이 다르므로 이들의 요구수익률인 자본비용 또한 서로 다르다. 따라서 여러 원천으로부터 자본을 조달하는 경우 자본비용은 원천별 자본비용의 가중평균값인 가중평균자본비용을 의미한다.

$$\text{가중평균자기자본}(WACC) = k_B \cdot \frac{B}{B+S} + k_S \cdot \frac{S}{B+S}$$

여기서 k_B : 타인자본비용

k_S : 자기자본비용

B : 타인자본의 가치

S : 자기자본의 가치

제 16 장

주식과 채권의 가치평가

제1절 | 화폐의 시간가치

1 화폐가치의 변화

30년 전 1억원의 연봉을 받으면 신문에 대서특필되었다. 하지만 지금은 억대 연봉을 받는다고 뉴스의 스포트라이트를 받지 못한다. 왜 그럴까? 그 이유는 우리나라 경제가 좋아져 억대 연봉자가 많은 탓도 있지만 화폐의 가치가 그만큼 하락했기 때문이다. 이처럼 화폐의 가치는 시간이 지나감에 따라 하락하기 때문에 기업활동을 통하여 벌어들인 미래의 현금흐름을 평가하기 위해서는 현금흐름을 할인한 현재가치를 사용해야 한다.

2 미래가치

미래가치(FV : future value)는 각 기간의 이자율을 고려하여 구한다. 그러므로 n년 후의 미래가치(FV_n)는 다음과 같이 구한다.

$$FV_n = C_0(1+r_n)(1+r_n) \cdots (1+r_n) = C_0(1+r_n)^n$$

여기서 C_0 : 원금

r_n : 향후 n년 동안 적용될 연간 이자율

3 현재가치

현재가치(PV : present value)는 다음과 같이 구한다.

$$PV = \frac{C_n}{(1+r_n)^n}$$

여기서 C_n : n년의 현금흐름

r_n : 향후 n년 동안 적용될 연간 이자율

각 년도마다 다른 현금흐름을 제공하며, n년 동안에 적용되는 연간 이자율이 r로 일정하다고 하면, 투자안의 현재가치는 다음과 같이 각 년도의 미래 현금흐름을 할인하여 합한 값이다.

$$PV = \frac{CF_1}{1+r} + \frac{CF_2}{(1+r)^2} + \cdots + \frac{CF_n}{(1+r)^n}$$

여기서 PV = 현재가치

CF_t = t기의 현금흐름

r = 연간 이자율

4 연금의 가치평가

1) 연금

미래의 일정기간 동안 매년 일정금액(C)을 지급하는 현금흐름의 형태를 연금(annuity)이라고 한다. 이 연금의 현재가치는 다음과 같이 산출할 수 있다.

$$PV = \frac{C}{1+r} + \frac{C}{(1+r)^2} + \cdots + \frac{C}{(1+r)^n}$$

2) 영구연금

영구연금(perpetunity)이란 매 기간 일정금액을 영구적으로 지급하는 현금흐름을 말한다. 영국정부에서 'consol'이란 채권이 만기가 없는 영구채권 혹은 영구연금으로 분류된다.

영구연금의 현재가치는 다음과 같다.

$$PV = \frac{C}{1+r} + \frac{C}{(1+r)^2} + \cdots + \frac{C}{(1+r)^\infty}$$

이 영구연금의 현재가치는 등비급수 계산방식을 사용하여 산출해 보면 다음과 같다.

$$\text{영구연금의 } PV = \frac{C}{r}$$

3) 성장형 연금

성장형 연금(growing annunity)이란 연금에서 매 기간 지급되는 금액이 일정 성장률(g)로 증가하는 경우를 말한다. 이 성장형 연금의 현재가치는 다음과 같다.

$$\text{성장형 연금의 } PV = C \cdot \frac{1}{r-g} \cdot \left[1 - \left(\frac{1+g}{1+r}\right)^n\right]$$

4) 성장형 영구연금

성장형 영구연금(growing perpetuity)은 영구현금의 현금흐름이 매기간 일정율(g)로 증가하는 연금을 말한다. 이 성장형 영구연금의 현재가치는 가음과 같다.

$$\text{성장형 영구연금의 } PV = \frac{C}{r-g} \quad (\text{단, } r > g)$$

제2절 | 채권의 가치평가

1 채권가격산정 기초

채권의 만기일에 지급하기로 증서에 기재된 금액을 액면가(FV : face value)라고 한다. 채권증서에 액면가뿐만 아니라 만기일까지 매 기간 지급하기로 약속한 이자율이 표시되어 있는데 이 이자율을 표면이자율(coupon rate)이라고 한다. 그리고 매 기간 지급하는 이자를 표면이자(coupon)라고 하는데 표면이자는 액면가 × 표면이자율이다.

채권은 이자지급 유무와 만기에 따라 순수할인채, 이표채, 영구채 등으로 분류된다. 순수할인채는 만기까지 이자지급이 없으며, 만기일에 액면금액을 받는 채권이다. 이표채는 만기까지 매 기간 일정액의 이자를 지급받고, 만기일에 마지막 기간의 이자와 액면금액을 받는 채권이다. 영구채는 만기가 없으며 영원히 이자만을 받는 채권이다.

일반적인 채권의 가치(B)는 다음과 같이 산출할 수 있다.

$$B = \frac{C_1}{(1+r_1)} + \frac{C_2}{(1+r_2)^2} + \cdots + \frac{C_T}{(1+r_T)^T}$$

여기서 r_t : t기간 동안 적용될 할인율

T : 채권의 만기

만일 채권의 가치평가를 단순화시키기 위하여 매 기간 적용될 할인율이 r로 동일하다면

위 식은 더욱 단순화 될 수 있다. 따라서 이표채의 가치는 다음과 같이 산출될 수 있다.

$$\text{이표채}B = \frac{C}{(1+r)} + \frac{C}{(1+r)^2} + \cdots + \frac{C}{(1+r)^T} + \frac{FV}{(1+r)^T} +$$

여기서 r : 매기간 적용될 할인율

T : 채권의 만기

순수할인채는 만기까지 이자지급이 없고 만기일에 액면금액을 받으므로 순수할인채의 가치는 다음과 같이 산출할 수 있다.

$$\text{순수할인채 } B = \frac{FV}{(1+r)^T}$$

영구채의 가치는 다음의 식에서 보여주는 것처럼 더욱 단순화 될 수 있다.

$$\text{영구채 } B = \frac{C}{(1+r)} + \frac{C}{(1+r)^2} + \cdots + \frac{C}{(1+r)^\infty} = \frac{C}{r}$$

2 채권가격과 할인율과의 관계

채권가격과 할인율은 반대의 관계를 갖고 있다. 즉, 할인율이 크면 채권의 가격은 작아지게 된다. 또한 할인율이 이표이자율보다 크면 채권의 가격은 액면가보다 작아지고, 할인율이 이표이자율보다 작으면 채권가격은 액면가보다 크다. 즉 다음과 같은 관계를 갖고 있다.

할인율↑ ⇒ 채권가격↓, 할인율↓ ⇒ 채권가격↑

할인율 > 이표이자율 ⇒ 채권가격 < 액면가

할인율 < 이표이자율 ⇒ 채권가격 > 액면가

3 채권가격과 이자율의 기간구조와의 관계

만기가 서로 다른 순수할인채의 수익률을 현물이자율(spot interest rate)이라고 한다. 만기와 현물이자율과의 관계를 이자율의 기간구조(term structure of interest rates)라고 한다. 간단히 말해서 단기이자율과 장기이자율의 관계를 말한다. 이자율의 기간구조는 보통 수익률곡선(yield curve)으로 나타내는데, 수익률곡선이 우상향이면 장기이자율이 단기이자율보다 높고, 우하향이면 단기이자율이 장기이자율보다 높은 것을 나타낸다.

4 채권의 만기수익률

채권에 투자하는 사람은 두 가지 원천으로부터 수익을 얻는다. 하나는 이자로부터의 수익이고 다른 하나는 채권의 가격상승으로부터의 수익이다. 따라서 채권의 만기수익률은 이자수익률과 자본수익률의 합이다.

$$\text{채권의 만기수익률} = \text{이자수익률} + \text{자본수익률}$$
$$= \frac{\text{연간이자액}}{\text{기초가}} + \frac{\text{기말가} - \text{기초가}}{\text{기초가}}$$

5 유효수익률

채권의 이자는 연 1회 지급할 수도 있고, 연 2회 지급할 수도 있으며, 연 4회 즉 분기마다 지급할 수도 있고, 매월마다 지급할 수도 있다. 이자를 자주 지급하면 이자를 다시 재투자하여 수익을 올릴 수 있으므로 지급하는 빈도에 따라 실제 수익률은 명목수익률보다 크다. 이렇게 실제로 벌어들이는 수익률을 유효수익률(EAR : effective annual rate)이라고 한다.

유효수익률은 다음과 같이 산출된다.

$$\text{유효수익률 } EAR = \left(1 + \frac{\text{명목연이자율}}{n}\right)^n - 1$$

여기서, n : 연간 이자를 지급하는 횟수

제3절 | 주식의 가치평가

1 배당평가모형

주식의 가치를 산출할 때 배당평가모형을 통하여 산출하는 방법은 앞서 자기자본비용 산출을 보여주는 부분에서처럼 산출된다.

$$S_0 = \frac{D_1}{(1+k_s)} + \frac{D_2}{(1+k_s)^2} + \cdots + \frac{D_\infty}{(1+k_s)^\infty}$$
$$= \sum_{t=1}^{\infty} \frac{D_t}{(1+k_s)^t}$$

여기서, D_t : t기의 주당 배당액

k_s : 자기자본비용

2 배당이 일정한 경우

만일 배당이 매 기에 일정하다면 주식의 가치는 다음과 같다.

$$S_0 = \frac{D}{k_s}$$

따라서, $k_s = \dfrac{D}{S_0}$

3 배당성장률이 일정한 경우

만일 배당이 일정한 성장률을 보여 준다면 이 경우의 주식가치는 다음과 같다.

$$S_0 = \frac{D_1}{k_s - g} \quad (\text{단, } k_s > g)$$

여기서, k_s : 주식의 자기자본비용

g : 배당성장률

4 할인율과 성장률의 추정

앞에서 본 바와 같이 배당평가모형을 이용하기 위해서는 할인율과 배당성장률을 알아야 한다. 따라서 이 두 값은 다음과 같이 얻어질 수 있다.

우선 배당성장이 없는 경우부터 살펴보자. 이 경우 $g = 0$이다. 그리고 주당배당금(D)는 주당순이익(EPS : earning per share)과 같아진다. 따라서 할인율은 다음과 같이 얻어진다.

$$k = \frac{D_1}{S_0} = \frac{EPS_1}{S_0} = \frac{1}{S_0/EPS_1} = \frac{1}{PER}$$

여기서 S_0/EPS_1를 주가수익비율(PER : price earnings ratio) 혹은 P/E ratio라고 한다. 만일 배당이성장률이 일정하다면 할인율은 앞서 구한 바와 같이 다음과 같다.

$$k_s = \frac{D_1}{S_0} + g$$

여기서, D_1/S_0을 배당수익률(dividend yield)이라고 하는데 1년 후의 배당예측이 가능하므로 배당수익률을 추정하는 일은 어렵지 않다. 하지만 배당성장률을 추정하는 일은 쉽지 않다. 이 경우 유보율(retention ratio)과 자기자본순이익률(ROE : return on equity)을 먼저 구한 다음 성장률을 추정하는 방법이 많이 사용된다.

여기서 유보율은 기업의 미래성장을 위해 유보하는 유보이익(retained earnings)이 총이익에서 차지하는 비율을 말한다. 유보율(b)와 자기자본순이익률(ROE)를 사용하여 성장률을 구하는 공식은 다음과 같다.

$$\text{배당성장률} = \text{유보율} \times \text{자기자본순이익률}$$
$$g = b \times ROE$$

5 성장기회의 평가

성장하는 기업의 주식가치는 성장이 전혀 없다고 가정할 때의 주식가치와 성장기회를 가졌을 때의 가치의 증가분으로 나누어 볼 수 있다.

$$S_0 = \frac{EPS_1}{k} + (\text{성장기회의 순현재 가치})$$

여기서 $\frac{EPS_1}{k}$는 성장기회가 없을 때의 주식가치

제 17 장

재무계획

제1절 | 재무계획의 의의

재무계획(financial planning)은 기업의 재무상태와 경영성과를 예측하고, 필요한 재무적 조치를 계획하는 것으로서 재무계획을 수립하기 위해서는 재무예측이 선행되어야 한다. 이러한 재무계획은 현금예산을 통해 추정재무제표를 작성된다. 창업할만한 사업기회를 포착하였다고 하더라도 이를 수행하기 위한 자금지원이 없다면 아무 소용이 없다. 따라서 창업아이디어를 차질없이 수행하여 나갈 수 있도록 자금조달 계획을 잘 짜는 것이 중요하게 되는데 이를 재무계획이라 한다.

재무계획에는 단기계획과 장기계획이 있는데 단기계획은 단기적으로 필요한 자금의 수요를 파악하고 조달방법을 검토하는 것으로 운전자본 관리(working capital management)의 한 분야이다. 운전자본 관리는 유동자산과 유동부채를 관리하는 것으로 현금관리(cash management), 매출채권 관리(accounts receivable management), 매입채무 관리(accounts payable management), 재고자산 관리(inventory management) 등이 있다.

장기 재무계획은 기업의 장기적 성장발전을 위한 자금조달 계획을 말한다. 장기 재무계획을 수립할 때 고려해야하는 4개의 의사결정 분야가 있는데 이는 ① 신규 자산이나 사업에 대한 투자를 검토하는 자본예산 결정(capital budgeting decisions), ② 투자를 위한 자금조달 방법과 부채비율을 검토하는 자본구조 결정(capital structure decisions), ③ 주주에게 지불되는 배당과 관련된 배당정책 결정(dividend policy), ④ 사업 수행시 필요한 운전자산과 유동성 확보를 위한 운전자본 관리(working capital management) 등을 들 수 있다.

그리고 단기 및 장기 재무계획의 작성에 공통적으로 필요한 항목은 매출액 예측, 추정재무제표, 자금조달 및 운영, 경제적 환경 등이다. 또한 재무계획을 세우기 위해서는 추정재무제표를 작성할 필요가 있다. 추정재무제표(pro forma financial statement)란 미래 일정기간의 경영성과를 나타내는 추정포괄손익계산서와 미래 일정시점의 재무상태를 나타내는 추정재무상태표 등을 말한다. 이 추정재무제표는 미래 예상되는 기업의 순이익, 자산, 부채, 소유자지분에 대한 전망을 제공해 준다. 이러한 추정재무제표는 매출액 예측, 재무예측 및 현금예산 등을 통하여 작성된다.

제2절 | 단기재무계획

1 현금관리

현금관리(cash management)는 효율적으로 현금을 관리하는 것을 의미하며 재무관리의 중요한 부분이다. 현금을 관리할 때에 현금을 적게 보유하면 자금의 지급능력이 저하되고 심한 경우에 흑자도산(insolvency by paper profits)의 위기에 빠질 수 있다. 반면 현금을 많이 보유하게 되면 그 만큼 기업의 투자기회를 살리지 못하게 되어 수익력(earning power)이 저조하게 된다.

결론적으로 현금관리의 기본목표는 적정수준의 유동성(liquidity)을 확보하여 지급불능의 위험증가를 방지하고 비용절감을 통한 수익의 극대화를 도모할 수 있는 수익성(profitability)과 유동성의 조화를 도모하는 것이다.

현금관리를 할 때 현금은 순수현금(cash)만 의미하는 것이 아니라 현금성자산(cash equivalents)도 포함하는 것이다. 여기서 현금성 자산이란 큰 거래비용 없이 현금으로 전환(exchange)이 쉽고 이자율 변동에 따라 가치가 쉽게 변하지 않는 금융상품으로서 취득 당시 만기가 3개월 이내인 것을 말한다.

현금예산(cash budgeting)은 미래현금흐름에 대한 예측과 계획을 의미한다. 현금흐름표는 과거의 현금흐름을 대상으로 하는데 반하여 현금예산은 미래의 현금흐름을 대상으로 한다. 또한 재무예측은 미래현금흐름에 대해 장기적인 관점에서 전반적인 예측을 하는데 반하여 현금예산은 단기적이고 구체적인 예측을 하는데 차이가 있다.

1) 현금 및 현금성자산 정의

편의상 회계(accounting)에서는 "현금 및 현금성자산"을 "현금(cash)"으로 지칭하여 사용한다. 기업에서는 효율적인 현금관리를 위해서 수익성(profitability)없는 현금을 지나치게 보유하기 보다는 현금에 여유가 있는 경우에 금융상품이나 유가증권에 투자하게 된다. 일반적으로 금융상품은 금융기관이 취급하는 정형화된 투자상품으로 이자가 붙는 예금(deposits)과 어음상품(goods paper) 등으로 구성된다.

금융기관이 취급하는 정기예금 또는 정기적금이나 사용이 제한되어 있는 예금 및 기타 정형화된 상품은 금융상품이다. 이중에서 단기적 자금운용목적으로 소유하거나 기한이 1년 내에 도래하는 금융상품은 단기금융상품에 속한다. 기업에서는 단기적 현금운용목적으로 금융상품에 많이 투자하게 되는데 회계에서는 현금과 거의 동일하게 취급하여 현금성 자산이라 한다. 또한 현금성 자산은 조만간 현금화될 가능성이 높은 자산을 말하기도 한다.

2) 현금성 자산의 예

① 취득당시 만기 3개월 이내에 도래하는 채권
② 취득당시 상환일까지의 기간이 3개월 이내인 상환우선주
③ 취득당시 3개월 이내에 환매조건인 환매체
④ 초단기 수익증권(MMF포함)

3) 현금성 자산 및 기타 금융상품 용어

① 저축성 예금 : 저축예금, 정기예금, 정기적금, 상호부금 등
② 채권(bond) : 국공채(treasury bills) 사채(industrial bonds)
③ 양도성예금증서(CD, negotiable certificate of deposit) : 은행에서 발행하는 무기명 할인식 형태의 양도가 자유로운 정기예금 증서
④ 기업어음(CP, commercial paper) : 신용도가 높은 기업이 자금을 조달하기 위하여 발행한 무담보 단기어음
⑤ 지분상품 중 상환일이 정해져 있고 취득일로부터 상환일까지의 기간이 단기인 우선주, 뮤추얼펀드(mutual fund), 수익증권
⑥ 표지어음 : 은행에서 할인하여 보유하고 있는 상업 또는 무역어음을 분할 혹은 통합하여 할인식으로 발행한 어음
⑦ 환매조건부채권(RP, repurchase agreement) : 채권의 매각자가 일정 기일이 경과한 후 일정가격으로 매수할 것을 조건으로 판매된 환매 조건부 채권
⑧ MMF(money market funds) : 투자신탁회사가 고객들의 자금을 단기 금융상품에 투자하여 얻은 수익을 고객에게 되돌려주는 만기 30일 이내의 초단기 금융상품
⑨ 어음관리구좌(CMA, cash management accounts) : 종합금융사가 고객이 맡긴 예금을 기업어음이나 단기 국공채 등의 금융상품에 투자하여 운용하고 실적에 따라 수익을 배당받는 일종의 현금관리 상품
⑩ 발행어음 : 종합금융사가 자금조달을 위하여 발행하는 약속어음

4) 현금보유동기

일반적으로 현금을 보유하는 동기는 거래적 동기, 예비적 동기, 투기적 동기, 보상예금잔액 유지 동기를 들 수 있다.

① 거래적 동기(transaction motive)란 기업의 정상적인 거래 활동을 위해 필요한 현금을 보유하는 것을 말한다. 즉 급여, 재료비, 세금, 배당 및 각종경비를 지급하기 위한 현금 유출과 판매금액, 자산매각과 신규자금조달 등의 현금유입이 일치하지 않을 때 현금보유가 필요하다.

② 예비적 동기(precautionary motive)란 비상사태나 유발적인 상황에 대비하여 현금을 보유하는 것을 말한다. 기업은 미래 현금흐름을 정확히 예측할 수 있거나 신속히 차입할 수 있는 능력이 있는 경우에는 현금보유량을 줄일 수 있다.

③ 투기적 동기(speculative motive)란 기업이 미래에 큰 이익을 얻기 위해 현금을 보유하는 것을 말한다. 예를 들면 단기적인 시세차익을 위하여 현금을 보유하는 경우이다.

④ 보상예금잔액 유지 동기(compensating balance motive)란 은행이 기업에 제공한 대출의 대가로 일정 수준의 금액을 예금 또는 적금 형식으로 유지해야 할 것을 요구할 경우가 많은데, 이때 그 기업은 대출의 일부를 현금으로 보유하게 되는 것이다. 이것은 일반적으로 행해지는 일종의 꺾기라는 금융관행의 일종이다.

2 매출채권 관리

1) 매출채권의 의의

매출채권(account receivable)은 기업의 영업 활동 과정 중에 발생한 채권을 말한다. 즉, 기업의 영리 목적을 위한 영업 활동인 재화의 판매 및 용역의 제공과 관련된 신용채권이다. 외상매출금과 어음이 이에 해당한다. 매출채권은 영업활동과정에서 발생한 것이며, 영업외활동에서 발생한 금액 중에서 미회수된 것은 여기에 포함되지 않는다.

매출채권 관리(accounts receivable management)는 기업의 수익성 증가와 유동성 감소를 함께 고려하여야 한다. 그리고 매출채권관리규정은 개인의 권리 및 의무와는 관계가 없고 기업 내부에서만 효력이 발생하는 것이다. 매출채권관리규정의 목적은 매출채권을 효율적으로 관리하여 예상치 못하게 발생할 위험 부담을 최소화하는 것이다.

기업은 매출액을 증가시키기 위해 신용매출을 활용하고 이에 따라 매출액 중에서 회수되지 못하는 부분이 발생할 수 있으므로 신용매출을 할 때에는 신용기간, 신용기준, 현금할인정책, 회수정책 등과 같은 신용매출 결정변수를 고려해야 한다.

2) 매출채권 결정변수

① 신용기간 : 고객에게 허용한 매출채권의 상환기간을 말하며, 신용기간이 길어지면 매출액이 증가하여 수익성이 증가하나 대손이 증가하여 유동성이 감소한다.

② 신용기준 : 신용매출을 허용할 고객을 선별하는 기준을 말하며, 신용기준을 완화하면 매출액이 증가하여 수익성이 증가하나 대손이 증가하여 유동성이 감소한다.

③ 현금할인 정책 : 일정한 기간 내에 채권을 상환하면 판매가격의 일정 금액을 할인하여 주는 정책을 말하며, 현금할인을 통해 매출채권이 조기에 회수되지만 비용이 추가로 발생한다.

④ 회수정책 : 상환되지 않은 매출채권을 회수하는 것을 말하며, 회수정책을 통해 매출채권이 회수되지만 비용이 추가로 발생한다.

3 매입채무 관리

매입채무(trade credit)란 일반적 상거래에서 발행하는 외상매입금(accounts payable)과 지급어음(notes payable) 등 재고자산의 매입과 관련하여 발생하는 채무다. 외상매입금과 지급어음은 기업의 일반적 상거래에서 재화와 용역 등을 외상으로 구입함으로써 발생한 유동부채이다. 외상매입채무 중 특히 증서가 없이 순수한 외상으로 재화와 용역 등을 구입한 경우를 외상매입금으로 구분하고, 어음을 지급하고 외상으로 매입하는 경우에 발생하는 어음상의 채무는 지급어음으로 분류한다.

이 두 항목은 모두 기업의 단기자본조달의 원천으로서의 역할을 수행한다. 매입채무관리(trade credit management)는 외상매입금과 지급어음의 관리를 통하여 기업의 단기자본을 관리하는 것을 말한다.

4 재고자산 관리

재고자산(inventories)이란 유동자산 중에서 판매과정을 통하여 현금화할 수 있는 자산으로, 기말에 재고조사를 필요로 한다. 재고자산을 용도별로 보면, 일상적인 영업활동 과정에서 판매를 목적으로 보유하는 상품, 제품과 판매되는 제품의 생산을 위해 생산 과정에 있는 재공품(work in process), 반제품, 그리고 생산을 위하여 직접, 간접으로 소비되는 원재료, 저장품 등으로 구분된다.

재고자산 관리(inventory management)는 재고의 적정보유 수준을 관리하는 것을 말한다. 재고의 보유가 부족하면 기업이 생산과 판매활동을 원활히 수행할 수 없는 위험이 발생하며, 반대로 과다한 재고를 보유할 때에는 이로 인한 경비지출 · 투자지출 · 재고자산의 진부화 등 수익성이 악화될 위험이 따르게 되는 것이다. 그러므로 재고관리의 초점은 이 두 가지 위험을 어떻게 조화시켜서 적정수준의 재고를 유지하느냐 하는 것이다.

재고관리는 넓은 뜻으로는 창고나 배송센터의 입지결정이나 각 유통재고점에서 보유해야 할 재고품목의 결정(재고배정결정)도 중요한 대상이 된다. 좁은 뜻으로는 각 제조 및 유통재고점에서 보관되는 각 품목에 관하여 발주시기와 1회 발주량의 결정이 재고관리의 중심문제가 된다.

재고수준의 결정요인으로 다음의 다섯 가지가 고려될 수 있다.

① 기대되는 판매량
② 생산공정기간
③ 완제품의 내구성
④ 재료공급의 계절적 변동과 공급자의 신용
⑤ 재고관리상의 비용

재고관리에 대한 이론적 연구[42]가 이루어지고 있는 것은 반복하여 발주가 이루어지는 표준적 제품이나 부품 · 원재료에 대해서이다. 이 재고품목 중에서 제조업자의 완성품이나 유통업자의 상품과 같은 독립수요품목에 대해서는 통계적 재고관리수법의 이용

42 두산백과 참조

이 가능하다.

한편 제조업에서의 부품이나 원재료는 종속 수요품목이며, 그 수요의 양과 시기는 최종제품의 수요량을 기준으로 하여 부품구성표(bill of materials : B/M)와 제조 리드 타임을 검토함으로써 계산할 수 있다. 이와 같은 종속 수요품목의 재고관리에 대해서는 MRP(materials requirements planning)라고 하는 방법이 개발되어 있다.

제3절 | 장기 재무계획

1 자본예산 결정

자본예산(capital budgeting)은 투자효과가 장기적으로 나타나는 투자의 총괄적인 계획을 말한다. 즉, 투자로 인한 수익이 앞으로 1년 이상 걸쳐 장기적으로 실현될 투자결정에 관련된 계획과정의 수립을 자본예산이라고 한다. 자본예산에는 토지, 건물 또는 생산시설에 대한 투자가 포함되며, 신제품개발 및 사업확장은 물론 투자의 영향이 1년 이상에 걸쳐 나타나는 광고비, 시장조사비 및 연구개발 등에 대한 투자도 포함된다. 투자의 영향이 1년 이상 지속되는 투자를 자본예산의 대상으로 구분하는 것은 임의적이고 관례적이다.

신규 자산이나 사업에 대한 투자를 검토하는 자본예산의 결정과정(capital budgeting decision process)는 다음과 같이 정리할 수 있다.[43]

① 투자목적의 설정
② 투자안의 선정과 투자안의 성격에 따른 분류
③ 각 투자안들로부터 예상되는 현금흐름의 측정
④ 투자안의 경제성 평가
⑤ 투자의 결정 및 실행

투자안에는 독립적 투자와 종속적 투자가 있다. 독립적 투자(independent invest- ment)

43 「현대재무관리」, 박정식 외, 다산출판사, 참조

란 어떤 투자안으로부터 기대되는 현금흐름이 다른 투자안의 채택 여부와 아무 관련이 없는 경우를 말한다. 종속적 투자(dependent investment)는 한 투자안을 선택하는 것이 다른 투자안의 채택 여부에 영향을 미치는 경우를 말한다.

2 자본구조 결정

자본구조(capital structure)란 자본조달의 원천인 자기자본과 부채의 구성비율의 조합을 의미한다. 자기자본의 기회비용과 부채의 기회비용은 서로 다르기 때문에 조달원천의 구성비율에 따라 기업의 가치를 측정하는 데 필요한 할인율인 가중평균자본비용(WACC)에 변화를 가져올 수 있다.

기업가치는 다음과 같이 평가되기 때문에 할인율의 변화는 기업가치의 변화를 가져온다.

$$\text{기업가치}(V) = \sum_{t=1}^{n} \frac{\text{미래현금흐름}(CF_t)}{\text{가중평균자본비용}(WACC)^t}$$

자본구조에 대한 이론은 크게 자본구조의 변화와 할인율의 변화가 없다고 보는, 즉 기업가치가 관련이 없다고 보는 무관련이론과 자본구조의 변화는 할인율에 영향을 미치며 따라서 최적자본구조(optimal capital structure)가 존재한다고 보는 관련이론으로 나뉜다. 1958년 모딜리아니와 밀러(MM : Modigliani and Miller)가 완전자본시장에서는 자본구조와 기업의 가치가 아무 관련이 없음을 보여주었다. 그 후 1963년 밀러와 모딜리아니는 법인세를 고려할 때 타인자본의존도가 클수록 기업의 가치가 증가한다는 이론을 제시하였다.

이러한 두 가지 주장은 타인자본이 기업가치에 전혀 영향을 주지 않는다는 주장과, 타인자본을 많이 쓸수록 기업가치가 커진다는 주장이 재무관리 분야에 커다란 파문을 일으켰다. 하지만 MM이 사용하였던 가정들이 현실사회에서 받아들여질 수 없는 것들이어서 비판과 논란의 대상이 되었으며, 그 이후에는 주로 그 가정들의 현실화와 대리인이론(agency theory)의 발전에 따른 자본구조이론이 주요 연구대상이 되어 왔다.

3 배당정책 결정

1) 배당정책의 의의

배당정책(dividend policy)이란 기업이익을 출자자인 주주에게 분배하는 부분과 사내에 유보하는 부분으로 어떻게 분할하느냐를 결정짓는 경영정책의 일종이다. 배당정책은 기업의 재무구조, 자금의 흐름, 재무유동성, 내부금융의 규모, 주가, 투자자의 만족 등에 중대한 영향을 끼칠 뿐만 아니라 기업에 관련된 많은 이해관계자에 직·간접의 영향을 미치므로 배당금의 지급을 둘러싸고 발생하는 각 집단의 이해의 대립을 완화하고 조정하기 위해 배당금의 지급에 관하여는 법률적 규제가 따른다.

소유와 경영이 분리된 현대 주식회사에서는 주주가 경영권보다는 투자익익을 추구하는 경향이 있으므로, 장기 안정적 배당이 환영을 받는다. 이를 위해서는 각 분기별 배당금 총액을 안정시킬 필요가 있다. 이것은 이익이 많은 연도에 적립을 하고, 이익이 적은 연도에 이를 조정하여 배당을 평균적으로 안정시키는 것이다.

안정배당정책과 대조되는 것은 이익형 배당정책인데, 각 분기별의 이익에 연동시켜서 배당을 변화시키는 것이다. 이 경우에는 배당성향의 안정이 중요시된다. '어떤 형태'란 배당지불의 형태를 말한다. 여기에는 현금배당과 비현금배당이 있는데, 비현금배당에는 현물배당·채권배당·사채배당·주식배당 등이 있다. 주식배당의 경우 자사(自社)의 신주(新株)를 주주에게 교부함으로써 배당금을 대신하는 방법도 있다.

2) 배당정책에 영향을 주는 요인

배당정책에 영향을 주는 요인으로는 다음과 같은 것을 들 수 있다.

① 기업성장률과 이익의 수준
② 이익의 안정성
③ 자금의 운용상태
④ 기업의 규모, 연령, 경영자의 기업 경영관
⑤ 경영지배권
⑥ 공금리의 수준 및 동종업계의 배당수준
⑦ 기업의 유동성
⑧ 새로운 투자기회

⑨ 부채상환 의무

3) 배당의 고객효과

배당의 고객효과(clientele effect of dividend)란 투자자들이 각자 자신의 특정한 선호를 만족시킬 수 있는 배당성향을 가진 주식에 투자하는 것을 말한다. 서로 다른 특성을 갖는 주주들이 서로 다른 수준의 배당액을 원하기 때문에 특정한 배당정책을 유지하는 기업의 주식은 그러한 정책을 선호하는 주주들에 의해서만 소유되며, 따라서 그 기업의 배당정책을 변화시키면 주주의 구성이 바뀌게 되어 주가가 변화한다는 것을 뜻한다.

모딜리아니와 밀러(MM)는 배당이 기업가치에 영향을 줄 수 없다는 것을 수학적으로 증명하였으며, 또한 배당의 고객효과를 내세우며 배당의 무관련성을 주장하였다. MM에 따르면 주주들은 자신의 선호를 만족시키는 배당성향을 가진 기업의 주식에 투자하게 되므로 특정기업의 가치는 해당 기업의 배당성향을 가진 주식에 대한 수요와 공급에 따라 결정된다. 즉, 어느 기업이 높은 배당성향을 가졌다고 해서 그 기업의 가치가 높게 평가되지도 않으며, 낮은 배당성향을 가졌다고 해서 그 기업의 가치가 낮게 평가되지도 않는다는 것이다.

4) 배당의 안정성

대부분의 기업들이 이익이 변동할지라도 배당금은 이와 관계없이 안정시키려고 한다. 이를 안정배당(dividend smoothing)이라고 하며, 많은 기업들이 목표배당(target dividend)을 설정하여 기업의 수익성과는 독립적으로 이 목표를 달성하려고 한다.

다른 요건이 모두 동일한 경우 일정기간 순이익 규모에 관계없이 일정한 액수의 안정적인 배당을 실시하는 기업과 순이익 규모에 대해 일정한 배당지급률을 정해 놓고 배당을 하는 기업을 비교하면, 전자의 주가가 후자의 주가보다 높은 경향이 있다. 장기적으로 보아 이들 두 기업의 배당 지급총액이 같다고 하더라도 안정적인 배당을 하고 있는 기업의 주가가 높게 나타나는데, 이는 투자자들이 이러한 배당방법에 대한 선호와 이러한 배당을 하는 기업의 배당정책 자체에 호감을 갖기 때문이다.

이러한 안정배당정책을 실제로 운영하는 데에는 주식의 액면가액에 대해 일정한 목표배당 지급률을 정하는 방법과 1주당 배당금액을 일정하게 하는 방법이 있다. 그 외에도 안정적 현금배당과 추가배당을 구분하여 배당의 안정성을 꾀하는 방법이 있다. 즉 안정적 현금배당이란 이익의 크기에 관계없이 일정한 규모로 실시되는 현금배당을 말하며, 추가배당은 특별히 이익이 많은 기간에 추가로 실시하는 배당을 말한다.

린트너(Lintner)[44]는 미국 기업들의 배당정책에 관한 실증연구를 다음의 세 가지 사실을 찾아냈다.

① 기업들은 장기목표배당성향을 설정하여 이익의 일정비율을 배당으로 지급한다. 일반적으로 성숙기업은 높은 배당성향을 가지며, 성장기업은 낮은 배당성향을 가진다.
② 경영자들은 배당금의 절대액보다는 전년도에 비해 얼마나 늘거나 줄었나를 보여주는 배당금의 변화를 더 중요시 한다.
③ 기업들은 배당금을 갑자기 늘리거나 줄이려고 하지 않고 그 변화를 완만하게 하려고 한다.

4 운전자본 관리

운전자본(working capital)이란 임금지불, 원료구입 등 기업이 사업을 추진하는데 있어 필요 불가결한 자금으로, 설비증설이나 확충에 소요되는 설비자금과 대조되는 개념이다. 설비자금은 자금의 회수기간이 길어 고정적, 장기적 성격의 자금인데 반해 운전자금은 단기적, 유동적인 점이 특색이다. 운전자금은 일반적으로 1년 이내에 회전되는 것으로 여겨지고 있으며 효율적으로 운전자본을 관리하기 위해서는 유동자산에 대한 관리가 중요하게 된다.

운전자본관리(working capital management)는 현금관리, 유가증권관리, 매출채권관리, 재고자산관리 등 유동자산의 관리는 물론 외상매입금, 단기부채, 미지급비용 등 유동부채관리도 포함한다.

운전자본관리의 목표는 기업의 유동성을 적절히 유지하고, 파산 · 부도 등 지급불능위험을 감소시키며 수익성을 극대화시키는 것이다. 유동자산 그 자체로는 수익률이 낮으나 유동자산이 부족할 경우 급여, 원재료 구입, 배당 등의 현금수요를 충족시킬 수 없다.

44 Lintner, J., "Distribution of Incomes of Corporations among Dividends, Retained Earnings, and Taxes," American Economic Review 46(May 1956), pp.97~113.

제4절 | 재무예측 방법

1 매출액백분율법

매출액백분율법(percent of sales method)은 재무상태표의 항목을 매출액에 대한 백분율로 표시하고 매출액의 변화에 따른 각 항목의 변화를 추정하여 기업의 소요자금을 예측하는 방법이다. 이 방법은 매출액이 이미 예측되어 있고, 매출액과 비례하여 변하는 항목은 계속 매출액과 동일한 비율로 변한다고 가정한다. 이 방법을 실제 적용할 때에는 기업의 특성을 고려하여야 하며, 소요자금에 대한 장기적인 예측보다는 단기적인 예측에 적합한 방법임을 유의하여야 한다.

매출액백분율법과 대비되는 방법으로 계좌흐름추정법(account flow method)이 있다. 계좌흐름추정법은 추정재무상태표를 작성하는데 이용되는 방법 중의 하나로서 각각의 계정을 개별적으로 추정하기 위하여 다음 관계식에 따라 미래시점에서의 각 계정을 추정하게 된다.

기말잔고(추정) = 기초잔고(현재) + 증가분(추정) − 감소분(추정)

이와 같은 계정흐름추정법은 계정별로 보다 정확한 예측이 이루어 질 수 있는 반면에 매우 복잡하기 때문에 별로 이용되고 있지 않으며 매출액 백분율법이 많이 이용된다.

2 회귀식에 의한 방법

매출액백분율법은 재무상태표의 각 항목이 매출액에서 차지하는 비중이 시간경과에 관계없이 일정하다고 가정한 반면에, 회귀분석에 의한 방법은 각 항목이 매출액과 직선관계를 갖고 변화한다는 가정 하에서 매출액 증가에 따른 추가필요자금을 예측한다. 그러므로 이 방법은 매출액의 변화와 각 항목의 변화를 개별적으로 고려하여 필요한 자금을 결정하는 것이다.

매출액의 증가와 재고자산의 변화가 1차 방정식을 이룬다는 가정 하에 회귀식(Regerssion Analysis) $Y = a + bX$를 추정하여 a와 b를 구한다. 여기서 X값은 매출액 시리즈이고, Y값은 재고자산 시리즈이다. 이와 같은 방법으로 매출액의 증가와 직접적인 관계를 가진 다른 항목들을 Y값에 대치시켜, 이들 항목들의 증가분이 구해지면 그 나머지는 매출액백분율법과 동일한 방법으로 필요한 자금을 예측할 수 있다. 회귀식에 의하여 구한 값은 장기배무예측에서 다른 방법보다 오차가 작기 때문에 많이 이용되는 방법이다.

매출액백분율법에 비하여 회귀식에 의한 방법은 보다 과학적이고 타당성이 있으나 손쉽게 예측하기 어려운 단점이 있다.

부록

창업관련 주요 법률

벤처기업육성에 관한 특별조치법(약칭: 벤처기업법)

[시행 2019.7.9.]

제1장 총칙

제1조(목적)

이 법은 기존 기업의 벤처기업으로의 전환과 벤처기업의 창업을 촉진하여 우리 산업의 구조조정을 원활히 하고 경쟁력을 높이는 데에 기여하는 것을 목적으로 한다.

제2조(정의)

① "벤처기업"이란 제2조의2의 요건을 갖춘 기업을 말한다. ② "투자"란 주식회사가 발행한 주식, 무담보전환사채 또는 무담보신주인수권부사채를 인수하거나, 유한회사의 출자를 인수하는 것을 말한다. ④ "벤처기업집적시설"이란 벤처기업 및 대통령령으로 정하는 지원시설을 집중적으로 입주하게 함으로써 벤처기업의 영업활동을 활성화하기 위하여 제18조에 따라 지정된 건축물을 말한다 ⑤ "실험실공장"이란 벤처기업의 창업을 촉진하기 위하여 대학이나 연구기관이 보유하고 있는 연구시설에 「산업집적활성화 및 공장설립에 관한 법률」 제28조에 따른 도시형공장에 해당하는 업종의 생산시설을 갖춘 사업장을 말한다. ⑥ "벤처기업육성촉진지구"란 벤처기업의 밀집도가 다른 지역보다 높은 지역으로 집단화 · 협업화(協業化)를 통한 벤처기업의 영업활동을 활성화하기 위하여 제18조의4에 따라 지정된 지역을 말한다. ⑧ "신기술창업전문회사"란 대학이나 연구기관이 보유하고 있는 기술의 사업화와 이를 통한 창업 촉진을 주된 업무로 하는 회사로서 제11조의2에 따라 등록된 회사를 말한다. ⑨ "신기술창업집적지역"이란 대학이나 연구기관이 보유하고 있는 교지나 부지로서 「중소기업창업 지원법」 제2조제2호에 따른 창업자(이하 "창업자"라 한다)와 벤처기업 등에 사업화 공간을 제공하기 위하여 제17조의2에 따라 지정된 지역을 말한다.

제2조의2(벤처기업의 요건)

① 벤처기업은 다음 각 호의 요건을 갖추어야 한다.

1. 「중소기업기본법」 제2조에 따른 중소기업일 것
2. 다음 각 목의 어느 하나에 해당할 것

가. 다음 각각의 어느 하나에 해당하는 자의 투자금액의 합계 및 기업의 자본금 중 투

자금액의 합계가 차지하는 비율이 각각 대통령령으로 정하는 기준 이상인 기업

나. 기업(「기초연구진흥 및 기술개발지원에 관한 법률」 제14조제1항제2호에 따른 기업부설연구소를 보유한 기업만을 말한다)의 연간 연구개발비와 연간 총매출액에 대한 연구개발비의 합계가 차지하는 비율이 각각 대통령령으로 정하는 기준 이상이고, 대통령령으로 정하는 기관으로부터 사업성이 우수한 것으로 평가받은 기업

다. 다음 각각의 요건을 모두 갖춘 기업[창업하는 기업에 대하여는 (3)의 요건만 적용한다]

(1) 「기술신용보증기금법」에 따른 기술신용보증기금(이하 "기술신용보증기금"이라 한다)이 보증(보증가능금액의 결정을 포함한다)을 하거나, 「중소기업진흥에 관한 법률」제68조에 따른 중소기업진흥공단(이하 "중소기업진흥공단"이라 한다) 등 대통령령으로 정하는 기관이 개발기술의 사업화나 창업을 촉진하기 위하여 무담보로 자금을 대출(대출가능금액의 결정을 포함한다)할 것

제3조(벤처기업에 포함되지 아니하는 업종의 결정)

제2조제1항에도 불구하고 우리 산업의 구조조정을 원활히 하고 경쟁력을 높이기 위하여 중소기업청장이 정하는 업종을 영위하는 기업은 벤처기업에 포함하지 아니한다.

중소기업창업 지원법

[시행 2019.1.1.]

제1장 총칙

제1조(목적)

이 법은 중소기업의 설립을 촉진하고 성장 기반을 조성하여 중소기업의 건전한 발전을 통한 건실한 산업구조의 구축에 기여함을 목적으로 한다.

제2조(정의)

이 법에서 사용하는 용어의 뜻은 다음과 같다.

1. "창업"이란 중소기업을 새로 설립하는 것을 말한다. 이 경우 창업의 범위는 대통령령으로 정한다.
2. "창업자"란 중소기업을 창업하는 자와 중소기업을 창업하여 사업을 개시한 날부터 7년이 지나지 아니한 자를 말한다. 이 경우 사업 개시에 관한 세부 사항은 대통령령으로 정한다.
3. "중소기업"이란 「중소기업기본법」 제2조에 따른 중소기업을 말한다.
4. "중소기업창업투자회사"란 창업자에게 투자하는 것을 주된 업무로 하는 회사로서 제10조에 따라 등록한 회사를 말한다.
5. "중소기업창업투자조합"이란 창업자에게 투자하고 그 성과를 배분하는 것을 주된 목적으로 하는 조합으로서 제20조에 따라 등록한 조합을 말한다.
6. "중소기업상담회사"란 중소기업의 사업성 평가 등의 업무를 하는 회사로서 제31조에 따라 등록한 회사를 말한다.
7. "창업보육센터"란 창업의 성공 가능성을 높이기 위하여 창업자에게 시설 · 장소를 제공하고 경영 · 기술 분야에 대하여 지원하는 것을 주된 목적으로 하는 사업장을 말한다.

제3조(적용 범위)

이 법은 창업에 관하여 적용한다. 다만, 금융 및 보험업과 부동산업 등 대통령령으로 정하는 업종의 중소기업에 대하여는 적용하지 아니한다.

제4조(창업지원계획의 수립 등)

① 중소벤처기업부장관은 창업을 촉진하고, 창업자의 성장 · 발전을 위한 중소기업 창업지원계획을 세워 고시하여야 한다.

② 정부는 창업자 및 대통령령으로 정하는 창업지원에 관한 사업을 하는 자에 대하여 필요한 자금을 투자 · 출연 · 보조 · 융자하거나 그 밖에 필요한 지원을 할 수 있다.

제4조의2(창업촉진사업의 추진 등)

① 중소벤처기업부장관은 중소기업의 창업을 촉진하고 창업자의 창업 성공률을 향상시키기 위하여 다음 각 호의 사업을 추진하거나 필요한 시책을 수립 · 시행할 수 있다.

1. 유망한 예비창업자의 발굴 · 육성 및 그에 대한 지원
2. 창업자의 우수한 아이디어 사업화에 대한 지원
3. 기업, 창업 관련단체 등을 통한 예비창업자 또는 창업자의 발굴 · 육성
4. 예비창업자 또는 창업자의 해외 진출 지원

② 중소벤처기업부장관은 제1항에 따른 사업을 추진하기 위하여 필요하다고 인정하는 경우에는 예산의 범위에서 대학, 연구기관, 공공기관, 창업 관련 단체, 중소기업 및 예비창업자에게 해당 사업을 수행하는 데에 드는 비용의 전부 또는 일부를 출연하거나 보조할 수 있다.

제4조의3(재창업지원 및 성실경영 평가)

① 중소벤처기업부 장관은 재창업을 활성화하고, 재창업자의 사업 성공률을 높이기 위하여 재창업자의 특성을 고려한 중소기업 재창업지원계획을 수립할 수 있다.

② 중소벤처기업부장관은 제1항에 따른 계획에 따라 창업 후 폐업 또는 파산 등으로 재창업을 하려는 자에 대하여 재창업지원에 필요한 다음 각 호의 사업을 추진할 수 있다.

1. 우수한 기술과 경험을 보유한 재창업희망 중소기업인의 발굴 및 재창업 교육
2. 재창업에 장애가 되는 각종 부담 및 규제 등의 제도개선
3. 조세 · 법률 상담 등 재창업을 위한 상담 지원
4. 교육센터의 지정 · 운영 등 재창업지원 시설의 확충

제5조(창업 정보의 제공)

정부는 창업자에 대하여 창업 및 중소기업의 성장과 발전에 필요한 자금, 인력, 기술, 판로, 입지 등에 관한 정보를 제공하기 위하여 필요한 시책을 강구하여야 한다.

제6조(창업보육센터사업자의 지정 등)

① 창업보육센터를 설립 · 운영하는자로서 이 법에 따른 지원을 받으려는 자는 다음 각 호의 요건을 갖추어 중소벤처기업부장관의 지정을 받아야 한다.

1. 다음 각 목의 시설을 갖출 것
   가. 창업자가 이용할 수 있는 시험기기나 계측기기 등의 장비
   나. 10인 이상의 창업자가 사용할 수 있는 500제곱미터 이상의 시설
2. 경영학 분야의 박사학위 소지자, 「변호사법」에 따른 변호사, 그 밖에 대통령령으로 정하는 전문인력 중 2명 이상을 확보할 것
3. 창업보육센터사업을 수행하기 위한 사업계획 등이 중소벤처기업부령으로 정하는 기준에 맞을 것

제7조(창업 교육)

중소벤처기업부장관은 창업 저변을 확충하기 위하여 청소년, 대학생 및 창업자 등에게 창업 교육을 할 수 있다.

제7조의2(대학 내 창업지원 전담조직의 설립 · 운영 등)

① 대학은 대학 내 창업촉진사업을 수행하기 위하여 학교규칙으로 정하는 바에 따라 창업지원 업무를 전담하는 조직을 둘 수 있다.

제8조(창업대학원의 지정 등)

① 중소벤처기업부장관은 「고등교육법」 제29조제1항에 따른 대학원 중에서 창업 분야 전문 인력 양성을 목적으로 하는 대학원을 지정하여 예산의 범위에서 그 운영 등에 필요한 경비를 출연하거나 그 밖에 필요한 지원을 할 수 있다.

제9조(기금의 우선 지원)

「중소기업진흥에 관한 법률」 제63조에 따른 중소기업창업 및 진흥기금을 관리하는 자는 중소기업창업투자회사 또는 중소기업창업투자조합에 대하여 중소기업창업 및 진흥기금을 지원할 때 투자 실적 등이 대통령령으로 정하는 기준에 해당하는 자에게 먼저 지원할 수 있다.

소상공인 보호 및 지원에 관한 법률 (약칭: 소상공인법)

[시행 2019.1.1.]

제1조(목적)

이 법은 소상공인의 자유로운 기업 활동을 촉진하고 경영안정과 성장을 도모하여 소상공인의 사회적 · 경제적 지위 향상과 국민경제의 균형 있는 발전에 이바지함을 목적으로 한다.

제2조(정의)

이 법에서 "소상공인"이란 「중소기업기본법」 제2조 제2항에 따른 소기업(小企業) 중 다음 각 호의 요건을 모두 갖춘 자를 말한다.

1. 상시 근로자 수가 10명 미만일 것
2. 업종별 상시 근로자 수 등이 대통령령으로 정하는 기준에 해당할 것

제3조(국가와 지방자치단체의 책무)

① 국가는 소상공인의 경영안정과 성장을 위한 종합적인 지원 시책을 수립 · 시행하여야 한다.
② 지방자치단체는 제1항에 따른 시책에 따라 관할 지역의 특성을 고려한 지역별 소상공인 지원 시책을 수립 · 시행하여야 한다.

제4조(소상공인의 날)

① 소상공인에 대한 국민 인식의 제고, 소상공인의 사회적 · 경제적 지위 향상 및 지역주민과의 관계 증진 등을 위하여 대통령령으로 정하는 날을 소상공인의 날로 하고 소상공인의 날 이전 1주간을 소상공인 주간으로 한다.
② 중소벤처기업부장관과 지방자치단체의 장은 소상공인의 날의 취지에 적합한 행사 등의 사업을 실시하도록 노력하여야 한다.

제5조(다른 법률과의 관계)

소상공인의 보호 및 지원에 관하여 다른 법률에 특별한 규정이 있는 경우를 제외하고는 이 법에서 정하는 바에 따른다.

1인 창조기업 육성에 관한 법률

[시행 2017.7.26.]

제1조(목적)

이 법은 창의성과 전문성을 갖춘 국민의 1인 창조기업 설립을 촉진하고 그 성장기반을 조성하여 1인 창조기업을 육성함으로써 국민경제의 발전에 이바지함을 목적으로 한다.

제2조(정의)

이 법에서 "1인 창조기업"이란 창의성과 전문성을 갖춘 1인 또는 5인 미만의 공동사업자로서 상시근로자 없이 사업을 영위하는 자(부동산업 등 대통령령으로 정하는 업종을 영위하는 자는 제외한다)를 말한다.

제3조(1인 창조기업 인정의 특례)

1인 창조기업이 규모 확대의 이유로 1인 창조기업에 해당하지 아니하게 된 경우에는 그 사유가 발생한 연도의 다음 연도부터 3년간은 제2조에도 불구하고 1인 창조기업으로 본다. 다만, 1인 창조기업 외의 기업과 합병하거나 그 밖에 대통령령으로 정하는 사유로 1인 창조기업에 해당하지 아니하게 된 경우에는 그러하지 아니하다.

제4조(다른 법률과의 관계)

1인 창조기업의 육성에 관하여 다른 법률에 특별한 규정이 있는 경우를 제외하고는 이 법에 따른다.

제5조(1인 창조기업 육성계획의 수립 등)

① 중소벤처기업부장관은 1인 창조기업을 육성하기 위하여 3년마다 1인 창조기업 육성계획을 문화체육관광부장관 등 관계 중앙행정기관의 장과 협의를 거쳐 수립 · 시행하여야 한다.

제6조(실태조사)

① 중소벤처기업부장관은 1인 창조기업을 체계적으로 육성하고 육성계획을 효율적으로 수립 · 추진하기 위하여 매년 1인 창조기업의 활동현황 및 실태 등에 대한 조사를 하고 그 결과를 공표하여야 한다.

② 중소벤처기업부장관은 제1항에 따른 실태조사를 하기 위하여 필요한 경우에는 「공공기관의 운영에 관한 법률」에 따른 공공기관, 1인 창조기업 또는 관련 단체에 대하여 자료의 제출이나 의견의 진술 등을 요청할 수 있다. 이 경우 요청을 받은 공공기관 등은 특별한 사정이 없으면 요청에 따라야 한다.

제7조(종합관리시스템 구축 · 운영)

중소벤처기업부장관은 1인 창조기업 관련 정보를 종합적으로 관리하고 1인 창조기업 간의 협력기반 구축 및 1인 창조기업 활동에 유용한 정보를 제공하기 위하여 종합관리시스템을 구축 · 운영할 수 있다.

제8조(1인 창조기업 지원센터의 지정 등)

① 정부는 1인 창조기업 및 1인 창조기업을 하고자 하는 자를 지원하기 위하여 필요한 전문인력과 시설을 갖춘 기관 또는 단체를 1인 창조기업 지원센터(이하 "지원센터"라 한다)로 지정할 수 있다.

제9조(지식서비스 거래지원)

① 중소벤처기업부장관은 1인 창조기업의 지식 서비스 거래를 활성화하기 위하여 지식서비스를 제공하는 1인 창조기업 및 1인창조기업으로 부터 지식서비스를 제공받는 자 등에 대한 지원사업을 할 수 있다.

제10조(교육훈련 지원)

① 정부는 1인 창조기업 및 1인 창조기업을 하고자 하는 자의 전문성과 역량을 강화하기 위하여 교육훈련을 지원할 수 있다.

② 정부는 제1항에 따른 교육훈련에 관한 업무를 대통령령으로 정하는 인력 및 시설 등을 갖춘 법인으로서 정부가 지정하는 기관 또는 단체에 위탁할 수 있다.

제11조(기술개발 지원)

① 중소벤처기업부장관은 우수한 아이디어와 기술을 보유한 1인 창조기업을 위하여 다음 각 호의 지원을 할 수 있다.

1. 1인 창조기업의 단독 또는 공동 기술개발
2. 1인 창조기업과 「중소기업기본법」에 따른 중소기업 간의 공동 기술개발

제12조(아이디어의 사업화 지원)

① 정부는 사업 성공 가능성이 높은 아이디어를 가진 1인 창조기업을 선정하여 아이디어의 사업화를 위한 지원을 할 수 있다.

제13조(해외진출 지원)

정부는 1인 창조기업의 해외시장 진출을 촉진하기 위하여 관련 기술 및 인력의 국제교류, 국제행사 참가 등의 사업을 지원할 수 있다.

제14조(홍보사업 등)

정부는 1인 창조기업에 대한 국민의 인식을 높이고 1인 창조기업을 육성하기 위하여 다음 각 호의 사업을 추진할 수 있다.

1. 1인 창조기업의 성공사례 발굴 · 포상 및 홍보
2. 1인 창조기업 활성화를 위한 포럼 및 세미나 개최
3. 그 밖에 중소벤처기업부장관이 필요하다고 인정하여 공고하는 사업

제15조(금융 지원)

① 정부는 1인 창조기업에 대하여 필요한 자금을 융자 · 투자하거나 그 밖에 필요한 지원을 할 수 있다.

② 정부는 1인 창조기업의 설립 및 활동에 필요한 자금을 원활하게 조달하기 위하여 「신용보증기금법」에 따른 신용보증기금, 「기술신용보증기금법」에 따른 기술신용보증기금 및 「지역신용보증재단법」 제9조에 따라 설립한 신용보증재단으로 하여금 1인 창조기업을 대상으로 하는 보증제도를 수립 · 운용하도록 할 수 있다.

제16조(전담기관 지정 등)

① 중소벤처기업부장관은 1인 창조기업의 육성에 관한 시책을 효과적으로 수행하기 위하여 1인 창조기업 업무를 전담하는 기관을 지정할 수 있다.

제17조(조세에 대한 특례)

국가와 지방자치단체는 1인 창조기업을 육성하기 위하여 1인 창조기업에 대하여 「조세특례제한법」, 「지방세특례제한법」, 그 밖의 조세 관계 법률에서 정하는 바에 따라 소득세 · 법인세 ·

취득세 · 재산세 및 등록면허세 등의 조세를 감면할 수 있다.

제18조(「식품산업진흥법」에 관한 특례)

「식품산업진흥법」 제2조제4호에 따른 전통식품을 제조하는 1인 창조기업에 대하여는 같은 법 제22조에도 불구하고 대통령령으로 정하는 바에 따라 전통식품의 품질인증 기준을 완화하여 따로 정할 수 있다.

제19조(보고 · 검사)

① 정부는 감독에 필요하다고 인정하는 경우에는 지원센터에 대하여 그 업무 및 재산에 관한 보고 또는 자료의 제출을 명하거나 소속 공무원으로 하여금 현장출입 또는 서류 검사를 하게 하는 등 필요한 조치를 할 수 있다.

② 중소벤처기업부장관은 감독에 필요하다고 인정하는 경우에는 전담기관에 대하여 그 업무 및 재산에 관한 보고 또는 자료의 제출을 명하거나 소속 공무원으로 하여금 현장출입 또는 서류검사를 하게 하는 등 필요한 조치를 할 수 있다.

제20조(청문)

정부는 다음 각 호의 어느 하나에 해당하는 처분을 하려면 청문을 실시하여야 한다.

1. 제8조제4항에 따른 지원센터의 지정 취소 및 업무 정지
2. 제10조제4항에 따른 교육기관의 지정 취소 및 업무 정지
3. 제12조제2항에 따른 1인 창조기업의 아이디어 사업화 지원대상 선정취소

제21조(권한 등의 위임 · 위탁)

① 이 법에 따른 중앙행정기관의 장의 권한은 그 일부를 대통령령으로 정하는 바에 따라 특별시장 · 광역시장 · 도지사 · 특별자치도지사 또는 시장 · 군수 · 구청장에게 위임할 수 있다.

제22조(벌칙 적용에서의 공무원 의제)

제21조에 따라 중앙행정기관의 장이 위탁한 업무에 종사하는 전담기관 등의 임직원은 「형법」 제129조부터 제132조까지의 규정에 따른 벌칙을 적용할 때에는 공무원으로 본다.

제23조(과태료)

① 제16조제3항을 위반하여 비슷한 명칭을 사용한 자에게는 100만원 이하의 과태료를 부과한다.

참고문헌

- 강병호, 김석동, 「금융시장론」, 박영사, 2013
- 김도현 외, 「엔젤투자 : 알아야 성공한다」, 한국청년기업가정신재단, 한국엔젤투자협회, 2012
- 김성재 외, 「리스크와 보험」, 문영사, 2013
- 반성식 & 서상구, 「창업재무관리」, 대명, 2007
- 유필화, 한상만, 김용준, 「현대마케팅론」, 박영사, 2012
- 전기석, 「현대금융시장론」, 명경사, 2017
- 전기석, 「현대칭업경영론」, 명경사, 2017
- 전기석, 「창업자금조달론」, 청송미디어, 2018
- 한국청년기업가정신재단, 「창업교육센터 교원연수 자료」, 2013
- 홍성국, 「수축사회」, 메디치미디어, 2018
- 전기석 외, 「우수디자인제품 선정이 창업기업 경영성과에 미치는 영향」, 벤처창업연구, 제13권 제4호(통권 58호), 2018
- Harry S. Dent Jr. 「The Great Boom Ahead」, Hyperion, 1993
- John Naisbitt, 「Megatrends」, Warner Book, 1982
- Dale Morse and Wayne Shaw, "Investing in Bankrupt," Journal of Finance 45 (December 1988), pp. 1193~1206
- U.S Census Bureau's Business Information Tracking series
- Leach Melicher, 「Entrepreneurial Finance」, 6th edition, South Western
- Lawrence Weiss, 'Bankruptcy Resolutions: Direct Costs and Violation of Priority of Claims'

찾아보기

ㄱ

가상현실 8, 23
가중평균자본비용 314
강성지 82
개발단계 150
개인기업 208
게릴라 마케팅 259
경영자매수(MBO) 293
고속 성장단계 152
고용계약 243
고정비율 274
고정장기적합률 274
공개매수 291, 294
공유경제 36
교량금융 153
교환사채 308
구글 46
권리금 138
기업공개 282
기업매수 291
기업비밀 241
기업축소 291
기업합병 290
기자펀드 186
김범수 70
김택진 54

ㄴ

내국세 217
내부수익률 127
냉각기간 295
네이버 72
넬슨 139
노팅험 스퍼크 118
뉴로마케팅 259

ㄷ

다날 쏘시오 37
당좌비율 272
댄 브릭클린 118
도널드 섹스톤 114
독소조항 298
디쓰리쥬빌리 177
디자인 마케팅 265
디자인권 236
딥러닝 11
딥마인드 2, 11

ㄹ

래드(RAD)그룹 178
래드바이오메드 178
래리 페이지 46
레버리지 비율 273

로봇 31
린 스타트업 85
링크드인 38

ㅁ

마케팅 246
마케팅 믹스 256
마케팅 전략 247
마케팅 환경분석 247
마크 주커버그 50
매입채무 328
매출액백분율법 335
매출액순이익률 277
매출액증가율 278
매출채권 327
매출채권회수기간 276
매출채권회전율 276
메가트렌드 105
메자닌 금융 152
모딜리아니 331
목표배당 333
무한책임사원 208
미국 경기회복 및 재투자법 111
미국 중소기업청 152
미래가치 316
밀러 331

ㅂ

발행시장 280
배당의 고객효과 333
배당정책 332
배당평가모형 311
백기사 294
법인세 220
벤처캐피탈 180
벤처캐피탈리스트 151
보스턴 컨설팅 그룹 250
보통주 301
부가가치세 218
부가자본 305
부채비율 273
분할독립방식 292
분할설립방식 292
불완전분할 291
브릿지금융 153
블랙엔젤 167
블록체인 19
비밀노출금지협약서 243
비우량 주택담보대출 111
비즈니스 엔젤 151

ㅅ

사모자금 154
사업계획서 130
사이보그 35
산성시험비율 272
산업구조분석 249
상권 135
상권분석 135
상표 238
상표권 237
생존단계 151
성장성비율 278
성장옵션 134
성장형 연금 317
성장형 영구연금 318
세르게이 브린 46
소비자 잉여 110
숀 파커 52
수명주기 150
수명주기 접근법 149
수익성 125
수익성비율 277

숙성주 154
순운전자본 125
순이익마진율 125
순이익증가율 278
순자산 300
스파크랩 173
스피넬리 101
신설합병 290
신주인수권 302
신주인수권부사채 307
실물옵션 134
실용신안 231
실용신안권 234
실전 마케팅 262
실행요약문 131
쏘카 36

ㅇ

아담 오스본 118
안정배당 333
안정성비율 274
알파고 2
암호화폐 21
액셀러레이터 169
에어비앤비 44
엑셀 118
엑셀러레이터 170
엔씨소프트 54
엔젤 162
엔젤클럽 168
엔젤투자 168
엔젤투자매칭펀드 157
엘로모바일 74
연금 317
영구연금 317
영업현금흐름 126
온라인 게임 61
완전분할 291
외상매입금 309
요즈마 벤처캐피탈사 185, 192
우량기업 300
우리사주 297
우버 42
우선주 303
운전자본 334
운전자본관리 334
워런트 153
월드와이드웹 108
웰트 82
위임장 대리전 291
유니콘기업 8
유동비율 271
유제왕 75
유한책임사원 208
유한책임회사 213
유한회사 209
유효수익률 320
의결권위임권유 296
의무공개매수 298
이베이 117
이상혁 74
이자보상비율 273
이자율의 기간구조 319
이재웅 71
이해진 70
인공지능 2, 8
인수 290
입지 138
입지분석 138

ㅈ

자금조달 원칙 144
자기자본 300
자기자본순이익률 277

자본구조 331
자본비용 310
자본예산 330
자본자산가격결정모형 310
자산강도 125
자산거품 110
자산매수 291
자유현금 148
자유현금흐름 148
자율주행자동차 4
자율주행차 15
재고자산 329
재고자산회전율 276
재런 래니어 26
재무계획 324
재무비율 271
재무상태표 268
재무제표 268
저작권 240
전자상거래 109
전환사채 306
전환우선주 304
정량적 심사 122
정성적 심사 121
제이 콘래드 레빈슨 259
종자돈 100
종합소득세 219
주식매수 291
주식매수선택권제도 296
주식회사 210
중소기업 창업 지원법 199
중소기업 창업지원법 198
중소기업 창업투자조합 206
중소기업기본법 199
지급어음 309
지식재산권 224
지연옵션 134
직방 90

ㅊ

차등의결권제도 298
차입매수(LBO) 292, 293
창업 초기금융 150
창업가 정신 101
창업과정 100
창업기업 지원자금 155
창업기회 103
창업단계 150
창업아이디어 112
챗봇 13
청년전용창업자금 156
총자본순이익률 277
총자산증가율 278
총자산회전율 276
추정재무제표 324
출구옵션 135
출구전략 280

ㅋ

카렐 차페크 31
카카오 63
카푸만 센터 114
코넥스 286
코스닥시장 183, 283, 285

ㅌ

타인자본 300
탐욕펀드 154
토머스 프레이 8
투자수익률 277
특별목적회사 293
특허 226
특허권 226
특허출원중 232

티몬스 101

ㅍ

패스트트랙아시아 175
패스트파이브 38
페이스북 50
포괄손익계산서 269
포레스트 실 114
표면이자율 318
퓨처플레이 176
프라이머 172
프로젝트 앤 37
프롭테크 기술 91
피에르 오미드야르 117
피터 티엘 53

ㅎ

학습옵션 135
합명회사 208
합병 290
합자회사 208
헤지펀드 154
현금고갈 146
현금관리 325
현금성자산 325
현금축적 146
현금흐름표 270
현재가치 316
호갱노노 93
환매조건부채권 326
활동성비율 275
황금낙하산 297
회사채 306
효율성비율 275
흡수합병 290

숫자

10% rule 295
1인 창조기업 지원 159
3C 분석 247, 251
4P 활동 247
4차 산업혁명 1, 2
5% rule 295

영문

AI 2
ATL 262
blue ocean 255
BTL 262
C Corporation 211
Dun & Bradstreet data 103
FlightCar 39
FPS 61
Harry Dent 107
IPO(증시상장) 127
IVC연구센터 188
John Naisbitt 106
M&A 290
MBO 293
MMORPG 61
O2O 서비스 64
PEST분석 248
Phillips & Kirchhoff 103
POP 263
PPL 262
S 주식회사 212
SNS 마케팅 261
Sputnik 108
STP 전략 247, 253
SWOT 분석 119, 246, 251
Washio 40